中华译学馆立馆宗旨

以中华为根 译与学并重
弘扬优秀文化 促进中外交流
拓展精神疆域 驱动思想创新

丁酉年冬月许钧撰 罗卫东书

中华译学馆·中华翻译研究文库

许　钧◎总主编

中国翻译硕士教育 探索与发展

（上卷）

穆　雷　赵军峰◎主编

ZHEJIANG UNIVERSITY PRESS
浙江大学出版社

总　序

改革开放前后的一个时期,中国译界学人对翻译的思考大多基于对中国历史上出现的数次翻译高潮的考量与探讨。简言之,主要是对佛学译介、西学东渐与文学译介的主体、活动及结果的探索。

20世纪80年代兴起的文化转向,让我们不断拓宽视野,对影响译介活动的诸要素及翻译之为有了更加深入的认识。考察一国以往翻译之活动,必与该国的文化语境、民族兴亡和社会发展等诸维度相联系。三十多年来,国内译学界对清末民初的西学东渐与"五四"前后的文学译介的研究已取得相当丰硕的成果。但进入21世纪以来,随着中国国力的增强,中国的影响力不断扩大,中西古今关系发生了变化,其态势从总体上看,可以说与"五四"前后的情形完全相反:中西古今关系之变化在一定意义上,可以说是根本性的变化。在民族复兴的语境中,新世纪的中西关系,出现了以"中国文化走向世界"诉求中的文化自觉与文化输出为特征的新态势;而古今之变,则在民族复兴的语境中对中华民族的五千年文化传统与精华有了新的认识,完全不同于"五四"前后与"旧世界"和文化传统的彻底决裂与革命。于是,就我们译学界而言,对翻译的思考语境发生了根本性的变化,我们对翻译思考的路径和维度也不可能不发生变化。

变化之一,涉及中西,便是由西学东渐转向中国文化"走出去",呈东学西传之趋势。变化之二,涉及古今,便是从与"旧世界"的根本决裂转向对中国传统文化、中华民族价值观的重新认识与发扬。这两个根本性的转变给译学界提出了新的大问题:翻译在此转变中应承担怎样的责任? 翻译在此转变中如何定位? 翻译研究者应持有怎样的翻译观念? 以研究"外译中"翻译历史与活动为基础的中国译学研究是否要与时俱进,把目光投向"中译外"的活动? 中国文化"走出去",中国要向世界展示的是什么样的"中国文化"? 当中国一改"五四"前后的"革命"与"决裂"态势,将中国传统文化推向世界,在世界各地创建孔子学院、推广中国文化之时,"翻译什么"与"如何翻译"这双重之问也是我们译学界必须思考与回答的。

综观中华文化发展史,翻译发挥了不可忽视的作用,一如季羡林先生所言,"中华文化之所以能永葆青春","翻译之为用大矣哉"。翻译的社会价值、文化价值、语言价值、创造价值和历史价值在中国文化的形成与发展中表现尤为突出。从文化角度来考察翻译,我们可以看到,翻译活动在人类历史上一直存在,其形式与内涵在不断丰富,且与社会、经济、文化发展相联系,这种联系不是被动的联系,而是一种互动的关系、一种建构性的力量。因此,从这个意义上来说,翻译是推动世界文化发展的一种重大力量,我们应站在跨文化交流的高度对翻译活动进行思考,以维护文化多样性为目标来考察翻译活动的丰富性、复杂性与创造性。

基于这样的认识,也基于对翻译的重新定位和思考,浙江大学于 2018 年正式设立了"浙江大学中华译学馆",旨在"传承文化之脉,发挥翻译之用,促进中外交流,拓展思想疆域,驱动思想创新"。中华译学馆的任务主要体现在三个层面:在译的层面,推出包括文学、历史、哲学、社会科学的系列译丛,"译入"与"译出"互动,积极参与国家战略性的出版工程;在学的层面,就翻译活动所涉及的重大问题展开思考与探索,出版系列翻译研究丛书,举办翻译学术会议;在中外文化交流层面,举办具有社会影响力的翻译家论坛,思想家、作家与翻译家对话等,以翻译与文学为核心开展系列活动。正是在这样的发展思路下,我们与浙江大学出版社合作,集合全国译学界的力量,推出具有学术性与开拓性的"中华翻译研究文库"。

积累与创新是学问之道,也将是本文库坚持的发展路径。本文库为开放性文库,不拘形式,以思想性与学术性为其衡量标准。我们对专著和论文(集)的遴选原则主要有四:一是研究的独创性,要有新意和价值,对整体翻译研究或翻译研究的某个领域有深入的思考,有自己的学术洞见;二是研究的系统性,围绕某一研究话题或领域,有强烈的问题意识、合理的研究方法、有说服力的研究结论以及较大的后续研究空间;三是研究的社会性,鼓励密切关注社会现实的选题与研究,如中国文学与文化"走出去"研究、语言服务行业与译者的职业发展研究、中国典籍对外译介与影响研究、翻译教育改革研究等;四是研究的(跨)学科性,鼓励深入系统地探索翻译学领域的任一分支领域,如元翻译理论研究、翻译史研究、翻译批评研究、翻译教学研究、翻译技术研究等,同时鼓励从跨学科视角探索翻译的规律与奥秘。

青年学者是学科发展的希望,我们特别欢迎青年翻译学者向本文库积极投稿,我们将及时遴选有价值的著作予以出版,集中展现青年学者的学术面貌。在青年学者和资深学者的共同支持下,我们有信心把"中华翻译研究文库"打造成翻译研究领域的精品丛书。

许 钧

2018 年春

翻译专业硕士:时代的需求,未来的希望

(代 序)

翻译专业硕士学位教育从 2007 年起步至今,13 年间从无到有,从小到大,从弱到强,发展迅速。这个专业学科伴随着社会的需求应运而生,一批批毕业生在不同的岗位上发挥着重要的作用,这项教育事业也必将随着全国研究生教育进一步专业化而持续发展。

一、顶层设计

任何一个伟大的事业都需要一个正确的顶层设计。开设翻译硕士专业的想法起源于国家发展的战略变化,孕育于专业翻译人才的社会需求之中。自从外国语言文学学科开设学术研究生教育以来,各高校为社会培养了一批又一批擅长研究的专业人员,弥补了高校、研究机构等领域学术型人才的缺口。然而,伴随着中国政治、经济、科技、文化、军事发展和国际交流的日益活跃,学术型研究人才趋于饱和,相比之下,专业型翻译人才严重短缺。原有的单纯学术型翻译人才的培养模式已经不能满足国家的现实需求,时代呼唤新的翻译人才培养模式的出现。

在这个背景下,以教育部李军、黄宝印为代表的研究生教育管理者和以仲伟合、许钧、谢天振等为代表的翻译专业教育者从不同角度提出了创办新的翻译专业学位教育的思路。尤其后者,他们本身既是翻译业务的实践者,也是翻译人才的教育家,两方面的实践经验给予了他们灵感和话

语权。于是,我们可以在本书第一部分看到教育管理者和实践者作为翻译专业硕士学科的设计者、提倡者和推动者的论述。

翻译专业硕士教育起步于 2007 年,那是中国在 21 世纪国际化发展进入快车道的时刻,是全国上下紧锣密鼓筹备奥运,从一个新的侧面展示深度开放的岁月,是各行各业出现对实践型翻译人才井喷式需求的年代。如今拜读他们的文章,回顾他们当年的顶层设计及大胆实践,不禁令人对他们把握时代大局需求、勇敢开辟人才培养新路的创举高度赞叹。

二、扬帆起航

创办新的学科是一项严肃的科学。翻译专业硕士教育早期的参与者们既有满腔热情,又具备高度专业素质,很快拿出了专业学科指导方案,编写了首批教材,开展了教师培训,制定了首批学科评估方案。

看到高校开始为自己的行业培养后备人才,同时依照上级要求和顶层设计方案,业界长期从事翻译实践、经验丰富的翻译家也欣喜地参与到翻译专业教育当中,特别是在课堂培训、翻译实践基地建设、行业导师辅导的工作中彰显了高度热情。

回顾 13 年的历程,翻译硕士专业教育家和行业翻译家的相互理解与精诚合作成为一个突出特点。近年来,一批在国外从事翻译实践和翻译专业教育的学者,纷纷回国加入翻译教育队伍,教师队伍得到了加强。中国翻译培训市场巨大,自然也吸引了国际知名的翻译教育家不远万里,把他们的经验和做法带入了我们的课堂,使我们的教师队伍更加可观。

从 2007 年到 2019 年,253 所高校开设了翻译专业硕士课程,其中包括一些过去没有办过学术硕士的单位,后者更是轻装上阵,开始新的人才培养模式。这些年来,全国各院校共招收了 6 万多名翻译专业硕士研究生,3 万多名已经毕业。

如今,在重要的国际会议的同传箱子里,在国内外的各类外事活动中,在对外传播的媒体队伍里,在"一带一路"建设项目的工作人员中,在党和国家文献与中国学术外译的项目中,都可以听到翻译专业硕士毕业生的悦耳声音,看到他们的工作身影,读到他们的文字作品。

当然,也有众多的毕业生走上了教育岗位,利用他们对翻译的理解和知识,从事着翻译人员也"要从娃娃抓起"的宏大事业。他们虽然没有直接从事翻译,但是他们用自己的工作勾画着更加壮丽的翻译事业的未来。

围绕学科建设涉及的各个方面,本书第二部分和第三部分收集了一大批教育实践者的文章。无论从教学理念的阐述,还是课程模块的设计,到教学案例的分析,读者都可以看出他们的匠心和创新。这是对过去的深刻总结,也给未来提供了可贵经验和参考。

三、正视挑战

翻译专业硕士学位教育既然是一个新的事业,就免不了遇到许多新的问题。贯穿全书,特别是关于论文部分,读者会看到大家正视挑战,面对问题进行的各种探讨。如由于各种原因,许多毕业生并没有全职做翻译,但绝对不能因此来否定这个专业。其实,除去全国9000多家专业翻译公司以外,很少有企事业单位需要百分之百做翻译的岗位。社会需要的是懂翻译、会翻译的多面手。翻译工作可能只占他们工作的几分之一,但是一旦需要翻译,他们必须胜任。

许多学生毕业后到大学或者中学当老师,而不是做翻译实践。这也很自然。学了翻译的毕业生立志教外语、教翻译,这既保证了就业,也让他们能把翻译理念和基本功传承下去,并不是坏事。不可忘记,专业翻译硕士学位甫一开办就遇到了席卷全球的国际金融危机,学生毕业能找到工作最为重要。

大家议论最多的问题是论文的写作。作为一个新的专业学科,如何办出特色,对于长期从事学术教育的大部分老师而言都是新的挑战。特别是让那些几十年一直从事外国语言和外国文学研究的老师一下子放弃原来的专业特长,转而手把手教学生如何翻译,这本身就有些强人所难。

一定的过渡期必不可少。尽管教师培训力度很大,即使如此,也难以满足实际需求。这样,教指委最初不得不在办学指导方案中保留了撰写论文的选项,当然,方案对各类翻译实践报告也做出了清晰的规定。到目前为止,似乎较多的学生还是选择了论文,更多的教师,特别是非翻译学院的老师更习惯评审学术论文。这种过渡的无奈当然时间越短越好。

由于社会认知问题,许多学生抱定当口译译员的目标,这无可厚非。远大的志向非常重要,但需要知道,社会不仅仅需要口译译员。口译译员也要能够从事笔译,这更能加强化自己的能力。许多年轻人在电视上只看到外交部张璐、孙宁等国家一流译员给领导人做口译的风采,却不知道他们的笔译功底同样扎实——他们做起笔译来,同样出彩。从学生到社会都需要明白,学翻译者不可能都成为张璐和孙宁,但大家也都会有用武之地。

缺乏足够合格的教师也是不断探讨的一个突出问题。但在这个问题的背后,是尚未建立起一个合理客观评价实践型翻译教师的机制。他们往往要跟学术教师一样,从事学术写作,而他们最拿手的翻译作品不能全部甚至部分算作学术成果。什么样的机制培养什么样的人才。对实践型翻译教师的评价体系必将随着教育改革的深化得到逐步完善。我们希望这个改革过程越快越好。

作为一个高度实践型的专业,翻译专业硕士人才培养一个非常重要的组成部分是需要有足够的实践,而实践机会与学校所在地的经济发展和对外交流情况密切相关。要想全国各地都有足够的实习机会并不现实。但是,需要人们不断探讨如何克服这种困难,发掘实践机会,培育实践基地,让学生得到足够多的实践练习。

缺乏具有时代特点的适用教材在很多地方困惑着老师和学生。本书收集的关于教材编制的文章颇具参考价值。当然,在今天这个多媒体、多信息、多种学习方式的时代,创新教材编制还需要继续探讨和实践。

人工智能翻译技术的快速发展给翻译教育和翻译产业都带来重大变化。因为技术还在发展之中,本书目前收集的探讨这方面内容的文章有限,但是翻译技术进入教材和课堂已经成为现实。

这些以及其他一切问题都是成长中的痛苦,我们只是希望痛苦越少越好,越短越好。

四、前程似锦

中国的高度开放,"一带一路"倡议的落实,打造人类命运共同体的伟大实践和构建融通中外的话语体系都给翻译专业硕士教育提供了现实需求和强大动力。

就在本书编写阶段,中国的研究生教育改革正在逐步深化,一系列有利于专业学位教育发展的国家政策即将出台。我们看到国家人力资源和社会保障部与外文局于 2019 年 11 月公布的《关于深化翻译专业人员职称制度改革的指导意见》对"鼓励高校从事翻译教学与研究的教师参加翻译系列职称评审"首次做出了明确规定。这些发展和变化让我们欣慰地看到,在整个外语学科的转型升级过程中,翻译专硕前景更加清晰美好。

黄友义

2020 年秋

目　录

第一编　转变教育理念

第二编　市场需求与培养模式

第一编

转变教育理念

改革和完善外语专业研究生培养模式
培养翻译硕士专业学位人才

李　军　黄宝印　朱　瑞

2007年1月,国务院学位委员会第二十三次会议审议通过了《翻译硕士专业学位设置方案》,标志着翻译硕士专业学位(Master of Translation and Interpreting,简称MTI)在我国的正式设置。翻译硕士是专业学位的一种,是我国截至2007年时的18个专业学位之一。本文就我国专业学位教育的基本情况、设立和开展翻译硕士专业学位教育的基本考虑等问题,做一个简要阐述。

一、我国专业学位教育的基本情况

专业学位是相对于学术性或研究性学位而言的,是面向职业背景较明显、有专业技术要求的行业,培养实际应用部门需要的应用类人才。1990年,国务院学位委员会第九次会议审议通过了《关于设置和试办工商管理硕士学位的几点意见》,决定在我国开始专业学位教育的试点工作,开启了我国专业学位教育的先河。

1996年7月,国务院学位委员会发布了《专业学位设置审批暂行办法》(以下简称《暂行办法》),对我国专业学位的性质、层次、级别、设置办法、管理模式等做了原则规定。《暂行办法》指出,设立专业学位,是为了完善我国学位制度,加速培养经济建设和社会发展所需要的高层次应用型专业人才;专业学位是具有职业背景的一种学位,培养目标为特定职业高层次专门人才;专业学位的层次分为学士、硕士和博士三级,但一般只设置硕士一级;各级专业学位与对应的我国现行各级学位处于同一层次。这是我国专业学位教育发展的重要规定,对于规范和促进专业学位教育的发展发挥了重要作用。

2002 年 1 月,国务院学位委员会、教育部《关于加强和改进专业学位教育工作的若干意见》(以下简称《若干意见》)指出,为全面贯彻落实党中央、国务院确定的科教兴国战略,适应国家经济建设、科技进步和社会发展需要,必须不断改革和完善我国学位与研究生教育制度,促进专业学位教育的健康发展,为社会主义现代化建设培养大批应用型高层次专门人才。实践证明,专业学位教育适合我国国情和教育实际,已成为学位与研究生教育的重要组成部分,是培养应用型高层次专门人才的重要途径。同时,《若干意见》进一步明确指出,专业学位人才培养与学术性学位人才培养是高层次人才培养的两个重要方面,处于同一层次,培养规格各有侧重,在高等院校人才培养工作中,具有同等重要的地位和作用。

目前,我国设有专业学位 18 种,即(按设立时间排列)工商管理硕士,建筑学学士、硕士,法律硕士,教育硕士,工程硕士,临床医学硕士、博士,兽医硕士、博士,农业推广硕士,公共管理硕士,口腔医学硕士、博士,公共卫生硕士,军事硕士,会计硕士,体育硕士,艺术硕士,风景园林硕士,汉语国际教育硕士,翻译硕士,涉及国民经济、社会发展的一些主要领域。截止到 2006 年,各类专业学位已累计招生 61 万人,具有专业学位授予权的院校已达到 402 所。

二、设立翻译硕士专业学位的缘由及其特色

1.设立翻译硕士专业学位的缘由

当前,随着我国经济持续、健康、快速发展,改革开放不断深入,综合国力不断增强,政治、经济、文化等各方面的国际交往越来越频繁,对高层

次翻译专门人才的需求,从数量上和质量上都提出了迫切的需求。根据权威行业部门的调查显示,现有翻译从业人员队伍远远不能满足市场的需要,同时,高素质翻译人才奇缺。中华人民共和国成立以来,我国的外语院校培养了大批优秀的外语人才,其中一些成为优秀的翻译人才。但是,光懂外语并不能自然而然地成为一个合格的翻译。特别是现行外语人才的培养模式在教育理念上偏重专业的学术性,对翻译的专业性和应用性重视不够,具体体现在四个方面。

(1)按照《授予博士、硕士学位和培养研究生的学科、专业目录》,外国语言文学是文学门类下的一级学科,下设英语语言文学、法语语言文学等11个二级学科。按照这种设计,其培养目标和培养模式主要是培养侧重语言文学研究和教学的专门人才,并不是针对从事翻译实践领域的专业翻译人员。

(2)目前,我国有外国语言文学一级学科博士点6个、一级学科硕士点28个;二级学科博士点37个、二级学科硕士点342个。外语学科虽有较雄厚的基础,但人才培养的规模不大。以2005年为例,授予外国语学科博士学位139人、硕士学位4928人,其中,英语专业硕士学位2700多人。尽管大学各学科专业基本均开设外语课,但并不是培养专业外语人才。外语高级专门人才的培养总量较少,而且主要是学术、研究型人才。

(3)按照现有研究生招生模式,报考外语专业所进行的专业考试对于非外语专业本科的考生来讲很难,入学难影响和限制了非外语专业毕业生进入外语专业。而翻译工作涉及很多专业领域,需要多学科知识,如科技、法律、经贸、医疗等,还要有较好的中文基础。翻译专门人才应具备合理的知识结构和专业技能。

(4)翻译工作的特殊性,要求翻译专业人员不仅要受过良好的教育,而且要具有一定的社会阅历和较成熟的心智。本科后的职业性教育对于从事高层次的翻译专业工作非常有益。

目前,一些大学开设了翻译专业方向并开始培养翻译专门人才,但单位较少,培养数量有限,而且授予的学位仍然是文学学位。如何更好地培养翻译专门人才,满足社会对这类人才的迫切需求,是一个亟待解决的问题。因此,根据专业学位的特点,翻译高层次人才非常适于按专业学位的理念和培养模式来进行培养。

2.翻译硕士专业学位的特点

按照《翻译硕士专业学位设置办法》,翻译硕士专业学位的特点主要体现在以下几个方面。

(1)培养目标是德、智、体全面发展,能适应国家经济、文化、社会建设需要和提高国家竞争力的高层次、应用型、专业性口笔译人才。翻译硕士专业学位获得者应具有较强的语言运用能力、熟练的翻译技能和宽广的知识面,能够胜任不同专业领域所需的高级翻译工作。

(2)招生对象一般为学士学位获得者,具有良好的双语基础,有口笔译实践经验者优先考虑;鼓励具有不同学科和专业背景的生源报考。

(3)教学采用课程研讨、模拟、实训等多种形式,充分利用现代化教育技术手段和教学资源;强调学生学习的自主性和教学的互动性;加强教学实践,学生在读期间必须完成一定数量的翻译实务。教学内容突出口笔译技能训练,重点培养学生的翻译实际操作能力,兼顾翻译理论素质和跨文化交际能力的培养。承担专业实践教学任务的教师必须具有丰富的口译或笔译实践经验。

(4)学位论文必须与翻译实践紧密结合,可以是学生在导师指导下选择中外文本进行翻译,字数不少于10000字,并根据译文就翻译问题写出不少于5000字的研究报告;或者学生在导师的指导下就口译或笔译的某个环节展开实验,并就实验结果进行分析,写出不少于10000字的实验报告;或学生在导师的指导下撰写翻译研究论文,字数不少于15000字。实行双导师制,即由学校教师与有实际工作经验和研究水平的资深译员或编审共同指导。

三、开展翻译硕士专业学位教育工作的几个环节

开展翻译硕士专业学位教育工作应重视以下几个环节。

1.要准确把握翻译硕士专业学位的特性,确保质量

目前,外语人才的培养模式较单一,重学术轻应用、重理论轻实践的情况以及把外语专业等同于翻译专业、把外语人才误认为翻译人才的认识还较普遍,忽视了翻译专业人才的专门性和特殊性,使得培养的翻译人才难以达到岗位要求。因此,开展翻译硕士专业学位教育工作,必须转变观念,转变培养模式,切实按照专业学位的特点和要求,保证翻译硕士的培养规格和质量。

2.选择好培养院校,稳步发展

在开始阶段,应坚持较高标准,避免一哄而上。培养院校必须准确把握翻译硕士专业学位教育的特点,并具有保证翻译硕士专业学位教育的物质条件和明晰的办学思路。

在选择培养院校时,要根据其所具备的条件区别对待:具备较好条件的院校可以同时培养口译和笔译方向人才;不具备口译条件的院校,则只招收笔译方向学生。

在招生数量上,严格控制招生规模,实行精品战略。

3.成立翻译硕士专业学位教育指导委员会

这是我国专业学位教育的通行做法,也是行之有效的做法。要成立由培养院校和有关行业的专家、学者、高层管理人员组成的全国翻译硕士专业学位教育指导委员会,负责翻译硕士专业学位教育的有关工作,包括制定培养方案、教学标准、检查评估等。人才培养部门和用人部门之间协调、合作、共享、监控、管理等作用的合力,有利于保证翻译硕士培养工作的开展,提高培养质量。

4.推进翻译硕士专业学位与职业任职资格的相互衔接

翻译硕士培养目标定位十分清楚,就是社会实际需要的翻译专门人才。目前,人事部实行全国统一的翻译专业资格(水平)考试,翻译职称不再实行评审制度,而实行全国统考制度,这对于翻译职业化、翻译市场规范化方面起到了重要的基础保障作用。

翻译硕士培养目标是职业翻译人才,翻译资格考试是职业翻译人才的职业准入标准。因此,积极推进两者在课程设置、教学要求、相互认可等方面进行紧密合作,实现教育与职业资格的紧密衔接,这将会有力促进翻译硕士的高质量培养,也将十分有益于翻译人才队伍质量的整体提升和翻译市场的规范。

(原载于《中国翻译》2007 年第 4 期)

我国专业学位教育发展的回顾与思考(上)

黄宝印

陈至立在国务院学位委员会第二十二次会议上指出:"我国的研究生教育是从单一的学术型学位起步的;进入 20 世纪 90 年代以来,虽陆续开设了 16 个专业学位,但还很不完善。从社会需求来看,从事应用研究的研究生应该是更大量的,而从事基础理论研究的研究生,队伍应该更加精干一些。"她还指出:"要进一步调整结构,使研究生教育更好地适应我国未来经济建设和社会发展的需要,努力构建符合社会需求的、结构合理的研究生教育体系。"(陈至立,2006)吴启迪副部长在 2006 年专业学位教育指导委员会联席会议上指出:"专业学位教育正处于发展的大好时机,我们要抓住机遇,采取措施,积极促进专业学位教育较快地发展。"(吴启迪,2006)近年来,国务院学位委员会每年都把专业学位教育列入工作重点之中,一直积极探索具有中国特色的专业学位教育制度,不断完善和丰富学位类型,以培养大批适应社会主义现代化建设需要的应用型、高层次专门人才。

一、我国专业学位教育发展历程的简单回顾

《中华人民共和国学位条例》(以下简称《学位条例》)第一条规定:"为了促进我国科学专门人才的成长,促进各门学科学术水平的提高和教育、科学事业的发展,以适应社会主义现代化建设的需要,特制定本条例。"第

三条规定:"学位分学士、硕士、博士三级。"因此,我国《学位条例》并没有将学位明确分为学术型学位或研究型学位与职业学位或专业学位;在学位授予标准等方面是划一的,而且基本是学术型的导向。这和当时的历史条件是紧密相关的。方毅同志在1981年国务院学位委员会学科评议组第一次会议预备会议上,就我国为什么要建立学位制度专门进行了说明,指出为了建设现代化的社会主义国家,需要造就一支掌握高度文化和现代科学技术的大军。这支大军的骨干力量是能够独立地解决四化建设中提出的重大科学技术问题和社会问题的高级专门人才。实行学位制度,国家就有了一个衡量高等教育质量和评价学术水平的客观标准;就有利于促进高等教育质量的提高,为选拔和使用人才提供学术方面的依据;就能从数量上和水平上更好地了解学科队伍的状况,从而采取措施,帮助急需的、薄弱的学科得到应有的发展。实行学位制度,还有利于形成尊重知识、尊重知识分子的社会风气,可以激励人们攀登科学高峰的积极性。

当时,高等学校教师和科研人员奇缺,加快培养教师和科研人员成为当时设立学位制度和培养研究生的首要、急迫和唯一目标。《学位条例》的实行和学位制度的建立,为我国教育制度的法律化、制度化、规范化发展和高层次专门人才的培养做出了重大贡献。

但实际上当时也认识到有些领域高层次人才的培养规格和途径应该是多样化的。1981年,蒋南翔同志在国务院学位委员会学科评议组第一次会议闭幕式上的讲话指出,我们实行学位制度,培养博士和硕士,这是我国培养高级专门人才的一个重要渠道,但不是唯一的渠道。在这次会议上,临床医学组建议对培养医学博士、硕士和培养专科医生采取不同的方式,分成两个渠道进行。这是因为采取培养博士、硕士的办法来培养专科医生,恐怕不能培养出优秀的临床医生。这一建议是值得重视和研究的。其他有些学科也有类似的问题,这都需要区别不同的情况,采取切合实际的措施,加以具体解决。

在实施学位制度后不久,随着我国改革开放的步伐加快,社会主义现代化建设对于高层次人才培养类型的多样化就提出了新的要求。国家也很快进行调整,开始人才培养类型多样化的试点,培养面向实际应用部门的专门人才。

1.开始应用型高层次专门人才的培养试点工作

(1)1984 年,教育部研究生司转发清华大学、西安交通大学等 11 所高等工科院校《关于培养工程类型硕士生的建议》的通知,提出改革研究生的培养和管理办法,在工学硕士生中招收工学硕士(工程类型)学位研究生,或称工程硕士生,以培养大批适应工矿企业和应用研究单位需要的、能够独立担负专门技术工作的高级工程科技人才,并提出在合适时机设置工程硕士学位。

(2)1986 年,国务院学位委员会、国家教育委员会、卫生部下达《培养医学博士(临床医学)研究生的试行办法》的通知,提出对医学研究生教育进行改革,以突出临床医学特点,培养更多、更好的高层次临床医学专门人才。将医学门类博士研究生的培养规格分为两类:一类以培养科学研究能力为主,授予医学博士学位;一类以培养临床实际工作能力为主,授予医学博士学位(临床医学)。

(3)1986 年,国家教育委员会下发《关于改进和加强研究生工作的通知》,指出研究生的培养规格单一,对实际能力的培养重视不够。要根据国家对不同岗位高层次人才的不同需要,培养不同规格的研究生。既要注意培养大学教师和科研人员,也要注意培养应用部门的高层次人才。

(4)1988 年,国家教育委员会研究生司、国务院学位委员会办公室、中国人民银行总行教育司下达《关于〈"货币银行学""国际金融"两专业硕士生(应用类)参考性培养方案〉的通知》,培养能胜任金融部门中级业务经营与管理工作,并具备将来从事高级经营、管理工作基础的人才,以利于提高和改善金融部门中、高级管理干部的素质。同时,国家教育委员会研究生司、国务院学位委员会办公室、最高人民法院教育厅、最高人民检察院干部教育局、司法部教育司下达《关于刑法、民法、国际经济法三专业硕士生(应用类)参考性培养方案的通知》,重在培养能胜任政法部门中级专业技术职务,具备将来担任高级专业技术职务基础的人才,以利于提高和改善我国法律专门人才的素质。

(5)1989 年,国家教育委员会高教司下发《关于加强培养工程类型工学硕士研究生工作的通知》,指出高等学校和科研机构人才紧缺的状况已得到缓解,而厂矿企业、工程建设等单位高级专门人才数量不足、年龄老化的问题仍比较严重,如不尽快解决,必将阻碍国民经济的顺利发展。因此要主动适应社会需要,在继续为教育、科研等部门输送合格人才的同时,调整工科研究生的培养目标、知识结构和培养方式,面向厂矿企业、工程建设等单位,培养工程类型工学硕士研究生,是高等工科学校研究生培养工作中的一项重要任务,是研究生教育的一项重要改革,也是办学思想上的一次转变。

这个时候是在原有的学科类型下加括号标注人才规格,如工学硕士(工程类型)、货币银行学(应用类)等,形式上有了改变,内容上也有了较大调整。按照新的培养类型,从培养目标、招生对象、培养方法、教学要求、论文标准等方面重新设定,制定了专门的培养方案。从总体上看,并没有在制度上进行突破,但意义很重要。我国于 1981 年开始实施学位制度,在不太长的时间内就已认识到培养高层次应用型人才的重要性,并积极进行调整和实践,对于后来专业学位的诞生和发展起到了很好的铺垫、示范和促进作用。

2.专业学位在我国的起步和发展

(1)1988 年,国务院学位委员会第八次会议专门讨论设立专业学位问题,指出:"过去我们培养研究生的模式比较单一,主要是学术性学位(适合于搞科研和教学)。为了改变这种状况,近几年来我们强调培养规格多样化,如工程硕士、管理硕士、临床医学硕士和博士等;目的是满足社会多方面的需要,特别是应用型人才的需要。这种学位其中一部分实际上是具有职业学位的性质,与一般的学术性学位在培养目标、课程设置、论文要求和培养方式上都有所不同。其最大特点是,获得这种学位的人,主要不是从事学术研究的,而是带有明显的职业目标,如医生、工程师、企业家等。我们考虑应该在试点的基础上,对我国是否需要建立职业学位问题进行研究。"

（2）1989年3月，国务院学位委员会办公室、国家教委研究生司批准成立"培养中国式MBA研究小组"。

（3）1989年5月，国务院学位委员会批复卫生部，同意组建"医学职业学位研究小组"，对医学职业学位进行研究论证。

（4）1990年，国务院学位委员会第九次会议专门讨论《关于设置专业学位调研工作的情况汇报》《关于设置医学专业学位的初步设想》《关于设置和试办工商管理硕士学位的几点意见》《关于开展建筑学专业学位研究工作的意见》。指出将"职业学位"的提法修正为"专业学位"更符合我国国情，因为国际上一些国家将高水平的职业训练，如医生、工程师训练称为专业训练（professional training），经过某种专业训练而达到一定水平授予某种专业学位（或某种职业学位）；有的国家把某种职业学位作为从事某项职业的必备条件。从当前我国国情看，学位制度还处于刚刚建立的阶段，学位的作用主要是对学位获得者的学术水平的认可，在人事制度方面还没有规定某种学位是从事某项职业的必备条件。因此，称为专业学位更切合我国的国情，对外英译可为professional degree。会议认为设置专业学位是十分必要的。随着我国经济和社会的发展，对应用学科高层次人才的需求越来越迫切，应发挥学位制度的积极作用，主动适应社会需要，多渠道、多途径培养应用学科高层次人才。指出专业学位是为培养在专业和专门技术上受到正规的、高水平的训练的，在专门技术上做出成果的高层次人才，所授学位的标准应反映该专业领域的特点和对高层次人才在专门技术工作能力和学术上的要求。设置专业学位的目的是促进我国应用学科的建设和发展，加速培养应用学科的高层次人才，改变我国学位规格单一的现状，使我国的学位向多规格的方向发展。

这次会议对于专业学位的认识很重要，对专业学位今后的发展起到了重要的推动作用。这次会议同时审议通过了《关于设置和试办工商管理硕士学位的几点意见》，决定在我国开始专业学位的试点工作，开启了我国专业学位教育的先河。

(5)1992 年,国务院学位委员会第十一次会议批准了黄达等学位委员提出的"关于按专业授予专业学位证书的建议"。建议指出,由于按《中华人民共和国学位条例暂行实施办法》,我国现行学位是按门类授予的,因此,同为"工商管理硕士",却要分别按经济学门类或工学门类授予,这势必会在各用人部门乃至社会上引起不必要的误会和混乱。随着改革(包括学位制度的改革)的不断深入,专业学位的设置将会逐渐增多,建议在确定设置的专业学位中,按专业学位本身而不是学科门类授予学位。这是对《学位条例》中学位授予方式的改变,符合专业学位发展的实际需要。因此,国务院学位委员会批准通过试行专业学位,同时允许按照专业学位类型授予学位,是我国学位制度的一次大的突破,也是历史性的突破。因此,实际上,我国学位类型有两种,即学术性学位和专业学位;授予学位的方式也是两种,即学术性学位按门类授予,专业学位按专业学位类型授予。

(6)1993 年,国务院学位委员会第十二次会议确定的当年工作要点之一就是推进专业学位(工商管理硕士、建筑学和临床医学)的研究和试点工作。此次会议以后,每次学位委员会都专门讨论专业学位问题,并将其作为工作重点之一。

(7)1996 年,国务院学位委员会第十四次会议审议通过了《专业学位设置审批暂行办法》,对专业学位的设置目的、特点、层次、审批、培养、管理等做了制度化的规定。指出设置专业学位的目的是完善我国学位制度,加速培养经济建设和社会发展所需要的高层次应用型专业人才;专业学位作为具有职业背景的一种学位,目的是培养特定职业高层次专门人才;专业学位分为学士、硕士和博士三级,但一般只设置硕士一级;各级专业学位对应我国现行各级学位,处于同一层次;专业学位的名称表示为"××(职业领域)"硕士(学士、博士)专业学位。《专业学位设置审批暂行办法》对于我国专业学位教育的规范化发展起到了积极的促进和保障作用。

(8)1999 年,教育部和国务院学位委员会召开了首次全国专业学位教育工作会议。教育部副部长袁贵仁在开幕式上的讲话指出："在我国学位与研究生教育制度改革和发展过程中,设置专业学位,不仅完善了我们国家的高等教育体系,符合国际高等教育发展趋势,更重要的是做到了教育适应和服务于国家经济建设和社会发展的需要。经过十年的努力和建设,专业学位已成为与学术性学位并行的一种新的学位类型,专业学位教育特色逐步显现、种类逐步增加、规模不断扩大、制度不断完善,已经成为我国学位与研究生教育工作的重要组成部分,为我国经济建设和社会发展发挥着越来越重要的作用。"会后下发了《关于加强和改进专业学位教育的若干意见》,指出为全面贯彻、落实党中央、国务院确定的科教兴国战略,适应国家经济建设、科技进步和社会发展需要,必须不断改革和完善我国学位与研究生教育制度,促进专业学位教育的健康发展,为社会主义现代化建设培养大批应用型高层次专门人才。专业学位教育制度适合我国的国情和教育实际,已经成为学位与研究生教育的重要组成部分,是培养应用型高层次专门人才的重要途径。国家统筹规划专业学位教育的发展,研究专业学位教育发展规律,制定专业学位教育发展的政策、法规,指导、协调与专业学位教育有关的活动。这个文件不但明确了专业学位的地位和作用,还确立了专业学位发展的指导思想,有力地促进了专业学位教育的较快发展。

3. 我国专业学位的现状

目前,我国已招生的专业学位有 16 个,按设立时间先后顺序为工商管理硕士,建筑学学士、硕士,法律硕士,教育硕士,工程硕士,临床医学硕士、博士,兽医硕士、博士,农业推广硕士,公共管理硕士,口腔医学硕士、博士,公共卫生硕士,军事硕士,会计硕士,体育硕士,艺术硕士,风景园林硕士。16 个专业学位的基本情况如下。

(1)工商管理硕士(Master of Business Administration,简称 MBA),1990 年设立。这是我国第一个专业学位,培养适应社会主义市场经济需要的企业或经济管理部门的经营管理人才。招生对象为大学本科毕业、有三年以上实际工作经验,或大专毕业后有五年以上工作经验。1999 年,针对企业高级管理人员,设立了 EMBA。截至 2006 年年底,有 96 个招生单位,累计招生近 14 万人。

(2)建筑学专业学位,1992 年设立。分为建筑学学士(Bachelor of Architecture,简称 B. Arch)、建筑学硕士(Master of Architecture,简称 M. Arch)专业学位。培养适应社会主义现代化建设和改革开放及对外交流需要的建筑设计专门人才。授予对象为建筑学专业本科毕业生和建筑设计及其理论专业研究生。目前,有 30 个招生单位,累计招生 1 万人左右。

(3)法律硕士(Juris Master,简称 JM),1995 年设立。培养适应建设社会主义法治国家所需要的立法、司法、律师、公证、审判、检察、监察及经济管理、金融、行政执法与监督等部门、行业的高层次法律专业人才与管理人才。招生对象为非法律专业大学本科毕业生,在职攻读者须有三年以上的实践经验。目前,有 50 个招生单位,累计招生 5 万多人。

(4)教育硕士(Master of Education,简称 Ed. M),1996 年设立。培养面向基础教育及管理工作需要的高层次教育、管理专门人才。招收对象为大学本科毕业、具有三年以上第一线教学经历的基础教育的专任教师和管理人员。目前,有 49 个招生单位,累计招生 5 万多人。

(5)工程硕士(Master of Engineering,简称 ME),1997 年设立。培养工矿企业和工程建设部门,特别是国有大中型企业应用型、复合型高层次工程技术和工程管理人才。招收对象主要为获得学士学位后具有三年以上工程实践经验的优秀在职人员。目前,有 205 个招生单位,累计招生 20 万人左右。

(6)临床医学专业学位,1998 年设立。分为临床医学硕士(Master of Medicine,简称 MM)、临床医学博士(Doctor of Medicine,简称 MD)专业学位。培养目标是提高临床医生队伍素质和临床医疗水平,培养高层次、高水平的临床医师,主要授予学位给符合条件的临床医学研究生和在职临床医师。目前,有 84 个招生单位,累计招生 6 万多人。

(7)兽医专业学位,1999 年设立。分为兽医硕士(Master of

Veterinary Medicine,简称 MVM)、兽医博士(Doctor of Veterinary Medicine,简称 DVM)两级。主要培养面向动物医疗、动物检疫、动物保护、畜牧生产、兽医执法与管理等部门的高层次应用型、复合型人才。招收对象主要为获得学士或硕士学位后,在兽医业务相关部门工作三年以上的优秀在职人员。目前,有 31 个招生单位,累计招生 2300 多人。

(8)农业(农业推广)硕士(Master of Agricultural Extension,简称 MAE),1999 年设立。农业推广(含农业、林业、牧业、渔业推广,下同)硕士专业学位培养对象为农业技术推广和农村发展的高层次应用型、复合型人才。招收对象主要为获得学士学位后具有三年以上农业推广实践经验的优秀在职人员。目前,有 55 个招生单位,累计招生 1.8 万人左右。

(9)公共管理硕士(Master of Public Administration,简称 MPA),1999 年设立。培养适应社会公共管理现代化、科学化、专业化需要的政府部门及非政府公共机构的公共管理专门人才。招生对象为大学本科毕业后有四年工作经验的在职人员。目前,有 83 个招生单位,累计招生 2.6 万人左右。

(10)口腔医学专业学位,2000 年设立。分为口腔医学硕士(Master of Stomatological Medicine,简称 SMM)、口腔医学博士(Doctor of Stomatological Medicine,简称 SMD)专业学位,培养高层次口腔临床医师。培养目标是提高口腔临床医生队伍素质和口腔临床医疗水平,培养高层次口腔临床医师,主要授予学位给符合条件的口腔临床医学研究生和在职口腔临床医师。目前,有 30 个招生单位,累计招生 2900 人左右。

(11)公共卫生硕士(Master of Public Health,简称 MPH),2001 年设立。培养适应社会主义市场经济需要的高层次公共卫生应用型专门人才。招生对象为大学本科毕业后有三年以上工作经验者。目前,有 24 个招生单位,累计招生 2700 多人。

(12)军事硕士(Master of Military,无简称),2002 年设立。培养军队

军事、政治、后勤、装备等中级指挥军官。招生对象为具有国民教育序列大学本科学历(一般应具有学士学位),任现职一年以上、有发展潜力、经军以上单位选拔推荐的营职以上指挥军官。目前,有 14 个招生单位,累计招生近 2300 人。

(13)会计硕士(Master of Professional Accounting,简称 MPAcc),2004 年设立。培养适应社会主义市场经济发展和经济全球化需要的高素质、应用型的会计专门人才。招生对象为国民教育系列本科毕业(一般应具有学士学位)、从事会计或相关领域的实际工作两年以上者。目前,有 21 个招生单位,累计招生 3800 多人。

(14)体育硕士(Master of Science in Physical Education,简称 MSPE),2005 年设立。培养适应我国体育事业发展需要的高素质、高层次的应用型体育专门人才。招生对象为大学本科毕业(一般应有学士学位)、从事体育实践工作二年以上的在职人员。目前,有 21 个招生单位,累计招生 600 多人。

(15)艺术硕士(Master of Fine Arts,简称 MFA),2005 年设立。培养适应社会主义文化建设需要的高层次、应用型艺术专门人才,包括音乐、戏剧、戏曲、电影、广播电视、舞蹈、美术、艺术设计、新媒体等艺术创作领域。招生对象一般为学士学位获得者,有艺术创作实践经历。目前,有 33 个招生单位,累计招生 1000 人左右。

(16)风景园林硕士(Master of Landscape Architecture,简称 MLA),2005 年设立。培养风景园林规划设计、保护、建设与管理等方面专门人才。招生对象主要为获得学士学位后具有三年以上风景园林实践经验者。目前,有 25 个招生单位,累计招生近 500 人。

截至 2006 年,各类专业学位已累计招生近 61 万人,具有专业学位授予权的院校已达到 402 所。2007 年 1 月,国务院学位委员会第二十三次会议审议通过了《汉语国际教育硕士专业学位设置方案》和《翻译硕士专业学位设置方案》。汉语国际教育硕士专业学位培养适应汉语国际推广工作,胜任汉语作为第二语言/外语教学的高层次、应用型、复合型专门人才,英文对应名称为"Master of Teaching Chinese to Speakers of Other Languages",缩写为 MTCSOL。翻译硕士专业学位的培养目标为培养具有专业口、笔译能力的高级翻译人才,英文名称为"Master of Translation and Interpreting",缩写为 MTI。至此,我国已有 18 个专业学位。

(原载于《学位与研究生教育》2007 年第 6 期)

我国专业学位教育发展的回顾与思考(下)

黄宝印

二、我国专业学位的基本特征

1.对专业学位特点的认识

专业学位,或称职业学位,是与学术性学位或研究性学位相对应的。设置学术性学位是为了培养从事学术研究的后备人才,重点培养人才的研究能力,学位论文要具有学术上的独创性,所从事的工作以学术研究为主。设置专业学位的目标是培养从事非学术研究的、知识和技术应用部门的从业人员,重点培养人才的知识或技术应用能力,重点培养其实际操作能力,论文或研究报告表现的是其应用已有知识发现和解决现实问题的能力,所从事的工作以应用职业领域为主。学术性学位与专业学位在培养目标定位、人才知识结构、人才能力素养等方面的要求是不一样的,是高层次专门人才培养的两个方面。

学术性学位是与学科领域紧密相连的,而专业学位与职业领域密切相关。这种相关性又分以下三种情况。

(1)专业学位必须与社会某种职业领域有紧密的关系。一般来讲,某种职业领域的从业人员具有较强的共性特征,要求从业者在知识、能力、思维方式和综合素养等方面具备基本相同的素质,具有一定的同质性,因此教育的本身就是塑造这种同质性。学位与职业领域的衔接关系一般有两种情况:一种情况是没有直接的衔接,比较宽泛,如具有 MBA 学位,可能在就业市场上具有一定的优势,但没有某个职业领域要求必须具有这个学位;另一种情况是行业性非常强,如医学、法律等,从事这些领域的人员,应该具备基本相同甚至是完全一致的教育背景。

(2)这种职业领域具有较丰富的知识内涵。职业有千千万万,但不是任何领域都需要通过专业学位教育来培养人才。一般而言,专业学位获得者从事的领域,大多具有较高的知识或技术含量,从业人员需要较高的知识素养、较好的知识或技术的应用能力。以医生为例,他们必须具备良好的医学知识、自然科学和人文科学的知识,特别是要具备高超的临床技能以及良好的心理素质、沟通能力等;还如建筑师、律师、教师、管理人员等等。

(3)职业领域要求有专门的职业素养。专业学位获得者必须经过严格的素养训练。学术能力是靠严谨的科学训练才能养成,职业能力也需要系统的培养和专门的训练才能养成。具有职业素养是专业学位获得者的本质特征,他们需要经过课程学习、讨论、实践、训练等环节,不断形成一个高素质从业人员应具备的知识结构、操作能力、职业思维方式。这是教育和培训的最大不同,培训只是就某个方面的知识或能力的训练,而教育是对综合能力和全面素质的系统培养。

2.专业学位的设置

根据《专业学位设置审批暂行办法》和《关于加强和改进专业学位教育的若干意见》,我国的 18 个专业学位的设置都经过认真的研究、缜密的论证。在设立每一个专业学位时,主要考虑以下几个因素。

(1)考虑社会需求。社会需求是设立专业学位的前提条件。如设立 MBA 学位,是为了适应社会主义市场经济体制的建立和企业对经营管理人才的需求;设立 MPA 学位,是为了政府管理职能的变化和管理专业化、科学化的需要;设立 JM 学位,是为了适应社会主义法治国家的建设对法律专门人才的需求;等等。一个专业学位是否设立或者发展,直接动因来自社会的需求,社会的需求也是决定专业学位定位、内容和生命力的重要因素。特别是随着我国社会主义现代化进程的加快和我国加入世界贸易组织、国际经济一体化,一些行业的技术含量、知识含量、文化含量等明显提高,对从业人员应具备的素质、知识、能力等要求越来越高;一些行业,如建筑、律师、医生等职业的准入标准越来越严,也越来越具有一致性。实际上,一个行业从业人员的准入标准、素质要求在一定程度上代表了这个行业的整体形象,代表了这个领域的社会地位和声望,也在一定程度上说明了一个国家的发展水平和成熟程度。如,我国在十几年前,法官、检察官这样专业化程度很高的职业,并没有严格的、规范的、统一的准入要求,似乎人人都可以从事这些职业,这反映出我国当时法制建设的薄弱;而今天,没有受过较好法律教育的人,不通过国家司法考试而进入司法队伍基本是不可能的,这既是我国法治建设的成就,也是我国社会进步和文明程度整体提高的结果。

(2)借鉴国外经验。专业学位是舶来品,我国的专业学位建设与发展更多的是学习美国。如果考察学位的起源,最早诞生的正是与职业密切相关的领域,如医生、教师、律师、牧师等,而学位就是某一职业的一种从业资格。所以,从这个角度来看,学位诞生之初就是专业学位,或准确地说是职业学位。欧洲各国在《博洛尼亚宣言》以前,各国的学位制度差异很大,层次不统一,称谓也多样,还有很多种证书、文凭等,但基本还是两大类,分别培养研究类人才和实用类人才。美国学位统一、清晰,明确分为两种类型。美国专业学位大发展也是在第二次世界大战以后,随着科学技术的迅速发展和工业化、信息化程度的提高,工业领域以及社会经济、文化等领域对人才需求的层次、知识、能力提出了很高的要求,硕士、博士层次培养应用人才的比例得到大幅度提高。我们现在的18个专业学位基本是参照国外,特别是美国建立的学位制度,借鉴其相关学位的目标定位、课程设置、学分要求、教学模式等,然后结合我们的教育实际和国情,进行总体设计。但我们也有自己的特色,如美国设置法律博士学位(JD),我们则设置为法律硕士学位(JM);美国没有专门的体育硕士专业学位,而我国有。

(3)具备学科基础。根据《专业学位设置审批暂行办法》和《关于加强和改进专业学位教育的若干意见》,专业学位与同一层次的学术性学位只是规格不同,但层次相同,还是研究生层次的教育。因此,在培养要求上,培养院校应具备较好的学科基础和教学条件,一般要求有相应学科的硕士或博士学位授权点,具有博士学位或教授职称的教师要占一定比例,且教师要具有实际经验。这种做法的好处是保证了专业学位的教学在较高层次上进行,因为硕士或博士授权点都经过严格的审核,具备培养研究生的基本条件;但同时也容易导致一些偏差,如将专业学位教学与学术性研究生培养相混淆,教学目标、教学方式以及教学效果等与专业学位本身的要求出入很大。但对学科基础的要求,对于我们在探索阶段保证专业学位基本质量是非常必要的。

(4)设置方法。根据《专业学位设置审批暂行办法》,国务院学位委员会办公室根据社会需求,就是否设立某一专业学位的可行性、必要性,成立专家小组进行研究、论证,向国务院学位委员会提出论证报告。国务院学位委员就设置和试办某一专业学位进行讨论、投票,审议通过设置方案。国务院学位委员会办公室根据专业学位特性,首先选定在某一学科领域具备较好学科基础和师资力量的培养单位(一般是具有博士点的院校)进行试点。然后成立由有关行业或部门的负责人、高校的专家、管理人员组成的全国专业学位教育指导委员会对专业学位的运行进行宏观协调和指导,各个院校按照专业学位要求,制定实施方案。基本是条件成熟一个,就设立一个,逐渐开展;自上而下,总体设计,分步实施。

3.培养模式

(1)设置统一的指导性培养方案。指导性培养方案是对一个专业学位的界定,体现其性质和特点。一般包括培养目标、课程设置、教学方式、论文标准等内容;要求各个培养院校要遵循总体要求,但也强调各个院校在共性的前提下,根据各自特点和优势,追求特色。

(2)多种招生渠道。目前有三种攻读学位的渠道:一种是参加全国研究生统一入学考试,即每年1月的研究生入学考试。被录取者既有学位又有学历,一般是参加全日制学习。第二种是参加在职攻读硕士学位全国联考,即每年 10 月的在职攻读硕士学位联考,被录取者有学位但无学历,一般是采用非全日制学习方式。目前这种方式为主流方式。第三种是在职人员以同等学力申请学位,参加同等学力申请硕士学位的外国语和综合水平考试或卫生部医学考试中心组织的申请博士学位考试,通过考试有学位但无学历。这种方式只有在培养临床医学硕士、博士和口腔医学硕士、博士时采用。

(3)面向实际的教学模式。专业学位研究生课程内容以职业需求为导向,而不是按学科体系来设计。课程设置一般跨一级学科、跨门类,课程内容宽、新、实,结合实际需要。教学方式采用多种教学手段,包括案例、讨论、实习、模拟等教学方法;教学目标侧重研究生能力的培养和训练。授课教师不仅要有较好的学术素养,更要有实践经验;要善于教学,具有灵活的教学方法,引导学生发挥主动性。学位论文一般不要求学术性和理论的创造性,但要密切结合实践问题,体现运用一定的理论发现和解决实际问题的能力,论文形式可以多样。

4. 管理模式

(1)学校内部一般要求建立相应的机构,进行统一协调组织,有的培养单位设置专业学位后直接促进了一些管理、协调机构的建立,如工商管理学院、公共管理学院、法学院等。有的学校成立了专门的专业学位办公室,对专业学位从招生、培养到学位授予进行统一管理。有的学校成立了专业学位委员会,专门就专业学位的论文标准和质量进行评审,以有别于学术性学位的标准。这些措施都有效地保证了专业学位的培养规格和质量。

(2)成立全国性的专业学位教育指导委员会,是我国专业学位的一大特色,也是保证专业学位健康发展的有力保障。每一个专业学位的教育指导委员会一般是由有关行业主管部门的负责人、培养院校的专家、管理干部、有关实际部门的代表组成。具体职能是统筹、规划、协调专业学位的发展,包括制定培养方案、师资培训、案例编写、教学研讨、教材编写、经验交流、质量监控等。目前,在政府职能不断转变、社会评价中介机构不到位、市场反馈较薄弱的情况下,教育指导委员会发挥了多重的职能和作用,甚至可以说,指导委员会作用发挥的好坏直接关系到专业学位是否能健康、顺利地发展。

(3)教育部、国务院学位委员会统筹各个专业学位的发展,根据专业学位的发展状况,制定相关政策予以指导与促进。更多的是通过各个专业学位教育指导委员会,对专业学位进行指导和协调。每年召开各个专业学位教育指导委员会主任委员、秘书长联系会,加强各个专业学位间的联系与相互借鉴,指导、促进各个专业学位的顺利发展。同时加强与有关部门的联系,积极促进专业学位与各个岗位任职资格的衔接,为专业学位的发展创造更为有利的环境。

三、进一步积极发展专业学位教育的思考

1.目前存在的一些问题

我国专业学位从 1991 年才开始起步,至今仅 16 年,但发展速度还是较快的,专业学位的种类、培养院校数量、招生规模等都增长较快,水平也在不断提高。实践表明,培养高质量的专业学位人才并不容易,在教育观念、教师条件、培养模式、评价标准、管理机制等方面需要新的指导思想。

目前,在专业学位研究生教育过程中出现了一些问题,对专业学位的发展有着不利的影响。如大部分攻读专业学位的人员以在职学习为主,有学位、没有学历,造成专业学位在学校中处于不利地位;有的学校教师给专业学位学生上课不算教学工作量;在职攻读专业学位的学生不算在校生,学生上课甚至要租教室,学生得不到应有的教学服务;授课教师理论与实际联系不够,教学方法单一;讨论、案例、实践等教学环节薄弱,没有突出能力培养,教学效果不理想;以学术为导向的评价导向过重,重论文、科研、课题,对教学环节关注不够,影响了教师探索教学方法、追求教学效果的主动性,进而影响教学质量;国内教师自己编写的优秀案例少,

一个突出的原因是案例不算科研成果,影响了教师收集、编写教学案例的积极性;专业学位的质量评价标准和评价体系还不十分明确;社会行业组织和评价机构介入专业学位教学和评估的机制还没有建立起来,对于专业学位的外在约束条件缺失。同时,学校在办学认识上存在偏差,导致内在约束机制也较薄弱。另外,学生攻读专业学位的目的也不十分清晰,对于专业学位教育的期望也没有达到应有的程度。

上述这些问题,是专业学位发展过程中遇到的问题,有的属于客观因素,是目前发展的阶段性问题,需要社会的不断进步和经济发展才能逐渐解决。但有一些还是认识上的问题,是对专业学位的地位、定位、规律等认识还存在偏颇,没有把专业学位作为高层次人才培养的一个重要方面来切实抓好,没有将其作为学校的一个重要任务来认真对待,没有将其作为一个重要的教育品牌来建设。因此,在目前情况下,要发展好专业学位,解决好认识问题还是比较关键的。

2.积极发展专业学位的有利条件

(1)研究生规模的扩大。我国在 20 世纪末时,研究生的招生规模还很小,一年不到 10 万人,因此,研究生的就业领域主要还是在高校和科研部门。经过几年的快速发展,目前研究生规模已经较大,在校研究生人数已经突破 100 万人,如果全部按照学术型人才的培养模式,研究生必须有课题研究、必须在核心刊物发表文章、必须有创新性学术论文,这在实际中是不可能的,必须加以分类指导。同时,本科生、硕士生、博士生的比例,也要求研究生不能完全按照学术型的模式进行培养。以 2006 年为例,当年毕业本科生 174 万人,招收硕士研究生 34 万人,本科毕业生中当年只有 20% 左右的人能够继续攻读研究生,绝大多数毕业生要直接走向社会,因此,他们今后在职提高的需求会很大,而且主要是面向工作岗位的在职学习,侧重于应用知识和能力培养。2006 年毕业硕士研究生 23 万人左右,招收博士研究生 5.6 万人,只有 25% 左右的硕士生能继续攻读博士研究生,绝大多数硕士毕业生要直接进入工作岗位。因此,我们今天具备了对学位的职能进行重新审视和重新定位的条件,重新定位也具有了必要性,特别是硕士层次研究生的培养目标应进行必要的、合理的重新定位和分类指导,要扩大应用型人才的培养比例和规模。可喜的是,一些高校已经明确提出了这个问题。

(2)研究生培养机制改革。我国实施学位制度以来,研究生导师是经过严格遴选的,这既是对其学术水平的一种承认,也明确了其指导研究生的权利和责任。因此,一般来讲,导师是需要经过评审的。而当上了导师,每年就要带一定数量的研究生。目前,我国提出建立创新型国家的战略目标,因此创新型人才的培养成为研究生教育的重要任务。在研究生教育发展取得巨大成就的前提下,研究生培养机制要适应新的形势需要而进行改革,就是如何既有效调动导师和研究生的积极性,同时又要对导师和研究生具有较强的机制约束。改革的基本思路是建立以科研为中心的导师负责制;导师要有课题、有经费,要为研究生培养承担一定费用,研究生也必须在科研中学习并获得相应的资助。这种模式对于学术型研究生是国际通行的,但应用类和专业学位研究生不以学术研究为主,不以做课题为主,也不以完成学术性的论文为主,他们更多的是进行课堂学习和实践,按照上述模式,这类研究生的招生、培养就面临问题。因此,必须对不同类型的研究生确立不同标准,进行分类指导。事实上,许多院校已经在进行分类设计,但还需要予以进一步明确和深化,要有制度做保证。

(3)社会实际部门的迫切需求。我国社会经济的快速发展,各行各业的发展程度日益提高,对人才需求的专业化、职业化程度也在提高。如金融业,金融涉及经济发展的全局,金融领域的改革与发展的成功与否,在很大程度上决定着我国经济能否持续、健康、快速发展。金融领域是专业化程度高、国际化程度高的职业领域,对人才素养的要求也非常高。我国已完成加入世贸组织的过渡期,外资金融机构已可进入我国,同时,我国企业也要走向世界。因此,金融领域从业人员的知识、能力以及综合素养,日益成为我国金融事业发展的关键。又如我国要建立创新型国家,既需要拔尖的创新人才,更需要一大批具有创新意识、创新思维、创新能力的创业企业家,以及从事技术开发和应用的专门人才。再有,随着我国全面进入小康社会,人们对生产、生活、健康等方面的需求程度也越来越高,如对医疗、体育、艺术以及其他社会服务的要求不断提高,等等。我国社会经济发展处于一个新阶段,各行各业对于高层次、复合型、应用型人才的需求更加迫切。特别是 21 世纪,我国社会经济发展将进入更快、更好的阶段,更凸现高层次专门人才的重要性。

因此,从我国研究生教育发展的新阶段,从我国研究生教育改革和发展的新趋势,从社会主义现代化建设对高层次、应用型人才的需求以及我国未来的发展走势等方面来看,我国专业学位教育面临非常好的发展机遇。

3.宏观设计与总体规划

国务院学位委员会第二十三次会议于 2007 年 1 月在北京召开,这次会议对于专业学位的讨论很多,很多委员都指出发展专业学位的重要性,并要求对于专业学位要进行总体设计。因此,对于专业学位教育的进一步发展要予以充分重视,并进行深入研究与探讨。

(1)对专业学位教育进行深入研究和宏观设计。专业学位在欧洲和美国有较长的发展历史,制度比较健全,在质量保证措施、与职业需求紧密衔接、教育部门与认证部门相互配合等方面有比较成熟的做法,社会也有较高的认可度。要加强对国外学位、学历、文凭、证书等的分类研究,对专业学位培养制度、运行模式和管理机制等进行全面、系统的研究,以资借鉴;要对我国社会各行各业的发展态势和对人才的需求情况进行深入调查和分析,充分把握不同类型人才的需求情况和职业要求;要研究哪些学科适于按专业学位类型来培养人才,哪些职业需要专业学位人才;哪些领域需要博士层次人才,哪些需要硕士层次人才;要对不同学位类型进行合理界定和区分,制定不同的质量标准,以利于分类指导,从而对我国的学位类型和培养任务进行宏观思考和设计,为专业学位教育提供明确的发展方向。

(2)提高对专业学位地位和作用的认识。在研究生教育阶段,加强高层次应用型人才培养,是贯彻落实科学发展观和建设创新型国家的要求,是适应国家经济建设、科技进步和社会发展的需要,也是不断改革和完善我国学位与研究生教育制度的需要。对研究生进行分类指导和培养,是研究生教育下一步发展必须面对的一个重要问题。研究生教育既要培养拔尖创新型研究人才,也要培养大批面向实际岗位的高素质、高质量的应用型专门人才,两者同等重要,都是大学必须承担、也必须完成好的重要任务。《关于加强和改进专业学位教育工作的若干意见》指出:"专业学位人才培养与学术性学位人才培养是高层次人才培养的两个重要方面,在高等院校人才培养工作中,具有同等重要的作用。有关高等院校一定要充分认识发展专业学位教育的重要性,高度重视专业学位教育工作,把其作为学位与研究生教育工作的一项重要任务,抓住机遇,创造条件,积极促进专业学位教育的健康发展。"

(3)加强与有关部门、行业的联系。专业学位直接面向社会的各个职业领域和岗位,无论是教育主管部门还是培养单位都要加强与有关行业或部门的联系,加强合作。专业学位教育一定要以职业领域的需求为导向,否则就没有生命力。这种合作可以从以下几个方面来考虑:一是专业学位对人才的培养目标定位、综合素质要求等要努力与职业需求相吻合;二是有关专业学位的课程设置要与有关职业资格考试内容实行对接;三是推进有关专业学位与有关职业资格有一定的衔接;四是促进有关行业或部门积极介入专业学位教育的过程中,在课程设置、学分、教学等方面进行评估认可,实现教育与职业需求的良性互动。总之,就是要多方面促进专业学位与行业需求的结合,真正把专业学位办成面向职业需要的教育。

4.不断提高专业学位教育水平

专业学位要发展,一定要树立质量意识、品牌意识,强化专业学位教育理念,优化培养过程,探索新型培养模式和教学方法,必须以质量为前提,不断提高教育水平。

课程内容既要体现人才全面发展的需要,更要紧密联系实际,要着重培养学生的思维能力、逻辑推理能力和操作能力以及观察问题和创造性解决问题的能力。在教材建设中,要突出特色、理论联系实际。要特别重视教学方法的多样化,将课堂讲授与研讨、模拟、案例教学、实践等形式有机结合,要引导和要求学生积极、主动参与,提高教学效果。加强案例教学,要支持、鼓励教师编写和使用优秀案例;编写高水平案例应与教学研究成果挂钩。要培养和建立一支适于专业学位教育的师资队伍,培养单位要建立和完善专业学位教师的评聘、评价制度。教师在加强学术研究的同时,必须针对专业学位教育的特点,注重教学方法和教学效果的研究。积极吸收各部门有丰富实践经验和较高理论水平的人员参与教学活动。要研究、建立不同类型专业学位论文质量标准,要有现实针对性、应用性,要综合反映学生运用知识分析问题和解决问题的能力及调查研究的能力。

专业学位具有与学术性学位完全不同的培养要求,每个专业学位又有自己的特点,因此,必须深入研究专业学位教育规律,在办学理念、运行机制、管理模式、培养过程、评价体系等多方面进行探索、实践和较长时间的积累。没有对于专业学位的正确定位,没有对于专业学位教育规律的研究,没有把专业学位办成高水准教育项目的决心和信念,是办不好专业学位教育的。

我国是人口大国、文化大国、教育大国,正处于万象更新、快速发展、前景美好的阶段,我们应建立也有能力建立符合我国国情、适应并有利于促进我国社会经济发展的专业学位教育制度。因此,必须认真研究每一个专业学位的办学规律,营造专业学位教育良好的办学风气,树立良好的社会形象,把每一个专业学位都办成一个品牌项目,我们应该也有能力建立具有我国自己特色的专业学位教育制度。

参考文献

陈至立,2006. 在国务院学位委员会第二十二次会议上的讲话. 学位与研究生教育(3):1-5.

吴启迪,2006. 抓住机遇 深化改革 提高质量 积极促进专业学位教育较快发展. 学位与研究生教育(5):1-4.

（原载于《学位与研究生教育》2007 年第 7 期）

我国专业学位研究生教育发展的新时代

黄宝印

2009 年和 2010 年,是我国专业学位研究生教育发展历程中十分重要的年份。有两个具有标志性意义的事情,预示着我国专业学位研究生教育进入了一个新的历史阶段。第一件事是,2009 年 3 月,教育部党组决定增招硕士研究生,增招名额全部用于招收应届本科毕业生全日制攻读硕士专业学位;同时决定,自 2010 年始,国务院学位委员会审批通过的硕士专业学位类别,全部可以纳入全国硕士研究生统一招生安排。这表明,长期以来硕士专业学位研究生教育一般不招收应届毕业生并以在职攻读学位为主的局面改变了,专业学位研究生教育进入了研究生招生的主渠道,成为研究生教育的重要组成部分,从而确立了其在整个研究生教育中的重要地位。第二件事是,2010 年 1 月,国务院学位委员会第二十七次会议审议通过了 19 种新增硕士专业学位类别。这次会议是国务院学位委员会历史上审议专业学位文件最多、新增研究生专业学位类别最多、讨论专业学位研究生教育最深入的一次重要会议,对我国专业学位研究生教育的发展将产生历史性的重大影响。

1990 年,国务院学位委员会第九次会议审议通过了《关于设置和试办工商管理硕士学位的几点意见》,开启了我国专业学位研究生教育的先河。20 年来,国务院学位委员会先后审议通过了 19 种硕士专业学位。2010 年,国务院学位委员会又总体审议通过了 19 种硕士专业学位,使我国的硕士专业学位类别增加到 38 种,涉及经济、管理、社会与文化、新闻出版、工程、农林、医药卫生等众多领域。这表明,现阶段我国专业学位研究生教育发展步伐加快,人才培养结构调整力度加大,研究生专业学位类别更加丰富,更加积极主动地适应国家经济社会发展对高层次应用型专门人才的迫切需要。可以说,我国专业学位研究生教育进入了制度创新、总体推进、加快发展、全面提高的新的发展阶段。这同时也表明,我国硕士研究生教育的类型结构,专业学位研究生教育的招生模式、培养模式、管理模式等都将随之发生重大转变和调整,专业学位研究生教育进入崭新的时代。

一、我国硕士研究生教育发展理念的重大转变

目前,我国高等教育已经实现大众化,我国已经成为世界研究生教育大国。我们应该办什么样的研究生教育?怎样办好研究生教育?研究生教育如何更好地服从服务于国家发展战略和满足人民群众的需要?这些问题涉及我国研究生教育发展的指导思想、战略目标,涉及研究生教育的规模、结构、质量、效益等重大问题。提高质量是当前高等教育的重要任务和目标,也是研究生教育改革与发展的非常重要而艰巨的任务和目标。优化结构是提高研究生教育质量的重要内容和前提,是实现研究生教育科学发展的重要基础和必然要求。研究生教育结构调整,是研究生教育协调、持续发展的重要保证,是研究生教育适应社会经济发展需要、满足人民群众发展需要的重要保证,是充分履行研究生教育职能,提高高等院校人才培养能力、社会服务能力的重要保证,是保证研究生教育宏观质量、发挥研究生教育宏观效能的重要保证。研究生教育结构调整中一个重要的方面,就是调整研究生的类型结构,即学术型人才与应用型人才的比例,在高度重视学术型人才培养的同时,大力发展专业学位研究生教育,培养高层次、应用型专门人才。

国务院学位委员会、教育部高度重视专业学位研究生教育,大力推进研究生教育结构调整。在 2009 年、2010 年国务院学位委员会第二十六

次、第二十七次会议上,中共中央政治局委员、国务委员、国务院学位委员会主任委员刘延东同志都发表了重要讲话,对专业学位研究生教育的改革与发展提出了明确要求。她指出,要调整学术型学位和专业学位的比例,积极发展符合我国产业结构特点的专业学位,改变全日制硕士研究生以攻读学术型学位为主的局面,为各行各业培养一线专业人才。要求按照国家的战略需求,调整研究生教育的学科类型和结构布局,稳步发展学术学位研究生教育,大力发展专业学位研究生教育,以适应产业结构调整和经济发展方式转变的要求,适应新科技革命和发展战略性新兴产业的要求。2009 年,教育部党组专门研究专业学位研究生教育问题,提出必须根据社会需求的新变化,及时调整硕士研究生的培养目标,转变硕士研究生培养模式,切实加强高层次应用型人才培养,促进高层次人才培养与经济社会发展需求相协调。教育部部长袁贵仁在教育部 2010 年度工作会议上讲话指出,要主动适应经济发展方式转变和经济结构调整,统筹教育的规模、结构、质量、效益,统筹各级各类教育的协调发展;合理配置教育资源,科学调整教育区域布局、层次结构和学科专业设置,更多更好地培养经济社会发展急需的高素质劳动者和创新型、实用型、复合型人才。教育部副部长陈希在 2009 年全国专业学位研究生教育指导委员会联席会议、全国研究生院院长联席会议、全国教育专业学位研究生教育指导委员会暨社会工作硕士专业学位研究生教育指导委员会成立会议等会议上,多次专门就专业学位研究生教育问题发表重要讲话,指出我国研究生教育已经进入了一个新的历史阶段,要把握形势、统一思想、明确任务,积极推进研究生教育的改革与发展。优化研究生教育结构,积极发展专业学位研究生教育,从根本上讲,是提高研究生教育质量的重要举措,同时也是高等教育深化改革的重要举措,必须积极主动地、全面地适应经济社会发展的需要,加快结构调整步伐,改革硕士研究生的培养模式,加大高层次应用型人才培养力度,促进人才培养与社会需求的有效衔接。教育部部长助理林蕙青指出,我国硕士研究生招生规模从 1999 年至今增长近 9 倍,结构调整面临突出问题;从近几年硕士毕业生就业去向看,去高校和科研单位的比例不到20%,而且大都不是从事教学科研工作,硕士研究生的培养目标必须及时调整。国务院学位委员会办公室主任张尧学院士在2010年全国专业学位研究生教育指导委员会联席会议上讲话指出,积极发展专业学位研究生教育,既是学位与研究生教育自身发展、自我完善的需要,也是进一步增强学生就业竞争力,提高学位与研究生教育服务经济社会能力的需要。强调要把专业学位研究生教育摆在更加重要的位置上,要求进一步完善"985工程""211工程"等的考核指标,把专业学位研究生教育作为大学建设的一个重要考核点,纳入考核体系中来。

国务院学位委员会和教育部分别将积极发展专业学位研究生教育,大力推动研究生教育结构调整,把着力培养高层次应用型专门人才等内容列入2009年、2010年工作要点,将研究生教育结构调整、大力发展专业学位研究生教育作为当前学位与研究生教育改革与发展的一个重要任务。可以说,这是我国恢复研究生教育、实施学位制度以来,学位与研究生教育发展理念的一次比较重大的历史性调整。由于历史原因,我国硕士研究生教育在起步阶段和较长的时间里,定位于培养具有独立从事科学研究或教学工作能力的教学科研人才,这对于当时弥补人才短缺问题、及时补充教学科研力量,发挥了历史性的重要作用。随着我国研究生教育的快速发展,特别是博士研究生教育规模的扩大,博士毕业生日益成为教学、科研的主力军。同时,随着我国经济社会的快速发展,各行各业对高层次应用型人才的需求持续增长。因此,重新思考和确立硕士研究生教育的定位,调整研究生教育结构,大力培养应用型、高层次专门人才,成为研究生教育的时代使命。

二、硕士专业学位研究生招生模式的重大调整

1. 增招全日制硕士专业学位研究生

2009 年 4 月,教育部下发《关于做好 2009 年全日制专业学位硕士研究生招生计划安排工作的通知》(教发〔2009〕6 号),文件指出,为更好地适应国家经济社会发展对高层次、多类型人才的需要,增强研究生教育服务经济社会发展的能力,当前和今后一个时期要加快研究生教育结构调整优化的步伐,决定在 2009 年已下达的研究生招生计划基础上,增加全日制专业学位硕士研究生招生规模,主要用于招收应届本科毕业生。这次增招硕士专业学位研究生,出发点是缓解大学生就业压力,为大学生就业提供更多选择,着眼点在以此为契机,加快调整和优化硕士研究生的类型结构。

2009 年 9 月,教育部下发《关于做好 2010 年招收攻读硕士学位研究生工作的通知》(教学〔2009〕12 号),通知要求扩大全日制专业学位研究生招生范围,调整优化研究生教育结构,统筹考虑研究生办学层次结构、类型结构和学科专业结构,合理确定学术型和专业学位研究生教育类型结构比例,大力发展符合我国产业结构特点的专业学位研究生教育,凡经国务院学位委员会批准设立的专业学位类别和领域均可安排招生。要求 2010 年在相对稳定招生总规模的前提下,各招生单位要逐步减少学术型研究生招生数量,在 2009 年学术型研究生招生规模的基础上调减 5%～10%,用于增加专业学位研究生招生,并不断增加专业学位研究生招生规模。

2. 单列专业学位硕士研究生招生计划

2010 年 2 月,教育部、国家发展和改革委员会下发《关于下达 2010 年全国研究生招生计划的通知》,确定 2010 年硕士研究生招生计划安排学术型研究生 361990 人,专业学位研究生 110010 人。并明确提出,继续适

度发展研究生教育,着力调整优化学科专业和层次类型结构,着力扩大高层次应用型人才,特别是全日制专业学位研究生培养规模。这是在国家招生计划中首次将专业学位研究生招生计划单列下达。单列下达专业学位硕士研究生招生计划具有两层意义:一是表明专业学位研究生具有与学术型学位研究生并列的、单独的名分;二是明确专业学位与学术型学位研究生的招生规模。前者体现了专业学位研究生独立的地位,后者表明了调整的方向,具有较强的政策导向性和牵引性。经过这一调整和规定,2010年,专业学位硕士研究生招生占整个研究生招生数的比例已经达到24.67%。

3.建立专业学位研究生招生考试新模式

教育部教学〔2009〕12号文件规定,要积极探索适合高层次人才特别是拔尖创新人才选拔的评价方式,按照"着眼长远、整体设计、分步推进、分类实施"的原则,逐步建立完善学术型和专业学位两种类型的研究生招生考试模式。2010年整体上采取"分列招生计划、分类报名考试、分别确定录取标准"的招生考试模式,按照"科目对应、分值相等、内容区别"的原则设置专业学位研究生招生考试科目,根据培养要求和生源特点确定考试内容,突出考查考生运用基础知识和基本理论分析问题、解决实际问题的能力。

我国自1991年开展专业学位研究生教育以来,专业学位研究生教育种类不断增多,培养规模不断扩大,社会影响不断增强,在培养高层次应用型专门人才方面日益发挥着重要的作用。专业学位研究生教育既要培养具有一定工作经历的在职人员,满足他们在职提高、在岗学习的需要,也要培养应届本科毕业生,满足他们适应社会发展、提高专业水平、增强就业竞争力的需要。根据不同培养对象,学习方式可以是全日制攻读,也可以是非全日制攻读。目前,我国专业学位研究生教育中,在职人员攻读比例偏大、应届本科毕业生攻读比例偏小,在全日制研究生教育中的地位和作用没有得到充分体现。开展以招收应届本科毕业生为主的全日制硕士专业学位研究生教育,对于完善专业学位研究生教育制度、增强专业学位研究生的培养能力、满足社会多样化的人才需求、加快培养高层次应用型专门人才,具有重要意义。

三、硕士专业学位研究生培养模式的重大转变

2009年3月,教育部下发《关于做好全日制硕士专业学位研究生培养工作的若干意见》(教研〔2009〕1号),这是专业学位研究生教育开展20年来,教育部关于专业学位研究生培养的第一个专门文件,也是专业学位研究生培养模式方面具有突破意义的重要文件,对专业学位研究生培养模式的改革和创新具有重大影响。主要包括几个方面。

1.定位

专业学位研究生的培养目标是培养掌握某一专业(或职业)领域坚实的基础理论和宽广的专业知识,具有较强的解决实际问题的能力,能够承担专业技术或管理工作,具有良好的职业素养的高层次应用型专门人才。专业学位研究生教育在培养目标、课程设置、教学理念、培养模式、质量标准和师资队伍建设等方面,要突出专业学位研究生教育特色。

2.教学

专业学位研究生课程设置以实际应用为导向,以职业需求为目标,以综合素养和应用知识与能力的提高为核心。教学内容强调理论性与应用性课程的有机结合,突出案例分析和实践研究;教学过程重视运用团队学习、案例分析、现场研究、模拟训练等方法;注重培养学生研究实际问题的意识和能力;注重培养实践研究和创新能力,增长实际工作经验,缩短就业适应期限,提高专业素养及就业、创业能力。

3.实践

专业实践是专业学位研究生教育重要的教学环节,充分的、高质量的专业实践是专业学位研究生教育质量的重要保证。专业学位研究生在学期间,必须保证不少于半年的实践教学,可采用集中实践与分段实践相结

合的方式。培养单位要提供和保障开展实践的条件,建立多种形式的实践基地,加大实践环节的学时数和学分比例。注重吸纳和使用社会资源,合作建立联合培养基地,联合培养专业学位研究生,改革创新实践性教学模式。积极探索人才培养的供需互动机制。研究生要提交实践学习计划,撰写实践学习总结报告。要对研究生实践实行全过程的管理、服务和质量评价,确保实践教学质量。

4.学位论文

专业学位研究生要撰写学位论文,但形式可以多种多样,可采用调研报告、应用基础研究、规划设计、产品开发、案例分析、项目管理、文学艺术作品等形式。学位论文须独立完成,要体现研究生综合运用科学理论、方法和技术解决实际问题的能力。学位论文字数,可根据不同专业学位特点和选题,灵活确定。学位论文评阅人和答辩委员会成员中,应有相关行业实践领域具有高级专业技术职务的专家。

5.师资队伍

重视构建和形成一支适应专业学位研究生教育的师资队伍,建立健全合理的教学科研评价体系。建立健全校内外双导师制,以校内导师指导为主,校外导师参与实践过程、项目研究、课程与论文等多个环节的指导工作。吸收不同学科领域的专家、学者和实践领域有丰富经验的专业人员,共同承担专业学位研究生的培养工作。

为鼓励和推进专业学位研究生培养单位积极探索和创新符合专业学位研究生教育特点、具有鲜明特色的专业学位研究生培养模式和管理机制,促进专业学位研究生教育更好地适应经济社会发展和满足人民群众的多样化需要,并逐步健全具有中国特色的专业学位研究生教育制度,2010年4月,教育部下发了《关于开展研究生专业学位教育综合改革试点工作的通知》(教研函〔2010〕1号)。这项试点工作意义重大,将极大地推动专业学位研究生培养理念和教育思想的转变,将加快探索和建立专业学位研究生教育的新模式。试点工作的基本内容主要包括两个方面:一是在培养模式方面,在课程体系设置、师资队伍建设、教学内容与方式、研究课题和专业技能训练、实验室和实习实践基地建设、考核评价标准和方式等方面,要求有实质性的创新;二是在管理机制方面,在招生结构调整、与行业和企业共建合作、教学科研考核与评价机制、奖助贷体系建立、教育管理机构完善等方面,要求有突破性的改革。通过综合改革试点工作,促进和提高培养单位对专业学位研究生教育的科学认识,引导不同类型研究生的合理定位,充分发挥学校自身办学的优势,改变专业学位研究生教育学术化倾向,营造有利于专业学位研究生教育科学发展的良好环境,探索符合专业学位研究生教育规律的培养模式、质量标准及保障体系和办学管理体制,促进专业学位研究生教育水平和人才培养质量的明显提高,逐步构建和完善与经济社会发展需要相适应的专业学位研究生教育体系。

四、硕士专业学位研究生管理模式的重大调整

1.改革硕士、博士专业学位设置办法

1996 年 7 月,国务院学位委员会十四次会议审议通过《专业学位设置审批暂行办法》(以下简称《办法》)。十多年来,该《办法》作为开展专业学位研究生教育的基本依据,对于完善学位制度,推进专业学位研究生教育发展,培养高层次应用型专门人才发挥了积极作用。根据该《办法》和社会需求,每年研究、论证增设若干专业学位类别,但缺乏总体设计和长期规划,也缺乏经济社会发展对高层次应用型专门人才的需求研究。随着我国经济社会快速发展,社会各领域对高层次应用型专门人才的需求在规模、类别和质量等方面有了更高的要求,因此,要及时改革硕士、博士专业学位设置办法,明确专业学位的设置标准、要求和程序,增强设置的科学性、合理性和适应性。今后,新设置硕士、博士专业学位类别要具有明确的职业指向,所对应职业领域的人才培养,已形成相对完整、系统的知识体系,已形成相对独立的专业技术标准和相对成熟的职业规范,具有持

久的人才需求。硕士专业学位类别设置工作一般每五年进行一次,博士专业学位类别设置工作按照"成熟一个,发展一个"的原则进行。新设置的硕士、博士专业学位类别,经国务院学位委员会审议通过后,统一编入硕士、博士专业学位授予与人才培养目录,作为专业学位授权审核、学位授予、人才培养和教育统计分类等工作的依据。

2.改革硕士、博士专业学位授权审核办法

2010 年 5 月,国务院学位委员会下发《关于开展新增硕士专业学位授权点审核工作的通知》(学位〔2010〕20 号),决定开展新增硕士专业学位授权点审核工作。新增硕士专业学位授权点审核工作,以适应需求,坚持标准,保证质量,宁缺毋滥为基本原则。这次授权审核工作有两大变化。一是审核主体的变化:以往审核工作由有关全国专业学位研究生教育指导委员会受国务院学位委员会办公室委托,对申请院校进行审核;这次审核,部委属高等院校及中国科学院研究生院、中国社会科学院研究生院自行审核本校(院)新增硕士专业学位授权点;各省(自治区、直辖市)学位委员会组织审核所属院校新增硕士专业学位授权点。二是审批主体的变化:以往新增硕士专业学位授权点,由国务院学位委员会办公室审核批准;今后,由国务院学位委员会进行统一部署并审批。同时,要求各省(自治区、直辖市)学位委员会和有关学位授予单位根据本地区或本校(院)研究生教育总体发展规划,研究并制定今后 6 年(2010—2015 年)本地区或本校(院)专业学位研究生教育发展规划。

这一改革有几层意义:

(1)扩大硕士专业学位授权点规模。目前,很多研究生培养单位的硕士专业学位授权点少,硕士专业学位研究生招生规模小,特别是一些地方所属的研究生培养单位,缺乏必要的硕士专业学位授权,没有条件优化和调整研究生招生结构。

(2)深化硕士专业学位授权审核制度改革。进一步扩大高等院校办学自主权,增强省级教育主管部门统筹力度,积极主动适应国家和区域经济社会发展需要。

(3)加大调整、优化硕士研究生教育类型、结构的力度。要求自行审核新增硕士专业学位授权点的单位,以更高标准、更长远目标确立本校(院)新增硕士专业学位类别的办学要求,严谨论证,特色发展,不必求全、求大。各省(自治区、直辖市)学位委员会要紧密结合本区域经济社会发展需求和不同院校的办学优势,综合考虑结构布局、地区需要等因素,统筹发展,平稳推进。

(4)统筹考虑硕士专业学位授权审核与学术型硕士学位授权审核,保持授权审核工作的整体性。

学位授予单位新增博士专业学位授权审核,由国务院学位委员会办公室统一组织评审,国务院学位委员会审批。

3.建立、完善普通高校全日制专业学位硕士研究生资助办法

2010年3月,教育部办公厅下发《关于切实做好普通高校全日制硕士专业学位研究生资助工作的通知》(教财厅〔2010〕2号)。该通知指出,全日制硕士专业学位研究生资助工作是高校资助工作的重要组成部分,关系到研究生教育尤其是专业学位研究生教育的健康发展,关系到高层次应用型专门人才队伍的建设,关系到教育公平的全面落实。要求各高校按照客观公正、公平公开的原则,将家庭经济困难的全日制硕士专业学位研究生的资助纳入全校资助工作范围,在政策措施、经费投入、条件保障等方面与普通研究生一视同仁,使家庭经济困难的全日制硕士专业学位研究生获得相应的资助。按照规定标准,向全日制硕士专业学位国家任务研究生按月发放研究生普通奖学金;要积极协调、密切配合国家助学贷款经办银行及时为符合规定条件的家庭经济困难全日制硕士专业学位研究生申请办理国家助学贷款,解决其基本学习和生活费用问题。同时要求各地教育行政部门积极配合当地财政、银监等部门和有关金融机构,大力推进、扎实做好生源地信用助学贷款工作,督促所属各县级资助管理机构会同具体办理贷款业务的基层金融机构,及时向符合规定条件的家庭经济困难全日制硕士专业学位研究生办理发放生源地信用助学贷款。

4.构建全日制专业学位硕士研究生就业服务体系

2010 年 3 月,教育部办公厅下发《关于构建全日制专业学位硕士研究生就业服务体系有关工作的通知》(教学厅〔2010〕3 号),要求把全日制专业学位硕士研究生就业工作作为高校毕业生就业工作的重要内容。通知指出,全日制专业学位硕士研究生是硕士研究生教育的重要组成部分,执行普通高校毕业生的有关管理和就业政策。要求各省级毕业生就业主管部门、高等学校和有关培养单位切实将全日制专业学位硕士研究生纳入普通高校毕业生就业总体工作,统筹本地区、本校各类毕业研究生就业工作,努力构建全日制专业学位硕士研究生就业服务体系。按照国家关于普通高校毕业生就业的有关规定和政策,为全日制专业学位硕士研究生毕业时办理派遣、报到等相关就业手续。要求积极探索建立针对全日制专业学位硕士研究生的就业指导和职业发展课程体系,加强分类指导,有针对性地开展就业指导和服务。积极开拓专业学位硕士研究生就业市场,加强与国家重点行业、大型企业、行业组织的联系,充分利用行业、企业及校友等资源,组织开展专场招聘活动,为专业学位硕士研究生尽可能多地提供就业岗位信息。

5.促进各专业学位研究生培养单位强化管理与服务

教育部教研〔2009〕1 号文件要求,各专业学位研究生培养单位和有关教育主管部门要高度重视,充分认识专业学位人才培养与学术型学位人才培养是高层次人才培养的两个重要方面,在高等学校人才培养工作中,具有同等重要的地位和作用。要求制定全日制专业学位硕士研究生培养方案和实施细则,建立和完善各项规章制度。强化过程管理,建立和完善包括招生、培养、学位授予等各个环节的专业学位研究生教育质量保障体系。切实加大投入,加强教学基础设施、案例库以及教学实践基地的建设。根据专业学位研究生教育特点,在学位评议、组织管理等方面建立相应的机构和办法,进行有效指导、管理。树立服务意识,为学生学习、实践、创业等提供良好条件。

从上述情况来看,国家在专业学位硕士研究生招生、培养、管理等方面出台了一系列文件,制定了相关的配套政策,充分反映了发展专业学位研究生教育的决心,也充分体现了对发展专业学位研究生教育的高度共识、高度重视、高度支持,形成了良好的积极发展专业学位研究生教育的政策导向和浓厚氛围。专业学位研究生教育的下一步工作,要重点推进研究生培养理念、培养模式和管理机制的创新与转变,努力探索专业学位研究生教育发展的新途径;积极推动专业学位硕士研究生招生考试制度改革,探索适合专业学位研究生教育特点、有利于选拔培养应用型专门人才的考试办法;积极推进不同类别专业学位与不同岗位职业资格的多种形式的有效衔接,逐渐形成专业学位研究生教育的特色与优势;进一步加强专业学位研究生教育指导委员会建设,强化与人力、行业主管部门以及实际部门的紧密联系,在质量保障、评估检查、认证体系等方面大胆探索、积极实践;采取切实措施,努力引导并着力保证专业学位研究生教育在总体规模和比例不断扩大的情况下,质量和水平不断提高,社会影响不断扩大。

2010 年 5 月,中共中央、国务院下发了《国家中长期人才发展规划纲要(2010—2020 年)》,这是我国第一个中长期人才发展规划纲要,在人才重大政策中明确提出发展专业学位研究生教育。5 月 25 日,胡锦涛总书记在全国人才工作会议上发表重要讲话,指出要坚持突出工作重点,统筹抓好各类人才队伍建设,突出培养创新型科技人才、大力开发经济社会发展重点领域急需紧缺专门人才,统筹抓好党政人才、企业经营管理人才、专业技术人才、高技能人才、农村实用人才、社会工作人才等人才队伍建设,抓紧培养造就一批复合型、高层次、通晓国际规则的适应对外开放的人才。这些重点人才工作领域,正是专业学位研究生教育要肩负的重要培养任务。2010 年 7 月,《国家中长期教育改革和发展规划纲要(2010—2020 年)》向社会公布,在关于高等教育发展任务部分,提出"加快发展专业学位研究生教育"。专业学位研究生教育被同时列入国家中长期人才发展规划纲要和教育发展规划纲要,成为国家层面人才和教育的重大政策,成为人才和教育中长期改革和发展的重要方面,充分体现了国家对于专业学位研究生教育的高度重视,也充分体现了加快发展专业学位研究生教育的重大意义。同时,也必将极大地促进我国专业学位研究生教育又好又快地发展。

(原载于《学位与研究生教育》2010年第10期)

我国专业学位研究生教育的发展历程

黄宝印　唐继卫　郝彤亮

2016 年是我国专业学位研究生教育实施 25 周年。1990 年,国务院学位委员会第九次会议审议通过了《关于设置和试办工商管理硕士学位的几点意见》,设立了我国第一个专业学位,并于 1991 年开始正式招生。25 年来,国务院学位委员会先后批准设立了 40 种硕士专业学位、6 种博士专业学位,涉及国民经济和社会发展的主要领域。我国专业学位类别不断丰富,招生规模不断扩大,培养模式和管理方式不断创新,培养质量不断提高,社会影响力不断增强。在有关部门和社会各界的大力支持下,在培养院校和广大教师的积极努力探索下,中国特色专业学位研究生教育制度逐渐形成并不断完善,有力地适应了经济社会发展对高层次应用型专门人才的需要。特别是 2010 年以来,专业学位研究生教育发展步伐加快,国务院学位委员会先后批准新增 3600 多个硕士专业学位授权点,相当于过去 19 年专业学位授权点的总和,大大提高了专业学位研究生的培养能力,有力支撑了研究生教育结构的优化调整,也为专业学位研究生教育发展奠定了坚实的基础。2015 年,我国授予硕士专业学位 31.27 万人,占全部硕士学位授予数的 49.3%,实现了应用型人才与学术型人才培养并重的局面。回顾我国专业学位研究生教育发展历程,是在探索中前行、在改革中完善、在突破中发展,深入总结发展经验,展望未来发展方向,对我国专业学位研究生教育的可持续发展,具有重要意义。

一、我国发展专业学位研究生教育发展的时代背景

1.改革开放和经济社会发展，对高层次应用型专门人才需求日益显著

1984年，《中共中央关于经济体制改革的决定》指出，经济体制的改革和国民经济的发展，迫切需要大批既有现代化的经济、技术知识，又有革新精神，勇于创造，能够开创新局面的经营管理人才，特别是企业管理干部，要造就一支社会主义经济管理干部的宏大队伍。1985年，中共中央《关于教育体制改革的决定》指出，高等教育的结构，要根据经济建设、社会发展和科技进步的需要进行调整和改革；扩大高等学校的办学自主权，加强高等学校同生产、科研和社会其他各方面的联系，使高等学校具有主动适应经济和社会发展需要的积极性和能力。

正是在这样的背景下，专业学位研究生教育适时而动，顺势而为，拉开了发展的大幕。1984年，教育部研究生司转发清华大学、西安交通大学等11所高等工科院校《关于培养工程类型硕士生的建议》的通知，提出在合适的时机设置工程硕士学位。1986年，国务院学位委员会、国家教育委员会、卫生部下达《培养医学博士(临床医学研究生)的试行办法》的通知，提出对医学研究生教育进行改革。1990年，我国第一个专业学位——工商管理硕士(**MBA**)正式启动，开启了我国专业学位研究生教育的先河。随着改革开放步伐的加快和经济社会的持续发展，各行各业对高层次应用型人才提出了新的多样化要求，国家陆续设置专业学位，在工科、医科、经济管理等领域培养面向实际应用部门的专门人才。加快发展专业学位研究生教育，适应和满足经济社会发展对高层次应用型人才的需求，成为我国学位与研究生教育改革发展的重要选择。

2.不断完善我国学位制度，优化高层次人才培养结构，是学位与研究生教育改革发展的重要任务

自1978年恢复招收研究生起到1981年实施学位制度之初，由于当

时的历史条件,我国学位与研究生教育主要是为高等学校和科研部门培养教学、科研人才。改革开放 30 多年来,加快转变经济发展方式,改造提升传统产业,发展战略性新兴产业,推动产业结构升级,加强和创新社会管理,促进社会和谐进步,迫切需要培养一大批各领域的高层次应用型、复合型人才。随着我国研究生教育规模的不断扩大,毕业研究生到高校和科研机构就业的比例逐渐降低,社会需求的结构和毕业研究生的就业去向发生了根本性变化。

2002 年,国务院学位委员会、教育部下发《关于加强和改进专业学位教育工作的若干意见》明确指出,专业学位人才培养与学术性学位人才培养是高层次人才培养的两个重要方面,在高等院校人才培养工作中,具有同等重要的作用。2011 年 2 月,中共中央政治局委员、国务委员、国务院学位委员会主任委员刘延东在《中华人民共和国学位条例》实施三十周年纪念大会上讲话指出,积极发展专业学位教育,根据我国经济社会发展趋势,在国家急需的新能源、新材料、环境、生物、信息、经济、教育、法律、社会工作等领域,加大专业学位设置力度,创新培养模式,加强专业实践环节,促进高层次人才培养与产业、行业、企业、社会紧密结合。2015 年,我国在学研究生已达到 230 万人。在这种形势下,我们应该办什么样的研究生教育、怎样办好研究生教育、研究生教育如何更好地服务国家发展战略和满足人民群众需要,成为学位与研究生教育必须面对的重要课题。大力培养学术型人才和大力培养应用型人才是研究生教育的两大主题,同等重要,在高度重视学术型人才培养的同时,必须转变发展理念,更加重视应用型人才培养。大力发展专业学位研究生教育,正逢其时。

3. 国际研究生教育发展经验表明,高层次应用型人才培养是研究生教育的重要使命,对经济社会发展至关重要

从世界范围内看,发展专业学位研究生教育已经成为世界主要发达国家迎接新科技革命挑战、发展知识经济的重大举措,尤其在欧美发达国家,专业学位研究生教育占有更加重要的地位。美国是世界上开展专业学位研究生教育最早也是规模最大的国家。早在 20 世纪初,美国就把专业学位研究生教育列入国家高等教育体系中。1908 年,哈佛大学授予了美国第一个专业学位——工商管理硕士(MBA),到 20 世纪 80 年代,美国已经建立起种类齐全、规模庞大的专业学位研究生教育体系。目前,美国每年授予的硕士学位中,80% 以上是应用型学位。英国专业学位研究生教育在 20 世纪 90 年代开始得到快速发展,到 2008 年,专业学位研究生教育已成为研究生学位教育的主体,在校专业学位研究生规模占在校研究生总数的比例稳定在 80% 左右。日本专业学位研究生教育取法于美国,虽然起步较晚,但发展迅速,从 1998 年起,在政府大力推进下,在短时间内就粗具规模,开始了较为系统的发展。

尽管不同国家专业学位研究生教育发展起步不同、发展阶段不同,但都有一个共同特点,即都是在知识经济到来的背景下获得快速发展且势头强劲,是高等教育迎接新科技革命和新兴产业发展挑战的重大举措。在这些国家学位体系中,专业学位研究生教育定位清晰、规模很大,已经形成了各具特色并有明显优势的培养模式,有效适应和推动了经济社会发展,也得到了社会各行各业的高度认可。

二、我国专业学位研究生教育发展的基本历程

从 20 世纪 90 年代初国务院学位委员会批准设立第一个专业学位开始,我国专业学位研究生教育发展大致经历了两个阶段。

1. 专业学位研究生教育稳步发展、积极探索阶段(1990—2008 年)

在这一阶段,着力于研究、探索、实践,着力于规章制度建设,从专业学位类别设置、授权点审批、人才培养等方面,做了积极有益的探索,为专业学位研究生教育的快速发展奠定了坚实基础。

首设工商管理硕士(MBA),开启我国专业学位研究生教育先河。1990 年,国务院学位委员会第九次会议专门讨论了《关于设置专业学位调研工作的情况汇报》《关于设置医学专业学位的初步设想》《关于开展建筑学专业学位研究工作的意见》,特别是审议通过了《关于设置和试办工商

管理硕士学位的几点意见》,决定开展专业学位研究生教育试点工作,标志着我国专业学位研究生教育的正式诞生。会议认为设置专业学位十分必要,其目的是促进我国应用学科的建设和发展,加速培养应用学科的高层次人才,改变我国学位规格单一的现状。

按专业学位类别授予学位。1992 年,国务院学位委员会第十一次会议批准了有关学位委员提出的"关于按专业授予专业学位证书的建议",这是我国学位制度的重大突破,改变了学位条例中只按门类授予学位的方式。自此,我国学位授予按照两种方式进行,即学术学位按门类授予,专业学位按类别授予。

制定《专业学位设置审批暂行办法》。1996 年,国务院学位委员会第十四次会议审议通过《专业学位设置审批暂行办法》,对专业学位的设置目的、特点、层次、审批、培养、管理等做了制度化规定。规定专业学位分为学士、硕士和博士三级,但一般只设硕士一级;各级专业学位对应我国现行各级学位,处于同一层次;专业学位的名称表示为"××(职业领域)"硕士(学士、博士)专业学位。该办法对我国专业学位研究生教育的规范化发展,起到了积极的促进作用。

开展在职攻读硕士专业学位。1997 年,国务院学位委员会、国家经济贸易委员会联合下发《关于"九五"期间开展企业管理人员在职攻读工商管理硕士学位工作的通知》,配合中央搞活、搞好国有大中型企业改革工作,着重培养一支政治强、业务好,善于在市场经济条件下办好社会主义企业的经营管理者队伍;以服务于企业为目的,在企业、院校互惠互利的基础上开展工作,开启了我国在职攻读硕士专业学位的新路径。在当时研究生招生规模小、社会需求又非常迫切的情况下,该举措实现了加快满足实际部门对高层次应用型人才需求的迫切需要。自此以后,其他专业学位相继采取这种方式,扩展丰富了专业学位研究生教育渠道,打开了我国专业学位研究生教育发展的一个新领域。到 2015 年,先后累计招收培养在职攻读硕士学位研究生 180 余万人。

下发《关于加强和改进专业学位教育的若干意见》。2001 年,教育部、国务院学位委员会召开首次全国专业学位教育工作会议并下发了《关于加强和改进专业学位教育的若干意见》,指出为全面贯彻落实党中央、国务院确定的科教兴国战略,适应国家经济建设、科技进步和社会发展需要,必须不断改革和完善我国学位与研究生教育制度,促进专业学位研究生教育健康发展。这是首个专业学位教育专门文件,明确了专业学位教育的地位和作用,确立了专业学位教育发展的指导思想和基本要求。

设置教育博士专业学位。2008年,国务院学位委员会第二十六次会议审议通过《教育博士专业学位设置方案》,指出为深入贯彻落实科学发展观,适应我国经济社会和教育事业发展需要,实现建设人力资源强国和创新型国家的战略目标,进一步调整和优化教育学科类型、结构和层次,培养教育实践领域高层次专门人才,设置教育博士专业学位,培养造就教育、教学和教育管理领域的复合型、职业型的高级专门人才。教育博士是继1998年设置临床医学、口腔医学和兽医三个博士专业学位后新增的博士专业学位,为进一步扩大博士专业学位类别做出了新的尝试。

这一阶段,是我国专业学位研究生教育的起步发展阶段,先后设立了19个专业学位,专业学位授权点由1996年的88个增加到2008年的3200多个,硕士专业学位研究生年招生人数由1997年的7800多人增加到2008年的17.4万人。这一阶段,逐渐确立了我国专业学位研究生教育的基本制度,不断探索实践符合专业学位教育规律的培养模式,为我国专业学位研究生教育的进一步发展奠定了良好基础。2008年,国务院学位委员会第二十六次会议指出,要调整学术学位和专业学位的比例,积极发展符合我国产业结构特点的专业学位,改变全日制硕士研究生以攻读学术型学位为主的局面,为各行各业培养一线专业人才。按照国家战略部署,调整研究生教育的学科类型和布局结构,稳步发展学术学位研究生教育,大力发展专业学位研究生教育,以适应产业结构调整和经济发展方式转变的要求,适应新科技革命和发展战略性新兴产业的要求。

2.专业学位研究生教育快速发展、制度完善阶段(2009年至今)

在这一阶段,专业学位类别快速增加,制度不断完善,招生规模迅速扩大,培养模式改革不断深入,质量不断提高,社会认可度不断增强。

专业学位研究生纳入全日制硕士研究生招生渠道。2009年,教育部党组决定增招硕士研究生,全部用于招收应届本科毕业生全日制攻读硕士专业学位,并逐年减少学术学位硕士研究生招生计划。这一政策调整改变了过去硕士专业学位研究生教育一般不招收应届毕业生并以在职攻读学位为主的局面,专业学位进入了研究生招生的主渠道,成为研究生教育的重要组成部分,进一步确立了专业学位研究生教育在整个研究生教育中的重要地位。

下发《专业学位教育发展总体方案》。这是专业学位研究生教育第一个10年发展总体设想。2010年,国务院学位委员会第二十七次会议审议通过了《专业学位教育发展总体方案》,指出要高度重视专业学位教育工作,充分认识专业学位人才培养与学术型学位人才培养是高层次人才培养的两个重要方面,具有同等重要的地位和作用。到2020年,实现我国研究生教育从以培养学术型人才为主转变为学术型人才和应用型人才培养并重,专业学位教育体系基本完善,研究生教育结构和布局进一步优化,培养质量明显提高,研究生教育能够更好地适应经济社会发展需要和满足人民群众接受研究生教育的需求。

制定《专业学位设置与授权审核办法》。这是对1996年《专业学位设置审批暂行办法》的修改、完善。2010年,国务院学位委员会第二十七次会议审议通过了《专业学位教育发展总体方案》,明确增设硕士、博士专业学位类别的条件、程序,进一步规范硕士、博士专业学位授权点审核条件、办法,第一次制定硕士、博士专业学位目录,作为专业学位授权审核、学位授予、人才培养和教育统计分类等工作的依据。此次会议审议新增19种硕士专业学位类别,是国务院学位委员会历史上审议专业学位文件最多、新增专业学位类别最多、讨论专业学位研究生教育最深入的一次重要会议,对我国专业学位研究生教育的发展有重要影响。

开展专业学位研究生教育综合改革试点。2010年,教育部下发《关于开展专业学位研究生教育综合改革试点工作的通知》,批准64所高校开展试点,鼓励和推进专业学位研究生培养单位积极探索和创新符合专业学位研究生教育特点、具有鲜明特色的专业学位研究生培养模式和管理机制,促进专业学位研究生教育更好地适应经济社会发展和满足人民群众的多样化需要,逐步健全具有中国特色的专业学位研究生教育制度。2015年,在此基础上,又选择工程、法律、会计3个教指委,上海、江苏、北京、辽宁4个省市,北京大学、清华大学等12个部属高校,进一步深化专业学位研究生教育综合改革,努力探索可借鉴可推广的成功经验。

开展学士学位授予单位申请硕士专业学位授予权试点。2011年,国务院学位委员会第二十八次会议审议通过了《关于开展"服务国家特殊需求人才培养项目"试点工作的意见》,针对有关行业领域特殊需求的高层次专门人才,通过择需、择优、择急、择重,批准64所学士学位授予单位招收培养硕士专业学位研究生。这一做法是学位授权审核工作的一次重大突破。以往的做法是,学士学位授予单位在符合条件的情况下,首先申请硕士学位授予单位,首先招收学术型硕士研究生;这一次,是直接申请硕士专业学位类别,意在引导本科高等学校紧密结合区域、行业经济社会发展需要,合理定位、办出特色、办出水平,将科研和教学与高层次应用型人才培养紧密结合。同时,批准5所民办高校开展培养硕士专业学位研究生试点工作,民办高校开展研究生教育,这也是一次重大突破。

改革硕士专业学位授权点审核办法。2013年,国务院学位委员会下发《关于开展增列硕士专业学位授权点审核工作的通知》,积极推进学位授权审核办法改革,突出专业学位人才培养要求,首次明确不以学术学位授权点作为增列专业学位授权点的必要条件。同时,鼓励学位授予单位根据自身办学特色及人才培养的实际需要,在硕士学位授权点(含学术学位和专业学位)总量不变的前提下自主调整硕士专业学位授权点。将学位授权审核与人才培养及后期质量评估相结合,将培养模式改革作为学位授权审核的重要依据。

推动临床医学专业学位与住院医师规范化培训制度紧密结合。2014年,教育部会同国家卫计委等六部门,联合下发了《关于医教协同深化临床医学人才培养改革的意见》,明确加快构建以"5+3"为主体的标准化、规范化临床医学人才培养体系。从 2015 年起,所有新招收的临床医学硕士专业学位研究生,培养方式按照国家统一制定的住院医师规范化培训要求进行,毕业研究生可以同时获得执业医师证、住院医师证、硕士学历证和硕士学位证,实现了临床医学人才培养机制的重大突破。这是临床医学专业学位研究生教育多年实践探索的结果,完全实现了临床医学研究生教育、学位学历、临床医师培养的全面对接。

加强案例教学和联合培养基地建设。2015 年,教育部下发《关于加强专业学位研究生案例教学和联合培养基地建设的意见》,推动各培养单位高度重视案例教学和基地建设,科学规划、创造条件,加大经费和政策支持力度,设立案例教学和基地建设专项经费,为案例教学和基地建设提供必要的条件保障,通过人才培养项目、实验室建设、联合科研攻关等途径加大对案例教学和基地建设等方面的投入,进一步明确了案例教学和联合培养基地在专业学位教育中的重要作用。

这一阶段是我国专业学位研究生教育的快速发展阶段,先后设立了21 个专业学位,使专业学位类别达到 40 个(各专业学位类别设置情况见表 1),专业学位授权点由 2008 年的 3200 多个增加到 2015 年的 7200 多个,硕士专业学位研究生招生人数由 2008 年的 17.4 万人增加到 2015 年的 37.6 万人(历年硕士专业学位研究生招生情况见图 1)。

表 1　各专业学位类别设置情况

专业学位类别	设置时间	专业学位类别	设置时间
工商管理硕士	1990 年	应用统计硕士	2010 年
建筑学学士、硕士	1992 年	税务硕士	2010 年
法律硕士	1995 年	国际商务硕士	2010 年
教育硕士、博士	1996、2008 年	保险硕士	2010 年
工程硕士、博士	1997、2011 年	资产评估硕士	2010 年
临床医学硕士、博士	1998 年	警务硕士	2010 年

续表

专业学位类别	设置时间	专业学位类别	设置时间
兽医硕士、博士	1999 年	应用心理硕士	2010 年
农业硕士	1999 年	新闻与传播硕士	2010 年
公共管理硕士	1999 年	出版硕士	2010 年
口腔医学硕士、博士	1999 年	文物与博物馆硕士	2010 年
公共卫生硕士	2001 年	城市规划硕士	2010 年
军事硕士	2002 年	林业硕士	2010 年
会计硕士	2003 年	护理硕士	2010 年
体育硕士	2005 年	药学硕士	2010 年
艺术硕士	2005 年	中药学硕士	2010 年
风景园林硕士	2005 年	旅游管理硕士	2010 年
汉语国际教育硕士	2007 年	图书情报硕士	2010 年
翻译硕士	2007 年	工程管理硕士	2010 年
社会工作硕士	2008 年	审计硕士	2011 年
金融硕士	2010 年	中医硕士、博士	2014 年

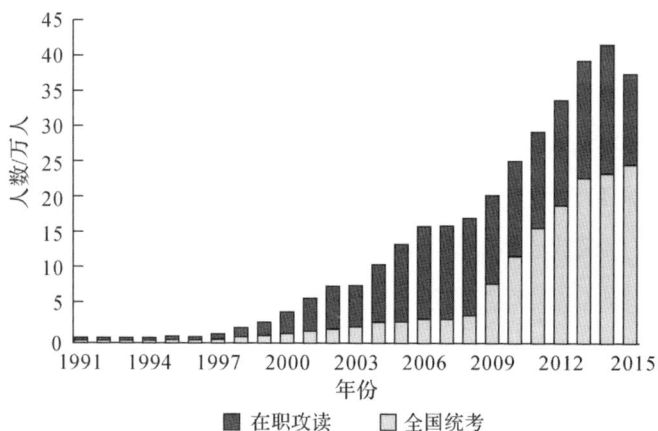

图 1　历年硕士专业学位研究生招生情况

三、我国专业学位研究生教育发展的主要做法和基本经验

回望25年发展历程,我国专业学位研究生教育经历了从萌芽诞生、探索经验,到发展壮大、全面提升的不同阶段,有力地服务了社会主义现代化建设大局,也积累了很多宝贵经验。

1.深入研究,充分认识和准确把握专业学位研究生教育规律

专业学位是舶来品,但从一开始我们就清醒地认识到,它既不是国外教育形式的简单移植,也不是原有学术型研究生教育的简单改变,而是具有特殊规律的研究生教育类型。研究借鉴国外有益经验,有助于深入研究我国社会需求和教育实际,不断加深对专业学位的认识,不断加强对专业学位教育规律的把握。

专业学位作为具有职业背景的一种学位,是为了培养经济建设和社会发展所需要的高层次应用型专业人才,其与学术型学位相比,处于同一层次,只是类型不同、规格不同,各有侧重,在培养目标、招收对象、课程设置、培养方式以及知识结构、能力结构等方面有特定要求和质量标准,区别于教学、科研型人才的培养要求。专业学位研究生教育必须以职业需求为导向,以实践能力培养为重点,以产学结合为途径。随着我国社会主义市场经济的发展和知识经济时代的来临,社会各行各业的从业标准和知识、技术含量日益提高,对于应用型高层次专门人才的需求在量上和质上都提出了迫切的、更高的要求。近些年来,我们先后组织专家研究并出版了《世界主要国家和地区医学学位体系概况》《开创我国专业学位研究生教育发展的新时代》《国外研究生教育评估制度研究》等,很多高校、研究机构、专家学者发表了大量研究文章,为专业学位教育发展奠定了坚实的理论基础。

2.深化改革,健全完善专业学位研究生教育政策制度环境

专业学位教育涉及专业学位类别论证与设置、授权点的标准与审核、

招生考试与计划、实践教学、质量保障、财政支持与就业指导等若干环节，必须环环相扣，构建完善的制度环境和政策保障，才能不断推进专业学位教育的持续健康发展。

20多年来，特别是近些年来，在有关部门的大力支持和密切配合下，专业学位研究生教育的有关政策不断完善，制度环境不断优化。如，建立了专业学位类别设置与授权审核制度，制定下发了《硕士、博士专业学位设置与授权审核办法》；改革了专业学位硕士研究生招生计划下达方式，从2010年起，学术型研究生与专业学位研究生招生计划分列下达；改革了硕士研究生招生考试方式，自2010年，学术型和专业学位硕士研究生招生采取"分列招生计划、分类报名考试、分别标准录取"的方式进行；建立了专业学位研究生就业指导制度，下发了《教育部办公厅关于构建全日制专业学位硕士研究生就业服务体系有关工作的通知》，将全日制专业学位研究生就业工作纳入普通高校毕业生就业总体工作；建立了完善专业学位研究生资助制度，下发了《教育部办公厅关于切实做好普通高校全日制硕士专业学位研究生资助工作的通知》，将家庭经济困难全日制专业学位研究生的资助纳入全校资助工作范围，在政策措施、经费投入、条件保障等方面与学术型研究生一视同仁；完善了专业学位研究生教育投入机制，2013年，财政部、国家发展和改革委员会、教育部印发了《关于完善研究生教育投入机制的意见》，从2012年起，国家对纳入全国研究生招生计划的中央高校全日制研究生(委托培养研究生除外)安排生均综合定额拨款，从政策、经费上支持和保障专业学位研究生教育发展。2013年，教育部、人力资源和社会保障部印发《关于深入推进专业学位研究生培养模式改革的意见》，明确要以职业需求为导向，以实践能力培养为重点，以产学结合为途径，建立与经济社会发展相适应、具有中国特色的专业学位研究生培养模式。这些规划纲要、政策机制，有力促进和保证了专业学位研究生教育的积极发展和质量保障。

3.以目标为导向，着力构建专业学位研究生培养模式

培养模式，对于实现专业学位研究生教育培养目标至关重要。《关于深化研究生教育改革的意见》指出,要建立以提升职业能力为导向的专业学位研究生培养模式。目前,超过半数的省级教育行政主管部门建立了多种形式的专业学位研究生联合培养基地,高等学校不断加强联合培养基地建设和规范管理,全国工程、教育和农业教指委共评选出96个"全国示范性专业学位研究生联合培养基地"。20多个全国专业学位教育指导委员会会同教育部学位与研究生教育发展中心联合开展中国专业学位研究生教育案例库建设,已经开通工商管理硕士、会计、公共管理硕士、法律、教育、临床医学、工程管理、风景园林等8个专业学位教学案例库,入库案例总数达到1251篇。工商管理硕士、会计和金融等专业学位教指委积极开展优秀案例评选、案例教学师资培训等工作;部分高校将案例编写纳入对教师评价体系之中。案例教学和联合培养基地建设已纳入学位授予基本要求和专业学位授权点合格评估指标体系。从2015年起,所有新招收的临床医学硕士专业学位研究生,既是研究生,又是住院医师规范化培训人员,其临床能力培养按照国家统一制定的住院医师规范化培训要求进行,毕业研究生可以同时获得执业医师证、住院医师证、硕士学历证和硕士学位证。教育部与科技部建立协同工作机制,把与国家重大科技专项密切结合作为工程博士专业学位的切入点,一批参与大型飞机、载人航天、探月工程、新一代宽带无线移动通信等国家重大专项的优秀科研人员,成为工程博士研究生。

针对不同专业技术岗位,积极推进专业学位研究生课程和实践考核与特定职业人才评价标准有机衔接,推进专业学位研究生培养内容与特定职业人才工作实际有效衔接,推进专业学位授予与获得相应职业资格有效衔接。如,取得建筑学硕士专业学位的人员在参加注册建筑师考试时可以获得一定实践年限豁免,取得翻译硕士专业学位的人员参加二级翻译资格考试可以免考综合能力科目。2005年,清华大学牵头的"工程硕士专业学位教育机制的创新与实践",获国家级优秀教学成果特等奖;2014年,复旦大学牵头的"我国临床医学教育综合改革的探索与创新——'5+3'模式的构建与实践",获国家级优秀教学成果特等奖。

4.以服务、指导、协调、引领为导向,充分发挥全国专业学位研究生教育指导委员会的作用

成立专业学位研究生教育指导委员会,是我国专业学位研究生教育管理模式的一大特色。我国每设立一个专业学位,都相应地成立了专业学位研究生教育指导委员会。2011 年,国务院学位委员会、教育部、人力资源和社会保障部联合印发了《专业学位研究生教育指导委员会工作规程》,进一步明确专业学位研究生教育指导委员会由有关主管部门、行业、企业和事业单位及学位授予单位推荐的专家和负责人组成,是协助主管部门开展相应类别专业学位研究生教育研究咨询、指导评估和交流合作的专业组织。专业学位研究生教育指导委员会,是指导我国专业学位研究生教育发展的重要组织,是我国专业学位研究生教育迅速健康发展的重要依靠力量。多年来,教指委在制定研究生指导性培养方案、核心课程设计和教材建设、案例库建设和师资培训、联合培养基地建设、学位论文标准和学位授予基本要求、开展合格评估以及对外交流与合作等方面,做了大量工作,发挥了重要作用。

事实证明,专业学位研究生教育指导委员会制度是我国教育国情下的独特优势,在专业学位教育发展过程中发挥了独特作用。目前,40 个专业学位类别共设立了 36 个专业学位研究生教育指导委员会,其中,29 个教指委由行业部门领导或专家担任主任委员,来自行业部门的领导或专家人数占全部教指委委员人数的 27.4%。

5.强化质量意识,建立健全专业学位研究生教育质量保障体系

建立健全专业学位研究生教育质量保障体系,是保证和提高专业学位研究生教育质量的重要手段。2000 年 4 月,国务院学位委员会办公室下发《关于开展中国高校工商管理硕士(MBA)学位教学合格评估工作的通知》,这是我国首次开展专业学位研究生教育评估,评估内容包括教学设施、师资队伍、教学管理、教学组织、教学效果、办学特色等六个方面。此后,其他专业学位也陆续采取了这种方式。

2014 年,国务院学位委员会、教育部印发了《学位授权点合格评估办法》,对获得学位授权满 3 年的新增学位授权点开展专项评估,于 2015 年启动首次专项评估,一些单位自动撤销已有专业学位授权点,一些单位的专业学位授权点被限期整改或直接撤销授权,专业学位评估制度进一步规范。按照我国专业学位设置惯例,国务院学位委员会在审议设置新的专业学位类别时,都对其设置方案、培养定位、设置的必要性和可行性以及培养要求,进行严格审核。每个专业学位类别都有指导性培养方案,都有基本规范要求。2013 年,国务院学位委员会、教育部又委托专业学位教指委编写了各专业学位类别的博士、硕士学位基本要求。为提高办学水平和国际影响力,我国专业学位教育积极参与国际认证。如,有的高校参与了美国高等商学院协会(AACSB)、欧洲质量改进体系(EQUIS)和英国工商管理硕士协会(AMBA)等国外认证机构对 MBA 项目的质量认证工作。在积极参与国际认证的同时,我国专业学位教育积极探索建立符合中国国情的质量认证体系;2012 年,教育部学位与研究生教育发展中心会同全国 MBA 教指委正式开展中国高质量 MBA 教育认证试点工作,清华大学等 9 所高校通过中国高质量 MBA 教育认证。2014 年,全国会计教指委也开展了中国高质量 MPAcc(会计硕士专业学位)教育认证工作。中国特色专业学位质量认证体系的建立和完善至关重要,对系统总结专业学位办学经验、提炼办学特色,提高教育质量,提升影响力,有巨大的推动作用,也为推动专业学位教育与职业资格衔接奠定了良好基础。

随着支撑体系和质量保障体系的不断完善,我国专业学位研究生教育质量进一步提高,影响力不断扩大。从研究生报考情况看,近年专业学位研究生报名人数逐年增加。2014 年和 2015 年,全国硕士研究生报考总人数分别下降 4 万人和 6.5 万人,而专业学位研究生报考人数却分别增加了 9 万人和 5 万人。在研究生考试中,会计、审计等专业学位,连续多年被列入报名录取比最高的十大学科类别。从就业情况看,一些类别的专业学位研究生受到行业的普遍欢迎。如临床医学、建筑、会计、翻译、金融等专业学位,就业率和就业质量在各学科类别中一直名列前茅。

当前,加快培养高层次应用型人才被赋予了前所未有的历史使命。专业学位研究生教育要紧紧围绕服务需求、提高质量的核心任务,进一步深化改革,努力构建符合专业学位研究生教育规律的招生考试方式、培养模式、质量评价机制,积极推动专业学位与职业资格的有效衔接,不断丰富博士专业学位类别和扩大招生规模,大力提升专业学位研究生教育质量,加快推进中国特色专业学位研究生教育制度更加成熟、更加具有竞争力,更加有力地适应和服务于社会主义现代化建设,尽快把我国专业学位研究生教育提升到新的更高水平。

(原载于《中国高等教育》2017年第2期)

加强翻译硕士教育工作
适应翻译产业发展需要

唐继卫

一、积极发展专业学位教育,适应新时期经济社会发展需要

当前我国正处于工业化、信息化、城镇化、市场化和国际化发展的关键时期,经济结构正在进行调整和转型,职业分化越来越细,职业种类越来越多,专业化程度也越来越高,社会对高层次应用型人才的需求日趋迫切和多样化。学位与研究生教育是培养高层次专门人才的主要渠道,改革开放30余年来,我国学位与研究生教育飞速发展,培养出了200多万名硕士和博士研究生,极大地改善了我国各类人才的素质和结构,推动了人才强国战略的实施;目前,我国在校硕士研究生达140万人,在学博士生有20余万人,已经成为世界第二大研究生教育大国。但是,应当看到,我国研究生培养模式主要是学术型,而且这种人才培养结构与培养模式一直延续至今,已经与社会需求不相适应。据统计,2007年只有一半的博士毕业生到高校或科研机构工作,2008年高校和科研机构就业的硕士毕业生只有16.6%。正如总理近期明确提出的,我们的教育还不适应经济社会发展的要求,要努力培养创新型、实用型和复合型人才。

针对培养高层次应用型人才的需要,按照职业岗位的需要,国务院学位委员会自1992年以来,已经陆续设置MBA、教育硕士、翻译硕士等19

个专业学位,但是,2008 年招收的攻读硕士专业学位研究生不足招生总数的 10%。为加快高层次应用型人才培养,国务委员刘延东在 2008 年 12 月召开的国务院学位委员会第二十六次会议上强调:要调整学术型学位和专业型学位的比例,认真研究和制定符合我国当前经济发展阶段和产业结构特点的专业学位发展规划,有计划地积极发展专业学位,从根本上改变全日制硕士研究生攻读学术型学位为主的局面,为各行各业提供一线人才。教育部在 2009 年硕士研究生招生计划中增招 5 万名,全部用于招收全日制专业学位研究生,使 2009 年招收的攻读硕士专业学位研究生达到招生总数的 17% 左右。同时,要求具有专业学位授权的高等学校调整本单位研究生招生结构,今后每年按 5%～10% 的比例减少学术型研究生招生人数,减少部分全部用于专业学位招生,扩大专业学位招生比例。因此,大力发展专业学位教育是今后一个时期适应我国经济社会发展、促进研究生教育结构调整、深化研究生教育改革与发展的重要举措。

二、加强翻译硕士教育工作,促进外语类人才培养结构的调整

随着经济全球化和区域集团化进程的加快,我国与世界的联系日益紧密,中国正以新的姿态走向世界。伴随着经济发展,我国翻译产业正呈现爆炸式增长。此外,翻译工作涉及国家政治、经济、文化等各个领域,翻译产业的分工也越来越细,没有任何个人或一个机构能够承担所有的翻译服务。因此,翻译产业的发展为翻译人才培养带来了大好机遇和全方位的挑战。

近几年来,随着社会需求的增加,设置外语类本专科专业、具有硕士学位授权点的高等学校数以及招收的本专科和研究生人数也在快速增长。从表 1 至表 4 可以看出,2008 年在校外语类本专科人数达到 120 余万名,获得外国语言文学学科硕士学位的人数已达万名。但是,不可否认的是,我国外语类人才培养模式单一,以外国语言文学或语言学方向为主设置的各级培养方案很难适应翻译产业对人才的需求,不可避免地出现

一方面外语类毕业生就业难,而另一方面翻译人才短缺的局面。

表 1   2008 年全国高等学校外语类本专科人数　　　　（单位:万人）

毕业生数			招生数			在校生数		
合计	本科	专科	合计	本科	专科	合计	本科	专科
31.40	15.00	16.43	35.50	18.94	16.54	121.55	70.63	50.92

表 2   目前我国外语类博士、硕士学位授权专业点以及 2008 年博士、硕士学位授予数

学科名称	博士学位授予数	硕士学位授予数	博士点	硕士点
英语语言文学	180	4748	22	119
俄语语言文学	19	229	4	20
法语语言文学	12	119	2	5
德语语言文学	10	152	0	5
日语语言文学	12	591	2	35
亚非语言文学	15	135	1	6
其他语言文学	11	58		2
外国语言学及应用语言学	68	3931	5	150
合计	327	9963	36	342

注:此外,还有博士一级学科授权点 6 个,硕士一级学科授权点 28 个。

表 3   2009 年全国招收外语类博士、硕士生人数

博士生数	硕士生数		
	非 MTI	MTI	合计
484	12452	548	12900

表 4   在职攻读翻译硕士(MTI)的基本情况

年份	MTI 授权单位数	在职攻读 MTI 报考人数	在职攻读 MTI 录取人数
2007	15	987	337
2008	15	1436	408

翻译产业的发展和翻译人才的短缺促使了翻译硕士专业学位的产生。2007年,国务院学位委员会第二十三次会议审议并批准设置翻译硕士专业学位,成为我国翻译人才培养历史上的一个里程碑,为我国培养高层次专业化翻译人才开辟了一个重要途径。同年,北京大学等15所高等学校获得翻译硕士专业学位授权,2009年,又有25所高等学校获得翻译硕士专业学位授权。目前,在职攻读翻译硕士专业学位的研究生和全日制攻读翻译硕士专业学位的研究生人数已达1300余人。此外,在国家人事部和中国外文局的支持下,翻译硕士专业学位与翻译资格(水平)考试也进行了有效衔接。因此,翻译硕士专业学位的设置为调整外语类人才培养结构和培养方式奠定了坚实基础。

三、创新培养模式,提高培养质量

(1)加强宣传,提高对专业学位教育工作重要性和其本质的认识。专业学位是针对社会特定职业领域的需要,培养具有较强的专业能力和职业素养、能够创造性地从事实际工作的高层次应用型专门人才而设置的一种学位类型。翻译硕士教育开展不久,社会上以及高等学校自身对翻译硕士的认识还不到位。翻译硕士学位授权不同于在原来的外国语言文学一级学科中增加一个二级学科授权,授权单位要深刻把握专业学位的内涵以及翻译硕士的培养目标,才能防止翻译硕士教育中学术化的倾向。

(2)加强管理体制改革。要根据翻译硕士教育的特点,积极推进管理体制和机制的改革,建立教育教学评价新机制,营造有利于翻译硕士教育发展的良好氛围。

(3)强化与行业和企业的联系。授权单位在翻译硕士教学规划制定、课程设置、教师队伍建设、实习实践基地建设、论文评价等各方面要加强与行业和企业的合作,积极引导它们参与到人才培养的各个环节中来,突出专业学位教育的实践性。

(4)加强评估,树立品牌。要注重在探索中的过程管理,要推进翻译硕士教育与翻译资格证书的衔接,实行有效期制度,定期对培养单位的学位授予质量进行评估,促进提高专业学位培养质量,增强毕业生的实践能力和提高就业水平,更好地服务于翻译产业的发展。

（原载于《中国翻译》2010 年第 1 期）

翻译硕士专业学位教育的发展趋势与要求

黄友义

在国务院学位委员会办公室的大力支持下,全国翻译硕士专业学位教育指导委员会、中国翻译协会翻译理论与翻译教学委员会和北京大学翻译硕士专业学位教育中心联合主办全国首届翻译硕士(MTI)教育与翻译产业研讨会,这是在全国首次举办的翻译产业、学术与研究相结合的研讨会,这次会议的召开标志着翻译教育与翻译行业走向结合的新的发展趋势。希望通过此次会议,能够促进翻译产业向着规范化、专业化、职业化、技能化、市场化的方向发展;同时,通过研讨,找到翻译硕士专业学位教育更加健康发展的具体途径。

一、翻译产业的现状、需求与发展趋势

随着我国改革开放的不断深入,尤其随着国际国内市场交流与融合步伐的加快,我国与世界各国在政治、经济和文化上的交流正变得日趋频繁,中国翻译市场正以前所未有的速度迅猛发展。

据 ABI(Allied Business Intelligence Inc.)统计,2003 年,全球年翻译产值超过 130 亿美元,亚太地区占 30%,中国内地市场约为 127 亿元人民币;2005 年,世界翻译市场的规模达到 227 亿美元,中国内地翻译市场规模为 210 亿元人民币,占世界的 1/8;2007 年,中国内地翻译市场规模更是达到了 300 亿元人民币。据有关部门统计,我国有各种经济成分组

成的翻译公司约 3000 家,以咨询公司、打印社等名义注册而实际承揽翻译业务的公司更有数万家之多。据不完全统计,目前我国在岗聘任的具有翻译专业技术职称的人员约 3.5 万人,另有数十万人以不同形式从事翻译工作。翻译已经从原来的政府和事业单位、科研机构的工作,发展成为一项专门的社会职业。翻译公司的服务种类和方式日益繁多,包括人工翻译、机器翻译、翻译软件以及本地化等。

然而,我国翻译产业尚处于起步阶段,发展不是很健全。在发达国家城市中,外语和本地语言的使用比例一般为 1∶7。2008 年,北京的这一比例已达到 1∶10,中国翻译市场的需求急剧膨胀。总体来看需求重点存在以下三个方面。

一是专业翻译人才紧缺,尤其是中译外高端人才匮乏。大部分翻译学校和机构都缺少专业领域的翻译课程,比如法律和医学文献、术语管理、翻译项目管理、翻译技术等。

二是翻译服务企业急需做大做强。目前,翻译服务企业虽然数量不少,但大多规模不大,服务能力不强,市场拓展能力有限,在体制、机制上较其他现代服务企业也有明显差距,因此在与国际同行的竞争中往往处于劣势。2007 年翻译服务企业 300 亿元人民币的市场份额中,有相当一部分被国外同行获得。

三是翻译市场管理亟待规范。中国目前没有一个政府部门主管翻译事业,对翻译行业统一、完整、系统的政策规范也就难以到位。

今后,翻译产业的发展需不断适应我国社会经济发展的新形势,并呈现以下发展趋势。

一是翻译产业的发展将更趋于专业化、职业化、技能化。高层次、专业化翻译人才培养将越来越得到国家和社会的重视,翻译硕士专业学位教育的兴起与发展是一个重要的体现。翻译专业资格(水平)考试作为外语翻译专业人才评价的体系已经初步建立,并纳入国家职业资格考试的统一规划。新技术手段的广泛应用将不断提高翻译服务的技能。

二是随着翻译服务业的不断成熟、成型和壮大,翻译产业将得到越来越多的知名企业的关注,形成规模化发展的趋势。一些传统的手工作坊式的小型翻译公司,将在发展中不断整合,向着具有多种经营内容、模式和手段,具有语言信息服务处理功能的现代化、综合性企业转型。小作坊式的翻译公司会长期存在,但是功能健全的大型公司将不断涌现。

三是国际资金看到中国翻译市场的发展机遇,力争在翻译行业发展的初期阶段进入中国,占据有利位置。这是促使中国翻译行业发展的外在动力,同时也对国内翻译企业发展带来了竞争和挑战。

四是翻译产业的发展将越来越规范化。顺应社会和市场的需求,需要国家标准,也需要如中国翻译协会这样的机构对翻译市场的规范化管理发挥越来越重要的作用。

在 11 月 13 日刚刚闭幕的中国译协第六届会员代表大会上,翻译硕士专业学位教育指导委员会的多名成员和翻译企业的代表进入理事会。这表明,中国翻译协会将在翻译市场规范化方面发挥更加积极的作用。

另外,从学术层面上分析,今后,传统的以人为主体的口、笔译和手语翻译产业核心层,将向产业边缘层加速发展,也就是朝着以翻译服务为主体,借助于计算机技术实现软件和网页的本地化、计算机辅助翻译和机器翻译;此外,涉及翻译培训,新闻翻译,影视作品翻译,翻译软件或翻译机器的研发、生产或销售等组成的翻译产业的相关层,也将在翻译市场中占据越来越重要的地位。

二、翻译硕士专业学位的发展趋势与要求

翻译硕士专业学位是为适应社会主义市场经济对应用型高层次专门人才的需求,由国务院学位委员会于 2007 年 1 月批准设置的,是我国目前 20 个专业学位之一。

1.翻译硕士专业学位教育的发展趋势

根据国务院指示,教育部决定自 2009 年起,扩大应届本科毕业生全日制攻读硕士专业学位研究生的专业学位范围,在原来的招生指标上增

加 5 万名招生名额。从宏观上讲,这是我国学位与研究生教育主动适应国家经济建设和社会发展、加快培养高层次应用型专门人才的需要而进行的一项重大改革举措;从微观上讲,是要及时调整学术型研究生与专业型研究生的培养结构,推动硕士研究生教育从以培养学术研究型人才为主向以培养应用型人才为主的模式转变。最终,在我国研究生教育中,应用型研究生比例将逐步提高,与学术型研究生比例各为 50%,甚至专业学位研究生的比例会更高。这是 30 多年来我国研究生教育又一次重要的改革,也为翻译硕士专业学位教育提供了加快发展的历史机遇。

2.翻译硕士专业学位教育发展的要求

翻译产业发展的同时,也要求翻译硕士专业学位教育在翻译教学理念、教学内容和方法上更加注重采取现代化的技术手段,向着科学化、职业化方向培养高层次、应用型、专业型人才。

(1)转变教育理念,高度重视翻译硕士专业学位教育的应用性、实践性和专业化。翻译硕士专业学位教育要根据专业学位强调实践性、应用性、专业化的特点、理念和模式,瞄准市场对翻译人才的需求来培养翻译高层次人才,尤其是要有针对性地做好市场稀缺的中译外人才的培养,从根本上解决因缺少中译外人才而导致的我国软实力上的"逆差"。

(2)加强翻译硕士专业学位教学内容的社会性、实践性。翻译硕士专业学位教育应改变传统外语教学以学历教育为主,主要培养学术型和研究型人才的教学模式,在课程设置和教学模式上应以"职业能力"为本进行设计,真正实行课堂内外双导师模式。在教学过程中要注重结合社会需求,加强案例教学,培养翻译的实干能力,这对教育队伍提出了更高的要求。

(3)大力推动翻译硕士专业学位教育科研与翻译产业的需求相结合。新时期,需要翻译教育与时俱进,在传承与创新之间找到契合点,使翻译理论研究走出象牙塔,更多地考虑用人单位和市场的需求,更多地为社会、为翻译事业的发展服务。翻译硕士专业学位教指委非常重视科研工作,2008 年有 6 个科研项目获得立项,2009 年申报课题设立了 12 个项目指南,其中一些研究项目的设立,已注意到了与翻译产业的需求相结合。这一点依然是今后学术研究的方向。

（原载于《中国翻译》2010 年第 1 期）

翻译硕士专业学位教育：
划时代的改革，前程似锦的未来

黄友义

从 2007 年开办到现在，翻译硕士专业学位(MTI)人才培养已经走过了十年历程，一批又一批具有翻译实践经验的教师走上教学岗位，两万多名毕业生带着他们的专业学问和技能从学校毕业。更为重要的是，十年来，人们对于 MTI 意义的认识不断提高，培养观念不断更新。总结过去，探讨未来，让我们对过去十年的成绩感到自豪，对未来充满希望。

一、MTI 应运而生，恰逢其时

自从改革开放以来，我国出现了两轮翻译高潮。第一轮出现在 20 世纪 80 年代，对外开放需要学习国外的先进技术和管理经验，需要了解国外先进的文化和理念。于是，社会出现了对翻译人员的大量需求。这一轮高潮也引发了人们对外语教育的热情。由于这一轮高潮的特点是向国外学习，自然大量的翻译工作是把外文资料翻译成中文，且是从世界上的主要文种如英文、德文、法文、日文以及俄文翻译过来的。

进入 21 世纪，特别是过去十年，改革开放带来的发展直接触发了第二轮翻译高潮。这一轮高潮的特点是中国经济走出去带动了中译外的增加。2011 年中国成为世界第二大经济体，就是在这一年翻译业发生了里程碑式的变化，中译外首次超过外译中，达到市场工作量的 54%。近年

"一带一路"又对多语种翻译提出了新的要求。

MTI 教育的倡导者们正是敏感地发现新形势下社会对于翻译专业人才的迫切需求,适时提出了在研究生阶段培养高层次、复合型、实用型人才的建议,从而国家教育部门及时推出了 MTI 教育。MTI 的出现是全球化国际化大潮中我国发展和崛起的必然,是时代的需要,是翻译人才培养的自然趋势。MTI 的出现恰逢其时。

二、MTI 教育进入快车道

从 2007 年 15 所大学得到授权开办以来,MTI 教育快速发展:2016 年有 215 所大学得到授权,当年招生人数达到 8000 多名,累计人数达到 44000 多名。

MTI 从开办起,一个鲜明的特点就是与行业需求接轨,与行业结合。为了服务社会需求,提高办学质量,许多院校积极探索,大胆尝试,推出或者即将推出符合时代需求的新型培养模式和特色课程。广东外语外贸大学建立了外语研究与语言服务协同创新中心,西安外国语大学建立了丝绸之路语言服务协同创新中心,四川外国语大学成立了中国国际话语体系研究院,上海交通大学开办了中国形象研究中心,宁波大学宣布成立浙江翻译研究院等等,这些跨领域、跨学科及产学研结合的机构即使不是以 MTI 专业为主,也必定离不开翻译专业教师和学生的积极参与。

2016 年全国翻译专业学位研究生教育指导委员会安排开展了翻译硕士专业学位就业情况的广泛调研,首次大范围摸清楚了情况。

2016 年以来,100 多所高校,包括相当一部分翻译硕士专业院系参加了语言大数据联盟,在深化校企结合、跟踪人工智能翻译研发、增加实践机会等方面开辟了新的领域。

与 MTI 相关,全国翻译专业资格(水平)考试规模迅速发展。这项考试比 MTI 早推出三年,这两者同台后亮相,就注意将专业学位教育和专业资格考试结合。在国务院学位办的推动下,相关部委 2008 年正式发布文件,鼓励 MTI 在校生参加翻译专业资格(水平)考试,从此两者携手并进。这直接推动了翻译专业资格(水平)考试的发展。2004 年只有 5000 人参加考试,2016 年达到近 11 万人。2017 年上半年考试,仅仅笔译报名已经超过 66000 人,口译 11000 人,共 77000 人以上。MTI 学生参加考试、MTI 教师参与阅卷,让翻译专业教育与行业专业资格认证的对接得到进一步强化。

高校与行业协会结合,与企业携手已经成为一种自觉行动。MTI 教指委与中国翻译协会共同开展企业实习基地资格认证和行业导师资格认证,为学生实习提供基本保证。为加强翻译教师队伍建设,教指委和中国译协每年暑假期间举办 300 人以上规模的教师培训,组织国内外专家开展口译、笔译和翻译项目管理培训,创办了全球最大规模的翻译教师培训。

我们追求的是质量型的发展。2015 年对 159 所学校进行了评估,取消 1 所大学 MTI 办学资格,对 10 所提出了整顿的要求,加强了大家的办学质量意识。

每年的 MTI 年会都吸引数百人参加,已经成为一个交流经验、开阔思路、传播知识的平台。最值得一提的人们对翻译专业如何办出特色,特别是依托所在大学的学科优势,开设区隔化课程,培养市场急需的特色翻译人才有了更加清晰的认识,避免了走学术型培养的路子,防止了千军万马培养文学翻译的现象。经过十年,我们欣喜地看到,MTI 教师队伍不断壮大,MTI 毕业生受到市场欢迎,MTI 研究成果层出不穷,MTI 教育日趋成熟。

三、MTI 教育前程似锦

2017 年年初,刘延东副总理在谈到我国专业学位教育时指出:专业学位教育近年快速发展,同时也存在不少短板,如研究生实践创新能力不强、与职业资格衔接不紧密、质量评估和评估针对性不够、国际化水平还不高。要大力提高专业学位研究生的实践能力,分类改革选拔机制、课程体系、教学方式、实践教学,鼓励跨学科、跨机构、跨部门协同培养。要加大行业企业及相关协会等社会力量参与力度,构建应用型人才产学研合作培养新机制。

MTI 教育在快速发展过程中,同样存在这类问题,面临同样挑战,需要认真研究,不断探讨。

1. 语言、语言,还是语言

首先应该明确,专业翻译的培养最重要的是双语能力,没有良好的语言基本功,想从事翻译就是空谈。当前人们在热烈讨论人工智能翻译,甚至有人担心机器翻译的出现导致人工翻译没有生存的必要。其实,恰恰相反,机器翻译在帮助我们快速大量完成翻译任务的同时,也对人工翻译提出了更高更大的要求。

2. 知识、知识,还是知识

翻译能力要素,除去语言水平就是知识面。翻译工作跨度广是一大特点,政治、外交、经济、科技、文化、艺术、医学、军事各个领域都可能涉及。办好 MTI,需要根据所在院校的特点、所在地区的需求,尽力朝着办出自己特色的方向努力,从而提供社会需要的复合型人才。

3. 实践、实践,还是实践

MTI 学生的实践活动不仅仅是做翻译练习,而应该是全面的、多角度的,如遵守职业纪律,培养职业道德,强化跨文化交际的能力。通过实践,学会如何面对外国受众讲好中国故事。

4. 发展、发展,还是发展

MTI 培养点是多了还是少了,这是一个经常被问到的问题。答案取决于角度。当前师资力量不足、教材缺少、实践机会不多的现象在很多地方都存在。许多学生就业没有去与翻译相关的岗位,似乎也说明培养点过多。从这个角度,认为 215 个培养机构太多有一定道理。然而,也要看到,急需翻译的单位招收不到合格、合适的毕业生的现象十分突出。现有翻译人员总有干不完的翻译活。这也是事实。

中国的国际地位、经济的发展、对外交往的频繁、国际话语体系的建立都需要更多的高层次专业翻译。事实上，专业特色突出、语言基础好、工作技能实用、知识结构合理、踏实肯干、具备创造意识和奉献精神的翻译人才是社会的急需。关键是学校能够培养出更多高层次、复合型的毕业生。

中国已经是大国。中国外语人才包括 MTI 毕业生的最终使命是通过自己的工作从细微之处帮助建立起中国的国际话语权和经济主导权。经过 60 多年的努力，中国参与国际治理已经扬帆起步，要走的路还很长。与此相关，培养翻译专业人才的任务既光荣又艰巨。展望未来，MTI 前程似锦。衷心期待在下一个十年，MTI 教育继续探索和完善，争取更加健康的发展。

（原载于《中国翻译》2017 年第 3 期）

翻译和外语教学

何其莘

翻译在中国究竟始于哪一个朝代,现在可能已经很难考证了。有的学者说,中国的翻译已有两千多年的历史,还有专家说,中国的翻译可以追溯到三千多年前的周朝。[①] 但是,有一点是可以肯定的,那就是两三千年前发生在中国的译事与我们今天所说的翻译有着很大的区别。一种公认的看法是,中国现代意义上的翻译是从 19 世纪下半叶开始的。然而,对于中国外语教学的历史,学界并没有太大的争议:虽然 19 世纪初中国沿海城市已经有外国传教士在讲授英语,但是,中国正规的外语教学始于1862 年建立的京师同文馆,而英语则是同文馆设立的第一个专业。

初期的同文馆仅开设了外文和中文两门课。1867 年扩大规模后的同文馆就把学制定成了 8 年,并从第二年起,将翻译作为主要课程之一。[②]中华人民共和国成立后,教育部于 1950 年颁布的高等学校文学院外国语文系课程草案中,把外语人才的培养目标确定为:"培养学生熟练运用和翻译外国语的能力,使其成为翻译干部、外语师资及研究外国文学

---

① 方华文在他的《20 世纪中国翻译史》(西北大学出版社 2005 年版,第 1 页)的前言中称:"我国译事发端于三千年前的周朝。"郭著章在 1999 年出版的《翻译名家研究》(湖北教育出版社 1999 年版,第 1 页)的序言中说中国已有两千多年的翻译历史。

② 根据李良佑等编著的《中国英语教学史》(上海外语教育出版社 1988 年版,第18—19 页),同文馆第二年课程中有"翻译条子",第三年有"翻译选编",第四年有"翻译公文",第五至第八年均有"练习译书"。

的人才。"①"文革"之后,教育部在 1978 年下发的外语学院英语专业、综合大学英国语言文学专业、高等师范院校英语专业的四年制教学计划中,首次把"译"列为学生必须熟练准确掌握的语言技能之一。

中华人民共和国成立以来的高等学校外语专业教学取得了令人瞩目的成绩,"为我国的外交、经贸、金融、文化、教育、新闻、科技、军事等部门培养了一大批高水平的外语专业人才,为我国的对外交往和社会主义建设做出了积极贡献"②。相比之下,在翻译专门人才培养方面我国的高校至今还存在一些缺憾,主要表现在以下两个方面:(1)没有把翻译技能作为一种独立的语言能力来培养;(2)没有为翻译人才建立起一种独特的培养规格。其结果就是,我国高水平的翻译专门人才仍有很大的缺口,而具有较强的语言运用能力、熟练的翻译技能和宽广的知识面,能够胜任不同专业领域所需的高级翻译则更稀少。

很长时间以来,我国高校外语专业的教学中,翻译并没有得到足够的重视,即使在教育主管部门把"译"列为该专业学生的语言基本功之后,不少外语教师还是认为学生的"听""说""读""写"技能需要专门的训练——专门的课程、专门的教材、专门的教学方法,甚至经过专门训练的教师,而"译"似乎是学生在培养了前几项技能之后,就自然而然能够获得的一种能力。这种思路反映到人才培养规格就是一种颇有代表性的看法:学会外语就能够从事翻译工作。这是我国外语教学中的一个误区。

其实,翻译是一门科学,也是一种技巧,一种专业的交流工具。翻译人才的思维模式与一般外语人才有着明显的差别,需要经过专门的职业技能培训,教学模式也不是一般的外语教学可以替代的。一个专业翻译从业人员,必须熟练掌握中外两种语言的语言规律及其相互之间的对应

---

① 根据李良佑等编著的《中国英语教学史》(上海外语教育出版社 1988 年版),第 371 页。

② 引自《关于外语专业面向 21 世纪本科教育改革的若干意见》,参见高等学校外语专业教学指导委员会英语组编写的《高等学校英语专业英语教学大纲》(外语教学与研究出版社 2000 年版,第 35 页)。

关系,能熟练地应用各种翻译技巧(如交替传译、同声传译),具备宽广的知识面。因此,一个合格的外语人才并不等同于一个合格的翻译人才。

翻译专门人才的培养是传统的外语教学所无法替代的。教育部在2000年下发的《高等学校英语专业英语教学大纲》中对英语人才的"听""说""读""写""译"的技能有着明确的规定。例如,对于本科毕业生的"翻译"能力,大纲中有如下要求:"能运用翻译理论和技巧,将英美报刊上的文章以及文学原著译成汉语,或将我国报刊上的文章和一般文学作品译成英语,速度为每小时250~300个英文单词。译文要求忠实原意,语言流畅。能担任一般外事活动的翻译。"[①]这种翻译技能的培养是依靠英语教学大纲要求开设的笔译课和口译课来实现的。多年的教学实践证明,英语教学大纲要求开设的3个学期的笔译课(每学期每周2课时)和2个学期的口译课(每学期每周2课时),或许能够保证学生在翻译能力上达到大纲的要求,但是,很明显,这种能力对于翻译专门人才来说是远远不够的。

在一般外语人才的培养过程中,"译"在更大程度上是一种语言教学的手段,目的是帮助学生理解和掌握外语的语法、词汇,或用来检查学生对外语的理解和他们的表达水平。翻译是作为增强学生外语能力的一种训练手段,而不是训练的目标。英语教学大纲中规定的笔译和口译课,或许可以使学生得到一些翻译方面的基本训练,但是,对于翻译专门人才的培养来说,这种训练无论从深度还是"量"方面都无法达到要求。专业翻译人才的培养起码需要几万字、甚至十几万字的笔译训练,以及几十小时、甚至上百小时的口译训练。只有这种强度的训练,学生才能掌握专业口笔译人才所需要的实实在在的翻译技能,才能够把自己培养成高层次、应用型的翻译专门人才。

翻译专门人才的培养起码需要涵盖三个方面:语言技能和知识、百科知识(尤其是国际政治、经济、法律等)和翻译技能训练(包括翻译职业知

---

① 参见《高等学校英语专业英语教学大纲》,第10页。

识)。应该承认,翻译人才所需要的语言技能和语言知识,与《高等学校英语专业英语教学大纲》中对一般英语人才的语言技能和语言知识的要求并没有太大的区别。但是,翻译专门人才所需要的百科知识则超过了英语教学大纲对一般英语人才知识面的要求。例如,一个能够胜任有关法律的国际研讨会的同声传译,他的法律知识就不是读一两本法律教材可以获得的,他需要懂得法学领域多方面的知识。而最理想的情况是,他本人是法律本科专业的毕业生,具有很强的英语能力,再经过翻译技能的专业训练,就有希望成为专业的法律同声传译。

因此,针对翻译专门人才的翻译教学,主要是训练学生借助语言知识和百科知识,对一种语言的信息进行逻辑分析,并用另一种语言将理解的信息表达出来。而翻译专门人才的双语转换技能训练,还涉及语言心理学、认知学、信息论、跨文化等多种学科,需要经过大量的实践才能够获得。

国务院学位委员会最近批准设立的翻译硕士专业学位,是在参照欧美各国和我国港台地区多年培养翻译专门人才的成功经验之后,为我国的翻译专门人才培养提出的一种新思路、新模式。这种强调学生翻译实际操作能力、兼顾翻译理论素质和跨文化交际能力的培养模式,能够使我们在较短的时间内培养出一批我国急需的高层次翻译专门人才。

参考文献

方华文,2005. 20 世纪中国翻译史. 西安:西北大学出版社.
高等学校外语专业教学指导委员会英语组,2000. 关于外语专业面向 21 世纪本科教育改革的若干意见//高等学校英语专业英语教学大纲. 北京:外语教学与研究出版社.
郭著章,1999. 翻译名家研究. 武汉:湖北教育出版社.
李良佑,等,1988. 中国英语教学史. 上海:上海外语教育出版社.

(原载于《中国翻译》2007 年第 4 期)

做好 MTI 教育评估工作，
促进 MTI 教育健康发展

——何其莘教授访谈录

何其莘　苑爱玲

全国翻译硕士专业学位(MTI)于 2007 年设立,国务院学位委员会办公室于 2012 年 9 月正式下发《关于开展翻译硕士专业学位教学合格评估(第一批院校)工作的通知》,委托全国翻译专业学位研究生教育指导委员会对全国第一批 MTI 培养院校(15 所)进行评估。9 月 15 日,MTI 教育指导委员会委员、学界专家、第一批培养院校的教学管理人员在广东外语外贸大学参加了翻译专业学位研究生教育指导委员会主持召开的第一批培养院校评估专题培训会。为了让更多培养院校和广大读者对这一评估工作有更全面、深入的了解,《中国翻译》杂志编辑苑爱玲在评估会议结束后采访了负责策划组织 MTI 教学合格评估工作的全国翻译专业学位研究生教育指导委员会副主任委员何其莘教授,请他就 MTI 教学评估的相关问题进行详细解读。

苑爱玲(以下称"苑"):何教授,您好! 随着国务院学位委员会办公室正式下发《关于开展翻译硕士专业学位教学合格评估(第一批院校)工作的通知》和第一批培养院校评估专题培训会的举行,翻译硕士专业学位教学合格评估工作可以说正式启动了。我们知道,这项工作从策划到组织筹备,经历了一年多的时间,您对这项工作倾注了很多心血,非常感谢您的努力和付出。到目前为止,在专业教育方面,我国已有 39 个学科设有专业学位,MTI专业学位教育是2007年新设的专业,您如何评价MTI专业教育5年来的发展?

何其莘(以下称"何"):国务院学位委员会于2007年初批准在我国高校开设翻译硕士专业学位(MTI)的教育,这是几代长期从事高校翻译教学和研究的专家学者共同努力的结果。MTI的设立也为我国高校的翻译教学和职业翻译培养开辟了一个非常广阔的发展前景。

从国务院学位委员会批准MTI到今天,我们仅走过了短短5年的时间,而开设MTI教育的院校就从2007年的15所,增至2009年的40所,再到2010年的158所,2011年国务院学位办又批准1所本科院校试办MTI,这样,培养单位的总数就达到了159所。在全国39个专业学位中,设点超过MTI的仅2个:工商管理236所,工程241所。但是,这两个专业学位都有很长的发展历史:工商管理批准于1990年,工程则批准于1997年。

申报MTI培养单位的这种井喷现象,或曰MTI教育跃进式的发展,从积极的一面来看,体现了各高校对增设新学科的积极性,反映出我国高校对于翻译教育的重视,说明其渴望抓住这一难得的发展机遇,从根本上改革高校现有的翻译教学模式,或为我国翻译人才的培养摸索出一条新路。但是,不可否认的是,在当今这样一个浮躁的社会里,有些院校申报MTI也可能是出于一种相互攀比的心理,仅仅是一种"模仿"行为而已。最明显的例证就是,有一批学校申报MTI的时候非常积极,一旦获得了批准,就没有给予学科建设足够的重视,也没有投入应有的人力和物力,甚至连全国翻译专业研究生教育指导委员会召集的培养单位年会也从不派人参加。我想这也是我们启动翻译硕士专业学位教学合格评估的一个主要原因:我们不能容忍个别单位因为它们的"不作为"来损害翻译硕士专业学位教育的声誉,甚至导致广大MTI培养单位丧失这样一个难得的发展机遇。

苑:MTI教育设立短短5年时间,在我们国家已有159所院校成为MTI培养院校,成为我国专业学位教育培养机构最多的专业之一,其发展速度用"迅猛"来形容一点也不为过。但我们也不能回避 MTI 教育仍处于初创阶段,还存在这样那样问题的事实。因此,国务院学位办启动 MTI 教学评估工作是非常及时的。您已参与组织 2011 年对上海外国语大学和南京大学的 MTI 综合改革试点单位进行中期验收,您能否结合目前 MTI 教育存在的问题以及对上海外国语大学和南京大学的综合改革谈点自己的看法?

何:2011 年 10 月,受国务院学位办公室的委托,我们两个专家组对翻译硕士专业学位教育综合改革试点单位——上海外国语大学和南京大学——进行了中期验收。验收的结果和从这两所综合改革试点单位总结出来的成功经验,我在《东方翻译》的一篇文章(《东方翻译》,2012 年第 1 期,第 4—7 页)里已有了比较详细的陈述,在这里就不再重复了。

上海外国语大学和南京大学是我国长期从事翻译教学和研究的重点大学,也是 MTI 的主要发起单位。在多年的翻译教学中,两所学校都积累了丰富的教学和教学管理经验,也都形成了一支年龄结构合理、有相当的国际学术背景、忠于高校翻译教育事业的教师队伍。再加上这两所学校都处于我国东部沿海经济发达地区,上海和南京的经济发展和对外开放、对外交流也为这两所学校职业翻译人才的培养创造了极其有利的外部环境。相比之下,其余的 157 所 MTI 培养单位中,大概只有极少数院校具有相似的内部和外部学科发展环境。

当然,在这两校的中期验收过程中,专家组还是发现了一些不足,专家组的意见和建议都在验收过程中与两校的 MTI 负责人做了充分的交流。由于验收专家组的成员大部分是翻译专业学位研究生教育指导委员会下属的评估委员会的成员,是翻译硕士专业学位教学合格评估指标体系的起草者,因此,他们更关心,或曰更担心的,是其他 157 所 MTI 培养单位的办学情况:如果说这两个 MTI 办学的"标杆"尚有这样或那样的不足,那么其他培养单位的实际办学情况又如何呢?也正是这次验收工作,促使我们进一步修改了翻译硕士专业学位教学评估的指标体系,使其具有更强的针对性,更能一针见血地发现 MTI 培养单位办学中的问题。

苑：您参与组织外语专业本科教学评估工作已多年，现在又负责组织MTI 专业教学的评估，从形式上讲这两项评估都是对与外语相关的教学评估。那么，这两项评估的内容、形式和组织形式有区别吗？如果有，实质性的区别在哪里？MTI 教育评估的基本理念和评估原则是什么？

何：我是 2002 年年底受教育部高校外语专业教学指导委员会的委托，主持起草《高等学校外语专业本科教学评估方案》的。2004 年我们在广东和湖南的 4 所高校试用了这套评估指标体系，2005 年教育部正式下发了评估方案，英语专业的评估是从 2006 年在全国全面铺开的。

其实，早在 1997 年我就作为课题组的成员，参与起草了《高等学校本科随机水平评估方案》，后来在这个方案的基础上产生了《高等学校本科教学水平评估方案》，我们于 2003 年至 2009 年评估了全国上千所本科高校。因为这两个评估方案都是针对一所高校的所有学科和专业，所以我们通常把它们称作整体评估方案。

现在回到你刚才提的问题上来。外语专业评估和翻译硕士专业评估都是针对一个特定专业的，因此，同属于我们常说的专业评估，而且这个专业都与外语有着直接或间接的关系，只不过一个是本科层次的教学评估，另一个是研究生层次的专业学位教育评估。

无论是学校的整体评估还是专业评估，都是国家教育行政部门对高校办学和学科建设加强宏观管理的重要手段，也是贯彻和落实《中华人民共和国高等教育法》的重要举措。评估中的指导原则始终是教育部提出的 20 字方针："以评促改、以评促建、以评促管、评建结合、重在建设。"

从评估的目的来看，外语专业评估和翻译硕士专业评估似乎更相近。我们在各种场合反复讲，翻译硕士专业学位评估的目的，是希望能够使评估工作与翻译硕士专业学位培养院校的学科建设融为一体，促进学校不断明确专业学位教育的特点，加强教师队伍建设，改善办学条件，提高教学管理水平，深化教学改革，建立内部质量保证体系，形成自我约束、自我发展的机制，不断提高教学质量和办学效益，更好地为社会发展和经济建设服务。

翻译专业学位评估是一种合格评估，即评估的结果只有"合格"与"不合格"之分。而外语专业评估则沿用了本科教学水平评估的打分方式，有"优秀""良好""合格"与"不合格"4种结果。2011年教育部要求各学科教学指导委员会起草各自的专业评估方案时，我们决定把今后的外语专业评估也改为合格评估，即取消原有的"优秀"和"良好"的评估结论。

如果要说翻译硕士专业评估和外语专业评估或其他学校整体评估的最大区别，我个人认为是在具体运作上。由于我开始时参与了随机水平评估和本科教学水平评估，后来又主持了外语专业评估和现在的翻译硕士专业评估，十几年的评估工作经历促使我一直在思考在我国进行高等教育评估的最佳方式，也促使我在自己主持的后两种专业评估中能不断汲取前面的经验和教训，努力争取不犯同样的错误。以5年一轮的本科教学水平评估为例。社会上和媒体对此均有不少负面的报道，但是，我觉得这些报道往往只谈到了一些诸如被评院校在评审材料上造假、把精力放在"攻关"而不是学科建设上、超规格接待等表面现象。我个人认为，导致5年一轮的评估在第一轮之后就"寿终正寝"的最根本原因是：评估标准掌握不严和缺乏严格培训评估专家的制度。从评估第一年46%的优秀率到2008年80%以上的优秀率，这种评估就完全失去了存在的意义，因为对中国高校略有常识的人都不会说中国有80%的高校是优秀的，而我国高等教育与发达国家高等教育的差距是有目共睹的。虽然整体评估专家组的成员个个都是各领域响当当的专家，其中的许多人都是学校的领导，但是，他们中的绝大部分人没有经过系统严格的评估培训，也就是说他们对于评估知之甚少。

在2006年至2008年的英语专业评估中，我重点抓的就是这两个方面：严格控制优秀率和狠抓评估专家的培训工作。我们评了106所高校（其中有34所"211工程"院校）的英语专业，最终的优秀率仅是36.79%，我们认为这个数字更接近我国高校英语专业教学的现状。而这一目标的实现在很大程度上要归功于我们对评估专家的培训：所有专家组的成员都要经过培训，担任专家组组长的更要在评估实践中经过多次锻炼和考查;同时,我们也不断把不适宜做评估工作的人员从我们的专家库中"除名"。我想在即将开始的翻译硕士专业评估中,我们会进一步汲取英语专业评估的一些教训,把评估工作的组织工作做得更好一些。

苑:从所制定的评估方案中可以看到,此次评估划分了非常详细的指标,共有 6 个一级指标,一级指标之下细分了 20 个二级指标,二级指标下又包含 47 个主要观测点。在一级指标中,师资队伍占 25%(包含 5 个二级指标),其他如办学理念占 10%(包含 2 个二级指标),教学资源占 20%(包含 4 个二级指标),教学内容占 15%(包含 3 个二级指标),教学管理占 10%(包含 2 个二级指标),教学质量占 20%(包含 4 个二级指标)。那么各项指标所考察的具体内容是什么? 这种评估指标设计的基本思路是什么?

何:这是一个几乎无法回答的问题,因为我不可能在几分钟的时间里重述整个评估指标体系,而如果读者手里没有一份国务院学位办公室下发的《翻译硕士专业学位培养单位教学合格评估指标体系》,他们也无法跟上我的讲解。

我的建议是,MTI 培养单位可以设法向全国翻译专业研究生教育指导委员会秘书处索要一份评估指标体系,认认真真地研读几遍,因为无论是其中的 6 个一级指标、20 个二级指标,还是 47 个主要观测点,对 MTI 培养单位的学科建设和今后的教学合格评估都有极强的针对性。而评估指标体系的设计正是从我国高校翻译教学的历史发展、职业翻译的培养与传统的翻译理论与实践研究人员培养的区别、现有 MTI 教师与这一培养目标之间存在的差距、大部分培养院校 MTI 管理人员在办学理念上存在的不足等因素出发的。应该说,这一评估指标体系不仅是为了使一个培养单位能够顺利通过评估,更能成为 MTI 培养单位办学和学科建设的指导性文件。

苑:从评估方案制定的指标可以看出,一级指标中,"师资队伍"所占权重最大。为何要这样设计?

何:与我参与制定的随机水平评估、本科教学水平评估或外语专业本科教学评估的指标体系相比,MTI 评估指标体系确实给予"师资队伍"大得多的权重:除了占总分 100 分中的 25 分外,"评估方案说明"中还明确规定,达到合格标准的培养单位在一级指标"师资队伍"中的得分一定要高于 19 分。这一规定向所有 MTI 培养单位都送达了一个明确无误的信号:"师资队伍"是所有 6 个一级指标中最重要的一项内容。

众所周知,教师队伍在任何一所高校的学科建设、教学改革和日常教学活动中都起到一种主导作用,因为再好的办学理念、再完备的教学大纲、再先进的教学方法和教学手段,以至学科建设的每一个环节,都需要依靠教师去落实,去贯彻执行。没有一支过硬的、与本学科建设目标相适应的教师队伍,任何一个专业的学科建设,甚至日常的教学工作都无从谈起。

与其他人文学科——如外语——相比,翻译硕士专业学科对于教师队伍则有更新、更高的要求。其中最重要的就是一支兼职教师队伍和专任教师的翻译实践能力。

高素质、应用型的职业口笔译翻译人才仅仅依靠我国高校目前的一支专业外语师资队伍是无法培养出来的,这是因为我们现有的外语教师普遍缺乏在外交、外事、外贸、科研、出版等领域翻译工作岗位长期工作的经验,他们对于什么是职业翻译所需要的素养的理解往往也仅仅出自书本,而不是实战。翻译硕士专业学位评估指标体系要求,MTI 培养单位"应有 1 名以上以翻译为职业、并能每学年开设 1 门专业课的兼职教师",而这名教师应"有正式出版译作或 200 万字以上翻译工作量,或胜任大型国际活动的口译任务,或具有从事翻译项目管理或技术管理 5 年以上的经验"。如此详细的规定就是为了保证 MTI 学生在校学习期间能够得到有实战经验的职业译员的指点。

评估指标体系中对专任教师翻译实践能力的要求,目的就是"迫使"我们现有的教师自觉地去弥补自己在职业训练方面的不足,多少有点"亡羊补牢"的意思。

苑:从评估指标中可以看到,翻译教师是否参加师资培训已经被纳入评估考察范围。您认为目前 MTI 师资存在哪些问题?

何:在对前一个问题的回答中,我谈到了现有大部分 MTI 专任教师自身存在的不足,其实,这也不能责怪教师本人,因为我们的这些教师都是在传统的专业外语教学模式下读出来的,即使是翻译专业的教师也是在传统的、学术型的、翻译理论与实践研究生教学框架下培养出来的。所以,对于这些教师来说,缺乏翻译的实战经验仅仅是问题的一个表象,这个方面是比较容易弥补的。对他们来说,最大的挑战是要在理念上摆脱他们所熟悉的、学术型翻译人才的培养模式,真正"认识到专业学位与科学学位研究生在人才培养理念、目标、方法,以及授课内容、教学手段等方面的区别"。有人可能会说,"谈谈认识还不容易吗?"其实,这种认识是否到位是会从每一位教师准备的教学大纲、选用的教材和教学方法上体现出来的,也是根本无法掩饰的。

苑:将翻译师资培训纳入评估指标,这无疑对师资培训的组织工作也提出了更高的标准和要求。中国译协与 MTI 教指委从 2010 年起开始联合举办 MTI 师资培训,外语教学与研究出版社和上外也在参与组织翻译师资培训。您认为以后的师资培训工作还需要在哪些方面进行改进?

何:对翻译硕士专业学位的教师和教学管理人员进行定期培训是非常有必要的。但是,最近一两年来似乎许多单位都看好这个培训市场,每年都有不少场次的培训班。我希望中国译协能加强与 MTI 教指委的联系和协商,对全国的 MTI 师资培训能起到一种协调作用。我讲的协调作用不是由一个单位来垄断所有的师资培训,而是通过协商,发挥各单位的优势,办出形式各异、对象不同、内容新颖的培训课程来。不然的话,内容相近、主讲人大量交叉的培训班只能使许多 MTI 培养单位怀疑参加培训的价值,甚至给我们的 MTI 师资培训工作带来致命的威胁。

苑:如何对目前 159 所院校进行评估? 评估工作有时间表吗? 具体工作安排和程序是怎样的?

何:由于翻译硕士专业学位教学合格评估的对象,是已有两届以上毕业生的培养院校,因此,对于全国现有的 159 所培养院校,我们制定了不同的评估工作时间表。这种安排的出发点是给每个培养单位同样的思考和摸索时间、同样的学科建设时间。

现有的 159 所培养单位基本上是分 3 批经国务院学位办公室审议后批准设立的:2007 年第一批 15 所,2009 年第二批 25 所,2010 年第三批 118 所。2011 年批准的 1 所本科院校试办翻译硕士专业学位,也可以纳入第三批的范畴,但在实际评估安排中可以适当地推后专家组进校考察的时间。

为了充分体现"以评促建"的原则,我们都会提前起码半年对被评培养单位进行评估专题培训,组织被评院校 MTI 教学单位负责人、MTI 专职秘书共同学习国务院学位委员会批准下发的《翻译硕士专业学位教学合格评估指标体系》,充分了解评估的全过程,以及各单位需要做的各项准备工作。9 月 15 日在广东外语外贸大学召开的培训会就是为第一批培养单位所做的专题培训。第二批培养单位将于 2014 年被列入评估的范围,第三批培养单位被列入的时间是 2015 年。

评估工作专题培训会结束 3 个月之后,被评院校要向翻译专业学位研究生教育指导委员会秘书处提交学校的自评报告,并为专家组进校实地考察做好准备。专家组进校考察的具体时间会提前 1 周通知学校。

作为评估工作的一个环节,翻译专业学位研究生教育指导委员会从 2012 年起,要求所有的 MTI 培养单位每年填写和报送本校的《MTI 培养院校基本数据汇总表》。这样做一方面是为了督促各培养单位关注 MTI 的学科建设,另一方面是为了掌握各培养单位办学的滚动数据。在评估的实际操作中,《MTI 培养院校基本数据汇总表》对于最后形成一所培养单位的评估结论将是一个重要的因素。

苑:看来评估工作安排已十分明确了,期待这项工作能够按计划顺利推进。我在许多场合听到您介绍美国高等教育评估中值得我们借鉴的经验和做法,您能否简要谈谈美国的经验?

何:2004 年春,我随教育部的几位官员赴美国参加国际高等教育认证(我们称为评估)委员会的年会,并随访了美国加利福尼亚州和佐治亚州的几所美国高校,实地考察美国高校的评估工作。

美国高等教育的评估已有了 100 多年的历史,应该说在制度的科学性、系统性、严密性等许多方面都值得我们学习和借鉴。虽然中美教育制度不同,高校的管理模式也有很大的差异,但是,美国在高校评估中的一些理念值得我们思考。

首先,"高校的评估结果要对一所学校或一个专业的发展和生存产生实实在在的影响",也就是说评估不是一种形式,走走过场,而是要对被评院校"动真格的"。记得在佐治亚州听到一所州立大学教育学院院长讲的亲身经历,他是 20 世纪 80 年代从国内出去的华裔学者。有一年,他主管的教育学院中有一个专业没有通过评估,结果消息公布的当天就有 500多名学生办理了退学手续,因为这一专业没有通过评估的直接结果是:学生申请不到联邦政府的助学贷款、教员拿不到联邦政府支持的科研项目,最致命的是这个专业毕业生的文凭雇主不认可。用这位院长的话来说,后来的一年里,他们使出了吃奶的力气,使这个专业在第二年通过了评估,这才保住了这个专业。我想如果我们的教育行政部门在评估中也能早下这样的决心,中国高校的面貌很可能就不是现在这个样子了。

其次,"评估水平的高低完全取决于专家的水平"。参与美国高校评估工作的专家除了高校的专家学者外,还有相关行业的从业人员和一些社会人士。所有的评估专家都要经过长达一周的书面培训、通过考试才能获得评估专家的资格。在美国,参与高校评估纯粹是一种无偿劳动,没有任何劳务费,连被评院校赠送的纪念品价值都不得超过 35 美元。我当面问过几位参与评估的美国专家,他们都说用自己的时间去做这项工作,对他们每个人来说是一种荣誉,是他们回馈社会的一个渠道。

最后,"评估过程中最重要的环节是准备过程"。在佐治亚理工学院访问时,该院的一位副校长向我们详细地介绍了他们刚刚结束的评估工作。佐治亚理工学院是一所仅有两千多名学生的小学院,但从她的毕业生中诞生了十几位诺贝尔奖得主。在美国,她在理工学院中的排名仅次于麻省理工学院,与加州理工学院齐名。这位副校长告诉我们,他们的准备工作长达一年半的时间,前后参与工作的有 120 人之多。除了针对评估指标体系中每一个问题都要写出一页纸以上的书面报告外,他们还建起了一个评估网站,上面可以查到近 3 年学院办学的所有数据,而这些都是美国高校评估的"规定动作"。他们没有把准备工作看成是一种负担,而认为这是一次全面系统地总结学院办学历史、规划和瞻望未来的极好机会。

在那次随访中,看到和听到的许多东西真是让我感到汗颜。与美国高校评估中这些实实在在的做法相比,中国教育部提出的评估 20 字方针更像是一个口号,一个缺乏必要的监督机制、从某种程度上来讲甚至是无法实施的口号。

苑:美国的高等教育评估工作带给我们的不仅仅是方法和技术层面的借鉴,更多的是启示和思考,那就是我们到底应该如何积极、理性地认识和面对教学评估工作。最后想请您谈谈在 MTI 专业教育发展和评估工作中,您对中国译协这样的行业组织的期待。

何:今年 9 月 15 日召开的第一批翻译硕士专业学位培养单位的评估专题培训会上,同时参加培训的还有评估专家,参与此次评估工作的专家,除了全国翻译专业学位研究生教育指导委员会的委员外,还有从事高校翻译教学和研究的专家学者和行业人员。这里讲的行业人员既有经验丰富的口笔译翻译,还有从事翻译管理工作的行政人员。应该说,这是我国高校评估工作中的一个大胆尝试。邀请行业人员参与翻译硕士专业学位的评估工作,除了考虑到他们自身有丰富的翻译经验,对于高校的翻译教学能从实战出发提出他们的意见和建议,同时还考虑到他们工作的单位恰恰是翻译专业硕士毕业生的接收单位,让他们提前接触学生,对于协调今后就业市场的供需关系可能也是一件好事。

当然,对于行业人员来说,初次参加高校的专业评估工作同样是一种很大的挑战,因为他们毕竟离开学校已经很久了,对于 21 世纪的中国高等教育也很陌生。所以,在参加评估前他们也需要做好"功课",除了学习评估指标体系外,还要加强对高等教育,特别是我国高校的专业学位教育的了解,以便在评估中不说或少说外行话。

总而言之,我衷心希望,除了举办全国性的翻译证书考试和协助培训翻译教师外,中国译协作为行业组织今后能在翻译专业研究生教育中发挥更大的协调促进作用。

苑:感谢您对中国译协的信任和建议。协会这几年在推进学术研究、专业教育以及产学研结合方面做了一些有益工作,但还需不断努力,协助做好这方面的工作,并对我国的 MTI 专业教育的健康发展发挥积极的组织引导作用。再次感谢您对这项工作所付出的努力和辛勤工作,并感谢您接受采访。

(原载于《中国翻译》2012 年第 6 期)

关于翻译硕士专业学位教育的几点思考

许　钧

2009 年 11 月 14 日,"全国首届翻译硕士教育与产业研讨会"在北京大学举行。我应邀参加了这次会议。在大会发言中,我曾强调指出,在中国的教育与学术圣地北京大学召开这样一次会议,把翻译教育与翻译产业联系在一起进行探讨与研究,具有特别的意义。我们看到,除了来自教育领导部门、行业主管部门、翻译教育界及教育出版界的领导和同行之外,语言信息工程专家、国内重要的翻译软件技术及其他相关科技和产业领域的公司代表也以积极的态度参与了本次会议。大会围绕"翻译硕士专业教育与翻译实践"和"翻译产业需求与翻译技术应用"等主题,从各个角度、各个层面展开了热烈的讨论和深入的交流。

对于我而言,这是一次全新的研讨,传统的翻译研讨会上常常占据中心位置的翻译理论问题,特别是文学翻译问题完全被搁置,我所听到的,是日益加速的经济全球化对翻译的巨大需求,是迅猛发展的翻译产业对我国翻译教育改革的热切呼唤,是现代技术对翻译活动的全面介入,是我国刚刚起步的翻译硕士教育与日益多元的翻译产业需要之间的巨大落差。

这次会议对我的冲击很大。我从事文学翻译、翻译教学和翻译理论研究 30 余年,同许多同行一样,一直在致力于中国的翻译学科建设。但我关注的,主要是翻译理论层面的问题,翻译的大多是文学作品,进行的多是翻译学学理层面的探讨和研究,虽则对翻译活动在文化、社会、政治、经济等各领域所扮演角色的重要性深信不疑,对翻译行业的市场化和信息化也早已有所耳闻,而且最近几年也直接参与了翻译硕士专业学位教育的一些学术和组织工作,但平心而论,自己几乎从来没有将翻译教育真正与翻译产业联系在一起进行思考。几年前,在同济大学召开的中国翻译产业发展论坛,我没有关注;对国内近几年召开的有关翻译产业、翻译服务与翻译技术的有关会议,我也基本不予介入。从内心讲,自己有一个顽固的想法,那就是一个学者应该离市场远一点。因此,当我听到"翻译产业""翻译市场""翻译技术"这些词在翻译教育界运用的频率越来越高、声音越来越响时,我有很大的困惑:在新的形势下,翻译理论如何与翻译实践结合? 翻译教育如何与翻译市场结合? 翻译人才的培养如何分级分类? 翻译教育如何在观念上、结构上、培养的各个环节上进行改革? 翻译硕士专业学位教育的道路应该怎么走? 这些困惑,我想也是这些年来与我一样一直坚守翻译研究与翻译教育阵地的同行的困惑,也是很多正在攻读翻译学的博士生和硕士生的困惑。这样一些困惑,促使我不断进行思考。形势发展如此迅速,现实迫使我必须认清形势并及时转变观念。不仅翻译教育的观念需要转变,中国外语教育的观念亦需要改变,这是时代赋予我们每一位外语教育工作者的重任。讨论翻译有时候要退出翻译,我认为应该从社会发展和需要的角度,从教育改革、人才培养的高度来认识翻译专业学位教育的有关问题,对此我有几点不成熟的想法。

一、要处理好教育和产业与市场的关系

教育的逻辑和市场的逻辑有时是互相矛盾的。教育致力于塑造有个性的人,注重对个体品质、素质、趣味、能力的全面培养,但市场主要是以经济效益为杠杆。正因如此,过去我对市场一直抱着一种敬而远之的态度,担心对市场的关注会与个人的学术追求和研究兴趣产生矛盾。但是,市场的需要在很大程度反映了社会的需求,市场是一双看不见的手,虽然无形,但它对于我们的思想观念、教育理念、教育手段、教育方法、专业的

选择以及人才培养的规格,都起着非常重要的调控作用。如果我们不去了解市场、接近市场,关注市场的需要,那么我们的教育也许会与社会的需求脱节,我们培养的人才也无法满足社会发展的要求,最终我们的翻译教育也就有可能因为脱离现实、远离市场而遭到市场的淘汰。因此,我们的翻译硕士专业学位教育的理念、方法、手段、目标等都应把市场因素考虑进来,以避免脱离现实,走太多弯路。重要的一点,就是要真正了解市场的需要,了解市场对翻译的真正要求,了解市场需要什么样的人才。例如,从目前全国翻译图书市场的情况来看,文学翻译所占比例只占出版翻译图书的8%左右,其余均是非文学翻译。但我们以前的翻译教学基本上以文学翻译为主。诚然,文学是语言最丰富的体现,是学习语言最好的途径。但在翻译硕士专业学位教育中,如果我们不考虑市场的因素,还是以培养文学翻译为主,学生只懂文学,不懂其他行业、其他学科的专业知识,对其他领域的翻译特点不了解,没有足够的职业训练,那么他们怎么去应对市场的需求?从这个意义上讲,翻译行业或教育一定要真正实现与专业挂钩。针对这种专业性,我认为我们的教育,特别是翻译硕士专业学位教育一定要分类,比如工程类、医药类、法律类、经贸类、文学类等等。全国的翻译硕士专业学位教育不能一拥而上,整齐划一地朝一个方向去努力,各个培养单位应该有自己的特色。也就是说,每个学校要结合自己的教学优势,结合所在地区的经济形势,结合师资的专业知识结构以及学生的情况,对具有优势的翻译专业领域有所侧重。我们相信,翻译硕士专业学位教育只有与产业相结合,才可能满足翻译市场多元的需要,培养出受社会欢迎的翻译专业人才。

二、要处理好翻译学术研究与翻译产业的关系

这是我最近一直在思考的一个问题。近一年多,我一直在跟踪翻译学科国际前沿讨论的一些重要的理论问题,关注翻译硕士专业学位教育的一些问题,我渐渐认识到,如果自己再不转变观念,就可能很快被翻译

专业学位教育淘汰。对"翻译"这两个字,以前我们在学术的层面,往往只从它的重要性、复杂性、与社会的广泛联系性以及它对中国社会在世界文明交流中所起的重要作用等角度加以探讨和理解。这样的角度对于理解翻译活动至关重要,然而与此同时,我们也应该清醒地看到,当翻译成为一个产业后,我们翻译的东西就要流入市场,成为一个商品。这就提出了一个双向的问题,一方面,在市场中,如果某个商品或某项服务的重要性和价值得不到真正的认识,那么这一商品或服务的价格就得不到提高,整个产业或者行业部门就无法得到应有的重视;另一方面,如果我们不去了解市场规律和翻译产品在市场中的流动状况,我们就无法顺利地向市场推出我们的产品,这两种情况对一个行业的发展来说都是致命的。因此,我们的翻译专业教育仍应将学术性研究作为一个重要的基础,只是应当进一步扩大翻译研究的范畴,从更广阔的角度去认识和理解"翻译",将翻译与行业、与市场的关系也列入考察范围,既推动社会对翻译有更加准确深刻的认识,也推动翻译更好地适应社会和市场的需求。学术研究的最终目的是为社会服务,促进社会各个领域的发展。所以我们在外语教育,特别是在翻译硕士专业学位教育工作中,一定要处理好学术研究与专业发展、行业发展的关系问题。

三、要处理好翻译硕士专业学位教育与科技发展的关系

应该说,在历史上很长一个时期,人文学科和科学技术往往是两个互不相干的领域。然而,自 20 世纪下半叶以来,现代科学技术发展迅猛,渗透到了人类社会生活的方方面面,任何人都不得不面对科学技术发展给我们的生活和工作带来的种种改变,在享受其带来的各种便利的同时,也要迎接其对人类社会提出的多方面的挑战。关于翻译技术与变化的市场和翻译教育的关系,谢天振教授在《翻译:从书房到作坊——2009 年国际翻译日主题解读》一文中,做了很好的阐释:确实,"技术和变化的市场打破了种种藩篱。今天,世界各地的译者可以真正参与到全球性的对话之

中,赋予传统的工作方式以新意,并创造新的机遇。而更高的客户要求、更复杂的项目和更紧迫的时限也更突出了彼此间交流观点、信息和经验的重要性"。(详见中国译协网"2009年国际翻译日主题文章")以翻译这个行业的发展为例,很多年前,翻译一部书是一个很漫长的过程,靠着一支笔一张纸,字字句句锱铢累积。电脑普及以后,这个过程相对来说缩短了很多,但仍需要将一字一句输入电脑。而今天,随着各种翻译技术的开发和使用,比较完善的翻译软件不断问世,计算机辅助翻译技术在翻译产业中的使用越来越广泛,借助这些翻译技术和软件,在翻译市场中占绝对份额的科技翻译的速度和效率发生了重要的变化。从前需要人工花费一个月乃至几个月时间的工作,现在,一个优秀的翻译人才如果掌握良好的翻译技术,通过使用较为成熟的翻译软件,有可能几个小时或几天就可以完成,而且翻译的质量也有相当的保证。在今后的翻译产业发展中,翻译技术和翻译软件的广泛使用是必然的。但从我们目前的翻译硕士专业学位教育看,我们的师资、课程设置、教材编写、教学设备和翻译实习环节等,对翻译技术的重视程度还远远不够。就我个人而言,我对诸如雅信、Trados等软件一窍不通,需要补课。根据我们所掌握的有关资料,2002年,中国翻译市场总额为100亿元,2005年为200亿元,2008年为300亿元,翻译行业的发展,需要以效益为前提。没有效益就没有我们的产业,没有产业就难以满足社会各个领域对翻译的多元需要,在某种意义上也没有翻译专业硕士或者翻译专业人才的用武之地。如今,我清醒地认识到,如果我们还固守着以前的看法和经验,还对科技和机器抱有排斥情绪,可能就无法跟上时代发展的步伐。从前,我们认为做翻译的人只需掌握中外语言就已足够,因此在教学中只是把目光重点集中在对提高语言能力的强调上。现在看来,只掌握语言还不够,我们还需要培养学生的翻译能力,培养学生熟悉和掌握现代技术,例如对数字化同声传译训练系统、对雅信等笔译技术软件的使用,一方面适应市场的需求,另一方面也提高翻译产业的效益。因此,我们在翻译研究中也应该更多地关注机辅翻译等翻译技术的研究。当然,在我们提倡关注翻译技术、关注行业效益的同时,也不能忽视对翻译队伍的全面培养和教育,包括对译者职业道德的培养和教育,应该始终将翻译质量视作翻译行业的生命线。

四、要处理好专业教育与树立行业形象之间的关系

各行各业都应该树立自己鲜明的社会形象。对于我们翻译行业来说,树立行业形象,就必须先对行业的定位、内涵、特点、需要及其在整个社会当中所起的作用进行全面的探讨。我们认为,这一形象要得到树立,必须依赖翻译教育部门、翻译出版部门、翻译技术部门乃至整个翻译文化界的共同努力。对于树立翻译行业形象尤为重要的一点,就是要加强翻译硕士专业学位教育,提高培养质量、树立翻译硕士这一品牌。品牌的树立,有利于翻译工作得到社会各界的承认和认可,有利于提高社会对翻译的认识,有利于解决长期以来翻译报酬偏低的状况,有利于全面提高翻译行业的地位。而要将翻译硕士这一品牌树立起来,并不是一朝一夕的事,应该说,目前对于中国翻译硕士专业学位教育来说,还存在很多困难。翻译硕士专业学位教育从 2007 年创立至今才经历了短短两年的时间,要发展成熟,它还有一条漫长的路要走。这是一项探索性的工作。上述几点看法,是我近来对翻译硕士专业学位教育,对翻译人才培养的思考的结果,仅供同行参考。

中国传统的外语教育以语言学与文学为主,经过我们二三十年的不懈努力,翻译学科得到了很大的发展。我想,翻译专业教育恰恰可以为中国外语教育的改革提供一个非常好的出路,可以对中国的外语人才培养结构的调整做出贡献,为培养高质量的翻译硕士,满足社会发展对翻译的多元需要做出贡献,为在多元文化语境下促进中外文化交流做出贡献。中国的翻译教育事业,任重道远!

(原载于《中国翻译》2010 年第 1 期)

从国家文化发展的角度
谈谈翻译研究和学科建设问题

许　钧

2011年10月,党的十七届六中全会提出"建设社会主义文化强国"的奋斗目标。这一重大战略纲领立足我国的文化传统和文化资源,明确了文化发展的根本性质、基本路径和未来前景。在全球化的时代背景下,要将这一战略目标落到实处,就必须形成与我国国际地位相称的文化软实力,提升中国文化的国际影响力,因此"提高文化开放水平,推动中华文化走向世界"被列入了实现"文化强国"必须遵循的重要方针。

在世界文化交流的过程中,翻译具有重要的、不可替代的作用,构建并促进了不同文化之间的了解、借鉴与尊重。在全球化日益加快、多元文化共存的语境下,中国文化要走向世界,得到世界的关注、认可与重视,同样也离不开翻译。尤其是国家文化发展战略的提出,赋予了翻译更为重大的使命和责任。这样的发展格局给我们带来亟待思考的问题:应该如何发展当前繁荣的翻译事业?如何深化翻译研究?如何加强翻译学科建设?下面就如何加强翻译研究,拓展研究视野,进一步推进翻译学科向系统化、科学化发展提出几个值得关注的问题。

一、要立足历史、关注现实

翻译的历史就是人类文化的发展交流史。因此对翻译的研究,应该以历史为本,着眼于翻译在历史空间的演变进程,突破对某种翻译概念、翻译标准或翻译方法的局限性讨论,将其放到人类历史发展的长河中去加以考察,理解翻译的本质、意义、价值、作用。大规模的翻译活动总是出现在历史的重大转折点,因为翻译活动往往处于文化交流,乃至宗教和社会变革的先锋地位,这在根本上决定了翻译与重大社会实践之间深刻的内在关联。如今,我国也正处于实施国家文化发展战略、推动中华文化走向世界的重要时刻,翻译活动与各种重大社会问题密不可分,翻译研究必须关注并解读翻译活动在现实政治、经济、文化生活中的价值和作用。翻译活动应该扮演什么样的角色和身份?应该怎样进行翻译规划和管理?应该采取什么样的翻译策略和方法?这些问题具有迫切而重大的现实意义。而对它们的思考和研究必须置于历史的发展中,坚持翻译研究的历史发展观。翻译的学科建设也必须立足历史、审视现实,在开放、动态的翻译观基础之上,反思并探索翻译不断超越局限、不断延续、扩展文明的开放性内涵。

二、要进行平等、双向的交流

翻译研究应该关注并推动中外文化之间进行平等、双向的交流。这一方面意味着翻译和翻译研究要以开放的心态来面对异质文化与文明,积极吸收各国优秀文明成果,认识并弥补自己的局限;另一方面则意味着要走向他域、融入世界,把中华文化的优秀成果持续地、有效地介绍给世界,增进世界对中国的了解,维护人类文明进步的多样性。

长期以来,我国的翻译活动都是以外译汉为主,多关注外国作品的译入,而对本国作品的译出缺少重视和研究。在新的历史时期内,国家文化发展战略发生了根本性的变化,翻译研究要积极回应这一战略意识的调整,改变旧式、单向为主的交流模式,在对话时坚持文化自觉和文化自信,推动中华文化走向世界。

尤其要注意的是,翻译研究在理论层面也亟待构建平等、双向的发展模式。近20多年来,中国翻译研究界把很多精力放在了引进西方翻译理论上。有些基于西方语言文学传统的理论或许并不适合我们的汉语言文学传统。而且,当西方理论资源枯竭的时候,我国翻译研究很容易遇到瓶颈。另外,目前建立在"译入翻译"(in-coming translation)上的译学理念很难有效地指导今天的"译出翻译"(out-going translation)。因此,我们必须加强对"译出翻译"的投入和研究,将中国化的本土经验和理论与西方翻译理论相结合,汲取精华,让中国的翻译研究在传承和发展的良性循环中不断繁荣和发展。只有这样,才能将翻译研究扩展到一个更广阔的天地,真正地促进中外文化交流,提升中国的文化软实力。

三、要加强翻译人才的培养

翻译人才培养是实现国家文化发展战略的重要内容之一。目前,尽管通过翻译本科专业、翻译硕士专业、二级学科翻译学的自主设置,翻译方向博士后流动站的建立等,已经培养了一批翻译人才。但是直面未来的战略需求和历史使命,翻译人才培养应进一步结合社会发展的需要,在定位、发展方向、策略等方面进一步优化与完善。

首先,翻译学研究者和指导教师应不断增强学科意识和理论意识,以战略的眼光来关注和发展翻译学科与其他学科之间的互动和联系,加强与"文化强国"关联比较密切的政治、经济、文化、科技等方面的跨学科整合研究。

其次,翻译人才培养要根据国家文化发展战略提出的新要求,关注翻译事业的新走向,不断更新翻译教学的理念,革新翻译工具、翻译技术、翻译手段,同时也要关注相关科学技术的新成果、新文化市场、新媒介手段的产生和发展。

再者,要重点培育一批高水平、专业化的翻译团队,积极推动与国外及中国港澳台地区的交流与合作,通过学术互访、科研合作、国外研修、联合培养、中外暑期学校等方式,培养造就一批造诣高深的翻译研究与教学队伍。

国家文化发展战略的提出,对于我国的翻译事业是一个重大契机。我们应该抓住机遇,在中华文化走向世界的大潮中积极调整、不断完善翻译研究和翻译学科的建设与发展;同时更要积极服务于这一战略目标,努力提高文化开放水平,增强我国文化软实力,完成这一重大而紧迫的课题。

（原载于《中国翻译》2012 年第 4 期）

加强研究，推进翻译专业学位研究生教育

许　钧

　　翻译专业硕士研究生教育的创办，是社会发展的需要，也是中国翻译界与翻译教学界数十年努力的结果。从翻译专业硕士学位研究生教育的论证开始，我们就意识到这样一项具有开创性的事业，无论是在理论的层面还是实践的层面，一定会遇到很多值得研究、值得探索、必须解决的问题。为此，全国翻译专业学位研究生教育指导委员会高度重视，决定设立学术委员会，其中心工作，就是对翻译专业硕士研究生教育所面对的理论与实践的问题展开研究，推进翻译专业学位研究生教育。这项工作得到了黄友义主任委员、何其莘与仲伟合副主任委员的全力支持，穆雷教授、谢天振教授、王东风教授、平洪教授与赵军峰教授全心投入，为学术委员会中心工作的推进付出了很多心血，做了大量的工作。

　　2007年至2016年，MTI院校数量从第一批的15所增加至215所，覆盖29个省市自治区，部分地区院校较为集中，生源和就业竞争激烈。总体而言，为适应经济、社会发展，MTI院校不断探索与更新教育理念，探讨培养模式，在师资培养、课程设置、教学方法、教材编写、能力(分级)培养、入学遴选、培养质量监控与评估、论文写作等涉及高水平翻译人才培养的重要问题上展开研究，并积极思考如何与学术型翻译专业研究生教育相区分，如何完善MTI的招考政策、评估办法、教学管理、实习管理等。以上议题均为翻译专业学位研究生教育亟待解决的核心问题，也正是历年翻译教指委教研项目的重要课题来源。十年间，翻译教指委共设立157

个教育研究项目,课题内容范围不断拓展。需要特别指出的是,翻译教指委领导积极参与研究,如何其莘、仲伟合、穆雷等承担了重要的教研项目的研究,积极发挥教指委的指导作用,推进 MTI 教育不断改革与创新。回顾十年来的工作,有四个方面值得总结、思考与进一步探索。

一、关注翻译专业学位教育的理念与定位

翻译专业硕士学位教育办学理念是以社会需求为导向,以能力培养为核心,以适应行业实际需要为目标。翻译专业学位教育需明确培养"高层次、应用型、职业化的翻译专业人才"的定位,从根本上改变传统的学术型研究生办学理念。翻译硕士专业学位教育的培养重点在于口笔译技能、译者能力、相关专业知识和相应人文素养等以职业为导向的内容,与传统的外语人才培养和翻译学硕士教育(学术型)有明显区别。

基于这一点,在教研项目方面,翻译教指委设立了明确区分外语人才与翻译人才培养的相关项目,如"翻译硕士专业研究生教学特点研究"。通过"翻译硕士专业学位教育指导性培养方案修订与实施研究",确立了翻译专业学位教育理念及具体定位;鼓励行业发展的相关研究,如"语言服务视域下的职业翻译教育"。此外,在 MTI 口笔译教学模式、课程设置、教材建设、师资建设、实习实践基地建设、质量评价等方面,着力支持能突出体现专业学位教育理念和定位的相关项目,如"民办外语类院校MTI 培养模式的创新与实践""产、学、研一体化 MTI 培养模式探究"等项目研究,从而强调专业化、职业化和国际化的高端翻译人才培养的特色,重视翻译专业学位教育与翻译行业和翻译市场的紧密联系,将专业化、职业化和国际化的办学理念充分体现在翻译硕士专业学位教育的各个方面。

二、关注翻译专业学位研究生教育的机制研究

在明确的办学理念指导下,翻译专业学位研究生教育更加关注管理机制、监督机制和评价机制的研究。从历年翻译专业学位教研项目来看,对翻译专业学位研究生教育机制研究的关注逐渐从管理政策的总体设计细化到具体实施细则及办法的制定。

教指委首先设立了"MTI 教育与翻译行业管理相关制度研究"项目,并以此为基础,基于"MTI 实习基地与兼职教师认证与管理的具体实施方案""MTI 实习基地与校外合作硕导认证标准研究""翻译硕士专业学位新增试点单位评审指标体系和试点培养单位评估指标体系"等项目的研究,管理和监督机制的具体标准和方法逐步清晰。同时,针对 MTI 教育过程中的学生管理、实习管理、导师管理等涉及管理机制的问题进行多方位的探索,设立了如"基于地方常规性国际会议的 MTI 实习管理模式探索""全日制翻译硕士专业学位研究生培养与管理模式研究""翻译硕士专业学位双导师制合作机制与效能研究"等项目,并注重各地区不同的特点,设立如"MTI 实习基地与兼职教师认证与管理实践研究"项目。此外,注重质量管理与监督机制研究,设立如"基于 ISO9001 的翻译硕士专业学位研究生(MTI)培养质量保障体系建设研究"项目。从管理机制的总体设计,到具体环节监督机制和质量保障机制的探索,进一步推进翻译专业学位研究生教育的机制改革与创新,以此建立和逐步完善架构合理、指导有力、工作有效的管理体系,保证 MTI 教育的质量,从而更好地适应新时代对 MTI 教育提出的挑战。

三、探索翻译专业学位教育的特色研究

在学位与研究生教育的"十三五"规划中,对研究生教育深化改革提出了一个核心要求,即服务需求、提高质量。为适应不同地域和领域的经

济社会需求,翻译专业学位研究生教育鼓励各院校结合地方和专业特点,强化院校特色。

在地方特色方面,在全国翻译专业学位研究生教育指导委员会的引领下,各地区加强学位点之间的交流,通过筹建地方专业学位教育指导委员会,更有针对性地提升不同地区学位点的办学质量。从历年翻译教指委教研项目来看,翻译教指委关注与地方经济发展和人才需求紧密相关的 MTI 教育各环节的研究与探索,设立"以服务地方经济发展为导向的 MTI 朝鲜语同声传译教学案例库建设与应用""基于西部口译人才需求分析的多维 MTI 口译教学模式研究""少数民族地区 MTI 学生口译实践'师徒'模式初探例""MTI 特色培养模式下的蒙古族文化典籍英译教学探讨""燕赵文化外宣意识与翻译专业学位研究生培养关联研究"等项目,从科学研究角度,加深对专业学位地方特色教育的思考。

在专业特色方面,MTI 学位点的办学思路不断拓展,通过建立专业领域的办学联盟,加强同类院校之间的交流与分享,如法律类院校成立教育联盟、探索法律翻译人才培养途径,医药类院校成立教学联盟、探索医药类翻译人才培养方式。近年 MTI 教研项目设立了"医学口笔译翻译人才培养模式实践研究"和"国防和军队改革"背景下军事 MTI 人才培养模式研究项目,通过对不同专业领域的培养模式探索,进一步推进 MTI 办学理念和方法的创新。

近年翻译专业学位教育重视不同类别的院校特色,如 MTI 教研项目中设立"理工院校基于翻译技术的 MTI 教学模式研究"项目,探索理工科类院校的课程教学创新,突出院校特色。今后,MTI 教育的研究将更加关注院校类别特色的探索,亦需要其他类别,包括综合类院校、语言师范类院校、财经政法类院校和农林医药民族艺术类院校的相关教育研究,从当前迫切相关的问题入手,尽可能结合当地和本单位的实际情况,探讨解决方案,在此基础上为其他院校提供经验借鉴。

四、关注翻译专业学位教育的各环节研究

基于明确的专业学位教育理念与定位，在逐步完善的机制保障下，需针对翻译专业学位人才培养的全过程中的各环节，从教学设计、论文写作、实习实践到毕业考核、就业能力等方面，进行更加细致和深入的具体研究。

在教学设计方面，MTI教研项目关注区别于学术型研究生的专业学位教学方式方法，重视以职业为导向的MTI学生口笔译能力发展路径，通过"MTI口译教学的技能化研究和探索""翻译硕士专业研究生汉译英笔译能力分级研究""翻译硕士专业研究生口译能力发展阶段与培养模式研究""基于体裁的非文学笔译能力认证考试开发与非文学笔译能力等级量表研究""MTI非文学翻译课程全阶段教学模式探索"等项目研究，尝试厘清MTI学生口笔译教学的阶段性设计。以此为基点，关注实践特征鲜明、职业导向鲜明的具体课程设计，如"《法律法规翻译》的交互式教学模式探索""由译入史——将'文献编译'引入MTI'中西翻译史'课程教学的研究""MTI翻译职业道德课程的建构研究"等；关注与技术发展或专业类翻译课程相结合的翻译课程教学研究，如"基于网络的交互式翻译实践社群教学研究""基于'互联网＋'学习平台的MTI翻转课堂＋项目式学习教学模式实证研究""基于复合语料库的MTI笔译教学研究""MTI翻译及本地化管理项目课程设计""MTI新闻编译课程的项目教学法探索"等。

MTI教研项目对教材和教学资源库建设予以大力支持，如"MTI口译教材体系规划"项目、"翻译专业理论类教材编写研究"项目，以及其他教材体系规划相关项目，基于科学研究，为MTI教育提供教学参考与指导。现已出版MTI系列教材24种，包括口笔译系列教材、理论系列教材、通识系列教材和工具类书籍。此外，教学资源库建设类项目的设立，为促进MTI教育不断紧跟社会需求提供数据和理论支撑，如"MTI英语口笔译案例库建设研究""'非文学翻译'课程教学案例库研究与建设"，以及与

专业领域相关的资源库建设,如"专利翻译案例库建设""法律翻译(英译汉)教学案例建设"等。

《教育部关于开展研究生专业学位教育综合改革试点工作的通知》指出,专业学位研究生要注意培养模式创新,创新重点之一就是建设实习实践基地。在 MTI 教研中设立"翻译硕士专业研究生专业实习研究""省属高校翻译硕士实习基地建设模式探索""MTI 实习管理探索"等项目,推进实习实践基地建设实践基地遴选、管理和评估制度,以此突出区别于学术型研究生的专业学位教育特点。

翻译硕士专业学位的论文写作有别于学术型研究生的论文写作模式。传统的学术型研究生的学位论文重在研究,而翻译硕士专业学位的学位论文则以实践为基础。在学位论文写作方面,基于"MTI 学位论文写作模式与评估模式探索"项目的研究,探索 MTI 学位论文写作的多元模式与评价方法。在此基础上,设立"MTI 学位论文选题热点可视化分析及论文结构模式探索""MTI 学位论文写作及评估模式的合理性及可行性研究""基于翻译能力培养的 MTI 学位论文写作与评估模式探索研究"等项目,以期建立 MTI 学位论文的写作模式更新机制和质量保障机制。

在考试与评价方面,翻译专业学位教育通过对"翻译水平考试比较研究""MTI 毕业考试设计""MTI 专业硕士学位研究生毕业考试职业导向模式探讨"等项目的探索,期望在 MTI 教育的出口阶段保障和控制 MTI 毕业生的质量,更好地服务社会与国家需求。

在就业方面,教研项目设立"MTI 研究生就业能力研究及解决方案""面向语言服务业的翻译硕士专业学位研究生职业发展路径研究",以及"全国翻译专业学位研究生教育与就业调查"等项目,探讨 MTI 毕业生适应社会需求、适应市场的能力,通过获取市场反馈,进一步探索如何提升翻译专业学位研究生的实践工作能力。

专业师资队伍很大程度上决定了专业学位教育的成败。翻译硕士专业学位教育的发展需要一支实践经验丰富、教学水平高、专业背景好的优秀师资队伍。因此,MTI 教研项目特别关注师资发展和师资队伍建设,设立"MTI 教师职业发展需求调查与研究"等项目,为解决专业师资匮乏的问题,提升专业学位师资水平进行积极探索。

十年来,翻译专业学位教育界通过确立先进的教育理念、科学的定位、教育管理与监督机制的完善、特色教育研究以及人才培养各环节的研究,为推进全国翻译专业学位研究生教育做了大量工作,我们特别希望在下一步要全面总结中国翻译专业学位研究生教育的经验,与国际同行交流,为争创世界一流的翻译专业学位研究生教育而不懈努力。

本文写作得到穆雷教授与许艺博士的大力协助,在此表示谢忱。

(原载于《中国翻译》2017 年第 3 期)

翻译专业硕士(MIT*)的设置

——翻译学学科发展的新方向

仲伟合

一、引 言

在经历了 20 多年艰难曲折的历程之后,中国的翻译学学科建设在 2004 年跨入了一个新的阶段。这一年,上海外国语大学在获得了"外国语言文学"一级学科博士学位授权后,自主设置了"翻译学"硕士、博士学位授权点。上海外国语大学翻译学学位点的设置"标志着翻译学作为一门独立的学科,在中国内地的高等教育体制中获得了合法地位"(田雨,2005:26)。

翻开中国翻译学学科发展的历史,1979 年北京外国语大学联合国译训班的开设,开创了中国现代职业翻译培养特别是国际会议传译培养的先河;1984 年青岛首届全国青年翻译家论坛对"翻译学学科建设"进行大讨论;1993 年广东外语外贸大学、厦门大学与英国文化委员会合作设立"高级口笔译项目",在本科阶段开设了翻译专业方向;1997 年广东外语外贸大学成立了内地第一个翻译系;2002 年青岛翻译学学科建设研讨会召

---

* MIT 是该学位设置之初的名称。在 2007 年 1 月经国务院学位委员会论证后改为现名"翻译硕士专业学位(MTI,即 Master of Translation and Interpreting)"。

开,以及近两年国内 20 多家大学以培养翻译专业人才为主要培养目标的翻译学院(系)成立。从中我们可以看到中国翻译学学科建设在不断地发展进步。然而我们还应该看到翻译学学科在中国还是没有得到应有的地位,到目前为止我们还是不能在教育部专业目录中找到"翻译学","翻译学"的学科地位整体上还没有得到"行政的确认"。翻译学的学科发展道路还要继续走下去。上海外国语大学翻译学学位点的设置毕竟是有条件的学位设置,是个案。而国内众多的已经设有翻译系、学院的大学都无法效仿,原因是不能像上外一样得到"外国语言文学"一级学科授权点。这样"翻译学"作为学位专业就无法得到普及,"翻译学"作为独立学科的发展也就受到了很大的限制。

建设一个学科的主要目的是满足国家建设的需要。而目前国内对于"翻译学"人才的需求,除一部分高端的研究人才外,更多的是应用型人才,即要求学生有很强的翻译实操能力。笔译方面能翻译各种高级别文字资料、政府文献、各种专业技术资料,同时具备担任各种文字翻译的译审工作;口译方面能承担各种场合的交替传译工作和大型国际会议的同声传译工作。因此,在"翻译学"作为一种研究型学位得到普及前,应该设置以培养高层次、应用型人才的"翻译专业硕士"(MIT)。以下对翻译专业硕士学位的设置提出一些意见,以起抛砖引玉之用。

二、什么是专业学位?

谈翻译专业硕士学位,不能不先了解什么是专业学位。专业学位对于很多人来说或许很陌生,但对 MBA(工商管理硕士)、MPA(公共管理硕士)却是耳熟能详。其实,MBA、MPA 正是专业学位中的两种类别。目前,我国经批准设置的专业学位已达 16 种。专业学位教育是我国研究生教育的一种形式。区别于一般意义上侧重理论、学术研究的研究生教育,专业学位教育旨在针对一定的职业背景,培养高层次、应用型专业人才。在西方国家,专业学位教育是后高等教育里一个非常重要的组成部分。

它的职业指向非常明确,就是针对职业要求培养职业领域需要的应用型人才。专业学位教育的对象都是工作了一段时间,有了一定的工作经验,并明确了自身今后的职业发展领域,从而选择攻读相应的专业学位。

随着各行各业对应用型人才需求的扩大,专业学位教育正逐渐成为一种潮流。此外,今后的专业学位教育还将逐渐与特定职业(岗位)任职资格(条件)相结合,成为国际上通行的"职业学位",即只有获得这种学位才能进入某一行业从业。

我国于 1981 年实施《中华人民共和国学位条例》,当初以培养教学和科研人才为主,授予学位的类型主要是学术型学位。研究生的学位就是大家通常所说的"硕士、博士学位"。国务院学位办自 1991 年设置中国工商管理专业硕士学位(MBA)以来,陆续设置了 13 个专业硕士学位。2005年 5 月又适应国家发展的需要,设置了风景园林硕士专业学位(MLA)、艺术专业硕士学位(MFA)及体育硕士专业学位(MSPE)。上述专业硕士学位的设立,为国家的各项建设培养了大批高层次、应用型的专业人才。

专业学位的职业指向性非常明确。国务院学位委员会第十四次会议审议通过的《专业学位设置审批暂行办法》规定,专业学位为具有职业背景的学位,为培养特定职业高层次专门人才而设置。

专业学位分为学士、硕士和博士三级,但大多只设置硕士一级。各级专业学位与对应的我国现行各级学位处于同一层次。专业学位的名称表示为"××(职业领域)硕士(博士、学士)专业学位"。

三、设置翻译专业硕士的必要性

虽说我国外语教学近百年培养的外语人才不少在毕业后从事专职或兼职的翻译活动,但专业外语本科教学受教学大纲所限,一般仅在三年级与四年级开设 72～108 学时的翻译课,且多数是以汉外互译的笔译课为主,较少有学校开设口译课。一般学生毕业之后需要几年时间才能逐渐具备一般的口笔译实践能力。20 世纪 80 年代以后,国内一些外语院系开设了"翻译理论与实践"方向的硕士课程,90年代以后外语硕士点有翻译方向的越来越多,目前已经达到140多个院系。然而,由于方向不明和师资所限,绝大多数翻译方向培养目的都不明确,想在两至三年时间里培养出既有职业翻译能力又有理论研究能力的翻译人才,时间有限,开设的课程有限,学生的翻译实践机会少,教师顾此失彼,很难达到设想的目的。结果大多数学生既不具备较强的翻译实践能力,也不具备从事翻译研究的理论水平。

国际上从第二次世界大战之后就开始重视职业译员的培训,20世纪60年代之后在高校开设专业翻译教学项目。据粗略统计,目前国际上共有200多所高校设有翻译学的教学与研究机构,有的侧重培养职业口笔译人员,有的侧重培养翻译研究人员。著名的有巴黎高等翻译学院、渥太华大学翻译学院和美国蒙特雷国际研究学院高级翻译学院等,它们都从20世纪70年代开始培养专门的口笔译实践人员和翻译理论研究人员,授予翻译专业硕士、博士学位。特别值得一提的是巴黎高等翻译学院,其高层次翻译人才的培养就经历了从培养研究型学位人才到应用型专业学位的过程转变,最终成为国际知名的翻译人才培养机构。

根据对一些国际著名翻译院校的课程设置与培养目标的对比我们发现,这些院校的市场定位准确,培养目的明确,多数硕士培养项目重点在于提高学生的口笔译实践能力,使之毕业后能够立即从事经济、商贸、法律、传媒、人文、社科与自然科学等领域的翻译工作。其次,上述院校都有自己的办学特色与教学侧重点,课程设置的理念以社会市场需求为导向,注意课程设置的完整性。在培养时间上,一般以两年为多,一年也有,三年的则以培养理论研究人才为主。例如英国有20多所高校招收翻译硕士班,用一到两年时间培养职业口笔译人员,就业形势很好。

再转回国内,香港从70年代初在香港中文大学成立翻译系,目前8所政府拨款的大学里有7所(香港科技大学除外)都设有翻译系或翻译课程,培养翻译学的本科生、硕士生和博士生乃至博士后研究人员。各校特色鲜明,针对性强,例如,香港浸会大学翻译课程主要培养传媒翻译人才,香港城市大学以法律翻译与科技翻译为主,香港中文大学则以电脑翻译为两年制研究生班的主攻方向,香港理工大学除法律翻译外,还有商务翻译等非文学翻译项目,岭南大学则以文学文化翻译为特点。这些学校的翻译学硕士毕业后极受市场欢迎,就业率非常高,导致近年媒体连续报道,高考文科考生分数高的都以翻译为首选志愿,各校也积极顺应市场需求,大力发展翻译硕士研究生的教学项目。

另外,国家各部委近年对于翻译专业的资格认定也越来越重视。2002 年国家人事部与中国外文局联合推出了"全国翻译专业资格(水平)考试",英文名称为:China Accreditation Test for Translators and Interpreters(英文缩写为 CATTI)。该考试是为适应社会主义市场经济和我国加入世界贸易组织的需要,加强我国外语翻译专业人才队伍建设,科学、客观、公正地评价翻译专业人才水平和能力,更好地为我国对外开放和国际交流与合作服务,根据建立国家职业资格证书制度的精神,在全国实行统一的、面向社会的、国内最具权威的翻译专业资格(水平)认证,是对参试人员口译或笔译方面的双语互译能力和水平的认定。教育部考试中心也与北京外国语大学推出了类似的资格证书考试——"翻译资格证书考试"。该考试也是一项在全国实施的,针对广大从业人员,包括在校大学生的英语实际翻译能力进行科学考核并提供权威认证的翻译资格认证考试制度。两类考试包括口译和笔译两种形式的认证。

翻译职业本身有很强的职业背景,对于译者要求有很高的双语能力、跨文化交际应对能力及广泛的专业知识,是典型的高层次、应用型人才。目前国内教育界也普遍认为,合格的职业翻译应该在研究生层次。

基于上述情况,我们认为非常有必要设置翻译专业硕士学位。设置翻译专业硕士学位和试行培养翻译专业硕士学位研究生的工作,目的就在于通过该途径培养出一批具有坚定的政治方向,充分掌握双语翻译技能,能承担国家建设各项对外交流的口笔译工作的专门高级翻译人才,为我国的经济建设、社会发展及改革开放事业服务。同时,这种专业学位的设置将使我国的学位制度更趋完善,将推动我国高级专门人才培养的多样化,使学位制度进一步适应科学技术事业和经济建设发展的需要。

四、翻译专业硕士学位的名称和特点

1.翻译专业硕士学位的名称

考虑到与国内其他专业硕士及国外同类专业硕士保持一致性,专业及学位名称可考虑暂定为"翻译硕士"。没有使用"翻译学"是为了区别以培养学术研究型人才为主的翻译学研究型硕士学位,突出强调翻译专业的实践性及应用性。

为便于对外交流,同时参考国外同类专业硕士的名称,翻译硕士的英文翻译为 MIT(Master of Interpreting and Translation)。

为便于试点,翻译专业硕士可以先从英汉开始,之后扩大到其他主要外语语种。翻译硕士学位证书由国务院学位委员会办公室统一印制和管理。

2.翻译专业硕士学位的特点

翻译硕士学位是专业学位的一种,其特点是:翻译专业硕士是应用型、高层次人才,招生对象为有良好的双语基础、具有一定的翻译(口、笔译)实践经验的学员。课程内容密切结合实际,加强实践环节。课程安排突出口、笔译技能的教学与实践,同时安排必要的理论课程。与理论研究型人才培养所不同的是,翻译专业硕士突出强调学生的翻译实操能力。笔译方面能翻译各种高级别文字资料、政府文献、各种专业技术资料,同时具备担任各种文字翻译的译审工作;口译方面能承担各种场合的交替传译工作和大型国际会议的同声传译工作。

五、翻译专业硕士的培养

1.培养目标及基本要求

培养德、智、体全面发展,能满足世界经济一体化及提高国家国际竞

争力的需要,适应国家经济、文化、社会建设需要的应用型、高层次口笔译人才,其基本要求为:

(1)有较高的政治思想素质,掌握马列主义、毛泽东思想的基本理论,坚决贯彻执行党的基本路线、各项方针政策和国家的法律法令,热爱社会主义祖国,努力为人民服务,具有宽阔的国际视野、高尚的道德品质、良好的文化素养与跨文化交际能力;

(2)掌握翻译的主要技能,笔译方面能翻译各种高难度文字资料、政府文献、各种专业技术资料,同时具备担任各种文字翻译的译审工作能力,口译方面能承担各种场合的交替传译工作和大型国际会议的同声传译工作;

(3)熟练掌握一门外语(如英语通过专业八级考试或通过其他国际英语水平考试 IELTS:6.5,TOEFL:600),同时具有良好的母语知识;

(4)掌握一门第二外语;

(5)身体健康。

2.招生

以招收具有翻译实践经验的翻译从业人员及外语工作者为主。具体条件为:有良好的双语基础,一般有两年及两年以上口、笔译实践经验,德才兼备、身体健康、有志从事翻译职业的工作者。参加教育部统一组织的"全国翻译硕士联考"及招生单位单独组织的专业复试,结合工作业绩与资历择优录取。

参考目前教育部已有的专业硕士学位考试,全国联考考试内容可包括:

(1)外语水平考试;

(2)翻译综合考试(含汉外互译与汉语写作)。

招生单位单独组织的复试内容可包括:

(1)政治;

(2)第二外语;

(3)口译实践等。

3.学制

与其他专业硕士一样,翻译专业硕士实行弹性学制,可以脱产学习,也可以半脱产或不脱产学习。全脱产学制为两年;半脱产或不脱产学习者视其修满学分与完成论文情况决定学习期限,但最多不超过五年,最少不低于三年。

4.培养方式

(1)采取学分制。学员必须通过学校组织的规定课程的考试,成绩及格方能取得该门课程的学分;修满本学位规定的学分方能撰写学位论文;学位论文经答辩通过可按学位申请程序申请翻译硕士学位。

(2)采用研讨式、口译现场模拟式教学。运用现代化的电子信息技术如卫星电视、同声传译实验室和多媒体教室等设备,聘请有实践经验的高级译员为学员上课或开设讲座。笔译课程可采用项目翻译的方式授课,即教学单位承担各类文体的翻译任务,学生课后翻译,课堂教师讲评,加强翻译技能的训练。少数有较丰富实践经验的研究生,对个别课程可采用在教师指导下以自学为主,通过学校统一的课程考试方式取得学分,或者已经掌握某门课程,通过本人申请经过考试准予免修,取得学分。

(3)加强实践环节。要求学员至少有10万字以上的笔译实践及不少于300小时的口译实践。

(4)成立导师组,发挥集体培养的作用。导师组应以具有指导硕士研究生资格的正、副教授为主,并吸收外事与企事业部门具有高级专业技术职务的人员参加。

5.课程设置

各培养学校可以根据各自的具体情况开设课程。翻译硕士课程应包括学位课、必修课与选修课三种。其中,学位课为各培养学校必须开设的课程,必修课与选修课则根据各自的实际情况,培养方向自行设置。

(1)学位课

①政治理论课

②第二外国语

③交替传译

④翻译概论

⑤文献翻译

(2)必修课

①专题口译

②同声传译

③文体翻译

(3)选修课(任选四门)

①模拟会议传译

②视译

③文学翻译

④语言与翻译

⑤翻译批评与赏析

⑥跨文化交际与翻译

⑦汉语写作

⑧中国文化

6.论文写作

学位论文写作时间一般为一个学期。论文可以采用三种形式(学生任选一种)。

(1)翻译项目:学员在导师的同意下选择不少于 5000 字的文章进行翻译,并根据自己的译文就翻译方法等写出不少于 5000 字的翻译研究报告;

(2)口译实验报告:学员在导师的同意下就口译的某个环节展开实验,并就实验结果进行分析,写出不少于 1 万字的有价值的实验报告;

(3)学位论文:学员在导师的同意下撰写翻译研究相关论文,字数在

1万~1.5万。

评价论文水平主要考核其综合运用所学理论解决实际问题的能力,看其内容是否有新见解,或看其应用价值(翻译项目、口译实验报告)。

学位论文采用匿名评审。其中至少有一位论文评阅人是校外专家。答辩委员会成员中必须有一位具有口笔译实践经历且具有高级专业技术职称的专家。

六、结　语

以上仅是笔者对翻译专业硕士(MIT)设置的一些想法,其中很多内容尚不成熟,提出来希望能引起翻译学学界同仁的注意与共鸣。笔者文中的主要思想已在2005年11月上海外国语大学高级翻译学院召开的首届中华译学论坛及在广东外语外贸大学高级翻译学院召开的全国翻译学院(系)院长(系主任)联席会议上有所陈述,引起了上述两次会议与会专家的热烈讨论。大家一致认为,在国内设置翻译专业硕士是有必要的而且是可行的。我们希望通过这篇小文,能使更多人了解到设置翻译专业硕士的必要性与可行性,使我们更早在行政上得到支持,使设立翻译专业硕士(MIT)的设想变成现实。

参考文献

谭载喜,2004. 翻译学:作为独立学科的今天、昨天与明天. 中国翻译(3):
　　31-32.

田雨,2005. 翻译学学科建设的新起点——2004年中国译坛综述. 中国翻译
　　(2):26-29.

王东风,2004. 新的起点新的挑战——新形势下的翻译学学科建设. 中国翻译
　　(3):35-36.

谢天振,2004. 学科发展的历史必然. 中国翻译(3):32-33.

杨自俭,2005. 如何推动翻译学的建设与发展. 上海翻译(3):2-3.

穆雷教授为本文提供了重要数据,在此表示感谢。

(原载于《中国翻译》2006 年第 1 期)

翻译硕士专业学位教育点的建设

仲伟合

"翻译硕士专业学位"(MTI)的设想从 2005 年 3 月提出并经过几次专家组的论证,其《设置方案》(即《翻译硕士专业学位设置方案》)终于在 2007 年 1 月国务院学位委员会第二十三次会议上审议通过。国务院学位委员会 2007 年 3 月 30 日发布了关于下达《翻译硕士专业学位设置方案》的〔2007〕11 号通知。2007 年 5 月,国务院学位委员会在全国启动了翻译硕士专业学位的试点申报工作,全国有包括北京大学等在内的 15 家高校获得了翻译硕士专业学位的试办资格,相关招生工作也已经启动。翻译硕士专业学位(MTI)的设置,无疑是近年我国翻译学科发展的一个里程碑式的成果,为我国培养高层次、应用型的专业化翻译人才提供了重要途径,为我国翻译学的学科发展指明了方向。翻译硕士专业学位设置方案一推出,就受到了国内众多高校及翻译业界的关注,许多高校都希望申报翻译硕士专业学位点。

翻译硕士专业学位的设想是笔者于 2005 年初提出并得到了翻译学术界许钧教授、谢天振教授、穆雷教授等的大力支持。由广东外语外贸大学向国务院学位办提交的《关于设置和试办翻译硕士专业学位的建议》及《翻译硕士试行培养方案》(草案)受到了国务院学位办的重视,学位办迅速组织了三次专家论证会并向国务院学位委员会提交了《翻译硕士专业学位设置方案》及说明,在国务院学位委员会第二十三次会议上审议并通过。作为倡导者,笔者对于"翻译硕士专业学位"能够得以设置的欣喜之情无以言表,但在高兴的同时,也为学位点的未来建设深深担忧,在此愿意就翻译硕士专业学位教育点的建设谈一点个人的看法,以期望对试办单位及准备申报的教学点有所启示。

一、关于学科基础建设

翻译硕士专业学位的学科依托是外国语言文学,是外国语言文学学科在发展过程中顺应中国经济建设与对外文化交流的需要而衍生出的新的学科。翻译硕士专业学位目前尚处在初创和试办阶段,因此要求试办点或申报单位已经具有长期的外国语言文学学科研究生培养经验。国务院学位办在《关于开展申报翻译硕士专业学位教育试点工作的通知》(学位办[2007]19号)中,对申报翻译硕士专业学位试点单位的学科基础提出了明确的要求:"具有外国语言文学一级学科博士点,或者具有英语语言文学或外国语言学及应用语言学二级学科博士点,并已开设翻译(翻译学、翻译理论与实践等)专业方向、有两届以上的硕士毕业生。"

文件明确要求翻译硕士专业学位试办单位有"博士点"并且已经有多年的培养翻译专业方向研究生的经验。2007年获得试办资格的15所学校都符合上述要求。我国目前仅有外国语言文学一级学科博士点6个、二级学科博士点37个。按目前国内对高层次应用型翻译人才的需求来看,仅靠上述的学科点培养翻译硕士专业学位的学生是不能满足社会需求的。因此,一旦翻译硕士专业学位试点成功完全放开后,国务院学位办应会考虑部分已经拥有外国语言文学一、二级学科硕士点且有较好的翻译教学基础的单位作为翻译硕士专业学位教育点。

对有兴趣申报翻译硕士专业学位点的单位,应该做的第一件事就是为翻译硕士专业学位点打下一个良好的学科基础,为翻译硕士专业学位点的发展提供成长的沃土。

二、师资队伍建设

国务院学位办〔2007〕19号文,对2007年翻译硕士专业学位试办单位的师资条件提出了以下三点要求:

(1)翻译硕士核心课程及重要必修课程均须配备2名以上专任教师授课,并且要具有较丰富的教学经验,其中教授和博士学位获得者须达到一定比例。

(2)翻译硕士核心课程及重要必修课程的任课教师中具有口译或笔译实践经验的比例不低于70%;笔译教师应承担过30万字以上的正式笔译任务,口译教师应担任20次以上的正式场合的交传同传任务。

(3)有一定数量的来自实际翻译部门的资深翻译工作者任兼职教师。

翻译硕士专业学位培养的是具有"高层次、应用型、专业化"特点的专业口笔译人才。因此,对于授课教师也提出了新的要求。在过去的近30年间,我国很多高校在外国语言文学二级学科下设有"翻译研究"(或翻译理论与实践)方向,培养了大批的研究型翻译专业方向文学硕士(博士)。外国语言文学二级学科下设有"翻译研究"方向的突出特点是研究型,因此授课的教师也以研究为主。而新设的翻译硕士专业学位则要求教师本身有很强的口译、笔译实际操作能力,避免纸上谈兵式的教学,培养专业化的翻译实务人才。

目前我国高校中从事翻译教学的教师还是以研究型为主,因此翻译硕士专业学位点应有针对性地引进或培养其师资队伍。这支师资队伍应该具有高学历、高职称,同时具备丰富的笔译或口译实践经验。

三、教学基础设施建设

翻译硕士专业学位对教学点的教学设施提出了更高的要求。传统的教学翻译对教学设备几乎没有什么要求,而翻译硕士专业学位的目标是培养专业化的翻译人才,因此根据培养方向的不同,对教学基础设施有不同的要求。

针对口译方向,要求翻译硕士教学点具备:

(1)数字化语言实验室和同声传译实验室。

(2)拥有大量的语音学习和练习材料,包括各种会议的原始语音和书面材料供学生使用。

(3)有丰富的网络资源。对条件较好的单位要求有计算机辅助口译教学软件及资源。

针对笔译方向,要求翻译硕士教学点具备:

(1)现代化教学设备、较好的案例教学和多媒体教学环境。

(2)丰富的翻译工具书、翻译教材和翻译研究资料。

(3)各种翻译教学和翻译应用软件。

要求翻译硕士专业学位点与翻译专业相关的实际部门有较密切的联系与合作,能提供良好的翻译硕士专业学位教育口笔译实践基地。

信息化生活的时代要求我们充分利用现代教育技术培养专业化的人才。翻译硕士专业学位点一方面要投入资金,按培养专业化人才的要求购置设备,另一方面要求教师能迅速掌握使用设备的技术,真正做到事半功倍。

四、教学基本建设

教学基本建设包括学科专业、课程、教材、实践教学基地、学风、教学队伍和管理队伍等七项教学基本建设。这些方面的建设既是教学管理的基本任务,又是直接服务于教学工作的基本建设,是形成稳定、良好的教学环境和条件,保证教学质量的基础性工作。

无论是已经获得翻译硕士学位试办点的单位还是即将申报试办的单位,都应该重视教学基本建设。国务院学位办颁布的《翻译硕士专业学位设置方案》仅仅从宏观上提供了翻译硕士专业学位的培养方案,要求各教育点根据本地建设的需求、自身专业特色、学科关联、师资特点等制定各自具有特色的课程设置方案及课程描述,培养有特色的专业化翻译人才。教育点可根据自身的教学强项决定培养的方向,可以同时开设"口译方向"和"笔译方向",也可以只开设其中一个方向。就"口译方向"而言又可以开设以培养顶尖口译人才为目标的"国际会议传译",又可以开设以培养"交替传译"人才为主的"口译实践",还可以开设以培养特色译员为主的"技术口译"(如航海口译、军事口译等)。而"笔译方向"则可以有"商务翻译""法律翻译""传媒翻译""技术翻译""典籍翻译""文学翻译"等。无论开设何种方向,都要有科学、合理的课程设置,详细的课程描述,可行的教学执行计划。同时具备良好的教学管理文件及管理水平,以保证教学计划的有效执行。

五、结　语

综上所述,翻译硕士专业学位教育点只有在上述四个方面,即学科基础建设、师资队伍建设、教学基本设施建设、教学基本建设等四个方面进行努力,以良好的外国语言文学学科为依托,以优秀的师资队伍为力量,以先进的教学设施、教学计划为保障,才能建设好翻译硕士专业学位教育点,为国家培养高素质、应用型的专业化口笔译人才。

参考文献

束定芳,2004. 外语教学改革:问题与对策. 上海:外语教育出版社.

仲伟合,2006. 翻译专业硕士(MIT)的设置——翻译学学科发展的新方向. 中国翻译(1):32-35.

(原载于《中国翻译》2007 年第 4 期)

翻译专业人才培养模式探索与实践

仲伟合　穆　雷

　　随着经济社会的迅猛发展和科技文化的不断进步,社会对高层次专业翻译人才的需求量不断增加,而传统的外语教学无法满足社会对专业翻译人员的需要,翻译人才的培养与社会需求之间的脱节现象日益严重,供需矛盾越来越突出。另一方面,翻译学逐渐获得认可并成为一门独立的学科,为翻译教学在现行教育体制中赢得一席之地,也为高层次翻译专业人才的培养奠定了坚实的学科基础。翻译专业人才培养的系统化、专业化、科学化被提到议事日程上来,成为讨论的焦点。

　　广东外语外贸大学(广外)自 20 世纪 60 年代建校起,曾涌现并培养出大批外语翻译人才。从 20 世纪 80 年代起,学校着手进行应用型人才培养的改革,不仅在国内高校中率先开设系统的口译课程,开展同声传译教学,同时还在本科阶段开设了英语翻译专业方向,所培养的专业化翻译人才受到社会好评。由本文作者之一仲伟合教授主持的口译教学研究项目"专业口译课程体系改革与建设"荣获广东省第五届高等教育教学成果一等奖,"英语口译(课程系列)"于 2017 年被评为国家级精品课程。1997年,学校在英文学院内设立了翻译系,开始在英语专业高年级阶段培养翻译方向的本科生并招收翻译理论与实践方向硕士研究生。2005 年,成立高级翻译学院(高翻),开始探索建构完整的专业翻译教学体系和各层次翻译专业人才的培养模式。2006 年,教育部批准在广东外语外贸大学等三所高校试办翻译本科专业。2007 年,由广外学者首倡设置的翻译硕士专业学位(MTI)获得国务院学位委员会的批准,广外成为首批 15 所试点培养单位之一。2008 年,以从事译学研究为主要任务的翻译学研究中心被评为广东省高校重点文科研究基地。至此,广外高翻成为全国首家拥有翻译本科、本科双学位、翻译硕士专业学位、翻译学硕士和翻译学博士授权点以及省级重点人文社科研究基地这样一个完整的翻译教学与研究体系的机构。在全国翻译硕士专业学位教育指导委员会的指导下,广外开始深入地实践其多年探索形成的翻译专业人才培养模式。

　　培养翻译专业人才,首先要正确认识翻译专业人才与传统的外语专业人才之间的区别。传统认为,只要会外语,谁都可以做翻译。然而,几十年过去了,国家培养出大批外语人才,可是合格的翻译人才仍然寥寥无几,无法满足社会需求。这就不得不令人反思,我们的培养目标和培养手段是否存在问题? 经过 20 多年的讨论和研究,我们终于认识到以下问题。

一、外语专业人才≠翻译专业人才

　　翻译是一种认知活动、一种技巧、一种艺术,是一种专业的交流工具。翻译人才的思维模式与一般外语人才有着明显的差别,需要专门的职业技能培训。过去往往把外语专业等同于翻译专业,把外语人才误认为翻译人才,忽视了翻译专业人才的专门性和特殊性。懂外语,不等于是合格的翻译人才。因为:

　　(1)翻译专业人才不仅需要精通两门语言,同时还需拥有广博的文化和百科知识以及相关的专业知识;

　　(2)翻译专业人才需要掌握各种翻译技巧,进行大量的翻译实操并内化为译者/译员的自觉行为;

　　(3)翻译专业人才需要具备清醒的译者角色意识、良好的职业道德、踏实进取的工作作风,自觉的团队合作精神和处乱不惊的心理素质等。

　　鉴于对翻译专业人才的上述特殊要求,外语专业原有的翻译课程(即教学翻译)或方向与翻译教学在教学理念等方面的显著差异如表 1 所示①。

表 1　教学翻译与翻译教学的区分

区分点	教学性质	
	教学翻译	翻译教学
学科定位	语言学—应用语言学—外语教学	翻译学—应用翻译学—翻译教学
培养目标	培养合格的外语人才	培养合格的专业翻译人才
指导思想	重外语语言技能训练	重口笔译实践操作能力
教学目的	教学目的是通过翻译学外语。翻译课是学习外语的辅助性课程或者是为学习外语服务的专业选修课	教学目的是培养职业口笔译员。教学内容主要为口笔译技能训练以及相关的翻译职业知识与训练
交流目的	用外语进行沟通交流	在两种语言之间进行转换
翻译标准	绝对忠实原文	满足客户需求
教师要求	要求教师具有较强的语言运用能力	要求教师拥有丰富的翻译实践经验
语言要求	强调外语语言应用能力	外语和母语应用能力并重
教学体系	封闭式(教师、学生),无偿	开放式(市场、社会),有偿
教学重点	学术训练+翻译能力 注重语言转换的准确性,即译文和原文在语言含义上的对应;注重单一语言现象(字词、意群、句子),常常有句无章; 注重结果而非过程(对完成文本的优劣进行点评);强调语言(语法)知识,偶尔也强调文化背景,不注重对相关学科和主题的认识	翻译能力+译者能力+服务能力 注重翻译过程中信息传递的完整性和译文效果以及职业要求;注重篇章的整体效果;注重过程(思维短路、逻辑失控、似是而非等一切深层的翻译问题大都因不注重过程而成为顽症);强调相关知识(专业表述方法)和术语,有的学科翻译(如医学等)必须接受专业培训,注重培养译员/译者的翻译技能、翻译意识、翻译策略和翻译解决方案

---

① 此表参考了吴刚、姚锦清 2008 年 7 月 29 日在全国翻译硕士专业学位师资培训班上的讲稿"专业笔译的教学理念与教学方法"并做了相应的调整和修改。

区分点	教学性质	
	教学翻译	翻译教学
使用工具	主要依赖词典	使用网络等现代技术查找信息
培养意识	学术意识、读者意识	市场/客户/服务意识 + 职业操守

　　因此,翻译专业人才培养通常从三方面入手,即语言培养、技能培养和百科知识传授[①]。传统的外语教学只能解决语言问题,无法完成翻译技能与百科知识的教育,显而易见,翻译专业教育势在必行。

二、翻译专业人才的培养特色

　　外语教学在我国历史悠久,应用语言学在语言学这个学科中也得到了快速发展,外语教学多年积累的丰富经验有助于认识翻译教学的相关问题,也有助于帮助翻译教学完成初期学生所需外语能力的训练。经过多年的实践探索和理论研究,广外课题组借鉴国际翻译教学成功的经验[②],提出并实践了翻译专业教育理念,通过发表论文、出版专著、会议发言等形式,让国内同行逐渐认识到翻译专业人才培养的紧迫性、重要性,及翻译专业教育的必要性和不可替代性,为翻译专业教育从传统的外语教育中独立出来奠定了理论基础。我们还通过多年的实践探索,凝练出翻译专业人才的培养特色,如表2所示。

[①]　参见:仲伟合,2003.译员的知识结构与口译课程设置.中国翻译(4):63-65.在此不赘。

[②]　在向国务院学位委员会提交设立翻译硕士专业学位的论证报告之前,我们曾对国际著名的翻译教学机构以及它们的课程设置等方面做过详细的调研,获得了大量数据,在此不赘。

表 2　翻译专业人才培养特色与训练时间

顺序	翻译专业人才培养特色	主要训练时间
1	教学目标定位为培养翻译专业人才	自始至终体现这一理念
2	打好两种语言基础,特别注重语言的应用能力	低年级教学的重点任务
3	强调双语转换能力和口笔译实操能力的培养	从第二学年开始
4	注重跨文化交际能力的培养	从第一学年开始
5	注重译者能力和职业道德意识的培养	集中于高年级教学中
6	着力提升学生的理论认知能力	集中于高年级教学中
7	重视培养学生掌握现代化的翻译工具	集中于高年级教学中
8	注重翻译职业观及身心素质的培养	集中于高年级教学中

　　不同层次的翻译教学具有不同的培养目标和侧重点,上述培养特色可以在不同层面的教学中得到体现。为了给制定教学大纲和课程设置等提供理论依据,我们根据上述 8 个特色,总结出翻译专业所需的知识与技能结构,分别由双语技能、翻译技能、相关知识和人文素养等 4 个模块构成,内容详见表 3。

表 3　翻译专业所需的知识与技能结构

模块	分项指标
双语技能	1. 外语语音、词汇、语法等语言知识
	2. 外语听说读写技能、母语写作技能
	3. 双语演讲与辩论技能
	4. 语言学习和运用能力
翻译技能	1. 口笔译操作技能
	2. 翻译理论基本知识
相关知识	1. 所学语言国家概况
	2. 跨文化交际能力

续表

模块	分项指标
相关知识	3. 语言学基本知识
	4. 外国文学基本知识
	5. 计算机与网络应用
	6. 职业道德与相关职业知识
人文素养	1. 政治思想素养
	2. 创新思维能力
	3. 中外文化素养
	4. 团队合作精神

三、完整翻译教学体系的建设

上述分析不仅明确了翻译专业与外语专业不同的培养目标、不同的教学需求和不同的知识与技能构成，而且为翻译专业教学大纲、课程设置、教学手段等方面的建设奠定了理论基础。我们将上述研究成果运用于翻译教学中，从英语专业的翻译课程开始，发展出翻译方向本科教学，再到本科双专业的翻译实务教育，最终设置独立的翻译本科专业，形成了一整套针对不同类型学生的教学计划，突出翻译技能训练和职业翻译知识与素质的培养，特别是整合并完善翻译专业口译课程体系。2005年广外获得广东省高等教育教学成果一等奖，2006年获得两个大学教学研究项目立项，2007年获得"英语口译（系列课程）"国家级精品课程，2008年又获得全国翻译硕士专业学位教育指导委员会的教改项目立项，形成了以理论为支撑、以成套教材为辅助、以明确的教学理念为指导的完整翻译教学体系。

上述成果在全国的翻译教学建设中发挥了重要作用。作为首批翻译本科专业试点培养单位，广外率先提出了建设完整翻译教学体系的构想，起草了"翻译专业本科指导性教学大纲",组织了全国 13 所试点院校和其他拟申办翻译专业的院校负责人联席会议,一起讨论修改翻译专业本科教学的教学大纲、课程设置、师资培训和教材建设等问题。作为首倡设置翻译硕士专业学位(MTI)并首批设置该学位培养试点的单位,我们不仅起草论证、修改完善了 MTI 的指导性教学大纲,而且身体力行,不断修改本校高翻学院各层次的课程设计,使之有效地衔接起来,探索并实践系列翻译专业人才的培养模式。

在教学大纲和课程设置的设计中,我们注意到,完整的翻译教育体系与社会上追求"立竿见影"效果的、以考取证书为目的的短期培训有着本质上的区别。翻译学本身是一门综合性的学科,大学教育又以培养人为根本目的,因此,作为翻译教育体系内的各层次教学,都要体现从相关的人文社会学科中汲取营养,上述 4 个模块 16 个指标是一个有机的整体,在翻译教育体系的不同阶段各有侧重。各校不仅可以在此基础之上建设翻译教育体系,而且还可以根据自身不同的培养目标、师资特点等具体情况做出相应的调整,形成各有特色的培养计划。

四、翻译专业人才培养模式

笔者认为,作为完整的翻译专业培养体系,其中每个层次都应有自己明确的培养目标,以及与之相应的培养重点。具体而言,就是参照翻译专业对知识与技能的模块划分,在不同的层次有针对性地侧重培养不同的技能,完成相应的知识和素质教育,形成本层次特有的人才培养模式。

目前国内翻译本科教学包括:(1)翻译专业本科教学;(2)外语专业高年级翻译方向教学;(3)4+0/4+1 双学位/双专业教学。无论这三类教学中的哪一类,都应该以培养基本的翻译能力为主,翻译专业本科阶段的教育主要完成语言板块、技能板块、知识板块和人文素养的培养,其他两类教学可以侧重不同的板块和不同的指标。上述三类教学的主要区别详见表 4。

表 4 三类教学的比较

教学方向	入学外语要求	教学重点	培养目标
翻译专业本科教学	外语语言能力已接近英语专业四级要求的水平	低年级强调双语应用能力培养并开始融入翻译基本理念	进入翻译专业高级训练阶段继续深造成为职业翻译,或从事与翻译相关的各类语言文字工作
外语专业高年级翻译方向教学	外语语言能力较好,但需要经过 1 至 2 年的学习方能达到英语专业四级要求的水平。	高年级开始进行翻译技能的训练和相关专业知识的学习	可以在以外语为主的职业中承担以两种语言为主的工作
4＋0/4＋1双学位/双专业中的翻译课程教学	达到《大学英语课程教学要求》中描述的较高要求	在提高外语应用能力的同时增加翻译技能训练	可以承担需要两种语言并具有一定专业知识的工作

为了达到上述目标,翻译专业本科阶段教学需要重点完成双语应用能力、双语转换能力、相关专业知识和相关人文培养 4 个方面的训练,如图 1 所示。

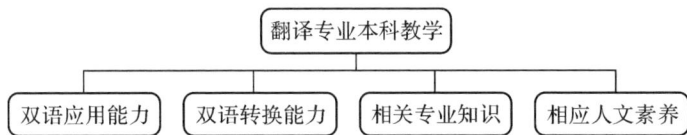

图 1 翻译专业本科阶段教学的具体内容

翻译专业本科的培养模式体现为:扎实的双语应用能力 + 熟练的双语转换能力 + 基本的相关专业知识 + 相应的人文素养。

翻译专业本科阶段的培养目标主要是培养具有扎实的两种语言基础、熟悉中西方文化、掌握多种文本的笔译技能和交替传译技能的初级通用职业翻译人才;外语专业翻译方向和双学位/双专业翻译教学如不能达到上述目标,则可以适当降低训练的要求(如翻译方向对相关专业知识的要求、双学位/双专业对双语应用能力及相应人文素养的要求等均可适当降低),但在高年级阶段的课程设置中应该体现 4 个板块的意识,培养目标也要随之降低,毕业生能够承担一般性语言工作,具备基础性的翻译技能。有了这样的认识,各单位才能"量体裁衣",根据本校的培养目标、师资队伍、生源、硬件等具体情况,设计相应的个性化的翻译教学计划。

翻译硕士专业学位(MTI)在设置之初已经论证好其培养目标,及其相应的培养方案,明确指出要培养具备较高口笔译能力的中级职业译员,因此,其培养的重点在于以下 4 点,如图 2 所示。

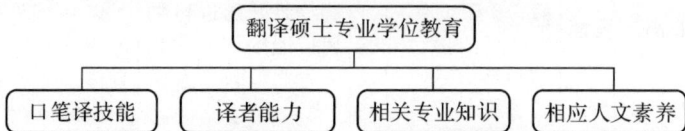

```
                翻译硕士专业学位教育
   ┌──────────┬──────────┼──────────┬──────────┐
口笔译技能    译者能力    相关专业知识    相应人文素养
```

图 2　翻译硕士专业学位的培养重点

翻译硕士专业学位的培养模式体现为:过硬的口笔译技能 + 娴熟的译者能力 + 丰富的相关专业知识 + 较强的人文素养。

翻译学硕士教育应该针对翻译学博士教育培养生源,其培养目标是具有一定的口笔译技能、具备基本的翻译研究能力(包括方法论训练、学术规范的训练等)、对翻译学基本理论有一定的了解,并对从事翻译教学和研究工作产生兴趣与热情,有进一步深造的愿望。因此其培养的重点如图 3 所示。

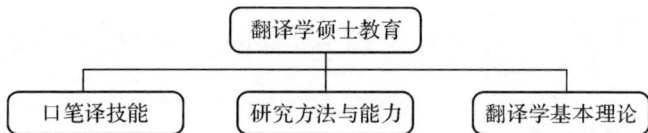

```
            翻译学硕士教育
   ┌──────────┼──────────┐
口笔译技能   研究方法与能力   翻译学基本理论
```

图 3　翻译学硕士教育的培养重点

其培养模式为:较强的口笔译技能 + 基本的研究方法与能力 + 熟悉翻译学基本理论。

翻译学博士教育明确是为高等院校培养翻译教学的师资及高层次研究人员,因此应以下列训练为主,如图 4 所示。

```
                    ┌─────────────┐
                    │  翻译学博士教育  │
                    └─────────────┘
            ┌───────────┼───────────┐
    ┌─────────┐  ┌──────────┐  ┌─────────┐
    │ 理论研究能力 │  │ 翻译学前沿理论 │  │ 翻译教育理论 │
    └─────────┘  └──────────┘  └─────────┘
```

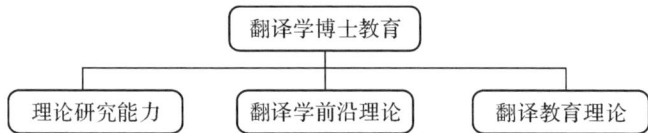

图 4　翻译学博士教育的培养重点

其培养模式为:较强的理论研究能力 + 熟悉翻译学前沿理论 + 较高的翻译教学理论研究水平。

上述各层次翻译人才培养模式与传统的外语人才培养模式的根本区别在于区分翻译专业人才与传统外语专业人才培养理念的不同。要从理论上廓清翻译专业的基本概念,包括其重要性、必要性、不可替代性,以及设置专业的可行性与可操作性等,确定翻译专业各层次的人才培养目标、培养模式和基本教学内容等基本概念与原则。

上述各层次翻译人才培养模式具有下列 3 个特点。

(1)首创性。不仅完成了把翻译教学理论研究与教学实际结合起来的尝试,而且还制定并不断完善了翻译专业的培养目标、教学大纲、教学内容、培养模式、教学手段、翻译专业人才及翻译教学评估体系等。

(2)不可替代性。率先设立"翻译实务"本科双专业;成为翻译本科和翻译硕士专业学位的首批试点培养单位;完成翻译本科教学大纲和翻译硕士专业教学大纲草案;获得国家级口译精品课程和翻译学省级重点文科基地;形成了理论支撑下的完整翻译教学体系。

(3)可推广性。从理论上理清了翻译实践与翻译教学的关系、外语教学与翻译教学的关系、翻译理论与翻译教学的关系、各层次翻译教学之间的关系,并在此基础上探索出行之有效的翻译专业人才培养模式,预期该模式具有可操作性,可以推而广之。

五、上述模式的探索与应用

上述各层次翻译专业教学模式已经应用在广外翻译专业各层次教学的课程设置和人才培养中并取得了显著效果。我们培养的本科生和研究生,在各级各类口笔译大赛、演讲比赛等赛事中屡获大奖(如多次获得全国韩素音青年翻译大赛的二等奖、三等奖、优秀奖;连年获得全国模拟联合国大赛的各种团体与个人奖项等),学生在教师带领下出版过译著、编著、辞典等,发表过学术论文,承担过各种高级别的口笔译社会服务项目;受到了用户的高度赞扬。

本成果一些相关内容已经运用在教育部对翻译本科专业设立的参考文件、国务院学位办对翻译专业硕士学位(MTI)论证的参考文件中,并最终提供给教育行政机构做决策参考的《专业化翻译专业人才培养模式及培养方案》以及《全国翻译专业本科教学大纲》(讨论稿)等文件。

六、结　语

翻译教学脱胎于外语教学,与外语教学具有本质上的区别,却又可以借鉴外语教学成功的经验,少走弯路。翻译专业教育经过多年的摸索和实验,从无到有,再到形成一个系统的教学体系和学科建制,经历了国内几代学人的艰苦努力。广东外语外贸大学处在改革开放的前沿,率先尝试了翻译学学科发展的成果,设置了翻译本科专业和翻译硕士专业学位,并依托其外国语言文学一级学科学位授权点自主设置了"翻译学"博士、硕士学位授权点,形成了完整的翻译专业人才培养体系,并从理论上探索出一套完整的翻译专业人才培养模式。因探索及实践的时间都较短,尚有很多需要完善的地方。我们希望抛砖引玉,引起关注和讨论,与同行们一起努力,不断完善翻译专业人才培养模式,为翻译行业提供合格的职业从业人员,为高等院校培养合格的翻译教学师资和翻译研究人员,推动翻译学的学科发展,为中国的翻译事业做出自己应有的贡献。

参考文献

Baer, B. J. & Koby, G. S., 2003. *Beyond the Ivory Tower*: *Rethinking Translation Pedagogy*. Amsterdam/Philadelphia: John Benjamins Publishing Company.

Kiraly, D. C., 1995. *Pathways to Translation*: *Pedagogy and Process*. Kent: The Kent State University Press.

Malmkjaer, K., 2004. *Translation in Undergraduate Degree Programmes*. Amsterdam/Philadelphia: John Benjamins Publishing Company.

邓静,穆雷,2005.《象牙塔的逾越:重思翻译教学》介绍. 外语教学与研究(4):318-320.

穆雷,2007. 翻译硕士专业学位:职业化教育的新起点. 中国翻译(4):12-13.

仲伟合,2003. 译员的知识结构与口译课程设置. 中国翻译(4):63-65.

仲伟合,2006. 翻译专业硕士(MIT)的设置——翻译学学科发展的新方面. 中国翻译(1):32-35.

仲伟合,2007. 翻译硕士专业学位(MTI)及其对中国外语教学的挑战. 中国外语(4):4-7.

本研究得到广东外语外贸大学科研创新团队(GW2006-TA-006/GW2006-TB-007)及广东省重点文科基地"翻译学研究中心"的重大项目(07JDXM74001/07JDXM74002)资助。

(原载于《中国外语》2008 年第 6 期)

十年扬帆，蓄势远航：
MTI 教育十年回顾与展望

仲伟合

一、翻译专业学位教育十年发展历程

为适应我国改革开放和社会主义现代化建设事业发展的需要，促进中外交流，培养高层次、应用型翻译专门人才，国务院学位委员会于 2007年 1 月 23 日第二十三次会议审议通过设置翻译硕士专业学位(Master of Translation and Interpreting,简称 MTI)。翻译硕士专业学位(MTI)的设置，无疑是近年我国翻译学科发展的一个里程碑式的成果，为我国翻译学的学科发展指明了方向，为我国培养高层次、应用型的专业化翻译人才提供了重要途径。

然而，MTI 的诞生并不顺利。2005 年 3 月，作为首倡设置 MTI 的学者，笔者从国务院学位委员会办公室领命起草《关于设置翻译硕士专业学位的建议》及《翻译硕士专业学位设置方案》。在最初于广东外语外贸大学举办的小型论证会上，大多数专家对何为专业学位、设置翻译专业学位都持否定及怀疑的态度。然而，这一想法却得到了翻译界著名专家谢天振教授、许钧教授、柴明颎教授、穆雷教授等的高度认同与大力支持。2005 年 7 月，经由广东外语外贸大学提交给国务院学位办的《设置和试办翻译硕士专业学位的建议》(内含《关于设置和试办翻译硕士学位的建议》《翻译硕士试行培养方案(草案)》《国际通行的职业翻译培训机构调研报告》《国际通行的职业翻译培训机构》等四份文件)被受理。2005 年 11 月,在上海外国语大学高级翻译学院召开的首届中华译学论坛及在广东外语外贸大学召开的全国翻译学院(系)院长(系主任)联席会议上,笔者对《关于设置和试办翻译硕士专业学位的建议》及《翻译硕士试行培养方案(草案)》做了详细陈述,引起了包括来自香港、台湾、澳门等地的与会专家的热烈讨论。大家一致认为,在国内设置翻译硕士专业学位是有必要的而且是可行的。

2006 年国务院学位委员会办公室在对广东外语外贸大学提交的《关于设置和试办翻译硕士专业学位的建议》及《翻译硕士试行培养方案(草案)》进行研究后,决定启动设置论证工作,并先后于 2006 年 11 月 5—7 日在广东外语外贸大学、2006 年 12 月 21—22 日在上海外国语大学、2007 年 1 月 23—24 日在广东外语外贸大学组织了三次翻译硕士专业学位设置专家论证会。论证专家为来自全国著名高校的外语学科、翻译学科及翻译行业专家。论证专家对设置翻译硕士专业学位的必要性、特殊性及可行性进行了热烈的讨论。专家组对翻译硕士专业学位的设置提出了建设性意见和建议。第三次专家小组论证会后,经过修订、完善,形成了完整版的《翻译硕士专业学位设置方案》及《翻译硕士专业学位设置方案说明》并提交至国务院学位委员会第二十三次会议审议并获全票通过。至此,经历了倡议、质疑、论证、批准的艰难历程,翻译硕士专业学位(MTI)应运而生。

2007 年 3 月 30 日国务院学位委员会发布了《关于下达〈翻译硕士专业学位设置方案〉》的〔2007〕11 号通知。2007 年 5 月,国务院学位委员会在全国启动了"翻译硕士专业学位"的试点申报工作,全国有包括北京大学等在内的首批 15 家高校获得了"翻译硕士专业学位"的试办资格。

经过十年的专业建设和发展,全国现有 MTI 学位点 215 个,培养英语口笔译、法语口笔译、日语口笔译、俄语口笔译、德语口笔译、朝鲜语口笔译、西班牙语口笔译、阿拉伯语口笔译、泰语口笔译等9个语种及笔译、口译两个方向的翻译硕士专业学位研究生。截至目前,除香港、澳门、台湾地区外,我国已在29个省、市、区设立了MTI授权点。MTI招生人数由2008年约350人,发展到如今每年招生超过8000人,招生人数增长迅猛。截至2017年1月,全国MTI累计招生44111人,累计向社会输出2.7万余名毕业生。社会对翻译硕士办学效果总体满意。

翻译硕士专业学位教育经历了十年的发展后,在专业建设方面取得了较大成就。教学理念逐步清晰,教学队伍初步建成,人才培养模式异彩纷呈,人才培养质量不断提升,为国家的经济社会建设、为中国"走出去"提供了重要的人才支持。

然而在看到成绩的同时,我们也应该看到翻译硕士专业学位发展过程中存在的问题。笔者曾在2014年指出,翻译专业学位教育存在的七个方面的问题,包括:

(1)人才培养理念不清;

(2)人才培养方案不妥;

(3)师资队伍建设不强;

(4)教学方式方法不新;

(5)实践教学基地不用;

(6)教学管理方法不变;

(7)职业资格证书不接(仲伟合,2014:42-43)。

目前,翻译专业教育依然或多或少存在以上问题,同时,还面临第八个问题,即人才培养质量不高。这些问题如果不能在短时间得到解决,将会严重影响翻译专业学位教育的发展及翻译学学科建设。

二、翻译专业学位研究生教育指导委员会十年工作回顾

2007年9月18日,翻译专业学位研究生教育指导委员会在北京成立,旨在指导、协调全国翻译专业学位研究生教育的改革与发展,加强培

养单位与专业翻译人才用人部门的联系;推动翻译教育的国际交流与合作;促进我国翻译专业学位研究生教育水平的不断提高。

第一,搭建年会交流平台。历届年会邀请学位办领导从政策角度,为国家翻译人才培养指点迷津;邀请教指委领导,从学科发展和专业建设层面,为 MTI 培养单位提供办学指导;邀请具有较为突出的办学成果的 MTI 院校作为代表,从特色办学的层面,为同类院校提供经验借鉴。

第二,推进合格评估和专项评估。翻译专业教指委在国务院学位委员会和教育部学位管理与研究生教育的领导下,分别于 2012—2013 年和 2014—2015 年对全国已有两届以上毕业生的 159 所 MTI 培养院校开展了合格评估和专项评估。评估重点考察培养院校的办学理念、师资队伍、教学资源、教学内容、教学管理、教学质量等六个方面,对质量不过关的学位点提出"不合格"(即撤销学位点)或"限期整改"的评估意见。在教指委的建议下,撤销了 1 个学位点,10 个学位点要求限期整改。

第三,着力推动师资建设。教指委每年通过与中国翻译协会、中国翻译研究院等机构合作,主办了主题、形式多样的培训活动,使全国翻译硕士院校教师进一步了解了国内语言服务业的发展态势,厘清翻译教学的理念和体系,系统学习了翻译专业口笔译教学方法、翻译技术和项目管理等各种工具和操作方法。2011—2016 年,共培训 MTI 专业教师 2300 余人次。

第四,建立标准,规范指导。通过组织 MTI 系列教材编写,推进教材建设;编制 MTI 入学考试联考指南和考试大纲,把控生源质量;编制并修订《翻译硕士专业学位研究生指导性培养方案》《翻译硕士专业学位基本要求》《翻译硕士专业学位培养单位评估指标体系》等,提升 MTI 教育质量。与中国翻译协会共同组织制定《全国翻译专业学位研究生教育实习基地(企业)认证规范》《全国翻译专业学位研究生教育兼职教师认证规范》,旨在推动解决本专业的实践教学基地及兼职教师队伍不够规范的问题。

第五,整合政产学研各方资源,共同促进 MTI 内涵发展。翻译教指委连续三年联合中国翻译协会共同开展全国翻译专业学位研究生教育兼职教师认证工作和全国翻译专业学位研究生教育实习基地(企业)认证工作;举办各类翻译赛事和征文活动等。

总之,十年来,翻译专业学位研究生教指导委员会在黄友义主任的带领下,在指导、咨询、评估、师资建设和整合资源等方面做了大量工作,为翻译专业学位教育的健康发展、为高质量的翻译专业人才培养提供了重要保障。

三、翻译专业学位教育下一个十年展望

前十年,翻译硕士专业学位教育已打下了坚实的基础,下一个十年蓄势远航,将迎来长足发展。近年来,翻译行业面临的经济社会发展日新月异,对语言服务业人才的需求发生了很大变化。翻译专业学位教育既要传承,又要创新。

翻译专业学位教育要围绕"服务需求,提高质量"这个核心谋划未来发展。下一个十年应在以下六个方面继续努力。

第一,树立正确的专业学位教学理念。在教学理念方面,更加明确翻译专业学位研究生教育与学术型翻译专业研究生教育以及外语教学阶段教学理念的区别,从课程设置、师资队伍配备、教材等方面,体现翻译专业学位研究生教育培养的特点。

第二,根据需求加大结构调整力度。调整外语类硕士研究生的结构,加大推进专业学位研究生教育的力度。在此基础上,进一步思考本专业学位研究生教育培养的人才是否能够有效应对国家和经济社会需求对语言服务人才提出的新机遇与挑战。

第三,创新人才培养模式。培养人才是翻译专业学位教育的根本任务,只有通过不断创新和改革培养模式,才能完成教育的根本任务。例如,可以通过建设笔译教学资源库、口译教学资源库和 MTI 教学案例库,实现翻译专业教育的资源整合。

第四,改革教育评价监督机制。随着研究生教育深化改革的稳步推进,教育评价监督机制改革成为重点之一。我国教育评价正在从较为单一的政府督导和主导的评价,发展为更加专业化、多元化的评价(谈松华,2017)。翻译专业学位研究生的教育评价机制改革,理应包括转向更加关注教育教学评价、对毕业生的全面素质评价以及开放性的专业化、国际化评价。

第五,着力建构高水平师资队伍。各院校需建立一支高水平的、能够满足翻译专业学位研究生教育需求的队伍。翻译专业学位师资自身需不断更新教学理念,紧跟新技术的发展与变化,摒弃传统的教学模式,更加有针对性地提升师资水平。

第六,积极探索管理体制机制改革。翻译专业学位教育管理体制机制的改革应符合翻译专业学位教育的规律,结合各院校的区域经济文化特色,形成完善的教学管理制度、监督体制机制以及质量保障体系。

翻译硕士专业学位教育过去十年的发展,成绩突出,效果明显:促进了翻译学学科的整体发展,推动了语言服务行业的不断创新,带动了翻译本科专业的质量提升。十年扬帆,蓄势远航。译界同行仍需锐意进取,继续创新,为我国翻译专业教育不断努力,为翻译教育事业的发展做出新的更大贡献!

参考文献

谈松华,2017. 关于教育评价制度改革的几点思考. 中国教育学刊(4):7-11.

仲伟合,2006. 翻译专业硕士(MIT)的设置——翻译学学科发展的新方向. 中国翻译(1):32-35.

仲伟合,2007. 翻译硕士专业学位(MTI)及其对中国外语教学的挑战. 中国外语(4):4-7.

仲伟合,2014. 我国翻译专业教育的问题与对策. 中国翻译(4):41-44.

本文是教育部哲学社会科学研究重大课题攻关项目"我国外语教育改革与发展研究"(项目批准号:15JZD048)的阶段性成果。

(原载于《中国翻译》2017 年第 3 期)

拓展翻译研究的视野与空间 推进翻译专业教育的科学发展

杨　平

近年来,我国的翻译研究与翻译学科建设取得了突破性的进展,形势确实令我们欣喜鼓舞。然而,面对今天国家文化发展建设形势的要求,面对翻译行业日新月异的变化,如何服务国家大局,拓展翻译研究的空间,促进翻译学科建设和翻译专业教育的科学发展,是我们欣喜之后更应冷静思考的问题。

一、翻译研究:关注两个"拓展"

关于翻译研究,我们至少应考虑在两个"拓展"上下功夫。第一个"拓展"是从研究对象或者研究内容来说,应关注从对翻译现象本体的研究向对翻译社会的研究拓展。纵观至今的翻译研究成果,无论是语文学范式、语言学范式、文学范式、认知心理学范式、文化学范式还是社会学范式等等的研究成果,从研究对象上来说,归根结底都没有脱离翻译文本或说翻译活动本体,讨论的问题终究是语言的转换,社会历史文化对译本或翻译活动产生或接受过程的影响,译本产生或翻译活动中的认知与心理机制等。随着全球化、信息化时代的到来,中国的翻译行业正快速发展并正逐步形成一个重要的文化产业,翻译研究应在不断深化和扩大对翻译活动本体研究成果的基础上,进一步拓展研究的视野和空间,关注与翻译行业相关的整个翻译社会的研究,如全球化、信息化时代翻译行业发展的特点与规律、翻译行业管理、翻译行业与其他行业的互动关系、翻译行业与社会经济文化发展的互动关系、翻译产业经济、翻译产业技术、产学研结合与翻译专业人才教育等。翻译学科自身的特点决定了翻译研究只有立足实践,立足行业和社会发展的大局,才能走出学术的象牙塔,获得无穷的活力和旺盛的生命力。

第二个"拓展"是从研究方向来说,应关注从对外译中的研究向对中译外的研究拓展。严格说来,既然交流是双向的,翻译活动是双向的,那么研究也是双向的,不应割裂开来片面只谈某一点。但现实是,中外文化交流至今仍是不对称的(输入大于输出),由此而产生的交流实践活动及其衍生的相关研究自然也是不对称的。应该说,近几年来,中译外方面的研究无论在质还是量上有了可观的进步,但仍有待拓展和深化。目前中译外的研究成果更多是集中在对文学作品特别是典籍的对外翻译研究方面,研究领域比较局限;研究成果也不够系统深入,多停留在对文本语言层面的浅层分析上,借助社会学、文化学、对外传播学等相关学科理论对中译外文本和翻译工作进行跨学科深入分析、系统研究的成果还不多见。因此,我们应从服务国家文化发展建设大局的高度,关注对中译外的研究工作。一是要进一步扩大研究的领域和范围,从对中国典籍的外译研究到对现当代中国文学、人文社科以及科技等各类文本的外译研究,从对文本选择、文本的翻译过程以及译本作为文化产品在目的语社会的接受效果和影响的研究,到对中译外活动与中国文化对外传播的互动关系研究等。二是要深化研究内涵,从跨学科的视角对中译外涉及的各种现象和问题进行更系统、更深入的探索和思考。

二、翻译教育:从技能训练转向专业教育

回顾近十多年我国翻译教育的发展进程,可以看到我们对翻译教育的认识是逐步深化的,翻译教育是在这种认识过程中不断进步和发展的。

早期阶段对翻译教育还有些模糊认识,将其作为教学翻译来看待,用外语教学的相关方法来教授翻译。之后,随着翻译学科建设的发展和学科意识的不断强化,我们开始认识到,翻译教学不等于教学翻译,需要摆脱传统的外语教学的束缚,对学生进行系统的翻译专业技能训练。然而,随着翻译行业的快速发展,这种翻译教育理念也许需要更快调整,向前再跨一步。

全球化、信息化带动了翻译行业的迅猛发展,其发展速度甚至超出了我们的预期和想象。如果说几年前我们才刚刚认识和接受机器翻译、机辅翻译技术和相关概念,转瞬之间,云计算平台下的语联网翻译(语言)技术与服务已呈现在我们面前。今天,翻译活动的工作领域、工作内容、工作形态以及工作手段都发生了划时代的革命性的变化,这种变化对翻译从业者提出了更全面的素质要求,要求我们在翻译教育方面也要与时俱进,转变教育理念和办学思路,即从对学生进行单纯的翻译专业技能训练转向重在全方位素质培养的翻译专业教育。转变翻译教育理念,要求我们不断改革翻译专业教学模式,丰富教学内容和教学手段,在传统课堂教学的基础上,开门办学,关注产学结合,用学结合,在对学生进行系统的翻译专业技能训练的同时,关注对学生的职业道德品质、行业知识、相关专业知识以及技术手段运用等综合素质进行全面的专业教育,以培养能够真正适应翻译行业发展要求的高素质、复合型专业人才。还需特别关注的一点是,翻译专业教育的改革和发展,也需要翻译专业师资队伍不断提高综合素质,优化知识结构。

(原载于《中国翻译》2012年第4期)

对专业翻译教学建构的思考

——现状、问题和对策

柴明颎

翻译教学在近几年广泛受到包括教育界、理论界、实业界等各方面的关注。大家对翻译的诠释也是五花八门。不同的视角、不同的理解、不同的立场都在各种场合汇聚、冲撞、融合,并产生出对翻译的不同认识、不同注解甚至不同做法,这些也不可避免地影响到翻译人才培养领域内的不同教学理念和教学方法建构。所有这些虽然对繁荣翻译学科的发展起着一定的作用,但是在相当长的一段时间内,我国的翻译人才培养一直没有建立起能够培养满足社会需要的高等级翻译人才的教学体系。这不能不说是一种缺憾。究其原因可能是多方面的,其中包含着管理层的认识、社会对翻译人才作用的低估、专业界在翻译研究和翻译实践之间的矛盾冲突以及高等教育结构的不合理等,都在很大程度上抑制了翻译人才的培养。探索这些问题以求得到较为合理的答案,要汇聚包括教育管理层、翻译理论界、翻译教学界、翻译实业界,甚至广大社会的共同努力。本文旨在通过对专业翻译教学的建构,剖析当前翻译教学的认识和实践问题,并找出合适的解决方法。

一、专业翻译

本文所讲的"专业翻译"不涉及文学翻译,主要指的是翻译作为一种职业,在特定的专门场合或环境中为不同语言之间沟通进行的翻译工作,是一种基于特定客户的语言服务体系。这种翻译工作除使用语言外还涉及现代技术、设施和工具的应用,是一种服务型工作,属于服务型行业。对专业翻译工作者来说,除掌握翻译所使用的两种或两种以上工作语言之外,还必须熟悉与翻译业务相关的知识,如经济、金融、贸易、科技、教育、文化等。除此之外,译者还必须了解翻译流程、项目管理、职业操守,以及与翻译相关的其他知识和技能。

综上所述,本文中的"专业翻译"指的是翻译作为一种职业,服务于跨语言交际领域内的专门岗位。这种岗位多数存在于政府机构的翻译部门、专业翻译企业或大型企事业单位的翻译部门中。这种岗位不仅仅指部门中从事文字翻译的人,它还包括负责翻译项目管理、术语管理、排版、编译等的人。在有些机构中专稿编写、采编翻译、信息管理等都可以归为专业翻译(如图1所示)。

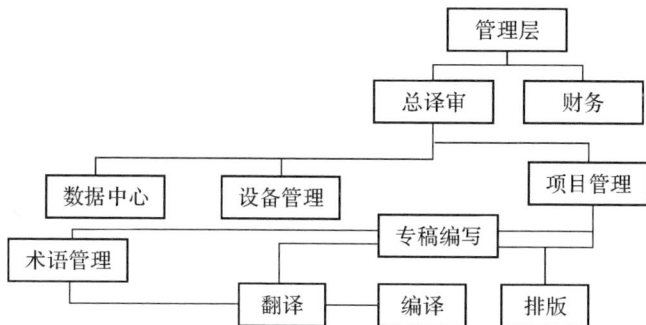

图1　专业翻译

如果我们进一步分析还会看到,在大多数翻译行业中,翻译业务流程并不局限在文字编译上,专业翻译涵盖了大部分的岗位(如图2所示)。从图2的翻译流程中可以看出一个翻译项目的完成要经过翻译业务谈判、阅稿、术语(编撰)、分稿、译稿、合稿、审核译稿、排版、终审等多道工序。如果是口译工作的话,从谈判到分稿可视为译前工作,而从译稿到交稿都可视为口译员的现场口译服务。

谈判 合同 接单 阅稿 术语 分稿 译稿 合稿 审稿 排版 终审 交稿

图 2　翻译业务流程

　　无论是专业翻译机构的管理架构还是翻译业务的管理流程,我们都不难看出专业翻译不光是文字翻译,这个专业涉及很多业务、技能和相关知识。

二、翻译人才培养现状

　　了解了专业翻译的工作现状,我们就不难看出,目前在很多外语专业中翻译方向的人才培养与社会对专业翻译人才的要求似乎还有很大的差距。主要表现为:对什么是专业翻译认识不足;对外语教学与翻译教学的认识模糊不清;把专业翻译和文学翻译甚至翻译理论混为一谈;没有合格的师资队伍;教学课堂缺乏同翻译业界的接触,经常是自成体系,而不同业界有任何关联等。

　　当然这些问题并非边界很清晰,往往是交织在一起,互相影响。比如对大部分院校来说,师资队伍中缺乏长期从事专业翻译的教师,而且问题比较突出。由于教师没有这方面的经验,教师在课堂上所传授的内容就只能局限在对翻译的“理论”探索,或根据自己以往学习的经验,讲授翻译文本或对文本翻译的“优”或“劣”的评述。另外,由于在专业外语教学大纲中包含了培养翻译人才的指向,很多学校就很自然地把翻译课程作为外语学习的组成部分。这样就使得外语教学与翻译教学目标不清、教学方法混淆,教学结果离社会对翻译的需求相去甚远。再则,在我们现有的国家学科目录里,专业外语归在外国语言文学的一级学科目录下,翻译教学只能是外国语言或外国文学学习的某一个下设方向。这对翻译专业的形成起不到任何有益的作用。更有甚者,学界给那些从事专业翻译的人才和教师贴上了匠人的标签,不让他们进入学术圈内。这样就造成了谈翻译的人多,做翻译的人少。到了国家需要翻译的时候,专业翻译人才就变得非常紧缺了。

由于上述多方面的问题,学生在校期间除外语课程外还必须面对诸多与翻译相关的课程,如:翻译史、翻译理论、翻译鉴赏、翻译研究、翻译实践(以讲解为主)。学生学了很多与翻译相关的课程,但实际翻译能力没有得到很大提高,更不用说对专业翻译过程中与翻译相关的工作,如术语编撰、分稿、合稿等技能的了解和训练。学生中了解翻译知识的人要比掌握翻译技能的人多。此外,传统的外语学科中的翻译教学强调语言能力,把学习外语作为学习翻译的目的,教师充当的是语言专家的角色,注重学生完成文本中的语言准确性,注重单一语言现象(字词、意群、句子),注重结果而非过程(对完成文本的优劣进行点评),强调语言知识,偶尔也强调文化背景,不注重对相关学科和主题的认知,师生与业界很少接触,整个翻译教学是不接触或很少接触外界的,是封固在学校课堂内的。

由于这些现状,传统翻译教学的毕业生只能做基础性翻译,做不到审校型高级翻译,翻译市场出现人才紧缺就不足为奇了。国内一些专业翻译机构需要把人送往国外专业院校,将其培养成它们所需要的专业翻译。

三、专业口笔译教学的定位

2007年,国家教育部批准设立翻译硕士专业学位(MTI),这是在高校培养高级职业翻译的开始。该学位与外国语言文学翻译方向有着本质的区别。

第一,专业翻译教学的目标旨在培养合格的职业翻译人员。理论上要求学生在已经熟练掌握工作语言能力的基础上,再进行专业翻译培养。学生学习的目的应该是获得专业翻译能力和相关行业知识,而不是纯粹获得外语能力。

第二,专业师资队伍。专业翻译教师应该主要来自长期从事专业翻译的专业教师或业界的职业翻译。这些教师既有职业的特点,又有教学的能力。他们从事过的翻译应在百万字以上,其中包括文学类和非文学类,特别是各类非文学类文本的翻译,或做过 50 场次以上的会议口译,其中包括各类主题和层次会议的同声传译和交替传译。翻译内容应涵盖经济、金融、政治、外交、贸易、科技、教育等各个领域。

除了教学目标、教师和学生的定位外,专业翻译教学体系还应具有自己的职业特点,比如:它应是一个开放式体系,与翻译市场、翻译客户有着紧密联系,而且在翻译服务的有偿连接中有一席之地,这样可以让学生直接面对客户(在教室的直接指导之下),而不是传统的学生做作业、教师批改的模式。这样实践的结果将使得专业翻译教学过程更多关注信息传递和译文(语)被目标受众接受的效果,注重语篇整体效果和语言外的效果,注重过程,强调相关知识(专业表述方法)和术语,培养学生综合运用各种手段和现代技术查找相关信息,最后完成翻译任务。

四、专业口笔译教学的建构

专业口笔译教学体系建构需要从培养目标,师资队伍建设,专业教学内容、训练量与目标,学生遴选和职业化考试等四个方面来努力。

1.培养目标

建构一个专业口笔译教学体系,首先要定位自己的培养目标。为了确定培养目标,教育组织者需要了解周边社会对翻译人才的需求(不同类别和不同层面)、翻译人才的翻译特性和方向(结构和行业)、需求的规模(产值规模和人员规模),同时还要了解相关生源等。除此之外,学校还必须建立自己的特色,并且要了解建构师资队伍的可行性,了解同业界合作的可能性等。了解了这些,才能避免闭门造车,才有可能根据条件和资源建构自己的口笔译教学体系。

同时,职业型翻译有其自身的特点,差别存在于不同层面和不同类型的翻译各自都有特定的规律和规范,比如法律和科技文本的不同,会议口译和陪同口译的差别等等。由于专业翻译是职业型翻译,我们还应该从认识上避免将其看成是低水平的专业,而降低其专业水准。职业型翻译中还必须包括职业的标准、技能类型、职业操守、知识组合等内容。这些都是培养目标的方方面面。

2.师资队伍建设

一支合格的专业师资队伍是专业翻译教学体系建构中的关键所在。师资队伍中必须包含四类结合:国际与国内结合、学术与职业结合、专职与兼职结合、学界与业界结合。

MTI 教指委提出建立双导师制。所谓双导师制,即在导师的语对组合中母语为教学语对中的一种语言。例如:双导师中一位是以汉语为母语,英语为工作语言的教师,另一位是英语为母语,汉语为工作语言的教师。还有一种是学术与职业相结合,例如:一位是学术型教师,另一位是职业翻译型教师。师资队伍中一部分教师为专职教师,同时也聘请一部分业界的职业翻译为兼职教师。除此之外,学校的老师可以到专业翻译机构去兼职,同样校外的职业翻译也可以在专业翻译教学中兼职。专职教师和兼职教师的比例建议为 7：3。只有构建职业化的师资队伍,才能培养出职业化的翻译人才。

专业口笔译教学仍然需要学术型教师,但课程中的理论教学比重应适当下降。理论课的教师要有翻译研究课题,特别是应用性研究课题,这样可以促进学生对翻译实践的认识。

3.专业教学内容、训练量与目标

专业教学内容要包含技能教学、相关知识教学、流程教学、团队合作训练和实战训练等。前两类可以在课堂上进行,而后三类主要在实习阶段解决。

技能教学中,除技能分类教学外,训练量是至关重要的。通常笔译训练应达到平均每周 1000～1500 字的翻译量。口译训练平均为每周约1 个磁带时(无重复)的训练量。

教学的最终目标是,毕业生就业后能以极短的时间适应专业翻译岗位,能够胜任从翻译项目管理到文字编辑、从任务咨询到服务合同等职业翻译的工作,其中包括笔译中的稿件初审、制作词汇表、分稿、译稿、合稿、审校、排版、刊印等,以及口译中的任务咨询、场地要求、服务职责、服务条件、设施检验、合同签署、口译过程和译后咨询等工作。

目前很多院校教学体系中,笔译只训练"译稿"这一项,口译只训练"口译过程"这一项。这样的教学与整个职业翻译流程中的岗位要求还有一定距离。综观专业翻译过程(见图2),除了阅稿、分稿、终审由资深翻译、专业人员来做以外,流程中其余岗位翻译院校的毕业生都应能够很快地进入。

为了使学生了解并参与翻译专业岗位的训练,建立学界和业界的联系,即建立实习基地就成为必不可少的环节了。无论是对教师,还是对学生,都要建立有序的实习制度。教师方面:大学教师应进入业界工作(兼职),同时专业院系也邀请业界译员进入大学课堂教学(兼职)。学生方面:学生先在课堂上模拟业界翻译实务进行操练,再由专职教师指导进入业界实习,最后学生在业界参与实际翻译业务工作。学生在实习阶段,他们的各种翻译岗位工作都由教师或职业翻译指导。专业实习是整个教学中必不可少的一环。只有这样学生才有可能被培养成为适合业界需要的毕业生。

4.学生遴选和职业化考试

最后是学生的遴选和毕业考试。对于是否能培养出合格的专业翻译人才,除了有健全的师资队伍和合理的教学安排与内容以外,很重要的一环是选出符合培养要求的学生。同时还要建立起合格人才的测评体系。要做到这些,建立合理的考试体系是很重要的。

在遴选学生的考试中,我们必须考虑学生的特点,比如笔译中的写作能力和口译中的口头表达能力和对听到信息的复述能力等。当然所有这些都离不开对两种语言的熟练运用能力和它们之间的信息转换能力等。

为了检测学生学习的成果是否符合职业要求,学生在毕业前必须按专业岗位要求进行"职业化考试",或称"专业考试"。口译的学生进行口译专业考试,笔译的学生进行笔译专业考试。学生的能力不应该仅由专业教师来评判,更多地应该由业界的资深译员来评判,以求获得符合业界要求的学生能力评估。

五、结　语

专业翻译教学在高校教育中是一项全新的教学系统。这个系统包括了全新的、独立的教学理念和教学实践。这种教学系统的建设要从教学理念、师资队伍、教学内容和专业考试等诸多方面进行开拓。但是无论从何种角度去探索、建设,专业翻译教学的一个不变的目标都是培养职业型的高层次专业翻译人才。

最后需要说明的一点是,以上所有的思考和实践主要来源于上海外国语大学高级翻译学院多年的专业翻译教育实践,其中包括学院很多口笔译专业教师的劳动成果,是集体智慧的结晶,同时这也是 MTI 教指委共同商议的成果。

（原载于《中国翻译》2010 年第 1 期）

翻译硕士专业学位教育：
一种较为宏观的思考

——上外高翻综合改革专题理论文章

柴明颎

自 2007 年国务院学位委员会批准设立翻译硕士专业学位起,已经过去了 5 年时间。翻译硕士专业学位教育由对这个专业的书面论证进入了全面探索和实践的层面,开设这个学位教育的高校也从原来的 15 所扩大到了现在的 159 所,并有继续扩大的趋势。发展虽快,但问题不少。有传统外语教学的影响,也有对翻译岗位理解的缺失,更有学校开设本专业的自身条件不足等诸多原因。上海外国语大学高级翻译学院作为全国翻译硕士专业学位综合改革试点单位之一,在改革道路上不断探索,寻求一条真正符合专业学位教育发展的道路。以下就把改革以来碰到和想到的问题一并拿出来同大家一起讨论,同时也把上海外国语大学解决这些问题的做法提供给相关院校参考。

一、问题与隐忧

从发展速度看,翻译硕士专业学位的教育开展得轰轰烈烈。但是在这个看似轰轰烈烈开设翻译专业学位教育的大环境中存在着诸多翻译专业学位发展的困惑、问题和隐忧。目前各学校开设的翻译专业学位教育都是在原来外语教学的基础上建立起来的,无论是课程设置还是教学方法大都沿用了外语教学中翻译课程的教学方法。这可能是由几方面的因素造成的。第一，从外语教学的历史看，翻译教学历来是一个重要的组成部分。外语教学的培养目标之一也是培养翻译人才。第二，很多外语院系在翻译教学中积累了一些翻译研究和翻译教学的师资。第三，无论从社会，还是专业角度，人们普遍认为外语教学与翻译教学只是名称上的不同，实质并无大的区别。所有这些都是导致今天很多专业翻译教学与外语教学中翻译课程的教学没有本质差异的根本所在。虽然，通过几年的翻译专业学位教育，人们逐渐认识到学会外语并不等于学会专业翻译，但是专业翻译教学实践的现实在很大程度上反映了我们的认识还停留在外语教学上。第四，即使明白翻译专业教学的理念，各学校也无可用的专业翻译师资队伍，到了无计可施的地步。第五，在当今外语教学，特别是英语教学碰到发展瓶颈的时候，翻译专业教学似乎是拯救外语教学的灵丹妙药。在这种认识上的不充分，做法上的不明确，专业人才匮乏，但是又不得不上的诸多因素的驱使下，很多院校在翻译硕士专业学位教育上步履蹒跚，困难重重。

问题是多方面的，但是主要体现在以下几个方面。第一，培养目标的不清晰。翻译硕士专业学位旨在培养高层次、应用型的翻译专门人才，培养我国建设需要的跨语言交际的服务型专业人才。这也就意味着，如果我们对各行各业中跨语言交际所需人才的特点不了解的话，我们设定的培养目标将会是无本之木。所以，了解专业翻译岗位的需求和特点是设立翻译专业硕士培养目标的基础。第二，传统外语教学对专业翻译教学有所束缚。外语教学的培养目标是培养学生正确掌握外语知识和听说读写技能，并能运用所学能力进行外语环境下的语言交际的能力。学生对外语的内化是需要一定时间周期才能完成的。在完成外语内化之前，急于让学生掌握翻译能力是一种拔苗助长的行为。另外，外语教学所培养的是一种较为宽泛的外语交际能力，而且主要是单语言交际环境下的交际能力。外语教学中的翻译教学主要是为学习外语所设，无论是教学目标、课程设置、教学内容和教学方法都与专业翻译教学有很大的差别。完全把外语教学中的理念、课程、方法等搬到翻译专业学位教学中来会在很大程度上阻碍这个专业的实施和发展,也没有可能培养出真正意义上的专业翻译人才。第三,师资存在问题。师资问题又可分为两个互相关联的方面。其一是大部分高校的现有师资是目前外国语言文学学科中培养出来的高校教师。他们具备或被认为具备了外语专业的研究和教学能力,他们中只有极少量的教师有专业翻译的经历,更谈不上经验了。因此,对专业翻译的认识只停留在书本知识上,或是"理论"层面(请允许我在此用引号,因为在很多教师的"理论"库中,大部分的知识都是些一知半解的,甚至是错误的"藏品"),和真正的翻译实践相去甚远。其二是现有高校教师的专业评价体系,这其中包括了教师的引进标准和职称晋升标准等。因为在多数院校中,专业翻译的成果(很多都是非出版内容)不符合评审要求。这也直接导致了教师不愿去参加翻译实践。以上三方面问题的存在就直接导致了第四方面的问题,这就是课程设置的问题、教学方法的问题、依赖成品教材的问题、课堂教学和专业实践的关系问题、论文的学术化还是专业化的问题等等。

以上涉及的各类问题,以及这些问题所衍生出来的各种困惑都给我们翻译专业学位教育带来了隐忧。要消除这些隐忧,解决上述问题,翻译硕士专业学位的教育要有一个综合的体系性调整。除了翻译人才市场和翻译岗位的调查以外,学校要从师资队伍建设、培养目标设置、课程体系建设、教学与实践模块连接、实践与研究的关系、课程安排和教学方法等多方面进行综合改革。

作为国务院学位办全国专业学位教育综合改革的试点单位之一,上海外国语大学高级翻译学院应用翻译系(翻译硕士专业学位教育点)在全院的配合下,进行了探索性的改革,取得了一些成绩,并在试点单位的中期评审中得到了专家的肯定和好评。经过评审专家组的建议,通过各专业教师的努力,我们将改革的几个主要方面拿出来供广大翻译硕士专业学位教育的院校和教师们参考。如果我们的绵薄之力能够帮助大家解决或部分解决目前翻译专业教学所面临的问题的话,我们将倍感欣慰。

二、师资队伍建设

对任何教育而言,教师的素养和行为是决定教学成败的关键之一,翻译硕士专业学位教育也不例外。教师除了应具备专业学术能力以外,可能更主要的是具备高水平的翻译能力和高层次的专业翻译实践经验,并且还要是一个不间断的翻译实践者。这些对目前在校的教师来说都可能是一个很难逾越的屏障。一方面,很多教师很难找到高水准的翻译实践项目,有些教师本身也缺乏专业训练和专业实践能力,提供的翻译服务经常不符合专业翻译的要求。另一方面,教师还需面对除教学以外的科研考核。翻译实践并不能为这些教师提供科研积分,因为很多学校把翻译剔除在科研范畴以外。教师只能是宁写论文也不做翻译。所以现有的教师考核和评价体系不能够为专业教师提供有效的帮助,没有办法促成专业教师队伍的形成。

对学校而言,要建设好翻译硕士专业学位教育体系,首先要想办法促成专业教师队伍的形成。当现有体制还没有办法完全满足师资队伍建设的需求时,我们也应该在条件许可的情况下,尽可能地利用各种资源和条件完成或部分完成师资队伍的建设。

首先从引进教师入手,从原来注重学历学位和科研教学能力,改为注重专业实践与教学能力为主的选材标准,把选材的眼光聚焦在翻译专业实践的岗位人才上。上海外国语大学高级翻译学院在几年的实践中,聘请了多位有丰富翻译实践经验,长期从事专业翻译工作的翻译人才进入学院的专业翻译师资队伍。这些专业教师中有长期从事翻译和翻译管理的人才,也有在专项翻译(商务合同、法律文本、会议口译)方面有专长的人才。他们基本上都没有博士学位,但是他们有超过20年的专业翻译从业经验,有的还在不同阶段受聘于高校,担任翻译教学或翻译项目的评审工作。他们是既能翻译又能教学,并具有很丰富的实践经验的教师。对这些教师的聘用和考核都应该本着一位专业教师能做而且做得好的原则来执行。

打通第二个解决师资队伍的通道是国际合作。翻译是以跨语言、跨文化、国际化见长的。由于国际上一些发达地区,特别是欧洲地区,由于其语言的多样性,翻译专业人才培养早就以一种专业教育形式确定下来了。这些地区的高校有着丰富的专业翻译人才培养经验和具体的做法。如果我们能够得到国际同行的认可,并建立起与国际翻译专业高校之间合作的桥梁,翻译人才培养的国际化进程就会建立起来。我们自己的教师队伍也可以通过国际合作途径得到专业提升,甚至可以通过合作直接聘请到合适的专业教师。通过国际合作,我们还可以提升我们的教学水平和确立人才培养的国际化。需要指出的是,专业教师的聘请应该着眼于那些有着丰富专业实践经验并具备教学能力的专业人才,而不是仅仅从国外高校聘请研究型的人才(如果研究需要就该当别论了)。

三、课程设置

课程设置是又一项横亘在很多院校发展道路上的障碍。由于专业师资力量的不足,以及原有外语教学中对翻译教学长期形成的固有认识,其中也包括研究生教育中的课程设置的影响等都对课程的构成、学时的长度和课程的安排产生诸多制约性影响。

第一,专业翻译学习不光是一个技能学习的系统,同时又综合了专业译者一系列专业素养的培养。这就意味着课程中除了有专业技能课,还要包括有一定数量的专门提升专业素养的课程,比如专业知识类课程等。教学中还要不断地融入专业翻译人员所应该具备的围绕翻译需掌握的一些能力,比如语料的准备和制作技能、翻译项目管理技能,以及一些相关的提升专业业务的理论和研究能力等。这些能力的培养应该贯穿在整个专业学习过程中,它们的设置必须是有机的和有序的,不能是为了课程而课程。特别要指出的是,有些既不是理论又不是实践,既不教授翻译技能,又不培养译员综合素养的课程要尽可能地避免,比如"翻译理论与实践"课是典型的目标不明确,既不教技能又不教理论的无效课程。

第二，课时量。专业技能的培养是一个循序渐进、逐步形成的过程，需要的是正确的教学方法和足够的训练量。根据教指委指导性教学大纲的要求，口译方向的学生在学期间要完成 400 磁带时的口译训练量（最低限度），笔译方向的学生要完成 10 万字的笔译训练量（最低限度）。按照每学期 16 个教学周，学习 2 年计算，每学期至少完成 100 磁带时或 2.5 万字的训练量。这也就意味着每周有口译练习 6.5 个磁带时，或 1562.5 字的笔译训练量。如果按照一个讲话长度为 20 分钟左右计算，6.5 个磁带时大约有 20 个讲话录音。这些录音在正常情况下应该在 1 周内训练完成。这其中的部分讲话可以作为课堂教学用，其余的就要学生在课后完成练习，总量是每周不少于 6.5 个磁带时的讲话录音，4 个学期的课程，而不是现在很多学校实行的 2 学期教学，那是无论如何也完不成的。笔译亦是如此。学生每周完成的训练量按字数计不少于 1500 字。这就要求我们每周安排的课时数是 6 到 9 节课，连续授课 4 个学期。

第三，专业课和专业辅助课程的组合配置。我们知道，专业译员是能够用其服务对象的语言将信息在两种语码之间转换的。所谓服务对象的语言指的是服务对象习惯使用的表达方法，比如专业术语和专门语体等要素。学生不但要掌握语言的应用能力，更为主要的是掌握翻译服务对象的语言应用能力，这样他们在未来的翻译服务过程中不至于由于说外行话而造成误解。因此，在专业翻译必修课的基础上，我们还要加上相关翻译领域的基础知识课程。譬如，法律翻译课应该辅以法律知识课，商务翻译课则应该辅以商务知识课程，而科技工程类翻译课则应该辅以相关科工类课程等等。这些课程的目的是让学生了解专业知识中术语的具体含义，并且掌握获得专业知识的渠道和方法，以便今后在翻译过程中避免外行话的出现。

第四，理论课程的设置。专业硕士教育是研究生教育的一个类别。虽然专业硕士教育旨在培养高层次应用型专门人才，但是学生的发现问题、解决问题能力的培养是整个教育过程中不可或缺的组成部分。因此，在翻译硕士专业学位教育中，除了教会学生正确掌握翻译技能，还要从理论的角度培养学生一定程度的发现问题和解决问题的能力。从这个角度出发,安排一定数量的理论概况课、翻译简史课等作为整个课程设置的组成部分是很重要的。通常翻译理论类课程每周安排 1 次,每次 2 课时,共授课 3 个学期。其中,一个学期的理论课程主要用于教授翻译问题的研究和论文写作。

四、从课堂教学到专业实习

专业翻译教育的培养目标是应用性和实践性翻译专门人才,这个培养目标与行为艺术、临床医学、工程技术等专业有很多相似之处。那就是,培养学生的实践能力是教育的最主要目标之一。为达到这个目标,学生的专业实习就必须是教学的重要环节之一。

专业翻译教学可以分成三个阶段来进行:第一阶段是课堂教学,主要目标是培养学生的专业翻译意识和各种翻译技能的分解教学。第二阶段是模拟翻译实践,主要也在课堂中进行,辅以一定数量的真实翻译练习。本阶段的主要教学目标是综合运用翻译技能进行模拟真实环境下的翻译实践。在这个阶段中,翻译的原语或原文是真实的,但是学生不直接面对服务对象,学生的译文和译语由老师来评判,或由学生互相评判。在这个阶段的教学内容中应该包括职业操守。这个阶段是从课堂教学到专业实习的中间过渡阶段。教师要按照客户的要求来评判学生的练习,使学生逐步建立面对客户的专业服务意识。第三阶段为专业实习。在这个阶段中,学生在完全真实的环境下进行翻译实践,他们将面对真实的服务对象,并由同行(有经验的译员)或客户对其翻译给出评价。教师仅仅起到监督、沟通和协助调配的作用(项目经理的管理作用)。学生在实习中要自行解决各类翻译问题,并找到最佳解决方案,要学会总结提高。在实习结束后对碰到的问题进行提炼,并进行一定的理论分析,写出案例分析报告。

五、机构设置

以上讨论的各项内容主要涉及翻译硕士专业学位教育建设的总体设计和思考。为使专业学位教育在整个翻译学和翻译专业教学管理的大框架下顺利实施,上海外国语大学高级翻译学院进行了适当的教学管理机构的调整,在学院的整建制下设立了应用翻译系、译学理论系和学生实习中心。应用翻译系主要管理翻译硕士专业学位的口笔译教学和国际合作的会议口译教学,以及翻译学专业学生的口笔译实践课的教学,同时负责安排与专业相关的专业辅助课程的教学,并组织专业考试和答辩。译学理论系主要管理翻译学硕士和博士的教学,以及应用翻译系的翻译研究概论和翻译简史课程的教学,同时负责安排与专业相关的专业辅助课程的教学,并组织专业答辩。学生实习中心主要负责各专业硕士研究生的专业实习,开拓和管理实习签约单位,并对学生的实习进行专业指导与监督。所有日常工作在各系的负责下,并且在学院办公室的协调下运作。

六、结　语

翻译硕士专业学位教育的改革还在继续进行。这次我们组织了一组文章,从口笔译教学到专业论文的写作,从教材建设的思考到师资队伍的建设,都做了阶段性的总结。这些总结旨在为进一步深化教学改革,提供些许可供借鉴的经验。这些文章只是部分地解释了我们教育改革的一些想法和做法。我们想以此抛砖引玉,使更多的学校加入教学讨论和改革中去,群策群力,把翻译硕士专业学位教育真正建设成为培养我国高层次、应用型翻译专门人才的教学平台。

(原载于《东方翻译》2012年第1期)

第二编

市场需求与培养模式

谈谈职业翻译人才培养与翻译人才评价以及翻译行业管理的接轨

黄友义

翻译硕士专业学位(MTI)教育是我国研究生教育的一种形式。翻译硕士专业学位教育区别于一般意义上的院校学科型教育,旨在针对翻译职业的特殊要求,培养高层次、职业化、应用型翻译人才。

随着翻译行业对翻译应用型人才需求的扩大,翻译硕士专业学位的设置已成为必然和现实。这一新兴的专业学位教育如何逐渐实现与翻译职业评价体系的有效接轨,从而成为国内甚至国际上通行的"职业学位"(即一旦获得这种学位就能进入翻译行业从业),也已经成为教育管理部门和翻译人才评价管理部门最为关心的问题。

笔者主要就翻译硕士专业学位教育、全国翻译专业资格(水平)考试以及翻译行业管理三者之间的有效衔接谈谈自己的看法。

一、翻译硕士专业学位与翻译资格(水平)考试的有效接轨

全国翻译专业资格(水平)考试(China Accreditation Test for Translators and Interpreters——CATTI)是一项国家级职业资格考试,是在全国实行的统一的面向全社会的对参试人员口译或笔译方面双语互译能力和水平的评价与认定。该考试作为国家翻译人才评价的统一、新型、社会化、科学化标准,已纳入国家职业资格证书制度的统一规划。

2003 年 12 月,英语二、三级口笔译考试首次推出,至 2006 年年底,7 个语种的二、三级口笔译考试及英语同声传译考试已全面推出。

翻译硕士专业学位(MTI)和翻译资格(水平)考试(CATTI),一个是职业翻译人才的培养模式,一个是翻译专业人才评价体系,虽然两者的工作形式不尽相同,但是两者在工作目的、导向以及作用方面还是有着很多内在的联系的。

(1)两者都是为翻译行业提供高层次、实践型、专业化人才的渠道,对提高我国翻译队伍的整体水平发挥着各自不可替代的重要作用;

(2)两者的服务对象都是有志于从事翻译工作,并以此为自身今后职业发展方向的人员;

(3)两者在工作内容上都强调要侧重培养或者评价翻译人员从业的实践能力和应用能力。

可以说,翻译硕士专业学位和翻译资格考试在管理层面上具有进行合作的良好基础。为更好地推动我国翻译教育事业及翻译人才评价事业的双发展,翻译硕士专业学位应该和翻译资格(水平)考试进行有效衔接。

如何来进行有效衔接呢? 目前,国际、国内有两种衔接模式可以借鉴:第一,获得专业硕士学位毕业证书的学生直接获得相关专业的职业资格证书;第二,专业学位学生获得毕业证书必须通过相关专业的职业资格考试。目前,有关管理机构正在论证实现两者有效衔接的途径,初步考虑:翻译硕士专业高年级学生在修满规定课程学分后,参加全国二级翻译专业资格(水平)考试,可以免考"综合能力"科目;翻译硕士专业学生毕业须先获得二级翻译专业资格(水平)考试证书才能获得翻译专业硕士学位证书。这种合作,不但符合双方的共同目标,符合研究生教育的实际情况,也具有较强的可操作性。相信不久的将来,相关管理机构将达成共识,推出切实可行的实施方案。

通过上述办法,翻译硕士学位教育就能够同翻译职业资格证书制度、专业技术职称制度、行业准入制度及行业规范管理有机结合起来,可以说真正达到了国际上通行的"职业学位"标准。

二、实现翻译硕士专业学位教育与翻译资格(水平)考试以及翻译行业管理的有机结合

翻译硕士专业学位教育、翻译专业资格(水平)考试将为翻译行业管理提供有力保障和支持。

随着中国经济的迅猛发展和中外合作交流领域的逐步扩大,翻译服务以及与之相关的翻译培训、出版和技术市场不断拓展,已经发展壮大成为一个产业。但是,翻译作为一个新兴行业,尚不够规范,缺乏必要的准入制度,翻译专业培训也远不能满足市场对翻译人才的需求,翻译质量难以得到保证。因此,建立一个科学、规范、行之有效的行业管理机制势在必行。

目前,中国尚没有一个政府部门来统管整个翻译行业。中国翻译协会(中国译协)作为中国翻译行业唯一的全国性专业组织,顺应时代的发展,在2004年第五届全国理事会上修订了章程,明确了中国译协作为学术性、行业性团体的性质,确定了中国译协将积极进行行业指导、参与行业管理的工作方向。这是中国译协与时俱进的具体表现,不仅对于中国译协未来发展具有重要意义,也将对中国翻译事业的繁荣产生积极的影响。

翻译专业资格(水平)考试的建立,翻译硕士专业学位的设置,都为翻译行业管理打开了思路,同时也提供了支持和保障。

翻译硕士专业学生拿到学位即拥有全国翻译专业资格(水平)二级证书(相当于翻译专业技术中级职称),同时根据中国译协章程规定,还有资格申请加入中国译协,成为中国翻译协会的个人会员,从而纳入翻译行业管理的范围。这对于一个即将走上工作岗位的人来讲,是一举多得,对于国家来讲是培养了一个优秀、合格的专业人才,对于翻译行业来说是壮大了高层次、应用型的职业翻译队伍和行业大军,为行业管理奠定了良好的基础。

因此,实现翻译硕士专业学位的设立、翻译专业资格(水平)考试、翻译行业管理三者之间的有效衔接和有机结合,是一项利国、利民、利翻译事业健康发展的创新之举。

（原载于《中国翻译》2007 年第 4 期）

我国翻译专业教育的问题与对策

仲伟合

一、引　言

2006 年,教育部批准复旦大学、广东外语外贸大学、河北师范大学等 3 所高校试办翻译本科专业学位 (Bachelor of Translation and Interpreting,简称 BTI)。之后陆续有高校获得设置翻译本科专业资格。目前全国设置翻译本科专业的学校已经达到了 152 所,在校人数达到 14693 人。几乎与此同时,翻译硕士专业学位(Master of Translation and Interpreting,简称 MTI)于 2007 年 1 月 23 日经国务院学位委员会第二十三次会议上通过设立,迄今已有 159 所高等学校经国务院学位委员会批准成为翻译硕士专业学位授权点,2014 年全国还将有 40 余所高校被增列为翻译硕士专业学位授权点。目前全国攻读翻译硕士专业学位的在校研究生人数已经达到了 20257 人,翻译硕士专业学位也成为我国发展最快的专业硕士学位。在各培养单位共同努力下,翻译专业教育取得了一系列的成绩。各培养单位的人才培养理念趋向清晰,人才培养方案趋向成熟,师资队伍建设也取得了较明显的成果。在过去 7 年中逐渐产出了一大批有影响的翻译成果以及翻译研究成果,承担了国家对外政治、经济、文化交流的重要翻译任务,为提升中国的文化软实力做出了贡献。

但是在回顾过去近 8 年的道路,我们也发现了很多问题。一个新事物的诞生,在成长的过程当中,肯定会遇到很多的坎坷与问题。2011 年在厦门大学主办的 MTI 年会总结会上笔者曾经用"淡淡的欣喜,深深的忧虑,隐隐的恐惧"描述本人当时对 MTI 教育发展的心情。因为 2011 年翻译硕士专业学位的培养单位,从原来的 40 所一下子飙升到了 159 所。作为这个专业学位的倡导人之一,笔者不可能内心没有欣喜。"深深的忧虑"就是担心很多学校,无论是学科基础、师资队伍、基础设施,还是管理队伍,都还不具备培养专业化翻译人才的必备条件,但是也已获批。

经过 3 年多的发展,中国的翻译教育可以说是"轻舟已过万重山"。我们看到翻译硕士专业学位发展即将迎来火热的夏天,乃至收获的秋天。但是在充满希望的同时,依然要看到翻译专业学科建设存在的一些问题。如何正确对待这些问题,并找出解决这些问题的方法,是翻译专业教育单位及相关的专家和管理人员要认真思考的。

二、BTI 与 MTI 教育相关研究及现状

近年来,一批高校教师、行业专家、研究者等对 BTI 和 MTI 教育教学展开了系列研究,包括对培养模式、课程设置、学位论文模式以及实习实践等方面的探讨。

就 MTI 而言,仲伟合(2006)分析了目前国内翻译学学科发展的现状,认为翻译学尚未在全国的高等教育体系中得以普及,进而提出了设置培养高层次、应用型翻译人才的"翻译硕士专业学位"的必要性与可行性,同时提出了"翻译硕士专业学位"的试行培养方案、课程设置等,认为翻译专业硕士学位的设置是翻译学学科发展的新方向。国务院学位委员会于 2007 年发布的《翻译硕士专业学位设置方案》明确指出专业学位与研究型学位的显著差异,仲伟合(2007a)对设置翻译硕士专业学位的必要性、试办条件、课程设置等做了详尽的论述。就 BTI 而言,经过反复的修改和讨论,《高等学校翻译本科专业教学要求(试行)》在目前已由外研社(2012)

和高教社(2012)相继出版,仲伟合(2011)就制定的背景与目的、翻译专业本科人才培养的目标与人才培养定位、专业知识与能力构成、课程设置、教学要求、教学原则、教学手段与方法、评估与测试、实践教学等翻译专业人才培养问题进行了解读与说明,希望以此能指导和规范翻译专业的发展。

仲伟合和穆雷(2008)介绍了广东外语外贸大学(广外)经过多年探索并已付诸实践的"翻译专业人才培养模式"。他们讨论了翻译专业人才与外语人才培养的差别、翻译专业人才的培养特色、完整翻译专业人才培养体系的建立,认为翻译专业人才培养应按分层次、分类指导的原则,在本科生、研究生/MTI、博士生培养各阶段侧重不同的教学与研究内容。在此翻译专业人才培养模式的基础上,广外在全国率先建立了包括翻译本科专业、翻译学/MTI硕士、翻译学博士在内的完整翻译人才培养体系,实践并检验了提出的"翻译专业人才培养模式"。

王志伟(2012)认为美国高校应用型翻译人才培养体系经过几十年的实践与研究已经比较成熟,其主要特点体现在翻译需求的持续性、方向设置的灵活性、课程设置的多元性和翻译研究的系统性等方面。美国应用型翻译人才培养体系对于我国翻译硕士专业学位(MTI)研究生教育具有以下启示:一是国家层面应通过立法进一步提高对翻译工作及MTI等翻译人才培养重要性的认识;二是教育主管部门和行业协会应加强对MTI的规划、指导、认证与评估;三是高校等培养单位应结合自身定位建构特色鲜明的翻译人才培养模式,提高应用型翻译人才培养的质量。

柴明颎(2012)分析了MTI学位教育存在的问题和隐忧,指出MTI学位教育需要有一个综合的体系性调整。他结合上外高翻学院MTI改革探索的经验,重点阐述了对师资队伍建设、课程设置和专业实习等方面的总体设计和宏观思考,并介绍了上外高翻学院为促进MTI专业学位教育的顺利实施而进行的机构设置调整。

赵军峰和穆雷(2013)则以广东外语外贸大学高级翻译学院的MTI教学为例,探索和总结了广外在该方面的创新与实践经验,通过专业学位和学术类的翻译学硕士阶段培养方案的对比,阐述了 MTI 教育的学科定位、教育理念、课程设置、教学实施和培养方案等内容。

文军和穆雷(2009)通过对国内八家翻译硕士专业学位点的调查,分析了翻译硕士课程设置的特点,并通过与国外两所高校翻译硕士课程设置的对比,提出了国内翻译硕士课程设置尚需加强的各个方面。

王晋瑞(2010)从不同区域翻译市场对翻译人才有不同要求的特点出发,探讨 MTI 培养中特色专业方向开设及其相关课程设置这一问题,认为 MTI 培养单位应根据本区域翻译市场的需求,结合自身的师资和教学条件设置有自身特色的专业方向,并配置相应的专业核心课程和方向必修及选修课程,以确保 MTI 项目实现培养高层次、应用型、专业性翻译人才的目的。

翻译的专业建设日益和现代技术密切相关,行业发展和职业化进程成为关注的焦点,同时更高层次的人才培养如翻译博士专业学位(DTI)的建立也被提到了议事日程。穆雷等(2013)探讨了语言服务业的发展及职业化进程需要高层次人才,结合国内外翻译人才培养现状及专业学位研究生教育发展已有的经验,分析了建立翻译博士专业学位的必要性和可行性,并从培养目标、师资来源、评价方式等方面对翻译博士专业学位翻译人才培养提出了具体的建议。

学科建设离不开内涵建设与质量评估,国务院学位委员会办公室于2012 年 9 月正式下发《关于开展翻译硕士专业学位教学合格评估(第一批院校)工作的通知》,委托全国翻译专业学位研究生教育指导委员会对全国第一批 MTI 培养院校(15 所)进行评估。2012 年 9 月 15 日,MTI 教育指导委员会委员、学界专家、第一批培养院校的教学管理人员在广东外语外贸大学参加了翻译专业学位研究生教育指导委员会主持召开的第一批培养院校评估专题培训会。为了让更多培养院校和广大读者对这一评估工作有更全面、深入的了解,何其莘和苑爱玲(2012)对 MTI 教学评估的相关问题进行了详细解读。根据国务院学位办的相关文件精神,穆雷、邹兵、杨冬敏(2012)认为 MTI 作为一种专业学位教育,教育体系应包含多处评估评价,形成系列评价体系,如从专业培养点申报开始,就要对申报单位的申报条件进行评估评价;在教学过程中,要对学生的学习成果(包括课堂表现、课程作业、课程考试、课外活动、实习实践、开题报告、学位论文,乃至专业资格考试等)进行评估评价;也要对教师的教学质量(包括课堂教学、实践教学、教师反馈等)进行评估评价;还要对该教学单位的培养质量(如教育理念、培养目标、课程设置、教学大纲、教学质量、师资队伍、软硬件设施等)进行评估评价。

三、翻译专业教学协作

全国翻译专业学位教育指导委员会、教育部高等学校翻译本科专业教学协作组及全国翻译院系负责人联席会议多年一直承担着指导全国高校翻译专业建设与发展、协调各高校交流人才培养经验等工作。多年来,通过会议等传达了政策、交流了信息,提升了翻译专业教育的质量。

2013 年,翻译专业教育指导委员会把质量提升与内涵建设作为重点工作来开展。在河南大学召开的 2013 年 MTI 教指委年会,其主题是"以评促建,全面加强 MTI 的教育质量的管理",围绕质量提升与内涵建设。在年会上,国务院学位办副主任孙也刚对国家研究生教育政策进行了解读,对翻译硕士专业学位教育给出了意见和建议。何其莘教授对 2013 年第一批 15 所示范类院校完整评估并进行了总结,对下一步要开展的评估工作进行了布置。在年会上,教育部专业学位综合改革试点单位南京大学和上海外国语大学作为"教育部专业学位综合改革试点单位"分享了他们的经验。

2014 年 3 月,全国翻译专业学位研究生教育 2014 年年会在河北师范大学召开。年会以"创新 MTI 人才培养模式,提升 MTI 人才培养质量"为主题,分别从"翻译职业研究、语言服务研究、MTI 笔译教学研究、MTI 口译教学研究"等四个方面做了研讨。国务院学位办孙也刚副主任再次光临大会并做了主旨发言。他就目前我国专业学位研究生教育的改革与发展所面临的形势和存在的问题,以及今后应采取的措施等做了全面分析。孙也刚指出,专业学位教育与国家的经济、政治、文化、外交等紧密相连。今后研究生教育改革应贯穿"服务需求、提高质量"一条主线,抓"统筹构建质量保障体系"与"改革创新研究生培养模式"两个着力点,以提高研究生培养质量为目标。孙也刚强调,专业学位教育在取得成就的同时,也存在着"地位被矮化""招生盈利化""培养学术化""管理边缘化"等"四化"现象。对此,应给予足够重视。他特别强调,翻译硕士的培养要处理好三对关系:

(1)市场意识和承担国家责任的关系;

(2)翻译水平与综合素质的关系;

(3)语言能力与业务能力的关系。

对未来专业学位的发展,孙也刚给出了四点意见:

(1)扩大规模;

(2)创新模式;

(3)规范管理;

(4)提高质量。

该年度参会人员有来自170多所高校及企业、行业的代表360多人,达到了预期的效果。

2013年由教育部高等学校翻译本科专业教学协作组、全国翻译院系负责人联席会议理事会主办,大连外国语大学承办的教育部高等学校翻译专业教学协作组第四次全体会议暨第九届全国翻译院系负责人联席会议在大连外国语大学召开。这个会议从2005年开始,每一次参会的人数都在增加。2005年在广外高翻学院成立之时组织的会议,参加会议的大概40人不到。2013年会议的参加人数已经扩大到了100多人,说明其影响力在不断壮大。也是在大家的一致努力下,翻译学科建设、专业建设取得了辉煌成果。2011年教育部对使用了近10年的本科专业目录进行修订。2011年开始讨论修订本科专业目录的时候,专业总数已经达到635个。所以教育部在修订专业目录的时候,一是要按照"宽口径"的基本原则进行专业目录的调整,大幅减少本科专业基本目录,二是将本科专业的设置权下放到了高等院校。在 2012 年公布的专业目录当中,本科专业数从 635 个下调到了 506 个,其中目录内基本专业 352 个,特设专业 154 个。在这样的情况下,翻译专业还是进入了本科专业的基本目录。另外根据国务院学位委员会第六届学科评议组编写的《学位授予和人才培养一级学科简介》,翻译学已经成为外国语言文学一级学科下设的 13 个二级学科之一,翻译研究成为该一级学科五大研究方向之一。

翻译专业蓬勃发展是有很多原因。一方面是外在原因,也就是国家经济社会发展对专业化翻译人才的需求、对学科的呼唤。另一方面就是我国大的外语学科自身发展需要多元化而做出的调整。经过这几年的快速发展,我们培养了一大批翻译专业人才,投入了翻译市场,进入翻译人才队伍当中,充实了国家文化"走出去"的力量。但是也要看到,很多学校在条件还不具备的情况下,匆忙申报翻译本科专业、翻译硕士专业,也导致了很多的问题。

四、翻译专业教育面临的问题

我们对目前的翻译专业教育状况可谓"喜忧参半"。喜的是大家对这个专业和学科的高度重视,多所学校参与到专业发展学科发展当中来。忧的是很多学校还不具备这样的条件,匆忙上马,影响了翻译专业人才培养的质量。现阶段翻译专业教育在理念的认识、人才培养模式、师资培养等方面都存在很多问题,具体可以归纳为以下 7 个方面。

(1)人才培养理念不清。许多培养单位的教学人员,包括一些管理人员,对于翻译硕士专业学位的人才培养理念还不是十分清晰。对翻译硕士专业学位的理解还停留在外语教学阶段,对人才培养还使用学术型研究生培养的方式。

(2)人才培养方案不妥。培养单位照搬教育指导委员会发布的指导性培养方案,没有根据自己学校的特色或区域经济社会发展的需求恰当调整和设置人才培养方案,造成了人才培养的同质化现象。也有的培养单位依然使用学术型研究生培养方案,忽视对学生实践能力的培养。

(3)师资队伍建设不强。这是一个普遍存在的问题。按专业学位研究生教学的需要,要求专业教师要具备翻译实践、翻译教学及翻译研究等三种能力,要求配备双师型教师以及行业导师,但目前很多学校尚未达到这样的要求。翻译专业研究生教育指导委员会和教育部翻译专业本科教学协作组也一直在花费很大的力气对师资队伍建设做一些工作。

(4)教学方式方法不新。所谓不新是指依然还停留在传统的教学翻译的阶段,一直还停留在研究型研究生教育的翻译教学阶段,教学方法缺少创新。

(5)实践教学基地不用。翻译专业人才培养强调实践性。人才培养方案很明确地要求各培养单位必须建有若干个实践教学基地,但是通过检查、评估,我们发现很多培养单位,在培养翻译硕士专业学位人才的过程当中,缺少有效的实践教学基地。

(6)教学管理方法不变。依然沿用研究型研究生的管理办法,没有根据翻译硕士专业学位培养的方案要求去调整课程管理,特别是论文管理,以及学生的学籍管理。

(7)职业资格证书不接。这里的不接实际上就是不接轨,指的是具体学位教育与翻译专业资格(水平)证书考试(CATTI)不接轨。专业学位教育要求学位证书要和相关的职业资格证书挂钩,为毕业生的就业打通渠道。

五、对策与建议

针对以上问题,笔者提出以下五点建设意见,希望对方兴未艾的中国翻译专业教育事业能起到一点积极的作用。这五点意见分别是厘清理念、探索模式、突出实践、顺应市场、打造队伍。

1. 厘清理念

多年来我们已经形成了这样一个传统理念,认为学外语就是做翻译。记得当年讨论 MTI 的设置方案时,有个别外语院校的领导,就很认真很严肃地提出这个问题:你设置了翻译专业,其他学外语的同学干什么呢?他们认为学外语就是一条路,那就是去做翻译,忽略了翻译人才的培养与自身的规律、教育规律等这些重要的教育内涵问题。若要明确翻译专业人才培养理念,要先明确两个问题:

(1)何为翻译专业人才?

(2)如何培养翻译专业人才?

《翻译本科专业教学要求》及《高等学校翻译硕士专业学位指导性人才培养方案》对以上两个问题都有很清楚的答案。个别培养单位在执行上述《要求》与《方案》时要特别注意根据本校、本地区的情况制定独具特色的专业人才培养方案和专业课程设置。

2. 探索国际化的人才培养模式

国际化已经成为当今高等教育的一个关键词。几乎没有一个学校在讨论人才培养的时候会回避"国际化"这样的一个关键词。实际上从一开始在讨论的时候我们就已经是在按照国际上的人才培养方案和规则去制定、设置翻译本科教学要求及翻译硕士专业学位人才培养方案。在制定上述文件时,专家组参考了目前欧洲、北美专业人才培养的方案。我们希望能打破原来相对封闭的人才培养模式,注重培养学生的跨文化交际能力,拓宽学生的国际视野,培养熟悉国际惯例、具有国际竞争能力的合格毕业生。国际化翻译人才的培养,需从以下三个方面入手。

(1)教师队伍国际化。院校可以采取"走出去"和"引进来"的途径,培养国际化的师资队伍,充分利用各种政策有计划地开展骨干教师进修,开展教育教学研究,鼓励教师参加国际学术活动。同时还可以通过积极引进国外大学高水平师资来校讲学或长短期兼职,比方说短期访学,主办讲座等,促进高校师资的交流与合作。MTI 教指委和中国译协、《中国翻译》

编辑部每年暑期举办翻译师资培训,会邀请欧盟、联合国工作人员以及国际知名翻译院校的师资来授课,把国际最前沿的翻译理念带来和大家进行交流。另外国内的院校如北外、上外和广外等都经常举办此类师资培训。这些培训能够提升我们教师的国际化能力和水平。

(2)学生国际化。一方面,我们要积极发展国外或者境外的合作办学项目,或者利用留学政策或联合国、欧盟、国际高校翻译联合会等国际认证机构与平台,为翻译学子提供更多出国学习和实践的机会。另一方面,我们也要制定相应的政策,改善办学条件,吸引更多的外国留学生前来就读翻译学科,以此提高学生的国际化水平。

(3)课程设置国际化。我们的课程设置从一开始就要参照国际的标准,制定人才培养目标和人才培养方案。

3. 突出实践性的教学方向

无论是对翻译本科专业还是对翻译硕士,我们都提出了这个要求。因为翻译本身就是实践性很强的专业,所以一定要突出实践性的教学。实践性原则是口笔译技能获得的最基本原则。教师应该跳出传统灌输式教学模式,在教学中多开展以任务为中心、形式多样的教学活动。我们在教学大纲中,倡导采用任务教学法、案例教学法、模拟教学法、项目教学法、多媒体网络教学法、计算机辅助等教学方法,充分调动学生学习积极性,激发学生学习兴趣,最大限度培养学生参与并了解翻译全过程。课堂教学坚持学生为中心、教师为主导的教学理念,注意教学方法的多样性,根据不同教学内容、教学目的和要求,选择相应教学方法,也鼓励教师积极探索新的教学方法和模式,同时加大学生自主学习能力的培养,特别是在网络环境下自主学习能力的提高,为培养学生终身学习能力打好基础。在课程设置上,要加大实践教学与专业实习的比重,培养学生的实践能力、创新意识、就业甚至创业能力。

4. 顺应市场的发展需求

人才培养不能够离开市场,随着信息技术和经济全球化的发展,原有的单纯翻译服务已经不能适应行业发展,我们要学生去改变,首先自己要改变,翻译已经不是单纯的 translation 或 interpreting,我们现在更多谈到的是 language service,语言服务领域已经呈现多元化的趋势,业务已经从单纯的笔译口译扩大到整个语言外包,比如说技术写作、网站的本地化、软件本地化、语言信息处理等多个领域,国外的翻译机构也适应这种发展趋势,相应开设了本地化与翻译管理相关专业方向。

中国译协在调查报告中曾经提到目前国内翻译人才培养与翻译企业用人确实存在脱节现象,专业技术翻译人才短缺。如何根据市场需求,培养出高素质翻译专业人才是一个需要我们不断反思的重要问题。笔者认为可以从两个方面入手解决这一问题。

(1)要培养懂得翻译技术的专业人才。培养懂得翻译技术的专业人才,并不是说每个学校都需要去做,或者能够做到;部分院校可以从这方面入手。目前翻译行业对语言服务业从业人员的要求早已经超越了传统意义上的口笔译,要求从业人员掌握 IT 技能、项目经验、本地化技能、术语管理、翻译技术、翻译工具、排版印刷和翻译管理等多种技能。这些对于从事传统翻译教学的老师来说可能听都没有听过,更不要说接触到。学生在校时,我们应该有意识培养他们这些技能,硬件方面在充分利用原有电教设备的基础上,积极探索计算机辅助翻译教学、更新教学内容、提高教学效率,为培养学生有效的学习方法创造条件;通过利用现代化的技术教学,帮助学生掌握基本翻译技能,比如说机器翻译、翻译记忆系统、术语管理系统、本地化软件工具等,提高他们的就业、创业竞争力,当然在这一块,我们不一定要学校自己开发,实际上有很多的公司企业早已经关注到翻译的战略性发展,已经开发出许多现成的教学软件。

(2)要培养适应企业需求的翻译人才。要培养适应企业需求的翻译人才,培养面向市场的学生,就要知道市场需要什么,而在当今这个飞速发展的中国,翻译需求也是日新月异。企业三年前的需求和现在的需求可能就不同,因此试着开展校企合作,是一种双赢的选择。校企合作有多种形式,可以共建实习基地,可以安排学生到企业学习,还可以邀请翻译行业具有资深从业经验的人才来校讲座或讲学,对于学科建设、科学研究、人才培养、人员交流、网络技术等领域,高校和企业都有非常广阔的合作空间,当然最好能实行双导师制,可以更有效培养学生的实践能力。

5.打造实践型师资队伍

过去我们总认为,只要学了外语就可以去做翻译,认为口语好的老师就可以做口译,写作好的老师就可以去教笔译。我们需要改变这样的观点。当年在讨论翻译硕士专业学位设置的时候,对于任课教师,实践型教学老师明确提出了笔译实践、口译实践的要求。因为如果老师自己没有在这方面的经历和实践,就很难在课堂上给学生讲得生动,自己都没有翻译过诗歌,去给学生讲诗歌翻译,自己都不会唱歌,却给学生讲歌词翻译,很难让学生信服。所以,教师自己要有很强的实践能力。其次,要有较强的教学能力。再次,担任专业教学的老师还要从事一定教学研究和科学研究,否则就很难站到学术前沿和专业化人才培养的前沿。所以,好的翻译专业的老师至少应该具备以下三个方面的能力:翻译实践能力、翻译教学能力,以及从事翻译研究的能力。

六、结　语

无论是 BTI 抑或 MTI 教育,人才培养至关重要的两个关键词是"质量"与"特色"。所以,翻译专业人才培养单位一要注重以"质量"为核心的内涵建设,二要打造为地方经济、社会建设所需要的"特色"。中国"走出去"战略的实现也有赖于我们翻译专业人才的培养,因为翻译将会作为中国"走出去"的主要手段之一。厘清翻译本科专业的办学思路、彰显办学特色,优化课程结构,锤炼师资队伍,提高教育质量,翻译界的同仁理当携手并肩,开拓进取,奋勇创新,开创我国翻译专业教育更加灿烂的明天,实现我们的"翻译梦",为实现"中国梦"增砖添瓦。

参考文献

柴明颎,2012.翻译硕士专业学位教育——上外高翻综合改革试点.上海理工大学学报(2):91-95.

何其莘,苑爱玲,2012.做好 MTI 教育评估工作,促进 MTI 教育健康发展——何其莘教授访谈录.中国翻译(6):52-56.

国务院学位委员会,2013.学位授予和人才培养一级学科简介.北京:高等教育出版社.

教育部,2012.普通高等学校本科专业目录(2012).北京:中华人民共和国教育部.

穆雷,杨冬敏,2012.翻译硕士学位论文评价方式初探.外语教学(4):89-93.

穆雷,杨冬敏,邹兵,2011.翻译硕士专业学位论文评价体系探索.东方翻译(6):29-36.

穆雷,仲伟合,王巍巍,2013.从职业化角度看专业翻译人才培养机制的完善.中国外语(1):89-95.

穆雷,邹兵,杨冬敏,2012.翻译硕士专业学位论文参考模板探讨.学位与研究生教育(4):24-30.

王晋瑞,2010.关于开设 MTI 特色专业方向及相关课程设置的思考.学位研究生教育(7):69-72.

王志伟,2012.美国应用型翻译人才培养及其对我国 MTI 教育的启示.外语界(4):52-60.

文军,穆雷,2009.翻译硕士(MTI)课程设置研究.外语教学(4):92-95.

赵军峰,穆雷,2013.MTI 教学的创新与实践:以广外高翻学院为例.外文研究(2):78-85.

仲伟合,2006.翻译专业硕士(MIT)的设置——翻译学学科发展的新方向.中国翻译(1):32-35.

仲伟合,2007a.翻译硕士专业学位(MTI)及其对中国外语教学的挑战.中国外语(4):4-7.

仲伟合,2007b. 翻译硕士专业学位教育点的建设. 中国翻译(4):9-10.

仲伟合,2011. 高等学校翻译专业本科教学要求. 中国翻译(3):20-24.

仲伟合,穆雷,2008. 翻译专业人才培养模式探索与实践. 中国外语(6):4-6.

本文为国家社科基金一般项目"高层次应用型人才培养模式的探索与实践"(11BYY014)的阶段性成果。

（原载于《中国翻译》2014 年第 4 期）

从专项评估看翻译硕士专业学位教育的问题

仲伟合　姚恺璇

一、引　言

翻译硕士专业学位(MTI)自 2007 年设置以来,已成为我国发展最快的专业学位,在较短的时间内为国家培养了大批翻译专业人才。截至 2016 年 3 月,全国有 206 所高校或高等教育机构拥有翻译硕士专业学位授权点。为了确保翻译硕士专业学位的人才培养质量,国务院学位委员会、教育部于 2014 年决定对 2009—2011 年获得授权的学术学位和专业学位授权点进行专项评估。

根据国务院学位委员会、教育部《关于开展 2014 年学位授权点专项评估工作的通知》(学位〔2014〕17 号),全国翻译专业学位研究生教育指导委员会(以下简称"教指委")受国务院学位委员会办公室的委托,于 2014 年 12 月至 2015 年 8 月对 2009—2011 年获得翻译硕士专业学位授权的 144 所院校进行了专项评估。本文拟介绍本次翻译硕士专业学位专项评估的实施与结果,对评估结果进行数据分析,探讨目前翻译硕士专业学位教育面临的主要问题,同时提出解决问题的对策。

二、专项评估的实施与结果

本次专项评估目的主要是检查参评院校翻译硕士专业学位研究生培养体系的完备性及人才培养质量。评估内容包括翻译专业学位研究生教育的办学理念、师资队伍(队伍结构、导师水平)、人才培养(培养方案、教学计划、课程建设、实践教学、教学资源)和质量保证(管理机构、教学质量监控)等。评估方式为院校自评、专家匿名评审、专家会议评议,选择部分参评院校,派专家组进校,对这些院校的翻译硕士专业学位研究生教育培养体系的完备性进行实地考察,最后由全国翻译专业学位研究生教育指导委员会召开全会审议专项评估结果,并报送国务院学位委员会办公室审定。

此次参评的 144 所院校中,133 所高校的学位授权点评估结果为"合格";10 所院校的评估结果为"限期整改";1 所院校的评估结果为"不合格"。

1. 专项评估方案

专项评估项目设 6 项一级指标、20 项二级指标和 47 项主要观测点。以下为主要测评内容。

(1)办学理念——包括对专业学位教育的认识、办学特色这 2 项二级指标;

(2)师资队伍——包括教师整体结构与规划、专任教师基本情况、专任教师翻译实践能力、兼职教师基本情况、教师科研能力这 5 项二级指标;

(3)教学资源——包括教学基础设施、教学资料、网络资源、实习基地这 4 项二级指标;

(4)教学内容——包括培养方案与教学计划、课程设置、翻译实践这 3 项二级指标;

(5)教学管理——包括管理机构设置、质量监控这 2 项二级指标;

(6)教学质量——包括学生专业基本功、学位论文/实践报告、学生职业素养、学生相关专业知识这 4 项二级指标。

各二级单项指标满分 5 分,总分 100 分。单项指标得分分为 3 个等级:5 分为合格、3 分为基本合格、0 分为不合格。接受专项评估的授权院校提供的有关数据及情况必须真实、准确;如发现有不实之处,相关项目按照最低分计算。专项评估总分 75 分以上(含 75 分)则继续授权;总分60～74 分(含 60 分)须限期整改,整改结束后,参评院校再次申请派专家组进校考察,专家组审议结果达到 75 分,继续授权,低于 75 分的撤销学位授权;总分低于 60 分(不含 60 分)则撤销学位授权。

2.专项评估实施过程

本次翻译硕士专业学位授权点专项评估的步骤如下。

第一阶段:《翻译专业学位授权点专项评估方案》的制定与公布。2014 年 9 月,教指委受国务院学位办委托组织实施评估,成立由教指委委员和翻译行业专家组成的评估委员会,制定评估方案。2014 年 12 月 5日,国务院学位办向有关翻译硕士学位授权院校转发《翻译专业学位授权点专项评估工作方案》(全国翻译专业学位研究生教育指导委员会秘书处,2015)。

第二阶段:院校自评。2014 年 12 月至 2015 年 3 月,各参评院校对照评估方案开展自评,按要求撰写自评报告,填写"基本数据汇总表"和"自评打分表"。2015 年 3 月 15 日前,参评院校将自评报告和其他相关材料提交全国学位与研究生教育质量信息平台,并报送教指委秘书处。

第三阶段:专家通信评审。2015 年 3 月 18 日至 4 月 5 日,教指委组织 10 个通信评议专家组(每组 3 位专家),对 144 所参评院校的自评材料进行评审、打分。专家组成员为全体教指委委员、部分长期从事翻译教学与研究的专家和翻译行业的专家。各组的通信评议结果由教指委秘书处汇总,提交教指委主任会议和教指委全体会议审议。

第四阶段:确定考察学校。2015 年 4 月 11 日,教指委在南京召开全体会议。经过对通信评议结果和相关材料进行认真的分析和研究,教指委全会确定派专家组对 27 所院校(29 个教学点)进校实地考察。进校考察的院校占本次参评院校总数的 18.75%。

第五阶段:进校实地考察。2015 年 5 月 11 日至 6 月 12 日,教指委组织 15 个专家组(每组 3 人)分别对 27 所院校(29 个教学点)进校考察。按照学位办相关要求,每组在每所院校考察时间为 1 天,主要工作包括:随堂听课、查阅教学管理文件、调阅学生试卷和学位论文、与教师和学生座谈、考察与翻译硕士专业学位相关的教学设施和图书资料、调阅教师和学生的翻译成果、走访实习基地。

第六阶段:确定专项评估结果。2015 年 8 月 27 日,教指委在贵阳召开全体会议,专门审议、讨论此次专项评估工作。全体教指委委员认真听取了评估委员会和进校考察专家组的汇报,对通信评议和进校考察的意见和结论进行全面、充分的审议,并将评估结果上报国务院学位委员会审定公布。

3.专项评估结果

根据《国务院学位委员会关于下达 2014 年学位授权点专项评估结果及处理意见的通知》(学位〔2016〕5 号),此次参加翻译硕士专业学位专项评估的 144 所院校中,133 所高校的学位授权点评估结果为"合格",可继续行使学位授权;10 所院校的学位授权点评估结果为"限期整改",自发文之日(2016 年 3 月 16 日)起进行为期 2 年的整改,2016 年招生工作结束后暂停招生。整改结束后接受复评,复评结果为"合格"的恢复招生,复评结果达不到"合格"的撤销学位授权。1 所院校的学位授权点评估结果为"不合格",自发文之日(2016 年 3 月 16 日)起撤销学位授权,5 年之内不得重新申请。2016 年招生工作结束后不得招生,在学研究生按原渠道培养,授予学位。

翻译硕士专业学位教育在经过一段时间发展后取得令人欣喜的

成绩,但同时也存在很多的问题。

三、专项评估结果分析

此次专项评估的结果显示,翻译硕士专业学位自 2007 年设立以来,受到办学院校、学生和用人单位的普遍欢迎,发展迅速。绝大多数培养院校经过多年的建设,对翻译专业学位教育人才培养理念的认识不断深化,在健全规章制度、规范教学管理、基础设施建设、组建师资队伍等方面取得显著进展,办学质量不断提高。已经有一批院校逐步形成鲜明的办学特色,为国家经济建设和对外文化交流做出了较大的贡献。社会对翻译硕士办学效果总体满意,外交外事机构、国家安全机构、海关海事机构、教育培训机构、大型国企、外企等对翻译硕士毕业生均有所青睐。

通过对 30 位专家关于 144 个学位点匿名评审结果中的 20 个二级指标单项得分进一步分析(见表 1),我们可以看到翻译硕士专业学位教育在经过一段时间的发展后取得了令人欣喜的成绩,但同时也存在很多的问题。

由表 1 可见,全国翻译硕士学位点普遍在管理机构设置(平均分 4.797 分)、对专业学位教育的认识(平均分 4.633 分)、教学基础设施建设(平均分 4.503 分)、培养方案与教学计划的制定(平均分 4.418 分)、整体结构与规划(平均分 4.377 分)等方面表现较为优秀;而在兼职教师基本情况(平均分 3.448 分)、学生相关专业知识(平均分 3.535 分)、实习基地(平均分 3.651 分)、课程建设(平均分 3.723 分)、专任教师翻译实践能力(平均分 3.735 分)等方面仍有较大提升空间。

表 1 评审结果

一级指标	二级指标	144 所参评院校平均得分 (二级指标单项满分为 5 分)
1. 办学理念	1.1 对专业学位教育的认识 1.2 办学特色	4.633 3.964

续表

一级指标	二级指标	144 所参评院校平均得分 （二级指标单项满分为 5 分）
2. 师资队伍	2.1 整体结构与规划 2.2 专任教师基本状况 2.3 专任教师翻译实践能力 2.4 兼职教师基本情况 2.5 教师科研能力	4.377 4.013 3.735 3.448 3.766
3. 教学资源	3.1 教学基础设施 3.2 教学资料 3.3 网络资源 3.4 实习基地	4.503 4.286 4.263 3.651
4. 教学内容	4.1 培养方案与教学计划的制定 4.2 课程建设 4.3 翻译实践	4.418 3.723 3.974
5. 教学管理	5.1 管理机构设置 5.2 质量监控	4.797 4.154
6. 教学质量	6.1 学生专业基本功 6.2 学位论文 6.3 学生职业素养 6.4 学生相关知识	3.778 4.041 3.866 3.535

　　此次专项评估还体现了翻译硕士教育区域间发展的相对不平衡性，经济、社会及文化教育发展程度较高的区域，翻译硕士专业学位教育相对较好。广东(参评院校 3 所,平均分为 88.44 分)、浙江(参评院校 4 所,平均分为 88.1 分)、江苏(参评院校 10 所,平均分为 87.63 分)位列参评省(直辖市、自治区)前三名;新疆(参评院校 2 所,平均分为 75.38 分)、贵州(参评院校 2 所,平均分为 75.37 分)、吉林(参评院校 6 所,平均分为 73.74 分)位列参评省(直辖市、自治区)后三位。

四、翻译硕士教育面临的问题

通过此轮对于 144 个翻译专业学位点的评估,我们可以看出虽然当前多数学校对此专业高度重视,也有饱满的建设热情,但当前的教育质量远非"高枕无忧"。谢天振教授在《"梦圆"之后的忧思》一文中所述的担忧还在:"在梦圆之后喜悦兴奋的同时,我们又不能不感到一些忧虑,这是因为不少学校那种一哄而上、急功近利地申报、创设翻译本科专业点和翻译硕士专业学位点,却对翻译专业和翻译专业学位的特征性质、课程要求、培养目标和手段没有研究的做法,真让人担心。"(2012:11)仲伟合 2014年在《中国翻译》第 4 期发表的《我国翻译专业教育的问题与对策》一文谈到翻译专业教育面临的七大问题(人才理念不清、人才培养方案不妥、师资队伍建设不强、教学方法不新、实践教学基地不用、教学管理方法不变、职业资格证书不接)在很多学校也都或多或少存在。从专项评估数据看,翻译硕士专业学位教育仍然在以下几个方面存在突出问题。

1.专职教师实践能力偏弱

造成这一现象的主要原因有三:其一,学科发展中的历史原因。MTI师资分老、中、青三个年龄段,青年教师多有翻译学科教育背景,但作为中坚力量的中老年教师,多为从外国语言学或应用语言学转行,有些虽有扎实的理论基础,但翻译实践兴趣不足,实践成果较少。其二,政策层面的原因。当前,重科(教)研、轻译作译著之风仍盛行,科(教)研成果仍为职称评聘或者职务晋升的主要因素,因此教师实践动机不强。其三,教师教学科研压力较大,实践时间难以得到保障;而长期实践不足,又导致实践能力进一步退化。因此,专职教师实践能力的提升需要多方面的努力,既需要教师主观能动性的发挥,也亟待有利政策的客观支持。

2.兼职教师队伍建设不够

通过评估,我们发现部分学位点仍没有厘清"兼职教师"的概念,在此次填报的"兼职教师情况表"中,不乏一些高校学者和政府官员的信息。但教指委认为,真正意义上的"兼职教师"应为以翻译为职业、符合评估指标体系中关于兼职教师的资质要求、并能每学年开设1门专业课的行业内人员。也有部分学位点虽然从行业聘请了兼职教师,但其参与的实际教学工作较少,发挥作用较小。因此,只有行业中具有责任感、热爱教育行业的有志之士才能真正担当起"兼职教师"的头衔,才能将行业发展引入课堂教育,并为学生职业化发展提供切实帮助。诚然,当前此类人士并非唾手可得,但学位点可以通过校企合作等方式发现人才、吸引人才,共同打造专业化的师资队伍。

3. 课程建设水平有待提升

评估反映出的这一问题主要体现在课程设置、教材选用和教学方式三个方面。我们发现在课程设置层面,部分学位点课程设置过于简单;有些学位点专业课程名不副实;相当一部分学位点还没有开设"计算机辅助翻译""本地化管理"等适应时代化发展的课程。在教材选用层面,其选择相对单一,很多学位点只以教指委主编、外研社出版的全套 MTI 系列教材作为课程教材,甚至没有辅以教师的补充课件或其他教学材料,因此无法体现地区特色和院校办学特色。在教学方式、方法方面,有些学位点依然沿用传统的学术型研究生教育的教学方法,缺少新意,缺乏实践性,亦不利于学生职业意识的培养。

4. 学生相关专业知识匮乏

评估指标体系中对于"学生相关专业知识"的要求是翻译硕士学生"选修了一定数量的相关专业知识的课程,知识面比较宽"(全国翻译专业学位研究生教育指导委员会秘书处,2015:6),但对于这一看似简单的要求,此栏平均得分却只有 3.535 分,可见在这方面还有待提升。初步分析,引起此问题的原因有三:其一,在学位点本身的 MTI 选修课程中,百科知识或行业知识的课程占比较小,学生选择余地少;其二,很多学位点并未与相关学院(如新闻传播学院、法学院、工商管理学院等)通力合作,学生缺少旁听这类专业课程的合理途径;其三,学生自身没有充分认识到具备多元化专业知识对于成长为优秀译员的重要性,还需学位点加强引导。

　　翻译硕士教育需要集学界、业界之合力,协同培养符合国家发展需求、时代发展需要的高层次专业化翻译人才。

5.实践教学基地建设力度不够

从专项评估结果可以看出,多数学位点在"实习基地"这一环节只能勉强合格,但离尚佳的实习基地条件、完善的学生实习制度、理想的实习基地利用率还有一定距离。我们对于翻译硕士实习基地的要求主要有四个内涵。

(1)基地满足基本的软硬件要求,具体要求可参照评估指标体系中"实习基地基本条件"或教指委与中国译协于2011年联合发布的"全国翻译专业学位研究生教育实习基地(企业)认证规范"中的相关条例;

(2)学位点有1个以上稳定的实习基地。若能在保障质量的基础上开辟多个实习基地,则可以为学生提供更加多元化的实习环境;

(3)因实践是MTI学生培养必不可少的一环,所以我们要求学生应有不低于1学期的时间使用实习基地,这就需要学校合理安排总教学进程;

(4)应采用较为完善的实习过程管理,如签订基地协议、建立定期评估制度,且校企双方都应指派导师跟进并指导实习全过程等。

五、对翻译硕士专业的发展建议

针对目前翻译硕士教育面临的复合型问题,笔者认为在"后评估时代",可着力在以下几个方面再下功夫,集学界、业界之合力,协同培养符合国家发展需求、时代发展需要的高层次专业化翻译人才。

1.以国家发展战略为办学导向

在语对设置、专业方向设置、课程设置等方面,我们都应将国际化、区域化的发展路径作为首要考量因素。根据教指委秘书处的统计,截至2016年1月,MTI总招生共计35965人,涉及英语口译、英语笔译、法语口译、法语笔译、俄语口译、俄语笔译、朝鲜语口译、朝鲜语笔译、日语口译、日语笔译、德语口译、德语笔译、西班牙语口译、西班牙语笔译、阿拉伯语口译、泰语笔译多个专业方向。以2015年单年度招生为例,各专业方向总招生8254人,其中英语笔译招生人数最多,共计5277人,占据总招生的63.9%;而西班牙语口译、阿拉伯语口译、泰语笔译最少,均各为2人。下一步,我们鼓励学位点根据国家和地区需求进一步整合专业方向,在人才培养上体现特色和优势,避免过度重复,以提升毕业生就业竞争力。我们也希望有条件的学位点在充分论证的基础上,拓展语种领域,积极申报小语种翻译专业方向。此外,我们倡议在国家相关部委的支持下,以教指委为纽带,联合各高校和行业协会,建立国家翻译人才精英库,使本专业切实担当起语言服务行业的社会责任,以译为途,致力于优秀跨文化人才的培养,为"一带一路"倡议及中华文化走出去提供有力的支持和保障。

2.以职业需求为课程导向

随着全球化的推进,近年语言服务业顺势得到迅猛发展。翻译行业的转型也对高校这一人才培育基地提出了相应的要求。早在10年前,国外一些翻译教育机构就开设了本地化与翻译管理相关的专业,毕业生也广受市场欢迎。而在我国,不论是行业还是教育,在语言服务领域都起步较晚,还有巨大的发展空间。翻译硕士作为专业学位教育,立足点即是针对市场需求,培养社会需要的人才,从而促进行业健康发展。因此,在课程设置上,应当更加突出专业指向性和实践性。以实践性、应用性课程为主,并辅以丰富的相关领域的专业选修课程,如"项目管理""术语管理""本地化管理""计算机辅助翻译"等。在教学方法上,要切实采用模拟教学、案例教学和实习实践相结合的方式,使学生在学期间就对行业有较为系统的了解,提升学生的职业能力和综合素质。

务必坚持走以质量提升为核心的内涵式发展道路,在自我完善中逐步提升人才培养质量。

3.以实践能力为培养重点

笔者认为,若想使 MTI 学生实践能力有跨越式提升,我们应当攻克目前面临的两个难题:一是实践教学基地,二是师资。针对实习基地的问题,第一步,教学管理者可先对目前的实习基地进行筛选,撤销不合格的基地,进一步完善有效的基地;第二步,加强学生实习过程管理和效果评估,将实习和考评相结合,使专业实习发挥实效;第三步,拓展与实习基地的合作领域,双方共赢互利是长久合作的基础;第四步,结合地区特色和校情,拓展多元化的实习基地。比如,法律翻译方向的 MTI 学生和传媒翻译方向的 MTI 学生对于实习基地的需求肯定是不同的,多元化的实习基地有利于更有针对性地培养职业化人才。针对师资的问题,应从两个层面考虑,一是专职教师的发展;二是兼职教师的选聘。首先,应把好专职教师引进关,宁缺毋滥,聘用专业背景好、实践能力强的人才。其次,对现有师资队伍进行评估,将教师实践能力作为评估的重要指标,适当给予教师实践的条件,并设置实践奖励制度。在选聘兼职教师方面,不畏权、不谋私,从公正客观的角度,将评估指标体系中对教师资质的要求作为最低标准遴选人才。多与语言服务行业或协会接洽,发现人才,给予其较为有吸引力的薪酬,同时设置兼职教师评价制度。专职教师和兼职教师相得益彰,形成一支有鲜明的实践性与职业性特点的 MTI 师资队伍,学生置身其中,实践兴趣和实践能力也会在潜移默化中得以提升。

4.以师资队伍建设为关键

翻译硕士专业学位教育质量的提升关键在师资队伍的建设。《翻译硕士专业学位基本要求》规定翻译硕士专业学位毕业生应掌握"语言知识、翻译知识、百科知识、信息技术知识"等四种知识,同时又具备"语言能力、翻译能力、跨文化交际能力、百科知识获取能力及团队协作能力"(全国专业学位研究生教育指导委员会,2015:74-76)等五种能力。这实际上也对从事翻译硕士专业学位教育的专业教师提出了新的要求。专业教师应主动改善自身的知识结构,提升从事专业翻译教学的能力素养,要在翻译实践、翻译研究、教学研究等多方面进行提升。办学单位同时还应按要求建立一支主要由翻译行业或语言服务业专业人士构成的兼职教学队伍,指导学生的实践及项目研究等。

5.以质量保障体系为抓手

质量保障体系应由学位点、教育主管部门、行业及行业协会三个主体构成。学位点首先应及时了解、熟悉相关专业政策、文件,在达到基本要求的基础上创新发展模式;其次,应建立并完善教学过程监控机制、毕业生跟踪反馈机制、持续改进机制。教育主管部门应进一步转变职能、简政放权,通过不断完善标准及规范推进宏观指导,引导高校专业改革;再次,应进一步规范评估制度,探索认证制度,鼓励社会机构、用人单位等参与质量评估与监督,形成多元化的人才评价机制;最后,行业及行业协会应加强与高校的合作,积极参与翻译人才培养各阶段,如师资培训、培养方案制定等,明确行业对翻译人才的期望,实现人才培养与行业发展的有机接轨,进而增强翻译人才储备,促进行业健康发展,提升我国语言服务行业的国际竞争力。

六、结　语

翻译人才是重要的跨文化沟通者,肩负着为 13 亿国人和 57 亿外国人沟通、交流、服务的社会责任。因此,我们务必坚持走以质量提升为核心的内涵式发展道路,始终将"促进人的全面发展和适应社会作为衡量人才培养的根本标准",稳扎稳打,处理好"质量"和"特色"的关系,在自我完善中逐步提升人才培养质量,为我国文化对外传播做出有益贡献。

参考文献

全国翻译专业学位研究生教育指导委员会秘书处,2015. 翻译专业学位授权
　　点专项评估工作方案. 北京:全国翻译专业学位研究生教育指导委员会
　　秘书处.
全国专业学位研究生教育指导委员会,2015. 专业学位类别(领域)博士、硕士
　　学位基本要求. 北京:高等教育出版社.
谢天振,2012."梦圆"之后的忧思. 中国翻译(4):10-11.
仲伟合,2014. 我国翻译专业教育的问题与对策. 中国翻译(4):40-44.

(原载于《东方翻译》2016 年第 2 期)

上外高翻 MTI：并非不可复制

谢天振

假如我们各兄弟院校 MTI 学位点的领导和相关教师能够较快地确立起专业翻译教学的正确理念，能够下决心改变自己已经习惯了的、却与当今的 MTI 教学不相适应的翻译教学理念、内容和方法，并且能切实按照 MTI 教指委建议的科目去设置学位点的相应课程，与此同时，还能经常出席 MTI 教指委主办的教学年会，参加与专业翻译教学和研究有关的学术研讨会，加强与在 MTI 教学上已经取得一些成绩和经验的院校交流，那么，我们各兄弟院校的 MTI 学位点也一定能够正常、健康地发展起来。

《东方翻译》2012 年第 1 期"教学与研究"一栏专门组织上海外国语大学高级翻译学院(以下简称"上外高翻")的领导与相关老师撰写并推出一组介绍上外高翻翻译专业硕士学位(MTI)建设的文章。这组文章发表后，颇引起了圈内同行的关注和肯定，但与此同时我们也听到了另外一些反应，诸如认为"上外高翻的 MTI 做得太好了，我们很羡慕，但我们做不了"或者"上外高翻的 MTI 之所以做得如此好，恐怕是因为占了地理优势的缘故吧，我们学校地处外省市，没法这样做"，还有人甚至干脆断言"上外高翻的 MTI 是无法复制的"，等等。

对外界而言，上外高翻在 MTI 学位点建设方面最令人瞩目的大概有以下几点：一是用比较优厚的条件聘请了在口笔译领域有丰富实践经验、有很高造诣的国外和海外的专家；二是与联合国、欧盟等国际组织或机构建立了非常密切的合作关系，所以该院学生能够到联合国在日内瓦、内罗毕等世界各地的会议中心进行实地现场的同声传译的口译实习，还能够获得大量的联合国、欧盟等国际组织提供的需要翻译的文件供其学生从事笔译实习；三是有相当不错的一流的硬件设施，如配备了当前最先进的科技软硬件设备的模拟会议室兼教室，等等。

实际上，以上这些都是相当表面的东西。如果说在 10 年前以远高于当时绝大多数高校聘请外籍专家的条件聘请有丰富实践经验的专家来上外高翻任教尚属比较罕见的话，那么时至今日，在中央政府相关部委和各省市地方政府相关教育领导部门加大了对教育的投资的情况下，对于目前的"985 学校""211 学校"及各省市的重点高校而言，以比较优厚的条件聘请几位国外和海外的有关专家、资助建立与国际组织的联系和交往、建设有先进设备的口笔译教学场所，都是不难做到的，甚至还可以做得比上外高翻的 MTI 学位点更好。至于地理位置上的差异，这当然是一个客观的事实，但也不尽然，因为在申办建立 MTI 学位点时，各学校都已经考虑到本地的翻译市场需求，因此这里的差异至多是一个量的区别，而不是质的不同。由此可见，上述几点事实并不足以构成上外高翻 MTI 学位点的做法不可复制的根本原因。

其实深入分析一下，我们当不难发现，上外高翻之所以能在 MTI 学位点的建设与发展方面取得一些比较成功的经验和成绩，其主要原因恐怕还是与以下几个方面的因素有关。

一、从学院领导到主要任职教师较好地
确立了专业翻译教学的正确理念

其实，上外高翻成立之初同样也遭遇过难以妥善区分和处理传统的学术型翻译方向研究生教学与专业型翻译研究生教学之间的关系和矛盾

的问题。几位创建高翻学院的领导意识到了市场对专业翻译人才的需求,慕名来考上外高翻的考生中也有相当数量的学生把目光瞄准了上外高翻在专业翻译教学方面的优势。但是,当时教育部学位办还未正式批准建立 MTI 学位点,这样,上外高翻当时在翻译专业方向的研究生教学和培养过程中,无论是平时的课程设置,还是研究生毕业时的论文撰写和答辩要求,都经常会遇到难以两全的窘境。具体而言,按照学术型研究生的培养要求,在教学中必须加强对学生科研能力的训练和培养,而这种科研能力究竟如何最终又体现在学生的学位论文中。然而与此同时,社会上对翻译专业或方向的研究生的期待、包括大多数翻译专业或方向的研究生的自我定位,却又都是冲着提高学生的翻译实践能力而来的。为此,上外高翻学院在建院之初,为了妥善地处理好这两者之间的关系,倍感纠结。

上外高翻的领导和主要任职教师深刻认识到,必须明确把传统外语教学体系下的翻译教学与新建立的翻译专业硕士(MTI)学位点的翻译教学严格区分开来,必须把学术型的翻译专业或方向的研究生教学和培养与实践型的翻译专业硕士的教学和培养严格区分开来。

正因为有过如此深切的经验和教训,所以上外高翻的领导和主要任职教师对于建设严格意义上的翻译专业硕士学位点特别有体会。他们从自己的教学实践中深刻认识到,必须明确把传统外语教学体系下的翻译教学与新建立的翻译专业硕士学位点的翻译教学严格区分开来,必须把学术型的翻译专业或方向的研究生教学和培养与实践型的翻译专业硕士的教学和培养严格区分开来。

这里不无必要强调指出的是,这种对翻译专业硕士学位点的正确认识不能仅仅局限于高翻学院领导自身。上外高翻 MTI 之所以能够取得一些成绩,其中还有一个经验是,他们还通过各种渠道和方式,把自己对翻译专业硕士学位点的认识积极地灌输给学校的主要领导以及学校相关职能部门的领导,与各领导部门就建设 MTI 学位点的特殊要求达成共识,取得学校领导的理解和支持。譬如上外高翻学院之所以能比较顺利地以较优厚的条件不断引进他们需要的翻译专业教学师资人才,而且不受"引进的高校教师必须拥有博士学位"等这样一些硬性规定的限制,就与学校领导的大力支持分不开,与学校各相关部门(包括人事处、财务处、研究生部等部门)的领导的大力支持分不开。

此外,让学生树立对翻译专业硕士学位点的正确认识也至关重要。上外高翻也曾经有过一段时期,两个学位点(MTI 和 MA)的学生都不安心于自己的专业:MTI 的学生觉得自己与 MA 的学生相比,似乎"低人一等",开始几年,MTI 学位点招不足学生,把报考 MA 学位点的学生"调剂"到 MTI 学位点去,更加深了这种感觉;而 MA 的学生却羡慕为 MTI 学生开设的课"实用",希望能挤到后者的课堂里去听课。但通过最近几年的宣传和教育,两个学位点的学生都开始明确了自己的专业定位,以前那种情况也就越来越少了。

二、打造并组建一支有牢固专业翻译教学理念的师资队伍

对外语学科而言,翻译专业硕士学位点就其性质而言,是一个全新的专业学位点。但因为我们的教师大多具有较强的传统外语教学背景,所以他们往往不很容易跳出原先已经习惯了的传统外语翻译教学那一套方法,以一种全新的教学理念来执教 MTI 的课程。所以上外高翻的做法是,一开始先把目光投向国际上已经比较成熟的从事专业翻译教学和训练的机构和高校,借鉴这些学校的成功经验。上外高翻学院筹建之初,筹建组的几位主要成员就首先出去访问了法国巴黎高级翻译学院、瑞士日内瓦大学翻译学院、联合国日内瓦会议总部翻译司等学校和翻译机构,详细了解国际同行的办学理念和经验,包括他们的招生条件、课程设置、授课方式等,还具体考察了他们与专业翻译教学有关的所有软硬件设备。在此之前,他们还考察了美国蒙特雷国际研究学院高级翻译学院和西班

牙巴塞罗那大学翻译学院等院校。

通过与国际同行的交流,上外高翻领导深切体会到,组建一支具有牢固专业翻译教学理念的师资队伍是进行切实有效的专业翻译教学的保证。为此,他们首先引进了两名在国际上长期从事同声传译的资深同传专家,一名是在美国纽约联合国会议部门长期担任同声传译的美籍华裔译员,另一名是同时具有丰富的同传教学与实践经验的加拿大译员,并全权委托他们设计和主持上外高翻学院的同传教学与训练课程。接着上外高翻又引进了一名美籍华裔的笔译专家和一名加籍华裔笔译专家,前者长期在美国承担各种题材、内容的实用文献的翻译;后者除了同样长期在国外承担实用文献的翻译任务外,还具有丰富的主持翻译公司的经验,对翻译市场有极其透彻的了解,所以他接手 MTI 的笔译教学任务后立即产生强烈的理念共鸣,开玩笑地自诩“就是为 MTI 而生的”。因此,上外高翻的专业笔译师资队伍得到了大力增强。

与此同时,上外高翻的领导还经常与从本校其他院系转调过来的教师以及先后留校工作的青年教师进行教学理念上的沟通,促使他们尽快转变并确立专业翻译教学的理念,掌握专业翻译教学的方法。

上外高翻担任专业翻译教学的师资人数其实并不多,但通过将近十年的“外引”(从国外和海外引进)、“内调”(从本校相关院系转调)和“自留”(把自己培养的优秀毕业生留校),已经初步组建起了一支具有比较清晰和牢固的专业翻译教学理念的师资队伍,从而保证了上外高翻 MTI 教学能够在比较严格的专业翻译教学的轨道上顺利行进。

三、重视能体现 MTI 教学理念的课程设置和考核机制

如上所述,上外高翻同时招收研究型的翻译学硕士生和专业型的 MTI 硕士生,因此如何把这两个看起来相似、其实并不相同的学位点在课程设置上有所区别,是摆在上外高翻面前的一个必须解决的问题。

上外高翻的做法是,两者的课程有交叉、有重叠,但并不完全相同。

研究型翻译学硕士生的课程三分之二为理论性、研究型课程,但也有三分之一的课程有口笔译实践能力的训练。反之,MTI学生的课程则是三分之一是研究型课程(这些课程有助于学生掌握基本的研究方法,更有助于他们完成毕业时的学位论文撰写)。从最近几年试行下来的情况看,对于这样的课程配置学生们还是感到满意的,实际的效果也还不错。

> 通过与国际同行的交流,上外高翻领导深切体会到,组建一支具有牢固专业翻译教学理念的师资队伍是进行切实有效的专业翻译教学的保证。与此同时,上外高翻的领导还经常与从本校其他院系转调过来的教师以及先后留校工作的青年教师进行教学理念上的沟通,促使他们尽快转变并确立专业翻译教学的理念,掌握专业翻译教学的方法。

而在具体的课程设置上,上外高翻根据MTI教指委的相关文件精神,同时结合自身的师资条件,为口译和笔译两个不同方向的学生分别设计了一套能够体现MTI教学理念的课程。具体而言,对口译方向的学生,基本就是按照国际通行的6个模块,也即交替传译双向、不带稿同声传译双向和带稿同声传译双向进行设置。在课时训练量方面,他们安排的训练课程其实大大超出教指委指导性大纲规定的400磁带时的口译训练量,达到了600磁带时以上。

在笔译课程方面,上外高翻有一个做法有必要特别介绍一下,那就是:他们认为学生在进入上外高翻来读MTI学位之前,绝大多数都已经在各外语院系接受过数年的传统外语教学模式下的笔译训练,形成了一套翻译理念。而这套理念恰恰会对MTI教学产生干扰。所以学院在学生入学伊始,专门为入学新生设置了一门"专业笔译理念"的课程,以扭转他们心中那套根深蒂固的、却又与专业翻译理念并不完全一致的翻译理念。几年的实践表明,这门课的开设很有必要。此前的几届学生,由于没有树立正确的专业翻译理念,尽管我们的任课老师按照MTI课程的要求对学生进行训练,但效果很不理想。至于在笔译的课时训练量方面,他们也是按照教指委指导性教学大纲的要求,4 个学期安排了超过 10 万字的训练量。

这里还有一个细节也不无必要一提,那就是上外高翻教师对批改学生作业的认真态度。2011 年 10 月 MTI 教指委评估组到上外进行综合改革试点中期评估时检查到教师批改的学生作业,见到上面有关教师对学生那么多的翻译作业所做的密密麻麻的批改,惊叹不已,肃然起敬。确实,正是教师们如此投入和认真的教学态度,才使得上外高翻的学生在专业笔译方面取得了非常明显的进步,有多名学生在升入二年级以后甚至基本就已经能够胜任正式的文件翻译了。

合理配置翻译理论课程和百科综合知识课程也是上外高翻能在 MTI 学位建设方面取得成绩的一个重要原因。MTI 学位点的学生往往会表现出重翻译实践训练、轻翻译理论的倾向。针对这种倾向,上外高翻在学生入学之初就向学生强调,不管是 MA 学生还是 MTI 学生,他们都是国家规定的硕士生,而不是某个翻译培训班的学生,所以他们必须具备一个翻译专业硕士生的基本理论素养和文化修养。另一方面,上外高翻在 MTI 学生的毕业论文答辩时严格掌握标准,对于不合格的学位论文坚决不予通过,或是要求在限定时间内进行实质性的修改后才能通过。几年下来,学生们自己也开始有了切身体会,感觉到理论课对于提高他们的研究分析能力、掌握学位论文写作的基本方法,很有好处。

最后,上外高翻 MTI 学位点的考核机制也为保证学位点的教学质量发挥了很大的作用。上外高翻为一年级升二年级的学生设置了一个专门的升级考,对他们进行"分流",即根据学生的考核成绩和显现的口笔译专长,及早调整他们的专业方向。此举对保证学生在二年级的学习质量很有意义。在学生毕业考试时,上外高翻组建了一个由职场人士参加的考试委员会,对学生两年的学习效果和质量进行切实的考核和检查,较好地帮助学生与职场的实际要求进行衔接。对于未能通过毕业考试的学生,他们允许这些学生可以于第二年再来参加考试。届时如果通过考试,还是可以拿到正式的毕业证书。

四、建立让学生的翻译实践能力得到检验、
得到提高的实习基地

翻译实习基地是 MTI 教学中非常重要的一个环节。从某种意义上而言，这是对学生的翻译实践能力的一个具有实战意义的测试，也是对我们自己的教学效果的一个检验。上外高翻把学生到实习基地的翻译实习看作与课堂教学、模拟教学同样重要的培养学生翻译专业能力的三大教学模块之一。

理想的实习基地最好是：首先，它们确实能为学生提供检验、锻炼他们的翻译能力的一个实战场所和机会，而不是把学生作为廉价劳动力使用；其次，实习基地应该有专人对学生的翻译产品进行质量评估和分析指导；再次，实习基地的翻译内容最好能与学生平时所受的训练内容能在一定程度上有所衔接；最后，实习基地的翻译内容最好不是太偏窄，太生僻，这样学生比较容易把他们平时学到的知识和受到的训练表现出来。

上外高翻由于地处改革开放的最前沿城市上海，因此在建立翻译实习基地上确实占有一定的优势，拥有 20 多家实习合作单位，其中尤以学院自设的上外高翻学院学生实习中心、台湾背景的上海创凌翻译服务有限公司和上海日报社为主。学生在上外高翻自设的实习中心主要参加翻译来自联合国各办事处、国务院新闻办公室、国家语言文字委员会和上海市政府的各种文件；在创凌公司参与翻译的内容较广，有财务报表、商业合同、信用状、诉讼书等；在上海日报社的实习则不仅仅局限于笔译任务，还有一定数量的采访口译任务。这三个实习基地的一个共同特点是，都有专人对实习学生进行专门的、具有很强针对性的指导，因此学生感到受益良多。

这里可以顺便一提的是，尽管上外高翻利用地理优势建立起了较为理想的翻译实习基地，但这些实习基地在其他省市其实也都是有可能、有条件建立的。事实上，随着我们国家改革开放的越来越深入，各地都呈现

出不同的翻译市场的优势：北上广津宁等一线城市自不待言，即使地处边陲的东北、西南省市，也都有各自的优势，如东北的日、韩市场，西南的东盟博览会，等等。这里的关键是要去发现、打造，与实习单位沟通，取得理解与支持，这样，理想的实习基地就一定能建立起来。

综上所述，我希望我们国内其他兄弟院校的 MTI 学位点千万不要被上外高翻 MTI 的某些"光环"所迷惑、甚至"吓倒"。上外高翻 MTI 学位点的做法完全是可以复制的，可以推广的。这里关键的关键，说到底，仍然是有没有树立起一个正确的专业翻译教学的理念的问题。目前相当多的兄弟院校的 MTI 学位点，其主管领导对 MTI 学位点的性质不甚了了，也不去深入了解，只是把它视作学校众多学位点中的一个，看不到它的特殊性，看不到它的特殊要求。而在这个学位点上任教的教师，又大多同时在传统的外语教学线上兼任翻译课教学，他们往往驾轻就熟地把"那一边"的教学内容、教学方法和教学理念照式照样地照搬过来，让一心想接受专业翻译教学训练的学生感到非常迷惘，甚至不满，从而也进一步误导了各校对 MTI 学位点的建设。假如我们各兄弟院校 MTI 学位点的领导和相关教师能够较快地确立起专业翻译教学的正确理念，能够下决心改变自己已经习惯了的、却与当今的 MTI 教学不相适应的翻译教学理念、内容和方法，不是"穿着新鞋走老路"，而是能切实按照 MTI 教指委建议的科目去设置学位点的相应课程，与此同时，还能经常出席 MTI 教指委主办的教学年会，参加与专业翻译教学和研究有关的学术研讨会，加强与在 MTI 教学上已经取得一些成绩和经验的院校交流，那么，我们各兄弟院校的 MTI 学位点也一定能够正常、健康地发展起来。

（原载于《东方翻译》2012 年第 2 期）

再谈"上外高翻 MTI：并非不可复制"

——兼答王恩冕教授的来信

谢天振

　　这里确有必要强调指出，上外高翻学院所做的一切并不是在营造什么"模式"，而是在规规矩矩地贯彻落实教育部 MTI 教育指导委员会对翻译专业教育所做的规定和要求，兢兢业业地追求和实现翻译专业教学所应该达到的目标和效果，切切实实地体现翻译专业教学应该具有的办学精神。

　　拙文《上外高翻 MTI：并非不可复制》在《东方翻译》2012 年第 2 期上刊出后，想不到很引起了一些反响：识之者认为，拙文在总结第 1 期推出的一组介绍上外高翻学院建设翻译硕士专业(MTI)学位点的做法和经验体会的文章的基础上，打破了笼罩在上外高翻学院上的"神秘光环"，把它从似乎高不可攀的"高坛"上拉了下来，让正在从事翻译硕士专业学位点建设的兄弟院校感觉到，上外高翻学院 MTI 学位点已经做到的或目前正在做的事情，他们也能做，从而明确了目标，也增强了信心。但也有质疑者，如对外经贸大学的王恩冕教授读后就立即发来电子邮件，对拙文观点表示异议。他从拙文标题上的"复制"两字"推演"出"模式"两字，然后质疑拙文的写作意图是要让大家都来"复制"上外高翻 MTI 的教学"模式"，对此意图他持异议。

　　对于只看到拙文的标题而没有机会读到全文的读者来说，仅根据标题中的"复制"两字，从而引发联想，误以为拙文确有让其他建有 MTI 学位点的院校都来"复制"上外高翻"模式"的意思，那还是可以理解的，因为不看拙文全文,仅看"复制"一词,确实容易引起这样的误解,尤其是如果还有人把你的理解往这个方向引导。但有心的读者如能稍稍仔细地看一下全文,那么一定不难发现,拙文标题中的"复制"一词,其实也是借用自某专家学者的话:"上外高翻的 MTI 是无法复制的。"这位专家学者在考察了上外高翻学院在 MTI 学位点建设方面所做的工作以及所取得的一点成绩后,发表了这一溢美之词,不过对此我在拙文中并没有明说。然而无论是这位专家学者口中的"复制"两字,还是拙文标题中的"复制"一词,我相信绝大多数读者应该都能理解到其中的借喻意味,而决不会死扣字面,把它简单地理解为要兄弟院校照搬上外高翻学院 MTI 的所谓"模式",照式照样地去"复制"所谓的上外高翻学院的"模式"。事实上,那位专家学者的意思无非是用"无法复制"一语表示其他院校恐怕很难做到像上外高翻学院目前所做的这么好,以此表达对上外高翻学院的高度赞扬而已。而拙文接过这位专家学者的话来说,想要表达的意思则是:上外高翻学院做得到的,其他院校其实同样也可以做得到。从这个意义上而言,拙文的标题也可改成这样一句大白话:"上外高翻 MTI:你也做得到。"只是这样改,少了几分书面语色彩,也缺少了与那位专家学者的话的呼应。

> 我不否认上外高翻学院在"天时、地利、人和"方面所拥有的一些优势,但我不同意王教授说上外高翻学院"占尽了"这方面的"优势"。无论是在"北上广"三地,还是在其他城市,拥有像上外高翻学院这样的"天时、地利、人和"的学校,应该说远非上外一家。

说起来,拙文之所以用一个语气如此明确、肯定的标题"上外高翻 MTI:并非不可复制",与王教授电邮中透露出来的一种心态似也不无几分关系。王教授在电邮中称:"所谓'模式'(需要声明的是,谢教授在文中没有提到过这两个字,是笔者从'复制'推演出来的),自有适合其产生和生存的内、外部条件,即人们常说的'天时、地利、人和'。在这些方面,上外高翻可谓占尽了优势,全国难有能望其项背者。单说'人和',包括领导重视、政策和资金支持以及师资和生源等方面的优势,尽管从道理上说其他院校也有可能做到，但此间的差距并非三年五载便能弥合的。"我不否认上外高翻学院在"天时、地利、人和"方面所拥有的一些优势，但我不同意王教授说上外高翻学院"占尽了"这方面的"优势"。无论是在"北上广"三地，还是在其他城市，拥有像上外高翻学院这样的"天时、地利、人和"的学校，应该说远非上外一家。即以王教授所在的对外经贸大学为例，该校所具有的长期与欧盟合作培养口译人才的国际关系和所积累的丰富宝贵经验，就让许多学校称羡不已。至于在"政策和资金支持"方面，该校 MTI 学位点招收的学生人数和收取的学费标准，更是让因受学校相关收费政策所限，简直到了难以维持 MTI 学位点的办学成本的上外高翻学院"难望其项背"了。

　　然而我更不能同意的是王教授在这段话里所隐含的一种思维模式（当然，这个"模式"也是我从王教授的话里"推演"出来的，并非王教授的原话。但愿我没有误解乃至曲解王教授的意思）。王教授首先认定上外高翻学院营造了一个所谓的 MTI 的办学"模式"（否则，他所说的"模式"云云从何而来？），接着又认定拙文标题中的"复制"一词就是要推广上外高翻 MTI 的办学"模式"，并要其他院校"照搬"上外高翻 MTI 的办学"模式"，然后在此基础上展开其分析："在一时一地行之有效的模式，换了时空便有可能不那么管用了。比如，美国的发展模式放在中国就未必行得通；除了中国模式，世界上还有巴西模式、俄罗斯模式，等等。"最后他得出结论："历史经验告诉我们，'复制'或照搬的结果大抵不佳。"这里王教授先把一个莫须有的"模式"硬套在上外高翻和拙文的头上，接着把社会制度不同、政治体制迥异的几个国家的不同发展"模式"与在同一国家里的不同学校的 MTI 办学"模式"相比（且不论这两者是否具备可比性），然后上升到"历史经验"的高度，语作高深地告诫，"换了时空便有可能不那么管用了"，"结果大抵不佳"，等等。如此"推演"方式，真有点像前不久在荧屏上热播过的"穿越剧"的味道，至于其如此"推演"而来的结论，则难免让人有危言耸听的联想。看来这里确有必要强调指出，上外高翻学院所做的一切并不是在营造什么"模式"，而是在规规矩矩地贯彻落实教育部MTI 教育指导委员会对翻译专业教育所做的规定和要求，兢兢业业地追求和实现翻译专业教学所应该达到的目标和效果,切切实实地体现翻译专业教学应该具有的办学精神。至于拙文的撰写意图,就是希望"我们各兄弟院校 MTI 学位点的领导和相关教师能够较快地确立起专业翻译教学的正确理念,能够下决心改变自己已经习惯了的、却与当今的 MTI 教学不相适应的翻译教学理念、内容和方法,并且能切实按照 MTI 教指委(而非上外高翻——笔者注)建议的科目去设置学位点的相应课程,与此同时,还能经常出席 MTI 教指委(同样非上外高翻——笔者注)主办的教学年会,参加与专业翻译教学和研究有关的学术研讨会,加强与在 MTI 教学上已经取得一些成绩和经验的院校(不限于上外高翻——笔者注)交流",从而让我们各兄弟院校的 MTI 学位点"正常、健康地发展起来"。

拙文以比喻性的语言"并非不可复制",强调只要各兄弟院校的 MTI 学位点能严格贯彻执行 MTI 教指委的规定与要求,只要大家能真正确立专业翻译教学的理念和精神,共同探索,努力实践,那么各兄弟院校的 MTI 学位点也一定能像上外高翻学院一样,正常、健康地发展起来。

其实,有意无意地突出甚至夸大上外高翻学院在"天时、地利、人和"等方面所占有的优势,强调所在学校与上外高翻学院在这些方面的"差距",然后以此作为自己未能严格落实 MTI 教指委关于翻译专业教学的规定和要求的借口,也是某些兄弟院校 MTI 学位点领导的思维"模式"。有了这样的"借口",我们的某些 MTI 学位点领导也就可以心安理得地"穿着新鞋走老路":打的是 MTI 专业翻译教学的牌子,做的却仍然是传统外语翻译教学框架内的那一套。王教授在他的来信中指出,其他院校与上外高翻学院存在着一定的"差距",而且这个"差距""并非三年五载便能弥合的"。这话倒是说得有几分道理,因为上外高翻自己走到今天这个地步,所花的时间也都不止十年了呢。事实上,早在 20 世纪 90 年代中期,上外就已经有计划筹办成立翻译学院了,而且当时此事也已经正式提上了学校领导的议事日程。但后来就是因为人事、资金等诸多方面的原因,建立翻译学院的事中途搁浅,"胎死腹中"。及至进入 21 世纪以后,借教育部 211 项目的"东风",上外才重启筹建高翻学院的计划。在建院之初,依然是困难重重:师资力量严重不足,仅三五名专职教师;教室也不够,连办公室在内都不到十间;至于建设、发展翻译学院的经验更是一无所有。也想发展国际合作关系,但领导班子出访了好几家国际上著名的翻译院校,对方的接待倒是不乏热情,但对建立彼此间实质性合作的要求却无具体的下文。个中原因也不难理解,因为人家对你还不信任嘛。所以哪来王教授来信中所说的"占尽了""天时、地利、人和"诸方面优势之说。目前比较齐整的师资队伍,比较理想的国际合作关系,比较令人瞩目的学生翻译实习平台,等等,等等,都是在这十年时间里,通过上外高翻学院的领导与全体教师的共同努力,一步一步地积累起来的。正是有鉴于此,所以拙文才以比喻性的语言"并非不可复制",强调只要各兄弟院校的MTI 学位点能严格贯彻执行 MTI 教指委关于翻译硕士专业教学的规定与要求,只要大家能真正确立专业翻译教学的理念和精神,共同探索,努力实践,那么各兄弟院校的 MTI 学位点也一定能像上外高翻学院一样,正常、健康地发展起来。

至于在一些具体问题的具体做法上,我完全同意王教授的意见,"不必""复制上外的模式"(尽管我从来没有提过要大家"复制上外的模式"),而要"根据自身的优势和教学特色","保持自己的教学特色和质量"。再譬如在引进师资的问题上,王教授提出"量力而行地创造条件,引不来'洋凤凰',也可以引来'土凤凰';引不来'凤凰',不妨先引来几只'黄鹂'或'百灵'。百鸟齐鸣,更能唤来万紫千红的繁荣",那也是很有见地、切实可行的建议。只是这里同样不无必要强调一下的是,你可以引"土凤凰"、引"黄鹂"或者是引"百灵",但千万不要引"乌鸦"。否则,本来悦耳动听、和谐一致的"百鸟齐鸣",插入"乌鸦"的聒噪,那样的"百鸟齐鸣"想必也不是王教授想听到的吧? 我的意思是说,你当然可以引不同的"鸟"来一起"齐鸣",但有一个前提必须遵循,即这些"鸟"在教学理念上必须是与 MTI 学位点的规定和要求基本一致的。这里的"乌鸦"当然也是一种比喻,王教授该不会从中又"推演"出我对"乌鸦"有歧视,然后引着一群"乌鸦"上门兴师问罪来了,那我可招架不住啊。

不过,对王教授所说的"MTI 学位(点)培养的是适合市场需求的翻译人才,而检验 MTI 教学质量的试金石是市场"这句话我却觉得还需要做点补充。不错,MTI 学位点是要培养适合市场需求的翻译人才,各学校也应该瞄准"本地市场的需求,培养'适销对路'的人才"。但是有必要提醒的是,如果仅仅把市场奉作检验 MTI 教学质量的试金石,尤其是如果还是"唯一的试金石"的话,其后果恐怕是非常危险的。我们都知道,这些年来,市场上注了水的猪牛肉、加了苏丹红的咸鸭蛋、配了三聚氰胺的奶粉,用旧皮鞋做成的老酸奶,还有那在全国多地药房销售的毒胶囊,等等,等等,在"东窗事发"之前,它们都挺"适销对路"的,"市场的需求"似乎也挺大的,但我们能不能据此判定这些"产品"的质量不错、合格呢? 显然不能。产品质量的合格与否绝不能简单地以有无市场销路来判定,而必须有相关领导部门的质量监控。与此同时,各生产部门的领导和在第一线工作的生产者如何把好每一关,同样至关重要。物质产品如此,人才"产品"更是如此。更何况,如果说我们在发现物质产品的质量有问题后,还可以把它们从商场撤下、追回乃至销毁,那么人才"产品"一旦质量出了问题,情况就复杂了,因为人才"产品"可容不得你把他们简单地"撤下、追回",更不可能把他们"销毁"。那将意味着我们是在贻误甚至葬送数以千计的青年学子的学业以及他们的人生前途啊! 然而我们目前有些 MTI 学位点的所作所为,其性质与此恐怕并无不同:他们打着 MTI 的牌子,却并不严格按照 MTI 教指委的规定和要求去做,仗着有生源,"招进来再说"。在学生在学的两年时间里,也没有给学生应有的专业翻译能力的教学与训练,而在两年以后,却又匆匆地让这些学生都毕业、走上社会。《东方翻译》2011 年第 3 期曾刊发过一则学生来信,就反映过类似的情况。试想,到那时候再祭出市场这块"试金石"来检验我们的"产品",是否为时已晚? 记得在 2011 年 3 月于厦门召开的"全国翻译硕士专业学位研究生教育指导委员会 2011 年年会暨扩大会议"上,副主任委员仲伟合教授曾用

"淡淡的欣喜、深深的忧虑、隐隐的恐惧"三句话,概括他对当前国内高校MTI教育迅速发展的体会和感触,我以为这三句话很值得我们经常回想并冷静反思。

如果说上外高翻的MTI学位点基本体现出了专业翻译教学的精神的话,那么在其中起主要作用的还是他们对专业翻译教学的透彻认识和在此基础上建立起来的专业翻译教学理念和具体做法。而这种理念和具体做法应该是完全可以"复制"的——假如我们不把它与复印机上的"复制"混为一谈的话。

为此,我非常拥护教育部MTI教指委要对各MTI学位点的教学质量及时进行评估、检查的决定。2011年年底,副主任委员何其莘教授随同MTI教指委组织的专家工作组一起对翻译专业学位综合改革的两所试点单位——上海外国语大学和南京大学进行了考察和中期验收。在肯定两所试点单位所取得的成绩的同时,他也很直率地指出这两所试点单位存在的主要问题和不足,"主要集中在办学理念、教师队伍建设和实习基地的建设等3个方面"。他更进一步强调说:"这几个问题在全国其他157所翻译硕士专业学位试点单位中(也)普遍存在,值得引起全国翻译专业学位研究生教育指导委员会和所有翻译硕士专业学位试点单位的高度重视。如果不认真对待,很可能会影响我国翻译专业研究生教育的质量,并在很大程度上决定这一新生事物——翻译硕士专业学位教育的成败。"(何其莘,2012:6)

诚哉斯言!确实,MTI学位是一个新生事物,从2007年教育部正式批准设立这个学位点至今不过5年时间,对于一门学科来说,实在太年轻了,只能说还刚刚起步。再加上在第三批申报MTI学位点时出现了一哄而上的情况一下子新增加了108个MTI学位点。因此,在这起步阶段出现一些问题与不足,包括出现一些办学理念上的不同和分歧,也属正常,并不奇怪。更由于各学校所处地理位置不同,各校专业特点与侧重点有异,师资队伍的组成和结构彼此之间更是相去甚远,我们不可能有一个放诸四海而皆准的 MTI 办学模式,不可能、也不应该要求所有的学校都去"复制"某个单位的某一模式。然而,不提"模式",不要求"复制模式",并不意味着各个学校、各学位点就可以各行其是了。MTI 作为一个高等院校的硕士研究生层面的学位点,而不是社会上的翻译培训班,在其基本办学理念、师资队伍的结构和专业水平、课程设置包括课时数甚至学生实习基地的规模等等,教育部的有关部门,包括 MTI 教指委,对各学位点还是有一个基本要求的。而目前的实际情况是,我们的不少 MTI 学位点距离这个基本要求还有一定的距离,有的甚至还有较大的距离。为此,我们就有必要加强沟通,包括各 MTI 学校与 MTI 教指委之间的沟通,也包括各 MTI 学位点之间的相互沟通。拙文《上外高翻 MTI:并非不可复制》的目的,就是希望把上外高翻的 MTI 学位点作为一个具体个案提出来,让相关学校在此基础上展开讨论,相互交流,共同探讨,让我国的 MTI 教学能够正常、健康地发展起来。我甚至希望,有兴趣的学校可以派老师来上外高翻实地参观和听课,与上外高翻的教师进行面对面的深入交流和讨论。也许,来到上外参观和听课的教师会发现,上外高翻确实拥有一些"不可复制"的"天时、地利、人和"方面的优势,但他们也一定能够发现,如果说上外高翻的 MTI 学位点基本体现出了专业翻译教学的精神的话,那么在其中起主要作用的还是上外高翻对专业翻译教学的透彻认识与在此基础上建立起来的专业翻译教学理念和具体做法。而这种理念和具体做法应该是完全可以"复制"的——如我们不把它与复印机上的"复制"混为一谈的话。

参考文献

何其莘,2012. 翻译硕士专业学位建设的三大难点——从综合改革试点单位中期验收谈起. 东方翻译(1):4-7.

(原载于《东方翻译》2012 年第 3 期)

中国语言服务行业立法现状调查分析

赵军峰　　寇莹瑾

一、引　言

　　语言服务业是传统翻译行业职业化进程的产物,是一个包括翻译与本地化服务、语言技术工具开发、语言教学与培训以及语言相关咨询业务等内容的新兴行业,已成为全球产业链的重要组成部分。探索中国翻译行业职业化进程中的翻译法规问题,明确立法调整的对象、范围及重点,可以推进语言服务行业的法制化建设,实现语言服务的规范化,有助于社会主义文化强国战略的顺利实施,迈向"良法善治"。"法律是治国之重器,良法是善治之前提。"(王利明,2014)本文从"社会—机构"的视角进行跨学科调查,对语言服务立法的必要性、可行性和操作性进行理论阐述,以期为解决制约语言服务业健康发展的瓶颈问题提供理论支撑。

二、翻译行业职业化和语言服务业立法问题研究现状

1. 随着翻译学科不断发展和完善，翻译行业的职业化问题日益突出，亟待解决

翻译学研究作为跨学科的研究，经历了多次转向（Snell-Hornby，2006），如今正经历着"社会学转向"和"技术转向"。在现今大数据时代，从社会学的视角关注翻译学的外部研究自然离不开翻译的"职业化"和国家层面的语言规范和语言政策研究。早在 2001 年，"翻译职业道德"已成为当年的国际翻译日主题。国际学者较早关注翻译的职业化研究，涉及与此相关的规范研究（Toury，1995；Hermans，1996）、市场研究（Robinson，1997/2003）、伦理研究（Chesterman，1993）等。中国台湾学者曾文中（Tseng，1992：43）的口译职业化模式是翻译研究社会—职业模式的代表，被许多国家的学者应用到社区口译研究。翻译行业的问题主要是行业地位不明确，缺乏政策扶持，准入门槛低，缺乏立法保障（郭晓勇，2010）。自 2010 年起，全国政协委员、全国翻译专业学位研究生教育指导委员会主任委员黄友义就在全国政协会议上提出专门提案，呼吁就翻译行业进行立法，引起了翻译界密切关注。从翻译史的角度看，中国已进入以非文学翻译为主的"第三阶段"，即职业化翻译阶段，凸显的市场混乱亟须为语言服务立法（谢天振，2011，2015）。

语言服务立法研究已具有一定基础和成果，但仅限于一般的思辨和呼吁。翻译是经济全球化时代文化交际与文化传播的重要手段，加强立法是提高国家文化软实力的法律保障（王隆文，2012）。发达国家，比如德国翻译行业的立法实践，可以为中国翻译立法提供有效的借鉴（蒋莉华等，2012）。行业法是跨部门法的，具有部门法所没有的优势和作用（孙笑侠，2013）。中国翻译协会起草的《语言服务业和服务贸易发展政策制定》（2013）已获评商务部"优秀"研究项目，明确提出中国语言服务业面临的主要问题以及关于加快语言服务业发展的九条政策建议，其中就包括推

进语言服务立法。我国已成立以中国外文出版发行事业局为主体的国家翻译研究院,其中一个主要战略任务就是推进语言服务立法。

2.语言服务业立法是翻译行业从"自律"到"他律"的必然结果,完备的立法是该行业健康和成熟的标志

研究发现,目前已有不少国家为翻译行业立法,特别是在法律翻译、法庭口译、医疗翻译等事关民众生命财产安全的领域。例如奥地利的《鉴定专家与口译员法》(简称 SDG,1975)、美国的《法庭口译员法》(1978,1988)、芬兰的《授权翻译法》。还有一些法律提及翻译人员的地位和权利,如《西班牙版权法》中赋予译者与作者同等的版权。González 等(1991)对美国的《1978 年法庭口译员法》做了详细的分析与论述,指出法律适用过程中存在的问题在《1988 年法庭口译员修正案》中得到了解决。值得注意的是,第一部欧盟的语言服务立法是《2010/64/欧盟指令》(Directive 2010/64/EU),该指令规定了当事人在刑事诉讼程序中享有口译和笔译服务的权利,明确了所有成员国必须遵守的最低标准,涉及关键司法文书法庭口笔译的权利及其质量、法庭口译员和笔译员的资质,还有每个成员国按相应要求必须提供的教育、培训、测试和资格认定。该指令认识到司法领域 CIT 的双重性,目的在于建立欧盟范围内的 CIT 的最低标准,强调不懂诉讼程序语言以及不能阅读与诉讼相关的司法文书的嫌疑人和被告享有免费语言服务的权利。该指令要求每个成员国在 2013 年 10 月底前据此进行各自相应的立法(赵军峰,2015)。

中国涉及翻译的规定仅散见于诉讼法中的某些条款,直接涉及翻译的语言立法尚属空白。目前国内只有三部由国家质量监督检验检疫总局颁布的翻译国家标准:《翻译服务规范第 1 部分:笔译》(2003)、《翻译服务译文质量要求》(2005)、《翻译服务规范第 2 部分:口译》(2006)。2016 年中国译协又发布了首部团体标准《翻译服务——笔译服务要求》以及《本地化翻译和文档排版质量评估规范》。这些只是指导性参照标准,不是强制性的行政管理标准,无法承担规范翻译行业、规范翻译企业经营行为的使命。

3. 国家战略背景下翻译立法是国家语言战略和语言能力建设的必然要求

随着国家"一带一路"倡议的提出和实施,与之相关的语言政策、语言规划、语言状况调查、语言保护、语种规划、汉语传播、语言服务、语言产业等方面的研究,开始为国家战略提供语言文字基础科研支撑(李宇明,2015)。"一带一路"建设的基本理念是互利共赢,表现在语言理念上就是提倡平等互惠,涉及国家的国语或国家通用语有近50种,再算上这一区域民族或部族语言,重要者不下200种。这50种或者200种语言,乃是表情、通心之语,应当列入"一带一路"语言规划的项目单中。"一带一路"建设与语言互通关系密切(赵世举,2015),规划本身就是为促进物质交流和文化交流而创设的,高水平的国际语言服务会对实现战略目标起到催化剂的作用,因此国家战略离不开语言保障(魏晖,2015)。

语言战略是国家整体战略规划的重要内容。当前国家提出的"一带一路"倡议以及近年国家一直推动的文化"走出去",都与语言战略息息相关。在以美国为主导的西方经济强国,语言战略已经被视为国家核心发展战略,事关经济发展、国家利益乃至国家安全(戴庆厦,2010;王建勤,2011;沈骑、夏天,2015)。自"9·11"事件之后,美国充分意识到包括翻译在内的战略性语言处理对于国家安全的重大意义,先后提出《国家安全语言法》(National Security Language Act)、《国家安全语言计划》(The National Security Language)以及《关键语言战略》(Critical Languages Strategy)(王建勤,2010;蔡永良,2011;戴曼纯,2012),包括后来大规模开展的美国国家翻译与语言人才全国普查及美国语言资源和人才数据库建设(文秋芳,2014),初步构建了美国国家语言能力并建立起美国战略语言地图,服务于美国军事国防和国家安全。

相较而言,我国的国家语言能力建设起步较晚,翻译与语言资源库和人才库建设、翻译与语言国家安全立法等方面发展都严重滞后于我国当前新型大国战略的步伐(戴曼纯,2011;文秋芳,2011)。我国目前的语言战略相关焦点多集中于国家标准语的推行以及民族语言的维护方面

(Zhou,2004),对翻译与外语教育及其相关立法问题关注偏少,特别是与美国以及芬兰、捷克和意大利等欧洲国家的国家语言能力建设现状(Kaplan & Baldauf,2005,2006,2008)相比,我国的短板十分明显,国家翻译与语言能力建设和翻译与语言立法建设的工作十分紧迫。特别是当前国家提出"一带一路"倡议,对我国外语与翻译人才培养缺乏总体规划、国家翻译与语言能力建设缺乏立法保障的现状提出严峻挑战(沈骑,2015;赵世举,2015),但同时"一带一路"也为我国国家语言能力建设以及翻译立法提出了新要求,带来了发展机遇。

三、问卷设计及调查结果统计

本次调查历时3年多,在不同的场合,如2014年10月在西北政法大学举办的"2014第八届中国法律语言学研究会年会暨第四届法律、语言、话语国际会议"和"2016中国语言服务业大会暨中国翻译协会年会",先后向与会者发放问卷。问卷调查共发放500份,回收有效问卷280份,调查对象为翻译领域的各方参与人员,包括:专业译员、高校教师、翻译及语言服务公司负责人、翻译协会理事/会长、法律专家、翻译客户、翻译专业学生等。问卷共由18个问题组成,设计的问题根据研究主题与内容分为3个板块,分别为语言服务行业整体发展现状、翻译职业化三要素及语言服务立法。与此同时,笔者还就这三个方面对曾在全国政协会议上专门提交有关"翻译立法"提案的全国政协委员、中国译协副会长黄友义先生做了深度访谈。调查结果统计分析如下。

1.语言服务行业整体发展现状

(1)翻译职业化的历史阶段。目前,我国翻译职业化所处阶段,大致可以划分为三类,即混乱的初级阶段、不断发展的中间阶段、有序发展的高级阶段。问卷调查分析显示,45.0%的调查对象选择了混乱的初级阶段,53.5%的调查对象选择了不断发展的中间阶段,所有人中只有一名翻译专业学生选择了有序发展的高级阶段。不难发现,几乎所有调查对象都认为目前我国的语言服务行业发展不健全。其中选择初级阶段的,主要是看到国内翻译市场恶性竞争,翻译价格普遍较低,翻译质量低等显著问题。而选择不断发展的中间阶段的,是看到虽然存在诸多的发展问题,但是目前翻译的地位不断得到认可,市场也不断扩大,发展潜力巨大等利好的一面。

(2)目前翻译职业的社会认可度。根据问卷结果,7.3%的人选择完全认可,59.2%的人选择比较认可,而选择不太认可的人数达到32.5%,完全不认可或不清楚的仅为1人。首先,66.5%的人选择认可,说明翻译领域的参与人,其感受到的社会认可度相对较高。这一点在很多方面也得到了体现,比如翻译资格考试的出现,翻译硕士学位的风生水起,专业翻译公司或大型语言服务公司数量的不断攀升。其次,仍然有近33%的人选择不太认可,说明翻译这一职业定义依然不明晰,社会化程度略低。

(3)翻译职业化的标志。根据曾文中(Tseng,1992:43)的口译职业化模式,职业化的过程中应该出现培训机构、职业协会及认证机制等。此外,从上述有关职业化的历史阶段分析,翻译职业化大发展是由非文学翻译大繁荣带来的机遇与巨大的市场。根据本调查问卷的结果,55.8%的调查对象认为翻译资格考试的出现是最为明显的标志。目前我国众多职业均在不断发展的过程中设置了相关的资格认证考试以作为行业标准及行业专业化的标志。此外其他选项如翻译职业公众认可度不断提高,非文学翻译市场不断扩大,翻译公司层出不穷,各大院校纷纷设立翻译专业及翻译协会的出现分别获得50.8%、45.5%、43.5%、41.9%及39.3%的支持率,数据相对比较平均。由此可以看出翻译职业化的标志并非体现在某一方面,而是通过职业化涉及的各方面体现。

(4)社会上对翻译的误解。根据数据结果,有近40%的调查对象认为翻译职业并未得到公众的认可,其中大众对翻译的误解无疑是导致这一现象的重要因素。有86.4%的人认为"只要懂外语就能做翻译",也正是这样的认知导致翻译整体质量偏低。67.5%的人认为"翻译很容易",却不了解翻译背后的酸甜苦辣,这一点影响了翻译工作者的利益。社会上对翻译工作的性质不了解,认为翻译只是两种语言的转化,导致翻译价格普遍较低,很多翻译公司能提供给英译汉初稿译者的价格仅维持在50~60元每千字,极大挫伤了翻译工作者的积极性。此外有超过40%的人认为"机器可以代替人工翻译""翻译只是传声筒,没有自己的思想",这些误解是基于对翻译工作本身价值的认识不够。翻译是高度集中的脑力活动,其对社会发展的重要性均需要得到更准确的认识,对翻译的准确定义应该体现在立法内容中。

(5)目前语言服务行业存在的问题。我国的职业化还处于发展的中间阶段,必然存在一系列的问题。调查发现,"物价上涨,翻译价格却不断压低"比例最大,达到68.6%,这一点与翻译人员的利益相关程度最高,也是影响该职业从业率与流动率的重要因素。其次百分比从高到低分别为"翻译整体质量不高,缺乏审核与控制体系""缺乏完善的翻译人才的评估及监督机制""存在大量不合格译员,人员流动率大""翻译公司注册门槛低,缺乏市场准入机制"及"翻译职业教育与市场需求不符"。

访谈中,黄友义认为可以先制定行业制度,比如翻译协会制定的行业标准,够什么标准才能办翻译公司,从业人员需要什么资质,授予翻译协会行政管理资质,这首先可以从对协会成员的要求来实现。然后可以推动政府,让政府承担起管理的责任,让政府管理一个重要的方面,即通过立法来保障,尽管难度大。

2.翻译职业化三要素

虽然国内外对翻译职业化的研讨不断,但是对翻译职业化尚未形成权威的定义。在本文中,职业化被理解为由某一特定职业涉及主体共同参与的复杂社会活动。语言服务行业职业化指由译者、翻译职业教育及培训机构、翻译监督机构(如翻译协会)以及翻译公司或语言服务公司各方共同参与的社会活动。这一部分主要从行业协会、资格认证及职业教育三方面分析。

(1)行业协会。几乎60%的人认为,翻译协会对翻译行业的发展或者对翻译市场的规范均没有产生较大的影响。针对这一问题,黄友义认为这个现象的确是事实,而且这种现象还要持续一段时间,这要和国家的改革协调起来。我们翻译协会这种形式过去是没有行政管理权,没有规划权,因此作用就非常有限。比如说中国出版协会、中国记者协会,这些国家是给予了管理权的,翻译协会是没有被授予管理权的。我们国家协会分为两类,一种是给予行政权,甚至国家给拨款,一种是没有行政权、管理权的。中国翻译协会就属于后者。所以大家觉得翻译协会作用不大。

(2)资格认证。我国翻译资格认证度最高的是CATTI,即全国翻译专业资格(水平)考试,由中国外文局受人力资源和社会保障部(人社部)委托负责考试的实施与管理工作,人社部人事考试中心负责考务管理工作,外国专家局培训中心负责口译考务工作。CATTI考试自2003年实行,截至2016年下半年已经举办了25次,累计报名已近50万人次。虽然翻译资格考试开展得如火如荼,但是对此类考试仍存在争议。首先翻译资格考试能否准确衡量译员水平,根据问卷调查结果,仅34%的调查对象认为可以衡量译员的水平,其中认为"完全可以"的调查对象中4位来自翻译协会、2位是翻译客户。有将近21%的人认为"不能",而45%的人认为"说不好"。根据部分调查对象的反馈,认为不能很好衡量译员水平的,大多对翻译资格考试的内容设置及考试形式有所质疑,认为对于更加专业的法律翻译、科技翻译等应该实行区别考试等,且目前翻译的实际操作模式早已打破传统,加入了现代化科技与软件,这些行业的进步并没有反映在资格考试的试题及考试程序上。

其次,近30%的调查对象认为"翻译资格认证应作为上岗前提"。而绝大多数对此持中立态度,48%的人认为"不一定"。后者首先基于对翻译资格证书含金量的质疑,其次在于市场不规范导致无证上岗成为一种常态。针对这些问题,立法约束可以起到直接的作用。在采访中,有些译员认为,立法是不可行的,比如会导致无证的翻译接活成为违法行为。针对这一问题,黄友义认为,立法不是要约束翻译、保护差翻译,而是要保护好翻译,清除翻译市场中不合格的译员,促进翻译质量的提升及行业的良性发展。

（3）职业教育。我国翻译职业教育起步较晚，但是发展飞速。国务院学位委员会在 2007 年 1 月召开的第二十三次会议上以全票通过设立"翻译硕士专业学位"。截至 2016 年，我国获准设立翻译本科专业的高校已达 253 所，获准设立翻译硕士专业的高校已达 215 所。但是数量上的增加并没有带来质量上的提高。75.4% 的调查对象认为"开设课程与实际翻译市场需求有一定差距"，65.4% 的人认为"缺乏高端翻译人才培养机制"，59.7% 的人认为"师资力量与水平不够"，55.0% 的人认为"缺乏审核评估机制，翻译专业教学流于形式"，直接导致的结果是"毕业生从事专职翻译的凤毛麟角"。我国翻译市场发展潜力巨大，未来的市场价值不可估量，输送新鲜高质量的翻译人才是各大高校的使命，但是目前的翻译职业教育的成果远达不到市场要求。

3.语言服务行业立法分析

语言服务立法研究已具有一定基础和成果，但仅限于一般的思辨和呼吁。通过调查问卷及访谈，从立法必要性、立法时机、立法要件及立法瓶颈四方面得出结论如下。

（1）立法的必要性。设立市场准入机制主要是针对翻译公司的资质，在这一点上几乎 94% 的调查对象认为"需要"，其中 21% 的人认为"非常需要"。84% 的调查对象认为语言服务行业立法"有必要"，9% 的人认为"没必要"，7% 的人认为"无所谓，可有可无"。从调查问卷上，可以看出业内对于立法基本持肯定的态度。

针对这一点，黄友义举例说明，在市场很混乱的情况下，任何人都可以声称创办翻译公司，但是其资质需由工商局得到国家授权来审查。注册时，工商局应考察翻译公司一级翻译、二级翻译的数量等。还可通过税务部门审查其是否收费合理等等。工商总局需要针对这些内容制定细则，但是制定细则就要得到国家法律授权，所以工商总局需要以国家颁布的"翻译法"为基础制定细则，通俗讲就是游戏规则，然后变成约束大家的行为规范。所以现在要从根子上抓，就是要语言服务立法。立法以后，根据这个法再来制定细则。

(2)立法时机。首先关于立法是否为翻译行业发展的必经之路,有近56%的人"认同",而32%的人认为"不是",12%的人"不确定"。其次,语言服务行业该何时立法,有52.9%的调查对象认为要"顺应市场的发展",33%的人认为"越早越好,有规矩才能成方圆",8.4%的人认为应该"顺应国家的政策发展",5.8%的人"无所谓"。由此可以看出,虽然大多数人认为立法是发展的必经之路,但是仍需要遵守市场发展的规律。有些受访者还认为,即便立法,也会出现有法不依的情况。对于这一点,黄友义认为该观点有一定的道理,可以理解。中国人法治意识的淡薄,也恰恰说明了翻译必须立法,这样才能健康发展。

(3)立法要件。未来的"翻译法"中应该包含哪些要件,根据问卷结果,"翻译公司及翻译机构准入""翻译人员资格认定及管理""翻译的业务及权利义务"均得到80%以上调查对象的支持,其次为"法律责任与翻译协会的地位"。黄友义在采访中提出翻译的重新定义问题,随着科技、大数据的出现,翻译需要重新定义;并且,现在翻译的形象已经不是5年前,更不是10年前、30年前的样子。现在,翻译要塑造国家形象,保证中国在国际上能够有更大的话语权、更好的形象,因此对于翻译的要求提高了,这均需要对翻译职业的定位更加准确。其次他还提出人才培养战略,随着中国世界经济地位提高,参与世界事务的深度与广度的增加,高层次语言人才的稀缺现象严重,无论是大语种还是小语种,都需要纳入整个翻译人才战略的规划中,这些也是未来立法需要考虑的问题。

(4)立法瓶颈。我国立法程序首先由国家法制办提出,再由法制办与国家主管部门共同提出立法草案,然后征求意见,递交人大,人大同意,认为条件具备,就进入了立法程序。法制办要求由主管部门共同参与,因为他们虽懂立法程序,但并不通晓专业问题,所以需要主管部门参与起草。但是翻译不可能有主管部门,而是散落在各个行业内的一个组成部分,不可能再有一个专门的主管部门,这就是翻译现在面临的最大问题。要想立法就必须解决这个问题。而如果译协要代管一个主管部门必须由主管部门委托,但问题依然是无主管部门。所以目前中国译协在与法制办探讨没有翻译主管部门情况下如何立法。

四、结　语

笔者认为,翻译人才的培养应遵循"创新引领""行业驱动"和"职业导向",而包括翻译立法在内的语言服务立法,是翻译行业职业化进程中从"无序市场"实现"行业自治"的必要保障,是对行业伦理的必要补充,是语言服务行业从"自律"到"他律"的必然结果,标志一个国家语言服务行业的健康和成熟。我国翻译职业化依然处于发展的中间阶段,翻译公司、翻译协会、资格认证考试职业教育的发展方面均出现许多严峻的问题,无法有效利用社会及人才资源,拖慢了行业整体健康发展的步伐。语言服务立法滞后将影响社会主义文化强国战略的实施,导致翻译服务及相关的语言服务无法有效发挥作用。语言服务立法是解决这些问题的根本途径,业内对于语言服务立法的呼声亦非常高。然而由于立法程序方面遇到较大的障碍,语言服务立法依旧任重道远。但是根据国家的未来发展方向,语言服务立法定会纳入国家法治建设的洪流中。

参考文献

Chesterman, A., 1993. From "is" to "ought": Laws, norms and strategies in translation studies. *Target* (5): 1-20.

González, R. D., Vásquez, V. F. & Millelson, H, 1991. *Fundamentals of Court Interpretation*. Durham, NC: Carolina Academic Press.

Hermans, T., 1996. Norms and the determination of translations: A theoretical framework. In Alvarez, R. & Vidal, M. C. A. (eds.). *Translation*, *Power*, *Subversion*. Clevedon: Multilingual Matters Ltd.

Kaplan, R. B., Baldauf Jr. & Richard, B., 2005. *Language Planning and Policy in Europe*: *Vol*. *1*. Clevedon: Multilingual Matters Ltd.

Kaplan, R. B., Baldauf Jr. & Richard, B., 2006. *Language Planning and Policy in Europe*: Vol. 2. Clevedon: Multilingual Matters Ltd.

Kaplan, R. B., Baldauf Jr. & Richard, B, 2008. *Language Planning and Policy in Europe*: Vol. 3. Clevedon: Multilingual Matters Ltd.

Robinson, D., 1997/2003. *Becoming a Translator: An Accelerated Course*. London & New York: Routledge.

Snell-Hornby, M., 2006. *The Turns of Translation Studies*. Amsterdam & Philadelphia: John Benjamins Publishing Company.

Toury, G., 1995. *Descriptive Translation Studies and Beyond*. Amsterdam & Philadelphia: John Benjamins Publishing Company.

Tseng, J., 1992. Interpreting as an Emerging Profession in Taiwan: A Sociological Model (Masters thesis). Fu Jen Catholic University.

Zhou, Minglang, 2004. *Language Policy in the People's Republic of China: Theory and Practice Since 1949*. New York: Kluwer Academic Publishers.

蔡永良,2011. 关于我国语言战略问题的几点思考. 外语界(1):8-15.

戴曼纯,2011. 国家语言能力、语言规划与国家安全. 语言文字应用(4): 123-131.

戴曼纯,2012. 以国家安全为导向的美国外语教育政策. 外语教学与研究 (4):585-595.

戴庆厦,2010. 语言关系与国家安全. 云南师范大学学报(哲学社会科学版) (2):1-6.

郭晓勇,2010. 中国语言服务行业发展状况、问题及对策——在 2010 中国国际语言服务行业大会上的主旨发言. 中国翻译(6):34-37.

蒋莉华,王化平,严荔,2012. 中国翻译行业立法之路:来自德国的借鉴. 中国翻译(4):49-52.

李宇明,2015. "一带一路"需要语言铺路. 人民日报,09-22(7).

沈骑,2015. "一带一路"倡议下国家外语能力建设的战略转型. 云南师范大学学报(哲学社会科学版)(5):9-13.

沈骑,夏天,2014. 论语言战略与国家利益的维护与拓展. 新疆师范大学学报 (哲学社会科学版)(4):112-118.

孙笑侠,2013. 论行业法. 中国法学(1):46-59.

王建勤,2010. 美国"关键语言"战略与我国国家安全语言战略. 云南师范大学学报(哲学社会科学版)(2):7-11.

王建勤,2011. 语言问题安全化与国家安全对策研究. 语言教学与研究(6):31-37.

王利明,2014. 完善法规体系 以良法保善治. 中国社会科学报,10-29(1).

王隆文,2012. 文化强国的法律保障:加强我国翻译立法的思考——基于文化语境下翻译与权力关系的考察. 中国翻译,2012(6):60-64.

文秋芳,2011. 国家外语能力的理论构建与应用尝试. 中国外语(3):4-10.

文秋芳,2014. 美国语言研究的基本特征:服务于国家安全战略——以马里兰大学高级语言研究中心为中心. 云南师范大学学报(哲学社会科学版)(3):1-9.

魏晖,2015. "一带一路"与语言互通. 云南师范大学学报(4):43-47.

谢天振,2011. 为翻译立法,此其时也. 文汇读书周报,06-17(12).

谢天振,2015. 翻译巨变与翻译的重新定位与定义——从 2015 年国际翻译日主题谈起. 东方翻译(6):4-8.

张冬梅,2010. 立法与阐释——翻译规范研究的范式比较与问题思考. 外语与外语教学(1):74-76.

赵军峰,2015. 法律翻译的功能观解读——沙切维奇教授访谈录. 中国翻译(2):58-61.

赵世举,2015. "一带一路"建设的语言需求及服务对策. 云南师范大学学报(4):36-42.

本文为教育部哲学社会科学研究重大课题攻关项目"国家语言文字事业法律法规体系健全与完善研究"(14JZD050)、广东省哲学社科"十二五"规划项目(GD13CWW09)、广东省研究生教育创新计划项目"法律法规翻译"（2015SFKC26）和全国 MTI 教指委 2014 科研立项（MTIJZW201408)的阶段性成果。

（原载于《中国外语》2017 年第 1 期）

北京地区翻译硕士专业学位(MTI)教育：经验、反思与建议

钱多秀　　杨英姿

一、引　言

2012 年,全国共有 159 家院校获准进行翻译硕士专业学位(MTI)教育。北京地区从 2007 年开始,先后分三批有 20 家高校开设 MTI 教育。2009 年 12 月,由北京第二外国语学院主办第一次北京地区翻译硕士专业学位(MTI)教学研讨圆桌会议,与会代表约定每年举行两次类似研讨会,至今已举办七次。2012 年 12 月,北京航空航天大学主办了年度的第二次研讨会。每次会议都吸引了本地区及附近地区 MTI 院校的代表参加,已经形成了一定规模,积累了一些宝贵经验,现总结如下。

二、经验与建议

经过多年的反思,北京地区各 MTI 院校对 MTI 教育中存在的一系列问题已经找到一些行之有效的方法。

(1)北京外国语大学:该校英语学院对 MTI 项目有充分的经费支持,对外聘行业人员的授课给予财政上的保障,丰富了教学内容,提高了教学质量,也为与行业衔接提供了保障。作为第一批迎评的院校,北外从一开

始就采取了侧重实践的培养模式,进行了严格规范的教学管理(如制定了教师职责规范和学生行为规范,分别包括每学期两次教学评估、指导教师工作职责、导师指导记录表、定期督促与统计;考勤记录表、论文写作要求、实习鉴定规定、学术讲座笔记收集),也引导学生参加了形式多样的翻译实践(译书大赛、实习基地、MTI 翻译部)。对师资队伍和课程建设加大投入,在软硬件上下功夫,已经实现了师资队伍专职和兼职平衡搭配,对兼职队伍有政策倾斜,在实验室建设上投入大笔资金,在国际化人才培养上,与美国蒙特雷国际研究学院高级翻译学院联合培养双硕士项目,切实提高培训质量(王立弟,2007),进一步提高学生的就业竞争力。

(2)北京大学:该校的 MTI 教育中心根据社会和行业需求,在人才培养和就业链条上找到了新契机,大胆做出了人才培养方向的重大变革,将MTI 人才培养定位成为语言服务行业提供合格的管理人员。

(3)北京第二外国语学院:该校的英语和日语项目齐头并进,在原有比较好的教学基础上,也注重国际化人才的培养。同时,采取一系列提高自身地位的举措,争取学校和行业管理部门的政策支持和资金投入,增强存在感。

(4)北京航空航天大学:该校外国语学院的 MTI 项目以科技笔译为主,在加强内涵建设和基本功建设的原则上,丰富了原有培养方案的内容,进一步突出了语言能力、互译能力、科技知识和翻译技术在课程设置中的地位(钱多秀,2009),也增加了与业界互动的内容。

(5)北京师范大学:该校外文学院 MTI 教育中心在两年多的教学中,对学术型和专业型人才严格区分,从理论上对人才的能力构成进行清晰论述,让行业从实践上对人才进行检验,并总结出了人数控制、质量控制、人性化培养、项目进课堂(张政、张少哲,2012)的基本经验,使毕业生就业广泛。

(6)北京语言大学:该校高级翻译学院的 MTI 教育,以"项目进课堂"为主要方式,在法语口译人才培训上具有明显特色(刘和平、许明,2012),其对外合作项目的开展也丰富多样,给学生提供了充分的国际交流与实习机会。

(7)对外经贸大学：该校英语学院的 MTI 培养以社会和经济效益双优为指导方针，对人才培养进行了细分，仅口译方向就划分为三种，在教学内容中突出商务口笔译特色(王立非，2011)，在经费上加强投入，提高教师积极性。

(8)首都师范大学：该校的综合性特色促使其外国语学院的 MTI 项目与本校的其他传统优势项目结合起来，体现了一定的跨学科性质和定位多样性。比如，如果学生学习兴趣和就业意向与音乐专业有关，就要掌握一定的音乐基础知识，通过与音乐有关的综合知识考试及技能考核。

(9)北京地区的第三批 MTI 院校：这些院校还在初步摸索中。比如，外交学院强调高级别的涉外口译人才培养，也组织学生对外提供高质量的口笔译服务，但面临的问题是由于外交事务的涉密性，学生很难做到实地观摩，掌握外交口译的一手经验。中国石油大学(北京)的课程体系建设抓住"一体两翼"，培养以核心翻译能力为"一体"、石油石化领域专业素养和翻译职业能力为"两翼"的全面能力，以课程作业、校外实习基地和校内以一个相关网站、微博运营和一份刊物的编译为主要载体，从三个层次确保学生翻译实践的数量和质量，同时强调在学校行业特色下对人才的全面培养，避免"石油味"太重而影响就业口径。

除去上述各高校的特色化建设，北京地区 MTI 高校的教育也体现出一些共性。比如，在毕业论文要求上，允许有多样化形式(穆雷，2012)；奖学金设置时，多数高校的全日制专业学位硕士生在基础奖学金、单项奖学金、国家奖学金上享受和学术型学位硕士生相同的待遇；在导师队伍建设方面，鼓励年轻有翻译经验的老师做副导师，参与过程管理；在与行业互动方面，大家一致呼吁比较有针对性的招聘会。

另外，翻译职业资格证书在 MTI 教学和就业中的作用也引起了北京地区 MTI 院校的普遍重视。做到翻译资格证书与 MTI 教育的有效衔接，除了加大翻译实践教学改革力度，加强师资队伍职业翻译化建设外，应该在 MTI 的生源质量和入学后的教学课程管理两个环节重视与翻译资格考试的结合(杨英姿,2011)。可以采取的方法有:入学前已获得翻译职业资格(水平)三级证书的 MTI 考生,在同等条件下,可以优先录取;入学前已获得二级证书者可以破格录取。已持有翻译专业资格(水平)二级证书者或具有大量翻译实践成果者,入学后可以免修部分实践类课程等。相信这些措施会在一定程度上促进 MTI 人才培养的职业化。

三、问题与反思

本次北航会议围绕几个主要议题展开讨论:

一是如何立足实践与社会需求,培养高素质翻译人才;

二是如何把翻译资格考试证书与翻译硕士专业学位教育进行有机衔接;

三是如何准备 MTI 教指委对各校的专业评估;

四是如何做到与传统学术型硕士有真正差异性的培养;

五是如何在培养过程中体现各校的特色;

六是如何应对培养过程中出现的种种新问题(包括如何满足专业评估的各种参数问题、师资不够专业化和职业化问题、师资职称晋升问题、与行业的真正接轨问题、口笔译在课程设置中的比重问题、毕业论文的形式及其评估问题、学校传统特色与 MTI 项目特色的协调问题、结合实际对培养方案和就业方向进行调整的问题、基地建设与规范问题、国际化人才培养、翻译技术工具的教学使用与研究问题)等。

与会代表对近五年的 MTI 教育进行了认真回顾与反思,并针对上述问题,提出了对策和建议,大家发言积极踊跃,达到了交流经验、互相学习的目的。以下是我们对此次会议主要情况以及所达成共识的总结,现提供给大家分享。

(1)关于如何立足实践与社会需求,培养高素质、高水平翻译人才问题。与会者认为,目前社会和翻译行业对翻译人才的要求非常高,需要的是多元化人才,MTI 培养的学生不仅仅要立足于提高外语语言能力和双语互译能力之本,还需要加强综合素质培养,比如沟通能力、协调能力、跨文化交流能力等。

(2)关于如何使翻译资格考试证书与翻译硕士专业学位教育进行有效衔接问题。大家认为,随着考试体系的完善,目前,社会和用人单位对资格证书的认可度也在不断提升。将翻译专业资格(水平)证书与翻译硕士专业学位实现衔接,是培养职业化翻译人才的重要措施。

(3)关于如何真正实现 MTI 与传统学术型硕士有差异性培养的问题。大家普遍认为,目前少数院校的 MTI 课程设置和人才培养观念仍然不能与传统的学术型硕士的课程设置和培养观念做到清晰明确的区分,造成两种人才培养的近似化,在就业或进一步深造时,给用人单位和学生本人带来困惑与困难。

(4)关于如何在培养过程中体现各校特色的问题(穆雷、王巍巍,2011)。北京地区的 20 所 MTI 院校,可以分为三大类,即综合性大学、专业类院校和理工类院校。第一类如北京大学、北京师范大学、首都师范大学、中央民族大学等,第二类如北京外国语大学、北京第二外国语大学、北京语言大学、对外经贸大学、国际关系学院、外交学院等,第三类数目较大,如北京航空航天大学、北京科技大学、北京交通大学、北京理工大学、北京林业大学、北京邮电大学、中国石油大学、中国矿业大学、中国地质大学、中国科学院研究生院等。为避免出现人才培养的同质化问题,各校在 MTI 教育中都面临着如何将学校传统特色和学科定位与 MTI 的特色建设有机结合的问题。

比如,北京外国语大学目前已经有了三届 MTI 毕业生。该大学英语学院的 MTI 笔译方向毕业生的去向主要是各部委、教育机构、新闻机构、出版单位、国企、外企、出国读博等,真正以笔译为职业的较少,2012 年的就业率也没有达到预期的 100%,没有表现出十分明显的特色。北京大学的 MTI 培养方向已面向市场需求做出了相应改变,有关经验值得借鉴。

(5)关于如何准备 MTI 教指委对各校的专业评估问题。大家认为,目前的 MTI 专业评估体系与以往的英语专业本科评估差别不是很大,各种考核指标似乎更重学术而非实践,各种参数还不能跟上社会发展、行业需要及 MTI 发展的实际情况,与 MTI 培养实践性和复合型人才的初衷不是十分吻合;专业评估体系中有关对翻译专业师资评估指标的设定也有待探讨。

(6)关于师资队伍建设问题。目前的教师队伍仍以传统的学术型为主,博士化程度较高,仍不够专业化和职业化;行业认可的人员由于很难满足高校当前仍为学术化取向的聘任条件而无法聘任为专业课教师;外聘教师的待遇问题也难在现有体制内得到解决;翻译专业师资因其实践性特点,较难满足高校职称评审制度中的科研指标要求,普遍存在职称晋升难和人才流失的问题。

(7)关于建立实习基地中出现的问题。学校与基地双方如何进行规范化管理,如基地资质、实习待遇、实习成果的版权归属等问题。关于高校与实习基地合作的规范化管理问题,据了解,中国译协正在制定一些细则,以服务为目的,对语言服务企业进行评估,向 MTI 院校推荐有资质的实习单位,促进产业和教学的进一步结合。

四、结　语

MTI 教育是近年教育改革的一项新举措,指导性政策有一定的不确定性,一切都在摸索之中(黄友义,2007;仲伟合,2007;穆雷,2007),各高校还都在依据自身特点,在人才培养主导思想和课程设置方面(文军、穆雷,2009)寻找自身可持续发展之路。2012 年 11 月 23 日,中国研究生院院长联席会在浙江大学召开,其主题之一即是积极推动研究生教育改革和发展,在专业学位教育上要避免"招生盈利化、培养学术化、管理边缘化、地位被矮化"的问题。

自 MTI 教育开设五年来,北京地区院校以圆桌会议为形式的定期会晤,交流气氛友好,为各校的 MTI 教育提供了平等交流和学习的平台。行业协会和教指委领导的不定期参与,也促进了教学一线与管理部门的沟通,取得了较好效果。北京地区各 MTI 高校目前积累的阶段性经验以及对存在问题的反思和建议,是为推动翻译专业教育的科学发展而做出的努力(杨平,2012),希望能为相关管理部门和其他地区的 MTI 院校提供参考。

参考文献

黄友义,2007. 谈谈职业翻译人才培养与翻译人才评价以及翻译行业管理的接轨. 中国翻译(4):8-9.

刘和平,许明,2012. 探究全球化时代的口译人才培养模式——第九届全国口译大会暨国际研讨会述评. 中国翻译(4):53-59.

穆雷,2007. 翻译硕士专业学位:职业化教育的新起点. 中国翻译(4):12-13.

穆雷,2012. 翻译硕士学位论文评价方式初探. 中国翻译(4):89-93.

穆雷,王巍巍,2011. 翻译硕士专业学位教育的特色培养模式. 中国翻译(2):29-32,95.

钱多秀,2009. "计算机辅助翻译"课程教学思考. 中国翻译(4):49-53,95.

王立弟,2007. 翻译培训如何提高翻译质量. 中国翻译(1):56-58.

王立非,2011. 高校《机辅商务翻译》课程建设及教学系统的研发. 中国翻译(2):34-37.

文军,穆雷,2009. 翻译硕士(MTI)课程设置研究. 外语教学(4):92-95.

杨平,2012. 拓展翻译研究的视野与空间 推进翻译专业教育的科学发展. 中国翻译(4):9-10.

杨英姿,2011. 谈翻译专业资格(水平)考试的三个衔接. 中国翻译(3):81-83.

张政,张少哲,2012. 真项目 真实践 真环境 真体验——基于北京师范大学 MTICAT 案例教学的探索与实践. 中国翻译(2):43-46.

仲伟合,2007. 翻译硕士专业学位教育点的建设. 中国翻译(4):9-10.

本文获北京航空航天大学研究生教育与发展基金项目"北航翻译硕士专业学位教育：现状、问题与对策"(401218)的资助。

（原载于《中国翻译》2013 年第 2 期）

翻译行业的职业趋向
对翻译硕士专业(MTI)教育的启示

苗　菊　　王少爽

一、引　言

翻译硕士专业(MTI)教育是一种专业学位教育,是翻译产业发展的必然要求。MTI 的人才培养则需要依据翻译产业化与职业化的实际要求。本研究反映了当前我国翻译行业的人才需求状况和翻译职业要求、职业译者的实际工作状态,由此从用人单位的视角审视翻译行业从业人员应具备的职业能力,探讨调研结果对 MTI 教育培养方案的启示意义并提出建设性意见。MTI 教育应紧密联系社会实践活动与翻译产业的实际发展状况,从而建立相关课程体系与教学原则,突出培养学生的实践能力和职业技能,注重实用性课程的设置与建设,应用多样化的教学模式,以具体实施 MTI 教育的思想理念,实现应用型、实践性、职业化翻译人才的培养目标。

二、数据收集

　　翻译公司是翻译人才的主要用人单位,其用人标准在一定程度上反映了翻译行业的人才需求状况。招聘信息是翻译公司用人标准的主要载体。本文选取 60 家翻译公司作为调查样本①,对其公司网站的招聘信息进行收集汇总,展开调查分析。这些翻译公司分布在北京、上海等全国主要城市,为使该样本尽可能真实全面地反映翻译行业的情况,本研究主要挑选业务规模较大的正规翻译公司进行调研,通过抽样调查管窥翻译产业当前的状态。翻译公司的译员招聘信息主要分布于公司网站的人才招聘、译员招募、工作机会等栏目中。据此按公司名称、职位类型、专兼职情况、语种、学历、所学专业、专业领域、工作经验、证书/职称要求、职业能力等 10 项内容分类,将招聘信息的原始数据依次输入 Excel 表格中建立数据库,以便进行排序、筛选、分类汇总、对比分析等操作程序。

三、数据分析

1.职位类

　　本次调查共收集 434 条翻译相关职位的招聘信息。数据显示笔译译员的市场需求量远大于对其他各种翻译人才的需求,其次是口译译员和译审。市场需要一定数量具有丰富经验的资深翻译和高级译审,以及口译与笔译能力兼备的复合型译员。随着翻译行业的产业化进程,翻译公司开始注重翻译项目管理和译文质量控制,以提供更好的翻译服务。本

---

① 这 60 家翻译公司为笔者通过"翻译中国"和"中国在线翻译网"两家网站上的翻译公司数据库而选取,其网址分别为 http://www.fane.cn 和 http://www.chinafanyi.com。本次调查共收集 434 条招聘信息,在 2009 年 8 月 20 日至 30 日间完成。

地化作为一个新兴行业,其翻译质量基本受到客户的认可,而且本地化项目的收费较高;因此,一些有实力的翻译公司开始承揽本地化业务。随着本地化市场的发展,对本地化人才的需求将会日益增多(详见表1)。

表1 职位类型

职位类型	数量	百分比/%
笔译	260	59.91
口译	60	13.82
译审	27	6.22
资深翻译	21	4.84
高级译审	18	4.15
本地化翻译	12	2.76
翻译项目经理	11	2.53
口笔译	10	2.30
质量控制	10	2.30
本地化项目经理	5	1.15
总　计	434	100.00

2.语种

数据库中,所招聘职位主要面向母语为汉语的翻译人才,从事中外互译相关工作。共统计到29种外语。其中68条职位信息未注明所需语种,48条注明需要各语种翻译人才,9条注明需要小语种翻译人才。英语翻译人才的需求量最大,其他需求量较大的语种依次是日语、法语、德语、西班牙语、俄语、韩语等。此外,有5条职位信息注明需要具备英语和日语两种外语的翻译人才(详见表2)。

表 2　语种

语种	职位数	语种	职位数	语种	职位数
英语	99	捷克语	4	蒙古语	1
日语	30	芬兰语	3	挪威语	1
法语	25	越南语	3	瑞典语	1
德语	22	波兰语	2	斯洛伐克语	1
西班牙语	19	罗马尼亚语	2	斯洛文尼亚语	1
俄语	17	泰语	2	希伯来语	1
韩语	17	匈牙利语	2	希腊语	1
阿拉伯语	14	伊拉克语	2	英语与日语	5
意大利语	14	丹麦语	1	小语种	9
葡萄牙语	11	荷兰语	1	各语种	48
土耳其语	6	马来语	1	未注明	68

3. 专兼职情况

所招聘职位分为专职人员和兼职人员两类。大部分翻译公司不需要过多的专职人员。当公司承揽到大型翻译项目时,翻译项目经理会通过兼职译员库,筛选合适的兼职译员参与项目,以降低公司的经营成本。总体上,数据库中的专兼职人员的比例约为 9∶10。具体而言,笔译译员专兼职职位的比例约为 1∶2;口译译员专兼职职位的比例约为 3∶5;其他各类职位基本上要求专职人员(详见图 1)。

4. 专业领域

数据库中,大部分职位要求应聘人员具备一个或两个专业领域的知识背景,158 条职位信息注明了所招聘的专业领域,其余均未注明具体的专业领域。需求较大的专业领域有机械、商贸、化工、汽车、IT 等(详见表 3)。

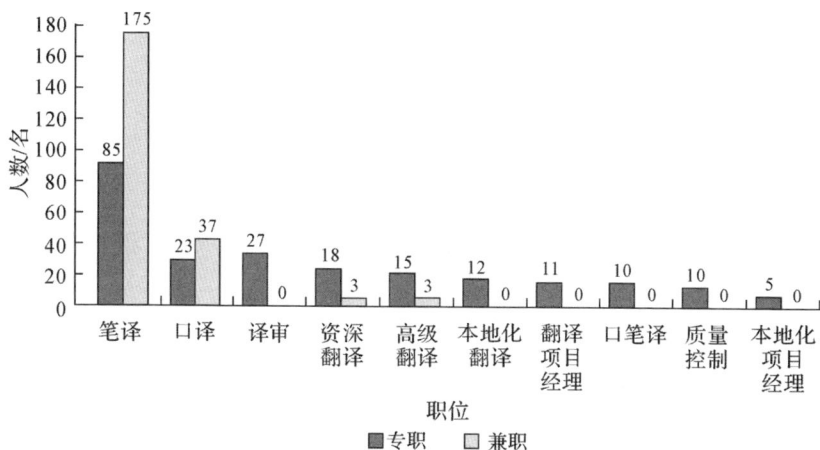

图 1 专兼职情况统计

表 3 专业领域①

专业领域	职位数	专业领域	职位数
机械	65	生物	32
商贸	63	地质	27
化工	62	交通	26
汽车	59	能源	26
IT	49	环保	25
法律	37	冶金	25
医药	49	农业	24

5.任职资格

职位招聘信息中对应聘人员任职资格的要求可分为学历、所学专业、工作经验、资格证书/职称等四项。数据库中,220 条职位信息注明了应聘人员应具备的学历,本科学历所占的比例最大(详见图 2)。

———————

① 一条招聘信息可能涉及多个专业领域,要求应聘人员具备其中一个或两个,故表 2 中职位数总和要远远大于 158。

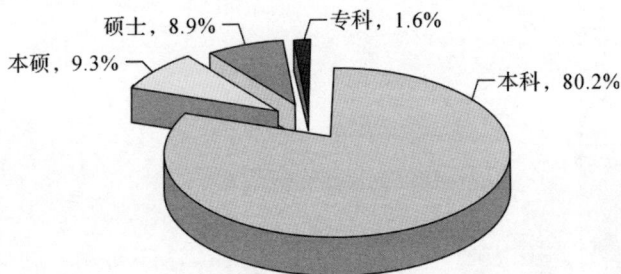

图 2　学历要求①

其中,69 条职位信息注明了应聘人员的所学专业要求,外语专业所占比例最大(详见图 3)。

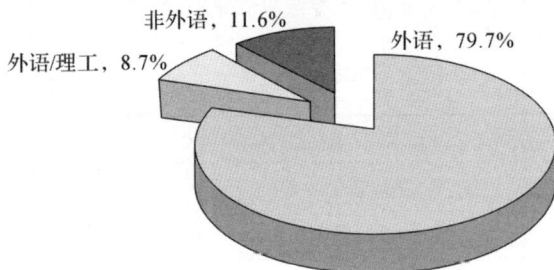

图 3　所学专业要求②

翻译专业的本科和硕士教育是近几年刚开始的,还没有毕业生。因此,翻译公司的招聘信息中没有出现对翻译专业毕业生的要求。随着翻译本科专业和 MTI 教育的发展,具备各种职业技能的翻译专业的毕业生定会受到用人单位的高度重视。

数据库中,多数职位要求应聘人员具有一定年限的相关经验,304 条职位信息注明了工作经验的具体年数。其中,要求具有 2 年工作经验的职位最多,其次是 3 年和 5 年(详见表 4)。

---

① 图 2 中百分比的整体为注明学历要求的 220 条招聘信息。
② 图 3 中百分比的整体为注明所学专业要求的 69 条招聘信息。

表 4　工作经验

工作经验	职位数	百分比/%
1 年	15	3.5
2 年	176	40.6
3 年	61	14.1
4 年	3	0.7
5 年	38	8.8
6 年	2	0.5
7 年	1	0.2
8 年	2	0.5
10 年	5	1.2
20 年	1	0.2
未注明	130	30.0
总计	434	100.0

　　有 94 条职位信息注明应聘人员应具备相关证书或职称,对英语专业八级证书的要求最多,其次是翻译资格证书,主要是人事部的翻译专业资格(水平)证书(详见表 5)。

表 5　证书/职称要求①

证书/职称	职位数	百分比/%
英语专业八级	39	9.0
翻译资格证书	28	6.5
大学英语六级	20	4.6
翻译职称	14	3.2
日语一级证书	3	0.7

①　表 5 中百分比的整体为注明证书或职称要求的 94 条招聘信息。因一条信息中可能同时要求具备证书和职称,故表 6 中职位总数大于 94。

6. 职业能力

翻译产业的形成促进了翻译的职业化发展,要求翻译从业人员具备相应的职业能力。本次调查总结出应聘人员应具备 15 项职业能力(详见表 6)。

表 6　职业能力①

职业能力	公司数	百分比/%
计算机操作能力	52	86.67
中外文语言及互译能力	51	85.00
基本互联网知识和网络资源使用能力	48	80.00
专业领域知识	47	78.33
职业道德与行业规范	43	71.67
文本审校能力	28	46.67
术语学知识和术语翻译能力	26	43.33
文献查找、利用、储备和管理能力	25	41.67
工作压力承受能力	24	40.00
人际沟通协作能力	23	38.33
各类文体的处理能力	15	25.00
翻译软件使用能力	13	21.67
解决问题能力	12	20.00
本地化能力	11	18.33
组织管理能力	10	16.67

7. 结论

从数据分析中得出关于翻译行业的职业要求和职业趋向的预测。

---

① 表 6 中百分比的整体为该次调查所涉公司的总数 60。

职位类型:市场需求量最大的是直接从事语言文字转换操作的翻译人员,但是翻译管理、质量控制、本地化等方面人才也是行业发展所不可或缺的。有些职位招聘要求中,明确候选人须具备一定的本地化行业知识和经验。可见翻译公司正在准备技术人才,向本地化行业转型。

语种:翻译行业对英语翻译人才的需求占绝对优势的份额;随着经济全球化、企业国际化进程,对日、法、德等小语种翻译人才的需求正在上升,具备两种或两种以上外语翻译能力的人才更受欢迎。

专兼职情况与专业领域:大多数实际译者处于兼职工作状态,须具备某个或几个专业领域知识。机械、商贸、化工、汽车、IT 等几个领域所需翻译人员居多。翻译管理人才为全职工作状态,须具备管理方面的相关知识和经验。

任职资格:绝大多数职位要求应聘者具有本科以上学历;所学专业主要为相关外语专业,部分职位要求应聘者为熟悉相关专业领域的非外语专业人员,而且须有良好的外语功底;具有一定相关工作经验者和获得翻译资格证书者占优势。

职业技术能力:由于现代科技的应用和本地化新市场的开拓,除传统的职业能力之外,对从事现代翻译行业所必需的职业技术能力的要求凸显,包括娴熟的计算机操作能力、翻译软件使用能力和本地化能力。翻译的文字转换和项目流程管理取决于计算机提供的各种功能;翻译软件可充分利用已有的翻译资源,避免重复翻译劳动,从而只需专注于更新内容的翻译,有效提高翻译速度和译文质量。据预测,中国正在成为继爱尔兰之后的全球多语言信息技术处理中心,本地化是其核心业务。

四、对 MTI 教育的启示

本次翻译行业招聘调研结果,虽有其自身的局限性,仍明确了目前翻译行业的实际需求、对职业翻译人才的具体要求,反映了翻译行业的准入条件与从业人员应具备的职业能力,从而为 MTI 教育思想理念的具体实施提供参考。

1. MTI 教育应紧密联系翻译产业

"专业学位教育是我国研究生教育的一种形式,区别于一般意义上的侧重理论、学术研究的研究型学位,专业学位教育旨在针对一定的职业背景、培养高层次、应用型专业人才。"(仲伟合,2007:5)因此,"它的职业指向非常明确,就是针对职业要求培养职业领域需要的应用型人才"(仲伟合,2007:5)。翻译硕士专业学位(MTI)是我国现有的 19 个专业学位之一,旨在针对翻译行业的职业背景,培养翻译行业急需的专业人才。MTI 教育应服务于翻译产业,其人才培养方案应紧密联系翻译产业的实际,为社会输送胜任行业工作内容的翻译人才。

本次调研发现翻译行业需要笔译、口译、译审、翻译项目经理等 10 类翻译人才。其中,招聘口译和笔译兼职译员为专职译员的近两倍。因此,学生很有必要认识当前社会专兼职译员的实际工作状态,学习如何成为一名成功的自由译者。根据产业需求,MTI 教育在培养学生口译、笔译能力的同时,应突出培养相关职业能力。长期以来,我国的口译和笔译专业彼此分开设立,市场往往需求口笔译能力兼备的译员。MTI 教学应考虑学生口译和笔译能力的同步发展,"应该设立口笔译为一体的口笔译专业,因为口译和笔译是不可能完全分开的"(黄友义,2009)。

为适应产业化的要求,翻译公司需要翻译项目管理和质量控制人才,以保证公司正常运营,译文达到公司设定的目标,满足客户的要求。因此,MTI 教育应培养学生翻译项目管理能力以及质量控制的方法与程序。与此同时,本地化行业在我国已初露端倪,被誉为"企业全球化的助推器"。本地化行业发展需要本地化人才,"翻译专业课程设置中需要开设本地化课程,以适应职业化翻译人才培养的需要"(苗菊、朱琳,2008:30)。此外,MTI 教育应根据翻译产业对各语种翻译人才的需求,增加英语以外的其他语种翻译人才的培养。

2.MTI 教育应突出培养职业能力

职业能力是人们在从事某一职业时表现出的各种能力的综合,具备一定的职业能力是胜任职业岗位工作的必要条件。本次调研归纳出翻译人才应具备的 15 项职业能力,可分为一般职业能力和专业职业能力。

一般职业能力指各行业从业人员所共有的能力。如计算机操作能力是现代职业的必备能力。独立解决问题的能力使译员能够解决翻译过程中遇到的各种语言或技术难题,克服困难。译员要具备良好的职业道德和敬业精神,"翻译的职业化道路,必不可少地要有一定的职业道德为准绳,以此来指导和衡量译者的工作"(李波,2004:62)。大型的翻译项目需要团队协作,保障顺利完成项目。翻译任务的即时多变,具有相当的时限性,需要译员的适应能力与工作压力承受能力。而项目管理人员,应具备翻译项目管理能力,与队员、客户等人际沟通协调能力,组织安排翻译项目的实施进程,按时保质完成交付任务,处理客户各种要求,建立良好合作关系。

专业职业能力指某行业从业人员特有的能力。如中外语言与文化知识是进行翻译活动的基础,中外文互译能力则是翻译职业的核心能力。翻译工作涉及科技、商贸、法律、医学、金融、社科等诸多专业领域,译员需掌握所涉专业领域的术语和知识。翻译技术代表了翻译产业的先进生产力,译员需熟练应用翻译技术,减少重复劳动,提高工作效率。作为绿色GDP 的一个增长点,本地化行业在我国迅速兴起,以高利润的特点,吸引翻译公司向本地化业务转型,翻译人才应学习本地化行业基本知识,掌握本地化技术、工具的应用。还有网络资源使用能力,文本审校能力,术语学知识和术语翻译能力,文献查找、利用、储备和管理能力,各类文体的处理能力等。

3.MTI 教育应注重实用性课程的设置

MTI 教育具有明确的职业指向性,其课程设置应具有实用性和实践性,以培养学生的职业能力、应用与实践翻译能力。据此需要建设以下实用性课程。

"翻译行业概况":包括翻译行业发展趋势、行业需求,行业要求,运作流程、职业道德、职业规划、翻译机构、版权和薪酬标准等。使学生了解翻译行业的各种实际情况,培养专业身份意识,对未来职业生涯的统筹规划。

"应用笔译实践":包括各个专业领域的专业知识与笔译技巧,如经贸翻译、法律翻译、科技翻译、传媒翻译、公文翻译等。培养单位根据师资情况,选择开设相关专业领域的笔译实践课程。

"应用口译实践":包括各个专业领域的专业知识与口译技巧,如商务口译、法庭口译、外交口译、会议口译等。有选择性地开设相关专业领域的口译实践课程。

"翻译技术应用":包括计算机辅助翻译工具、机器翻译、电子词典、文字处理软件、图片处理工具、互联网资源、搜索工具、数据库、网络交流工具软件等各种翻译技术的介绍与使用。使学生了解各种翻译技术,熟练运用于翻译实践。

"术语学":包括"术语学概论、术语知识、术语词典学、术语管理、术语与标准化、翻译与专门用途语言(LSP)、术语学运用实践"(苗菊、高乾,2008:59-60)。使学生了解术语学的基本知识,创建、维护、检索双语或多语术语库,进行有效的术语管理。

"翻译公司管理":包括管理学概论、翻译项目管理、翻译任务分析、译员资源管理、译文质量管理、客户信息管理、客户投诉处理等。培养学生的组织管理能力,了解翻译公司的日常管理与运作机制。

"本地化行业知识":包括本地化与国际化的概念、本地化的流程、本地化项目管理、桌面排版、本地化常用工具、本地化质量控制等。"使学生掌握本地化市场需要的技术,使培养出的翻译人才不但有翻译技能,更具有技术能力,成为我国本地化市场所需要的翻译人才。"(苗菊、朱琳,2008:34)

"技术写作":包括技术写作的概念内涵、要素、目标、原则、技巧、技术写作版面设计、技术写作过程管理、技术信息索引编纂、技术文本处理、各类技术文本的写作实践、常见错误类型分析、技术写作职业的最新发展与趋向、技术写作与技术翻译、电子工具的应用、电子媒介的影响等(参见Gerson et al.,2005;Gould et al.,2000)。"使学生获得书面交际技能,以胜任很多职业中的文本工作;明确何以交际成功,何谓交际障碍,学会用简明易懂规范的文字传达信息。毕业生具备完成职业写作项目的技能,成为技术职业写作者。"(苗菊,高乾,2010:37)具备完成职业写作项目的技能,如制作网页,书写计算机操作手册,设计培训方案,起草商务策划书等,成为技术、职业写作者(参见苗菊、高乾,2009)。学生将技术写作的相关知识技能运用于翻译实践中,以适应社会发展需要和行业要求,提高职业竞争力。

"文献学":包括文献学发展史、文献的含义、文献的载体、文献的形成与流布、文献的收藏与散佚、文献的版本、文献的校勘、文献信息资源的描述、文献检索点的选取、文献管理、文献信息资源编目、科技文献检索与利用等(参见杜泽逊,2001;段明莲,2000;王立诚,2006)。培养学生在翻译过程中的文献学意识,传授文献检索、利用、储备与管理技能,服务于翻译实践与翻译项目管理。

"翻译校改":包括翻译校改的含义、校改工作的作用与功能、校改人员的责任、校改工作的程序与管理、校对的技术和方法、文本润色、译文质量标准、机译的译后修订、自动校对软件的操作、常见错误类型分析等。使学生掌握基本的校改知识和技术,培养文本审校能力,以保证译文质量。

"翻译编译":包括翻译编译的概念、编译的对象与功能、编译原则、编译类型与特点、不同文本类型的编译方法与技巧。向学生传授翻译编译的基本知识,各种文本类型的编译原则与方法,遵循客户要求或目标读者的期待,进行编译实践。

4. MTI 教育应实施多样化的教学模式

依据翻译从业人员的任职资格与职业能力，MTI 教育需要实施多样化的教学模式。

案例教学法：教师举出实际的翻译案例，指导学生应用翻译理论分析、讨论案例成败原因，并提出自己的见解与对策，锻炼学生分析解决问题的能力。

情景模拟教学法：教师指导学生模拟实际商业环境下翻译项目的操作过程，让学生分别扮演翻译项目中不同的角色，如译员、项目经理、质检人员等，体会翻译实践过程，提高实战经验，就业竞争力。

实训教学法：翻译实训平台，依据"任务驱动模式"，以情景模拟和项目实践为特点，组织学生承担不同类型翻译项目，了解流程中各岗位的不同技能，应用翻译技术与工具于实践活动中，以强化学生实际操作能力。实训翻译教学需要具备较高的应用理论水平、教学教研能力和熟练的翻译实践技能的师资支持。

翻译工作坊：指灵活组织不同主题的板块式内容，探讨不同方面的问题，或同翻译活动、翻译行业、职业译者相关的话题，满足学生各方面的兴趣，丰富相关知识；或将实际翻译项目引入课堂，指导学生协作完成。

实践实习：给学生创造条件去翻译公司实地学习，参与实际翻译项目，观察译员实际工作情况，体验翻译行业的运作程序，培养职业素质，获得翻译实践经验。本次调查发现，70%的招聘信息中的任职资格要求应聘人员具有一定的工作经验。

五、结　语

翻译硕士专业学位的设置"无疑是近年来我国翻译学科发展的一个里程碑式的成果，为我国培养高层次、应用型的专业化翻译人才提供了重要途径，为我国翻译学的学科发展指明了方向，同时也对我国的外语教学带来了机遇与挑战"（仲伟合，2007:4）。传统的翻译教学与实际翻译行业的社会需求、职业要求、工作内容相差甚远。MTI 教育作为一种新型的翻译人才培养模式,其发展的定位和意义已十分明确,其教学目标、教学原则、教学体系的建立实施则要依据社会翻译产业化和职业化的实际要求,制定与其紧密相关的有效的人才培养方案,有特色的专业课程设置,有针对性的教学内容与方法,构建科学合理的 MTI 教学模式,以培养适应国家经济、文化、社会发展需要的翻译产业急需的应用型、实践性、职业化翻译专业人才。

参考文献

Gerson, S. J. & Gerson, S. M., 2005. *Technical Writing: Process and Product*. Uper Sadle River, NJ: Prentice Hall.

Gould, J. R. et al, 2000. *Opportunities in Technical Writing Careers*. Chicago: VGM Career Horizons.

杜泽逊,2001. 文献学概要. 北京:中华书局.

段明莲,2000. 文献信息资源编目. 北京:北京大学出版社.

黄友义,2009. 社会需要专业型、复合型和实用型翻译人才. 北京:2009 年中国翻译职业交流大会演讲.

李波,2004. 翻译的职业化与职业道德. 上海科技翻译(3):61-63.

苗菊,高乾,2008.构建翻译专业教学模式——术语学的借鉴意义.外语与外语教学(10):57-60.

苗菊,高乾,2010. 构建 MTI 教育特色课程——技术写作的理念与内容. 中国翻译(2):35-38.

苗菊,朱琳,2008. 本地化与本地化翻译人才的培养. 中国翻译(5):30-34.

王立诚,2006. 科技文献检索与利用. 南京:东南大学出版社.

仲伟合,2007. 翻译硕士专业学位(MTI)及其对中国外语教学的挑战. 中国外语(4):4-7.

本文系全国翻译硕士专业学位教育指导委员会科研项目"科学构建MTI 笔译教学模式"(项目编号:MTIJZW200903)的阶段性成果。

(原载于《外语与外语教学》2010 年第 3 期)

美国应用型翻译人才培养
及其对我国 MTI 教育的启示

王志伟

自 2007 年我国在 15 所高校开始开展翻译硕士专业学位(MTI)研究生教育以来,至 2011 年年底全国已有 159 个翻译硕士培养单位。翻译硕士专业学位研究生教育的开展不仅符合我国《国家中长期教育改革和发展规划纲要(2010—2020 年)》中"优化高等教育结构,重点扩大应用型、复合型、技能型人才培养规模,加快发展专业学位研究生教育"的精神,也符合教育部颁布的《高等学校哲学社会科学"走出去"计划》中"重点培育高水平、专业化翻译团队,加强国际译员和复合型人才培养储备"的要求,并且对于优化我国外语、翻译学科的学位与研究生教育结构以及缓解我国对于高层次、应用型、专业型翻译人才的需求压力等具有重要意义。

然而,与国外较为成熟的职业翻译人才培养体系相比,我国目前的翻译硕士专业学位研究生教育由于历史较短、经验不足、基础薄弱等原因,整体上仍处于探索阶段。根据近年《光明日报》《中国教育报》《经济日报》等 30 余家媒体对于翻译人才需求情况的报道,庄智象(2007)、潘华凌和刘兵飞(2011)等在全国不同地区所做的翻译人才需求调查,柴明颎(2010)、孔令翠和王慧(2011)等对翻译人才培养问题的探讨,可知我国当前各专业领域应用型翻译人才数量严重不足,质量亟待提高。因此,研究国外翻译人才培养、借鉴其成功经验无疑对于我国 MTI 教育具有重要参考价值。但是,关于国外翻译专业学位人才培养,除了张光明和李晶

(2003)、贺显斌(2009)等有所论述之外,成果较少,且几乎没有专门探讨美国应用型翻译人才培养的研究。因为美国没有公布确切的官方统计数字,笔者根据从多个信息源获得的数据逐一对美国高校相关翻译教育机构的官方网站进行了核实,统计得出美国培养翻译人才的高校共 132 家,其中 27 家具有硕士学位授予权。笔者从中选择了 22 家有代表性的应用型翻译硕士人才培养机构,从应用翻译培养方向、应用翻译课程设置、应用翻译研究等方面对美国应用型翻译人才教育的现状和需求进行分析,并探讨其对我国 MTI 教育等的启示。

一、美国高校翻译人才培养概况

虽然美国高校外语院系开设笔译与口译课程已有相当长的历史,但翻译课程体系建设直到第二次世界大战结束之后,确切地说是在纽伦堡审判之后才受到重视。1949 年乔治敦大学首先设立了专门的口译与笔译方向。1964 年,艾奥瓦大学开始允许写作专业学生选择翻译作为专业方向。之后,哥伦比亚大学、普林斯顿大学、耶鲁大学、阿肯色大学等纷纷效仿,翻译课程也就在写作专业中普及起来,但当时的课程主要以诗歌、小说、戏剧等文学翻译实践为主。1968 年蒙特雷国际研究学院在原有外国语言与文化教育的基础上开始开展翻译专业的硕士学位教育,重点培养会议口译和非文学文本笔译人才。一些学校除了实施翻译硕士教育之外,还提供翻译证书教育。1971 年,纽约州立大学宾厄姆顿大学启动了翻译研究与指导项目(TRIP),在全美率先开展翻译博士学位教育,之后又推出了职业翻译人才课程计划,而且在比较文学、社会科学、商业管理等 3 个专业中将翻译作为一项辅助技能进行教学。这些教育改革发挥了不同院系的特色,将翻译理论与具体专业的翻译实践结合起来,具有明显的跨学科性质。肯特州立大学现代与古代语言系则与应用语言学学院联合起来,在法语、西班牙语、德语专业中培养商业领域和政府机关需要的翻译人才。

美国高校翻译人才培养主要包括学位教育、证书教育、非学历培训等3种类型。从语种上看,根据2010年美国教育数据中心的报告(Snyder & Dillow,2011:424),全美前十大外语学习语种分别是西班牙语、法语、德语、日语、汉语、意大利语、俄语、阿拉伯语、拉丁语和希伯来语,基本反映了美国高校翻译人才在语种上的分布情况。但由于美国的翻译行业缺乏全国统一的管理机构和认证机构,关于翻译人才教育的整体数据无从获知。根据美国翻译家协会(American Translators Association,简称ATA)网站公布的数据(ATA,2012),全国共有55所高校获得翻译资格认证。然而,美国文学翻译家协会(American Literary Translators Association,简称ALTA)对此排名似乎并不认可,在其公布的十佳翻译教育机构中,不少院校并没有获得ATA资格认证。

为了获得更加全面的数据,笔者逐一登录相关学校及院系官方网站,共检索到截至2012年7月10日高校各类翻译人才教育机构132家,其中博士培养单位7家(见表1),硕士培养单位27家(见表2)。这132家翻译教育机构分布在全美35个州和华盛顿特区;西部太平洋沿岸地区、新英格兰地区、西南地区、东南地区和大湖地区等沿海地带分布最为集中,共计122所,占总数的92%;地处内陆的中央地区仅有10所,仅占8%。从各州分布数量上看,加利福尼亚州最多,有18家,包括加州大学、斯坦福大学等;其次是纽约州,有15家,包括纽约州立大学宾厄姆顿大学、哥伦比亚大学等;其他分布数量较多的州分别是得克萨斯州10家,俄亥俄州8家,新泽西州、佛罗里达州和马萨诸塞州各7家。

表1　美国高校博士学位翻译人才培养概况

学校名称	院系机构	研究方向	学位名称
得克萨斯大学达拉斯分校	翻译研究中心	文学翻译	人文学博士学位
印第安纳大学	比较文学系	文学翻译	文学翻译证书
威斯敏斯特神学院	(未说明)	翻译	神学博士学位
加劳德特大学	口译系	手语口译	口译博士学位

续表

学校名称	院系机构	研究方向	学位名称
得克萨斯大学奥斯汀分校	健康科学中心	翻译研究	翻译科学博士学位
肯特州立大学	应用语言学学院	翻译研究	翻译研究博士学位
纽约州立大学宾厄姆顿大学	比较文学系	翻译研究	翻译研究博士学位

注:本表根据各高校官方网站所发布的信息制作而成。

表 2　美国高校硕士学位翻译人才培养概况

学校名称	院系机构	研究方向	学位名称
拜欧拉大学	跨文化研究学院	笔译	应用语言学硕士学位(笔译)
北卡罗来纳大学夏洛特分校	语言与文化学系	笔译	笔译与笔译研究硕士学位
佛蒙特艺术学院	写作系	笔译	写作硕士学位(笔译)
哥伦比亚大学	艺术与科学研究生院	笔译	俄语笔译硕士学位
国际语言学中心(达拉斯)	应用语言学研究生院	笔译	应用语言学硕士(圣经翻译)
罗切斯特大学	英语系	笔译	文学笔译硕士学位
纽约城市大学	女王学院	笔译	文学硕士(写作)
美国大学巴黎分校	比较文学与英语系	笔译	文学硕士学位(文化翻译)
特拉华大学	外国语言文学系	笔译	技术汉语笔译硕士学位
蒙特雷国际研究学院	高级翻译学院	笔译	笔译硕士学位
丹佛大学	大学学院	笔译研究	笔译硕士
肯特州立大学	应用语言学学院	笔译研究	笔译研究硕士学位
得克萨斯大学达拉斯分校	翻译研究中心	笔译研究	人文学硕士学位(笔译)

学校名称	院系机构	研究方向	学位名称
马萨诸塞大学阿默斯特分校	翻译研究中心	笔译研究	笔译研究硕士学位
马萨诸塞大学阿默斯特分校	语言、文学与文化系	笔译研究	笔译研究硕士学位
阿肯色大学	英语系	写作与笔译	写作与笔译文学硕士学位
威斯康星大学密尔沃基分校	文学与科学学院	语言文学与笔译	语言文学与笔译硕士学位
蒙特雷国际研究学院	高级翻译学院	笔译与本地化	笔译及本地化管理硕士学位
得克萨斯大学布朗斯维尔分校	人文学院现代语言系	笔译与口译	翻译硕士学位
纽约大学	继续与职业研究学院	笔译与口译	翻译科学硕士学位
蒙特雷国际研究学院	高级翻译学院	笔译与口译	笔译与口译硕士学位
蒙特雷国际研究学院	高级翻译学院	会议口译	会议翻译硕士学位
加劳德特大学	口译系	手语口译	口译硕士学位
查尔斯顿学院	西班牙语系	口译	双语法律口译硕士学位
纽约州立大学宾厄姆顿大学	比较文学系	文学翻译	文学翻译硕士学位
艾奥瓦大学	电影与比较文学系	文学翻译	文学翻译硕士学位
罗格斯大学	世界语言学院	翻译	笔译与口译硕士学位
西部神学院波特兰分校	（未分院系）	翻译	神学硕士学位(翻译)
威斯敏斯特神学院	（未分院系）	翻译	宗教硕士学位(翻译)
得克萨斯大学奥斯汀分校	健康科学中心	翻译研究	翻译科学硕士学位

注:本表根据各高校(不包括证书教育高校)官方网站所发布的信息制作而成。

二、美国高校应用型翻译人才培养及其特点

在 27 家美国翻译硕士培养机构中,除去仅有的 3 家文学翻译硕士和 2 家神学、宗教翻译硕士培养单位之外,其余 22 家在培养目标、培养定位、办学层次等层面均具有应用型、职业型教育性质,与我国的 MTI 设计宗旨相同。从各校的方向设置、课程设置以及翻译研究开展的情况来看,均针对社会和市场需求,呈现出明显的实用性特征,具体表现为以下几个方面。

1. 应用型翻译人才需求的持续性

2012 年 5 月美国最大的行业研究机构 IBISWorld 公布的报告显示,即便当前美国经济处于低谷期,翻译行业仍然保持着稳定的增长势头。自 2003 年以来,翻译行业需求等一直保持平稳增长,并且从 2012 年到 2017 年这种势头仍将持续,翻译岗位将从 2012 年的 61989 个增长到 2017 年的 76520 个(IBISWorld,2012:30)。在美国劳工部关于 2006 至 2016 年十年职业预测报告中,口译与笔译岗位将增加 24%,远远高于所有行业岗位增长的平均值。

2. 应用型翻译方向设置的灵活性

由于没有全国统一的官方机构进行终审认定,美国各培养机构自行确定应用型翻译人才的培养方向,培养方向显现出较大的自主性和灵活性。培养方向(见表 3)中笔译方向居多,主要包括笔译研究、法律翻译、商务翻译、医学翻译、网页翻译、翻译与本地化管理等,多与具体职业需求相关。口译方向则主要包括会议口译、医学口译和庭审口译等,其分类标准并不具有唯一性:有的与职业相关,如医学翻译、银行翻译、医学口译、法律口译等;有的与翻译方式有关,如同声传译、交替传译等。

表 3　美国应用型翻译人才培养的方向设置

笔译			口译	
笔译研究	广告翻译	外交翻译	口译研究	社区口译
法律翻译	商务翻译	学术翻译	同声传译	医学口译
金融翻译	汽车翻译	网页翻译	交替传译	听证口译
银行翻译	土木工程翻译	翻译与跨文化交际	会议口译	庭审口译
营销翻译	医学翻译	翻译与本地化管理	联邦口译	法律口译

注:本表根据各高校官方网站所发布的信息制作而成。

3.应用型翻译课程设置的多元性

美国各高校应用型翻译课程设置具有明显的多元性特征。就整体翻译课程设置而言,主要包含 3 个模块:一是翻译理论课程,二是翻译实践课程,三是相关知识课程。各培养单位笔译和口译方向的课程设置(见表4、表5)均比较丰富。其中,笔译核心课程涵盖翻译理论、实践、研究方法和翻译史等,研究方法又包括个案研究、工作坊等,给学生以多种选择;辅助课程涉及语言学、文学、哲学、心理学等,跨学科性质明显。口译课程应用性突出,核心课程涵盖不同层面的应用实践,辅助课程与文化、传播、视听、演讲、职业素养等密切相关。

在此需要说明的是,由于美国社会具有典型的多语文化特征,不少翻译专业学生拥有外语母语背景或者国外生活经历,外语语言能力问题甚至在中学阶段就已经解决,因此不少高校的翻译人才培养单位对于语言能力仅提出要求,没有制订具体的语言课程教学计划。

表 4　美国笔译方向应用型翻译人才培养的主要课程

核心课程		辅助课程	
翻译实践	翻译伦理与意识形态	目的语语言课程	文化定位与评估
商务翻译	翻译简史	高级写作	当代文学
外交翻译	翻译方法	非文学写作	世界文学

续表

核心课程		辅助课程	
翻译实践	翻译伦理与意识形态	目的语语言课程	文化定位与评估
法律翻译	翻译问题与方法	新媒体写作	比较文学
金融翻译	翻译思考	口译基础	当代思想史
视听翻译	翻译理论	计算机翻译工具	哲学
技术翻译	翻译研究	术语理论与实践	历史学
视译基础	当代翻译研究	术语与计算机应用	人类学
非文学翻译	翻译个案研究	术语管理	认知科学
综合翻译	翻译研究项目	翻译与出版	心理学
网页翻译	特别专题翻译研究	语言学	项目管理
高级翻译	翻译工作坊	语用学基础	本地化项目管理
计算机辅助翻译	翻译批评方法	语义学概论	人文社会科学研究方法
比较文体与翻译	翻译与技术	目标语句法	自选话题研究
文化翻译	翻译技术	文体对比分析	跨国工作问题
文化翻译理论基础	翻译情报学	多语语境文献	软件本地化
文化翻译历史体系	翻译与写作	跨文化交际	网页本地化
翻译与文化政策	论文研究与写作	社会、政治与文化	商务概论
翻译与跨文化交际	翻译项目管理		

注：本表根据各高校官方网站所发布的信息制作而成。

表 5　美国口译方向应用型翻译人才培养的主要课程

核心课程		辅助课程
口译原理	商务话语口译	外语语言课程
口译基础	公共服务翻译	语言与文化
同声传译	社区服务口译	外国语文化概论
交替传译	独白话语口译	外语视听
笔记基础	教育话语口译	外语演讲
口译理论与实践	政府话语口译	口译职业素养

核心课程		辅助课程
口译实践	听证口译	语言学与口译
口译技巧	法律话语口译	社会语言学
口译实习	庭审口译	认知与心理
口译历史	医学口译	人类学
口译伦理	医学话语口译	社会学
口译测试	医院口译	新闻报道
口译项目	卫生保健话语口译	传播艺术
口译话语分析	特别专题口译	司法实习
高级口译	视听翻译	职业趋向
技术口译	传播与翻译	研究项目指导
会议口译	口译研究方法	

注：本表根据各高校官方网站所发布的信息制作而成。

4.应用翻译研究的系统性

自1972年美国文学翻译家、翻译理论家 Holmes 在哥本哈根世界应用语言学大会上首次使用"翻译研究"一词以来,翻译研究已经从20世纪60年代的"学科象牙塔"发展到如今介于语言学、语言哲学、文学研究、信息科学、逻辑学、数学、心理学、人类学、社会学和社会语言学等学科之间的跨学科研究领域(Laviosa,2010:476)。

虽然美籍意大利翻译史学家 Venuti(1998:314)认为,美国的翻译研究处于"被边缘化状态",但应用翻译研究一直较为活跃。特别是20世纪90年代中期以来,随着高等教育的国际化,美国出版了大量有关译员培训及培训教程的专著、文集和学术论文。研究人员大多来自应用型翻译人才培养机构和翻译技术公司,其课题来源于应用型翻译人才教育实践,成果则用于指导应用型翻译人才培养,因而有力地促进了美国应用型翻译人才的职业教育与职业实践。从研究方法来看,美国的应用翻译研究更为明显地体现了翻译的跨学科特性,相邻学科领域,尤其是建构主义、语料库语言学、教育学、信息与传播技术、语言教学方法论、语言学、二语与外语学习、二语习得等的研究方法在应用翻译研究中备受关注。从研究内容来看,主要包括翻译政策、译员培训、翻译辅助手段、翻译批评等 4 个方面,具体见表 6。

表 6　美国应用翻译研究的主要领域(1972—2012 年)

翻译政策	译员培训	翻译辅助手段	翻译批评
翻译政策	翻译课程设计	翻译技术	翻译政策评估
翻译标准	翻译项目设计	机助翻译工具	翻译教学评价
翻译培养定位设计	翻译大纲设计	机器翻译工具	翻译质量评价
翻译师资教育设计	翻译教学内容	翻译平台	翻译能力评估
翻译质量评估	翻译教学方法	机器翻译	译员就业评估
翻译能力水平考试	翻译测试	多媒体翻译教学平台	机器翻译批评
翻译协会与章程	翻译理论与翻译实践	翻译技术服务	翻译技术批评
翻译职业规范	翻译习得	翻译电子资源	翻译国际化影响评测
翻译学术交流	翻译项目管理	翻译校企合作	翻译的创造性评估
……	……	……	……

注:本表根据在科罗拉多州图书馆共享平台检索所得的结果制作而成。

整体而言,美国的应用翻译研究呈现出 3 个特点:一是基于语料库的实证研究越来越多地出现在翻译描写、翻译培训和翻译技术等领域(如 Laviosa,2003,2011 等);二是口译教学与研究成果大量涌现(如 Bowen et al.,1995;Nicholson,2010 等);三是职业翻译研究受到更多的关注(如 Sofer,1996;Ferailleur-Dumoulin,2009 等)。

三、美国翻译人才培养对我国 MTI 教育等的启示

Venuti(1998:305-306)曾经指出,翻译不仅能够使美国拓展疆域、增强国力、维护政治与经济霸权等,而且在塑造美国国家形象、建构美国国家文化、推动美国政治和社会变革等方面发挥着极为重要的作用。就处于全球化推进过程中的中国而言,国家的国际化程度将进一步提高,中外全方位的交流合作将更加密切,由此对于应用型翻译人才的需求必然大幅增加。而美国作为一个成熟的翻译市场,其翻译人才培养发展之路对我国新兴的翻译人才教育有着积极的启示意义。

1.在国家层面,加强翻译语言和语言翻译立法,提升其战略地位

近十余年来,美国政府极为重视语言翻译工作。2000 年克林顿政府颁布了旨在消除语言沟通障碍的《第 13166 号行政令》;奥巴马上台之后,于 2012 年 3 月又颁布了《语言沟通计划》,对不同语言与文化背景公职人员的语言规范进行了明确要求,对笔译和口译的标准、翻译材料的重要性分级等多个问题进行了严格的界定。此外,美国不同的翻译协会、行业组织等针对翻译从业人员制定了多个规范性文件。相对而言,我国对于翻译战略地位的认识仍显得不足,对于数据信息翻译的安全意识不强,如一些涉及国家经济机密和上百家国内大型企业重要数据的文件目前由国外信息机构(如美国 CMI 公司)负责翻译(Bryant,2012),译语文件进而成为制定中国不同行业发展规划的依据。有鉴于此,在国家层面关于翻译的发展建议着重从以下几方面着手。

第一,制定相关法律法规,将特定场合的翻译语言和语言翻译上升为国家战略,提高对翻译工作重要性的认识。建议明确国家对外宣传话语、重大突发事件报道、国家安全、国家纲领、政府方针、重要技术与数据等相关材料翻译语言的战略地位。

第二,借鉴美国的经验,对不同性质与密级的信息进行分级管理,提高翻译工作的安全意识和质量意识。建议提高对国家安全、国家利益、国

家主权等相关领域信息的翻译语言规范性与重要性的认识,同时进一步重视食品卫生、医药保健、技术合同、对外学术交流、外文文摘、军事情报、门户网站、主流媒体语言等与国家社会利益等密切相关领域的翻译工作。

第三,通过发展 MTI 等举措,着力培养从事多语种翻译的人才,将翻译产业发展纳入国家发展规划。

2. 在教育主管部门层面,加强行业协会在应用翻译方面的规划、指导、认证与考核

美国对翻译人才培养、翻译行业发展、翻译标准与职业道德、翻译争端解决机制等翻译各个方面进行规范与约束,其中各类翻译行业协会与各种社会评估组织发挥着积极作用,如美国翻译家协会(ATA)、美国文学翻译家协会(ALTA)、美国司法翻译工作者协会(NAJIT)、美国国家翻译中心(NTC)、美国国家虚拟翻译中心(NVTC)、美国现代语言协会(MLA)、业界语言圆桌协会(ILR)以及相关行业研究机构(如 IBISWorld)等。这些机构通过认证考试、行业规范、职业手册、评估报告、行业预测等各种形式,对翻译行业进行全方位的引导、规范与监督。我国翻译硕士教育和翻译事业刚刚起步,为此教育主管部门应做好以下工作。

第一,进一步完善包含 MTI 在内不同层次翻译人才的培养体系,加强引导与规范,促进我国翻译人才教育的多元化、可持续发展。

第二,发挥我国翻译教育指导委员会、各级翻译协会和行业研究会的作用,努力做好翻译发展规划、翻译人才教育、翻译考核与认证、翻译职业道德建设、翻译人才数据库建设等方面的工作,加强对翻译人才培养单位的指导、引导、规范、监督与考核,有效提高国际化背景下我国应用型翻译人才的专业能力和职业素养。

第三,进一步规范翻译认证与考核制度,不仅将翻译硕士培养质量纳入考核体系,而且要建立不同行业领域职业翻译从业人员认证机制,促进我国翻译人才培养的全面发展。

第四,加强国内外翻译市场的研究,了解翻译产业的现状、需求与发展动向,为翻译人才培养单位和翻译从业人员提供有益参考。

3.在培养单位层面,凸显特色,提高应用型翻译人才培养质量

目前,我国开展翻译硕士专业学位研究生教育的单位主要分外语院校、师范院校、理工院校、综合性大学和研究机构等 5 种类型。培养单位从地域分布来看,东部地区共 82 个,中部地区 41 个,西部地区 36 个;从办学层次来看,985 院校 32 个,211 工程大学 82 个,其他院所共 77 个。不同区域和类型的培养单位各有特点,培养目标和服务面向定位也不尽相同。对我国各翻译人才培养单位而言,美国高校应用型翻译人才培养的启示主要包括以下几方面。

第一,整合跨专业、跨行业翻译师资,立足学校的发展定位和研究生教育实际,设计培养目标、培养方向、课程设置、培养方式等方面特色鲜明的培养模式。

第二,发挥培养单位的学科优势,通过跨学科合作等进一步丰富 MTI 方向设置和课程设置的多元化,向经贸金融、法律法规、医疗卫生、对外宣传、信息传播、工程技术、交通运输、科学技术、国家安全等领域的专业翻译纵深发展。

第三,全面开展应用翻译研究及应用型翻译人才教育研究,具体包括翻译政策、翻译技术、翻译批评、人才培养研究等。在需求分析的基础上,探讨不同层次、不同方向、不同领域翻译人才的培养途径,加强翻译教育与社会需求之间的契合与对接。

第四,通过翻译实践基地发展、翻译合作项目开展、导师联合培养、校企合作等不同层次的建设,为应用型翻译人才培养提供保障。

第五,重视翻译行业规则和职业道德建设,使学生熟悉翻译行业流程、产业运作和相关规章制度,翻译规范性文件,培养他们扎实的双语能力、丰富的百科知识、突出的团队协作精神和职业道德等。

四、结　语

　　MTI 学位的设立是我国翻译学科发展里程碑式的成果,给我国的翻译教学、外语教学带来了新的机遇和挑战。所谓它山之石可以攻玉,美国应用型翻译人才培养的经验对于我国 MTI 教育的定位、理念、课程、模式等都具有一定启发意义,有助于我们进一步拓展翻译人才培养渠道,推动翻译事业发展。

参考文献

ATA （American Translators Association）, 2012. *American Certification Program*. http://www. atanet. org/certification/eligibility_approved. php ♯chi.

Bowen, M. et al, 1995. Interpreters and the making of history. In Delisle, J. & Woodsworth, J.(eds.). *Translators through History*. Amsterdam: John Benjamins: 245-273.

Bryant, T., 2012. *UD Planning New Master's Program in Technical Chinese Translation*. http://www. udel. edu/udaily/2011/nov/masters-chinese-translation110210. html.

Ferailleur-Dumoulin, C., 2009. *A Career in Language Translation*. Bloomington: AuthorHouse.

IBISWorld, 2012. *Translation Services in the US: Market Research Report*. http://www. ibisworld. com.

Laviosa, S., 2003. *Corpus-based Translation Studies*. New York: Rodopi.

Laviosa, S., 2010. Translation. In Kaplan, R. (ed.). *The Oxford Handbook of Applied Linguistics*. New York: Oxford University Press: 475-489,

Laviosa, S., 2011. Translation in second language learning and teaching. *The Interpreter and Translator Trainer*(2): 362-365.

Nicholson, N.C., 2010. Interpretation. In Kaplan, R.(ed.). *The Oxford Handbook of Applied Linguistics*. New York: Oxford University Press: 443-456.

Snyder, T. D. & Dillow, S., 2011. *Digest of Education Statistics 2010*. Washington, D.C.: National Center for Education Statistics.

Sofer M., 1996. *The Translator's Handbook*. Rockville: Schreiber Publishing.

Venuti L., 1998. American translation. In Baker, M.(ed). *Routledge Encyclopedia of Translation Studies*. London: Routledge: 305-315.

柴明颎,2010. 对专业翻译教学建构的思考. 中国翻译(1):54-56.

贺显斌,2009. "欧盟笔译硕士"对中国翻译教学的启示. 上海翻译(1):45-48.

孔令翠,王慧,2011. 翻译硕士教育发展的困境与思考. 学位与研究生教育(8):41-45.

潘华凌,刘兵飞,2011. 翻译人才需求状况调查及其培养对策研究. 解放军外国语学院学报(1):79-83.

张光明,李晶,2003. 美国翻译教学与研究的新发展. 上海科技翻译(1):56-59.

庄智象,2007. 我国翻译专业建设:问题与对策. 上海:上海外语教育出版社.

本文为全国教育科学"十二五"规划课题(编号 GPA115009)和郑州大学研究生教育重点课题(编号 2012009)的阶段性成果。

(原载于《外语界》2012 年第 4 期)

MTI 教学:基于对职业译者
市场调研的实证研究

丁大刚　李照国　刘　霁

近年来,随着翻译硕士专业招生院校的增加,学者对于 MTI 教学的探索和研究方兴未艾。现有研究涉及 MTI 教学的许多方面,包括培养模式(杨朝军,2012;葛林 等,2011;穆雷、王巍巍,2011)、课程设置(朱振武,2011;崔启亮,2012)、教学方法(杨晓华,2012;王爱琴,2011),以及翻译能力和译者素养(李瑞林,2011)。但是,国内鲜有基于市场调研(尤其是对职业翻译人员的调研)及其对翻译教学启示的实证研究。这也是导致目前各高校翻译本科专业和硕士专业课程设置较为盲目、缺乏创新,以及翻译教学脱离市场需求的重要原因。

教育学者有一个普遍认同的观点,即课程设置及创新应该基于学习者的需要(Pratt,1994:35)。因此,通过对职业翻译人员的调查,分析职业译者的需求,从而评估翻译专业学习者的需要,将会对现有 MTI 专业的课程设置和创新提供有益的借鉴。

一、研究方法

对职业译者的调查分三个部分:问卷调查、访谈和田野调查。调查时间为 2011 年 6—8 月,共发放问卷 85 份,回收有效问卷 68 份,有效率 80%。继问卷调查之后,我们访谈了其中的 17 位调查对象,目的是进一步了解他们的背景,他们对翻译这一职业的理解,以及他们对翻译学习的看法。为了辅助访谈,我们继而收听了 5 位译者的口译录音资料,阅读了 12 位译者的翻译作品,目的是确证访谈过程中这些译者所反映的问题和意见。

二、调查对象

接受问卷调查的 68 人均为专职译员,分布于北京、上海和深圳;接受访谈的 17 人在上海工作。68 人当中,25 人在政府机关就职,3 人在法院工作,2 人在商会工作,其余 38 人在企业工作,包括金融、制造、商贸、法律、旅游、出版等行业。他们的年龄在 25~38 岁之间,从事翻译工作最少 1 年(15 人),最多 12 年(5 人)。多数具有本科学历,具有硕士学历者仅 11 人。多数为英语专业,18 人毕业于高级翻译学院,2 人为国际贸易专业,3 人为对外汉语专业。

三、数据分析

对于数据整理和分析,本研究严格遵循波格丹和比克伦的改良分析归纳法。(Bogdan & Biklen,2007:63-66)在反复阅读有效问卷、访谈记录和翻译作品的过程中,我们发现了一些反复出现的问题和意见。这将在以下的研究发现中呈现出来。

四、研究发现

在对所得数据进行科学分析之后,我们发现了以下几个方面的问题。

1.最有用的课程

"哪些课程对您帮助最大?"对于这个问题,选择"英语语言文学"的为 58 人(85%),选择"汉语语言文学"的为 56 人(82%),选择"专业翻译"(包

括商务翻译、法律翻译、旅游翻译、新闻翻译、科技翻译等)的为 47 人
(69%)。

2. 准备最充分与最欠缺的方面

"从事翻译职业之前,您在哪些方面准备得最充分?"对于这个问题,
选择"英语语言能力"的为 37 人(54%),选择"汉语语言能力"的为 21 人
(31%),选择"翻译技能"的为 22 人(32%)。

"从事翻译职业之前,您在哪些方面准备得最不充分?"50 人(74%)选
择了"专业知识"。后续访谈表明,这些专业知识包括科技、金融、法律、时
事、医药等。如一位被访者所说,"刚从事翻译那会儿,我们最缺乏的是专
业知识,而不是语言表达能力或翻译技巧"。

3. 工作中的困难

实际翻译工作中面临的最大挑战是选择正确的表达方式。对这些职
业译者来说,所谓"正确的表达方式",指针对某一特定类型的文本所应使
用的正确格式、语体和术语。48 人(71%)认为"选择正确的表达方式"是
工作中所面临的最大困难。根据之后的访谈,这一挑战贯穿他们职业的
始终。

翻译工作中的第二大挑战是口译。36 人(53%)认为"口译"是翻译工
作中最为困难的。其中的原因包括不熟悉话题、怯场,以及突击性的口译
任务。

第三大挑战是时间限制。31 人(46%)认为"时间限制"是顺利完成翻
译任务的最大困难。通常情况下,他们都有太多的资料要翻译,但工作时
间不够。口译也是如此。在政府机关工作的译员尤其如此,他们常常被
要求完成"不可能完成的任务"。例如,一位受访者称,一次他被要求在两
周内完成近 10 万字的中医资料的翻译。

28 人(41%)感觉自己的语言表达能力不足。他们常常有一种"词不
达意"的感觉。另外,在从事英汉翻译时,他们常常感觉难于理解英文原
文。如一位受访者所说,"有些科技文本的句子结构太过复杂,读了半

天也搞不懂"。

另外,某些译者不知道如何查找资料来帮助自己解决翻译的困难。24人(35%)认为"参考资料缺乏"是自己翻译工作中遇到的一大困难。这里所说的"参考资料"包括所翻译主题的知识和目的语中的对应表达。根据之后的田野调查,我们发现由于找不到合适的参考资料,某些译者的译文显得非常生硬。根据访谈结果,许多译者反映他们没有接受过如何查找参考资料的训练。这表明,许多从事翻译教学的老师想当然地认为翻译过程中查找资料是很容易的一件事,无须讲授。但这不符合事实。如一位受访者所说,"在真正从事翻译工作时,要找到恰当的参考资料,真的很不容易。我们甚至不知道到哪里去找,也不知道怎么找"。

4.翻译市场的变化

翻译市场在近些年发生了很大的变化,而且这些变化大大影响到了职业译者的工作。根据被调查者的反馈,这些变化主要反映在三个方面:汉英翻译量的增加,摘译(或编译)量的增加,新术语量的增加。

52人(76%)反馈他们的汉英翻译工作量近年有明显增加。无论是在政府机关还是在企业工作的翻译人员,都有这种反响。这一变化需要他们提高英语写作能力,完成把英语从原来的被动语言向主动语言的转化。一般认为,从事汉英翻译时,对汉语语言的理解应该不成问题,因此我国高校的英语专业很少开设汉语课。但在真正从事翻译时,他们感觉很难理解某些汉语表达,因此要求:"我们需要补汉语课!"

39人(57%)反馈他们近年所做的摘译或编译工作有明显增加。摘译或编译工作包括选择要点翻译、总结性翻译、删译等。他们无须翻译全文,而是仅仅翻译其中的重要部分或主要观点。这一变化要求译者具备较高的写作能力(包括汉语写作和英语写作)。因为从工作性质上看,摘译(或编译)与写作都属于文本制作,目的都是创作出适合特定读者阅读的文本资料;从所要求工作能力看,两者都需要写作能力、跨文化交际能力、信息处理能力等。根据访谈,他们说自己在学习期间很少接受这方面的训练。

41 人(60%)反馈他们近年翻译的资料中新术语量有明显增加。根据访谈,他们感觉新术语的翻译是件非常困难的工作,因为"我们根本找不到合适的对应表达"。而且这些术语不仅表现在技术领域,而且表现在社会政治领域,有时后者更是难于处理,因为"我们有时根本不理解某些政治术语的含义"。

5.翻译学习与翻译现实的差距

"您认为您所接受的语言和翻译教育与翻译现实之间的关系如何?"26 人(38%)认为自己所接受的教育与工作实际之间"有一定差距"。20 人(29%)认为自己所接受的教育与工作实际之间"差距不大",其中多数为高级翻译学院的毕业生。22 人(41%)认为大学的翻译教学与工作实际之间"有较大差距",其中多数已从大学毕业数年,从事翻译工作在 5 年以上。

根据访谈,翻译教学与翻译工作实际之间的矛盾主要表现在如下几个方面:语境与团队、翻译过程与时间限制、全译与摘译。在大学的翻译教学中,教师比较注重语境在翻译中的作用。然而,在翻译工作实际中,对于一个较大的翻译项目,原文常常被切分为几个部分,由一个翻译团队协作完成。有时候,一个译员只负责其中的几个句子,因此这样的翻译是完全去语境化的。如一位受访者所说,"根本没有上下文帮助你理解。此时我们所能做的就是猜测"。

翻译教师和研究人员常常谈论到翻译的正确过程,如我们常说"理解、表达和校核三个阶段"(张培基,1980:9)。然而,由于时间限制,职业译员在实际工作中很少先通读原文。为了按时完成任务,他们常常是在拿到翻译文本后就立即开始翻译。而且在翻译完成之后也很少有校核,而是直接交予客户。接受访谈的职业译员许多都表示,他们必须学会接受"可接受的翻译,而不是完美的翻译"。

在翻译教学中,我们教授的更多的是如何做全文翻译。学生很少有机会学习如何做摘要、总结或删译,更不用说编译了。然而,根据我们的访谈,在当今的翻译实际中,很多情况下译者需要做摘译的工作,尤其是在商业领域。例如,他们有时需要对数百页的文件做总结翻译,删除冗杂无关的信息。在学习的过程中缺乏这种职业训练,所以就对实际工作造成了很大的困难。

6.再教育

当被问及是否愿意继续学习,以及学习什么课程时,37 人(54%)选择学习英语语言文学和英美文化。44 人(65%)选择学习汉语语言文学和中国传统文化,原因主要在于他们所做的翻译工作越来越多地涉及中国文化元素,而这是学习英语专业的学生所欠缺的。31 人(46%)选择学习其他专业课程。

五、讨　论

本研究的寓意非常明显。从根本上来说,MTI 教学应该根据学习者的职业需要来设计课程,并且在教学方法上做出必要的调整,从而帮助学生完成从学习到工作的顺利迁移。

1.提升翻译实践教学

本研究发现,高校翻译教学与译者职业需要之间存在很大差距,然而"MTI 培养与职业岗位需求紧密相关"(黄忠廉,2010)。因此,如何使MTI 学生完成从学习到工作的顺利过渡,则是我们翻译教学的首要任务。对于这个问题,其中一个解决方案就是为学生提供更多的实践型训练。

实践型训练包括两个方面。一是使用真实翻译材料,即在课堂教学和课下练习中使用来自真实翻译世界的材料,而非来自教科书上的材料。这就要求,MTI 院校有对口实习基地或实习单位,并且任课教师能够定期承担翻译项目。实习应该贯穿整个学习期间。实习类型可以多样化,可以是在教师指导下学习译稿,观摩口译录像或录音,也可以是直接参与翻译项目,或审校和评价译稿。二是改进教学方法。除了传统的文学翻译或图书翻译模式,教师可以在课堂上引进"翻译工作坊",因为这一模式

"真实有效地让翻译实践走进了课堂"(李明、仲伟合,2010:33)。它还可以培养学生协作完成一个翻译项目的团队精神。另外,教师也可以采用"实习式翻译实践教学"(王爱琴,2011)。

另外,翻译实践教学活动还应该包含摘译或编译训练,即根据客户的要求,提取客户需要的信息进行总结性翻译。例如,我们曾组织学生翻译过一部书,名为 *Book of Genius*。书中有一部分内容是对世界上 100 位天才的介绍。客户要求我们对此部分内容进行摘要翻译。我们针对全书的内容,尤其是第一部分关于天才的 20 项素质的介绍,制定了摘要翻译的原则,并获得了客户的认同。结果,原本 16 开 176 页的内容,我们摘译后的内容仅有 32 开 110 页。

2.加强语言训练

尽管被调查者认为语言文学课程(包括英语和汉语)对自己的工作帮助最大,但他们仍感觉需要进一步提升自己的语言学习。另外,我们发现,相对于翻译技能而言,职业译者更注重语言能力。这与我们目前许多 MTI 招生院校在课程设置上突出翻译技能训练,而忽视基础语言文学课程的学习,是相矛盾的。

另外一个有趣的现象是,多数被调查者感觉自己的汉语语言能力相对于英语能力而言较薄弱。另一个较为欠缺的能力是英语写作能力。这表明,双语能力对于从事翻译工作来说非常重要。这从我们阅读一个对外汉语专业的受访者的译作中可以感受出来。其汉语译文相对来说比较地道,欧化表达较少。另外,多数被调查者视"选择正确的表达方式"为工作中所面临的最大困难,也是其语言表达能力欠缺所致。因此,我们需要加强学生的语言训练,尤其是提高他们的英语写作能力和汉语表达水平。在课程设置上,除了继续开设传统的语言文学课程之外,我们还可以结合 MTI 专业学位论文写作对学生进行技术写作训练。(王传英、王丹,2011)

另外,随着中国国际化程度的加深——表现在翻译职业领域就是汉英翻译的增多,在 MTI 教学中,我们需要加强学生的文化素养。这有必要在课程设置上,开设英美文化课和中国传统文化课。

3.拓展专业知识教学

专业知识对于翻译的重要性是不言而喻的。因为一个好的译者应该是个"杂家",也就是要"杂学"(吕叔湘,2009)。那么,如何满足学生对专业知识的需求?这对于英语专业出身的教师来说显然是不容易做到的。但是,我们至少可以努力从两个方面来解决这个问题。一是设置专业翻译课程,且在教学过程中尽可能教授一些相关的背景知识。二是鼓励学生尽量扩大自己的阅读面,或跨学科选修一些其他专业的课程。除此之外,我们只能希冀学生将来在翻译实践中自学了。

4.讲授查找参考资料的技能

我们在翻译教学中好像忽略了教授学生查找参考资料的技能。这一技能的训练最好贯穿翻译教学的始终,尤其是专业翻译课程的教学。一方面,我们要教授学生如何根据翻译的需要,查找专业词典或参考书。例如,在翻译一部与大脑科学有关的科普读物 *Building Mental Muscle* 时,我们让学生先到互联网上或图书馆里查找有关大脑教育的书籍,熟悉相关的中文表达,尤其是解决一些新术语翻译的问题。另一方面,我们还要教学生利用现代技术查找翻译工作所需要的信息。例如,如何通过浏览一家公司的网站,寻找有助于完成翻译任务的相关信息,或为即将到来的口译任务做知识储备。或者,如何利用搜索引擎确定一个术语在目的语中较为通行的对应表达或快速学习百科知识。或者,如何通过互联网获得翻译论坛的在线帮助。

六、结 论

首先,本研究获得了一些关于职业译者工作现实的重要发现。其中包括最有用的课程为语言文学,最欠缺的是专业知识,最大的困难是表达风格,最需要的翻译训练是摘译和汉英翻译,以及需要解决的翻译教学与翻译实际之间的矛盾:语境与团队、翻译过程与时间限制、全译与摘译。

其次,这些发现为当前 MTI 教学提供了一些有益的启示,包括课程设置的创新、教学方法的改进、教学材料的选择等。

我们应该建立一个 MTI 毕业生跟踪调查机制,定期进行这样的研究,不断从我们的毕业生那里获得反馈,不断改进我们的 MTI 教学。作为 MTI 指导老师或教师,我们必须深入从业者的实际,这样才能够在理论与实践之间架起一座桥梁。

参考文献

Bogdan, C. & Biklen, S. K., 2007. *Qualitative Research for Education: An Introduction to Theories and Methods*. 5th ed. London: Allyn and Bacon.

Pratt, D., 1994. *Curriculum Planning: A Handbook for Professional*. Fort Worth, TX: Harcourt Brace.

崔启亮,2012. 高校 MTI 翻译与本地化课程教学实践. 中国翻译(1):29-34.

葛林,罗选民,董丽,2011. 诺德翻译能力理论观照下的 MTI 培养模式研究. 中国翻译(4):31-36.

黄忠廉,2010. "翻译硕士专业学位"更应突出应用性和实践性. 中国社会科学报,06-15(8).

李明,仲伟合,2010. 翻译工作坊教学探微. 中国翻译(4):32-36.

李瑞林,2011. 从翻译能力到译者素养:翻译教学的目标转向. 中国翻译(1):46-51.

吕叔湘,2009. 翻译工作和"杂学"//罗新璋,陈应年. 翻译论集. 修订本. 北京:商务印书馆.

穆雷,王巍巍,2011. 翻译硕士专业学位教育的特色培养模式. 中国翻译(2):29-32.

王爱琴,2011. "实习式"翻译实践教学模式探索与思考. 外语教学理论与实践(1):83-88.

王传英,王丹,2011. 技术写作与职业翻译人才培养. 解放军外国语学院学报
　　(2):69-73.

杨朝军,2012. 产业化视域下的翻译硕士培养模式. 中国翻译(1):24-28.

杨晓华,2012. 基于问题学习的翻译教学研究——以 MTI 文化翻译课程为
　　例. 中国翻译(1):35-39.

张培基,1980. 英汉翻译教程. 上海:上海外语教育出版社.

朱振武,2011. 理论·操守·权益——翻译硕士(MTI)专业设置引发的思考.
　　上海翻译(3):55-59.

　　本文是上海师范大学第六期重点学科建设项目(A-7031-12-001025);
上海市教委科研创新项目"中国典籍英译译者话语调查研究"(12YS053)。

　　(原载于《上海翻译》2012 年第 3 期)

外事口译对 MTI 教学要求的调查报告

雷 宁

一、引 言

翻译硕士专业学位(MTI)自 2007 年经批准实施以来获得了快速发展,至 2014 年 7 月已有 206 所大学开设或拟开设 MTI 课程。MTI 的目标是培养高层次、应用型、专业性口笔译人才,以满足不同专业领域的需要。中央国家机关每年均组织或参与大量高级别、高层次的外交、外事活动,是 MTI 毕业生的重要潜在聘用单位。最为业内人士及公众认可和关注、并具有一定社会影响力的译员往往来自这些机构,他们成为众多 MTI 学生学习的榜样。

因此,本调查通过研究上述机构在实际工作中对新入职口译员业务能力及综合素质的要求,并且在可能的情况下比较学术型专业硕士毕业生与 MTI 毕业生的在职表现,进一步了解用人单位的切实需求,使 MTI 的课程设计和教学更好地服务于实际需要。

二、项目设计与实施

1.方案设计

本课题的调研采用了问卷和采访相结合的方式。问卷设计了五部分:(1)翻译部门的总体情况;(2)招聘、入职培训和在职培训;(3)新入职译员的业务和素质表现;(4)发现的问题和对 MTI 的认识;(5)给教学单位的建议。问卷包括 10 个分类的 42 个问题。

受访单位的选取基于高层次和代表性两个原则,最终确定了 10 家机构:全国人民代表大会常务委员会、外交部、科技部、信息产业部、农业部、商务部、卫生部、人民银行、中联部、进出口银行;既包括最高权力机关、党的机构,又包括国务院组成部门和直属机构。从专业来看,涉及外交、立法、科技、信息、农业、商务、卫生、金融等广泛领域。

具体实施方法为:问卷提前提供给受访单位,并约定采访时间。采访对象为翻译部门的处级负责人及(或)资深译员。在采访过程中,外交学院 MTI 一年级的学生担任采访者,向受访人简单介绍 MTI 项目,重申本调查的目的,详细询问问卷中各类问题,并根据访谈情况追加提问。

2.实施情况

收到问卷的 10 家单位均积极配合了该项目的研究,全部返还了问卷。其中 8 家单位回答了所有适用问题并接受了面谈采访,两家由于不同原因未回答前两部分关于"翻译部门总体情况"和"招聘、培训"的内容,其中一家接受了电话采访,另一家未接受采访。总体而言,调查进行得较为顺利,收集的信息较为详尽。

三、调查结果

1.翻译部门的总体情况

(1)部门设置及工作任务。10 家单位中有 7 家把翻译部门设在总部的外事或国际司(局)内,3 家把翻译部门放在下属单位,其中 2 个为事业单位,1 个为企业。无论级别设置如何,所有受访的翻译部门均为其总部或上级机关承担外事翻译任务,包括领导外事活动的口笔译,国际会议的口译,外交、外事文件及信函的笔译等。有 2 家单位的翻译还承担单位网站的英文笔译。

（2）人数。翻译队伍的大小差异较大，从 20 人以上到几人不等。在回答了该问题的 8 家单位中，翻译人数在 20 人左右或以上的有 3 家，其他的在 6～12 人之间。有较大规模翻译队伍的单位往往翻译业务量饱和或超饱和，或是使用了不少的兼职翻译，或是把翻译部门设在下属单位，从而规避招录公务员时对人数的严格限制。

10 家单位中有一半使用兼职翻译，兼职人员均为本部门的外事干部，在翻译任务过多时由他们分担一部分工作。除 2 家单位有 1～2 名专门的笔译（定稿）人员外，其他单位的翻译，无论专职还是兼职均是口笔译双肩挑。绝大多数单位都有一定比例的翻译能够胜任同传工作。

（3）年龄分布。翻译的年龄分布集中在 20～40 岁之间。8 家单位中 4 家有 1～3 人为 40 岁以上人员，多数担任翻译部门的领导职务。大量从事具体工作的人员均在 40 岁以下。20～30 岁以及 30～40 岁两个年龄段的分布比例在不同单位各有上下，未显示出共性趋势，似乎印证中央国家机关译员的职业活跃期大致截止到 40 岁。

（4）学历及专业。翻译的学历近年在显著提高。在具体回答了该类问题的 7 家单位中，硕士研究生的比例最低为 40%，最高为 100%，其他在 60% 到 90% 之间。有一家单位未提供具体数字，并解释说看重的不是学历而是能力。另有一家表示，招收硕士生主要是为了符合国家对公务员招聘的政策要求。

多数译员在校时就读英文专业。除一家外，其他单位英文专业毕业的译员均超过或大大超过翻译专业毕业的译员。

（5）工作量。工作量的情况各单位差异较大，10 家中工作量饱和及不饱和的各占一半。饱和的单位中有 2 家超饱和；不饱和中有一家认为工作量很少，另一家认为工作量的时间分配很不平均，有明显的忙季和闲季之分。

关于是否有招聘计划，所有回答了这个问题的单位在今后 3 年内都没有招聘计划。有的认为现有的译员人数已经够用，少数是由于招聘本身太复杂。这包括工作量饱和的单位。

有略超过一半的单位会外聘译员来承担难度较大的翻译任务、国际会议、笔译，或是解决忙季人手不足的问题。业务领域偏重政治性的单位均提到会从外交部借翻译，而不会聘用自由职业译员。有 3 家单位由于业务性质从不外聘译员。

2.招聘、入职培训和在职培训

(1)招聘方式及选拔标准。所有受访单位均通过考试招聘译员，考试内容均包括中英文双向的交传和笔译。也有个别单位增加了中文写作和英文写作的内容。各单位在选取试题时几乎都不限于自己的专业领域，往往会选择和自己业务有些许相关的社会话题。多数单位都强调希望考察应聘者的"综合语言能力""可塑性"和"反应能力"。在普遍提到的译文评判标准中，多数单位最为注重信息是否得以"完整、准确"地呈现；第二位的是"语言质量"，即语法是否规范；第三位的是语音、语调的质量。除直接的语言能力外，几家都提到了"沟通能力"和"抗压能力"。

(2)入职培训。有一半的单位对新入职人员进行培训，但有些培训并非针对翻译能力，而是面向当年该单位招聘的所有新人，无论岗位如何，入职培训的内容都是统一的，包括对单位所有业务的介绍。有 3 家单位开展入职翻译业务培训，均是翻译人数较多而且作为独立小单位存在。培训长短一般为一至几个月，培训者往往是本单位的资深译员，可谓一种"传帮带"式的培训。

(3)在职培训。在职培训的开展则相当普遍，除一家无固定翻译岗的单位外，其他 9 家均以不同形式对译员进行培训。多数单位的培训不定期，并且依靠外部培训力量。多次被提到的、有能力为在京国家机关提供翻译培训的部门主要是外交部、外文局和外交学院。

外交部翻译室的业务培训在业界甚至社会上有相当的知名度。虽然该单位并未回答问卷中此部分的内容，但根据公开资料显示，其培训时间之长、强度之大、内容之难是其他培训难以比拟的，可谓树立了翻译专业培训之典范。外交部的培训主要针对自己的翻译，只有很少的名额提供给兄弟单位。

外文局提供定期或定制翻译培训,师资主要包括其自身专家和中美高校的翻译老师。培训内容多根据学员的专业领域设计,有较强针对性。

外交学院的高级翻译培训班每期半年,主要针对有一定工作经验的外事部门的翻译,教学内容贴近外事工作的需求。

国外的培训资源中最重要的是欧盟,有 5 家单位都送译员去布鲁塞尔参加为期 5 个月的培训。欧盟同声传译培训项目起源于 20 世纪 80 年代早期,欧盟依照《中欧贸易协定》每年为中国培养一定数量的译员,为中欧之间的谈判提供便利。30 年来,培训对象的范围也从经贸领域不断扩展。如今有更多单位,包括地方外贸、外事部门的翻译,都有机会通过考试参加该项培训。培训老师均是欧盟口译总司的译员,实践经验丰富,通常掌握多种语言。但该项目目前受到资金的制约,前景不甚明朗。

此外,4 家单位会送译员赴英语国家留学,学习翻译或和业务相关的专业。一家单位送译员参加相关国际组织举办的翻译培训。在英语环境中的学习对译员的跨文化交流能力和业务的长期发展颇有裨益。

除了正式的在职培训,几乎所有单位都在进行非正式的"传帮带"式的培训或自我练习,时间灵活,简便易行。

3.对译员的业务和素质要求

(1)问题设计。问卷的该部分设计了 17 个问题,涵盖 3 个方面。第一,知识结构和学习能力。包括对我国基本国情和政策及社会热点的了解程度,以及对上述内容的英文表达的熟悉程度;经过短期培训对本单位基本业务的掌握,及经过短期准备熟悉新领域、掌握新词汇的能力。第二,翻译业务能力,包括翻译是否忠实、准确,内容是否全面、完整,中英文语言的质量,语言表达习惯和公众讲话能力,职业形象如何,以及是否能够胜任笔译工作。第三,综合素质,包括是否能够与服务对象沟通和现场配合,是否有合作精神和责任心。最后一个问题是译员还应具备哪些重要素质。

(2)受访单位反馈。有 9 家单位对新入职译员的知识结构表示较满意或基本满意,认为他们有较强的学习能力。对于翻译能力,在"是否忠实、准确""是否全面、完整"问题下列出的"好、中、差"三个档次的选项中,有7家单位选择了中间档,即"语气、程度把握尚不到位""有些细节被遗漏"。在这两项翻译质量评判的核心标准上能得到中档评价,对于刚入职的译员来说可以算是基本合格了。另有2家单位给他们的新译员更高评价,认为他们的翻译"忠实于讲话人,把握准确","很全,无遗漏"。对于译员的语言质量,多数单位都认为较好,有3家指出中文质量更好于英文,但有一家认为其译员的中文水平低于英文,很可能是对中文有更高于外文的要求和期望。对新译员翻译能力和语言质量的评价显示,翻译队伍越大、承担任务越多的单位似乎对于新译员的要求越高,对于他们现有水平的评价偏低。对于讲话能力和职业形象,多数单位都表示满意。新译员也均能承担笔译工作。对于综合能力,多数单位给出了好于翻译能力的评价,认为译员具有较好的沟通能力、合作精神和责任心。

该部分最后一个问题是关于上述未提到但新译员应该具备的素质,回答集中在如下几个方面:第一,公务员应有的政治素养,包括坚定的政治立场、保密意识、维护国家形象的意识、良好的工作态度;第二,自学能力,包括旺盛的求知欲、不断学习的能力;第三,和翻译相关的素质,如稳健的心理、广博的知识和对文化的敏感;第四,和翻译相关的技能,特别是对口音的辨识、笔记、掌握背景知识的能力。

4.对毕业生的满意度和发现的问题

(1)毕业生存在的不足。在上一部分多数单位对新译员的具体能力做出了好至良好的评价,但在回答他们有何主要不足时,仍有8家单位指出了不足,全部集中在两个问题上,即翻译经验不足和对本单位的专业不了解。虽然用这两点来要求新入职的译员有些操之过急,但单位希望译员来之能用的心情似可理解,"应用型、专业性"也确为MTI的培养目标。

(2)对MTI项目不甚了解。该部分最为出乎意料的反馈是所有受访单位的译员中均无MTI毕业生,而且有7家单位的翻译负责人对MTI项目"不了解",有 2 家"一般性了解"。只有一家较为了解,但却提出了批评意见,认为 MTI 项目较多,良莠不齐,质量有待提高。这也反映出 MTI 虽然在近年经历了飞速发展,其毕业生进入高端部门的比例仍非常小,当然时间上的滞后效应应该是原因之一。

(3)部分入职培训内容前移至 MTI 学习阶段。关于哪些入职培训的内容更适合在 MTI 的两年过程中进行这一问题,不少单位给出了建议。在教学内容上,建议加强基本国情政策、外交礼仪、跨文化交流;在素质方面,建议培养学生的职业道德(在翻译中不编造),加强沟通能力(译员之间以及和客户之间),接受口译任务后独立准备的能力。

5.建议解决方案

针对新入职译员的不足,各单位对于 MTI 项目提出如下几方面的建议:第一,教学内容的选择应涉及广泛议题,进行通才培养,提高综合素质;第二,培养扎实的语言功底和翻译技能;第三,加强实践;第四,充分利用时间,在录取后即给学生布置功课,开学时摸底测试,提升学生的学习热情和时间利用效率;第五,学生应根据计划报考单位的情况,在备考过程中集中学习相关专业知识。

四、调查总结及对 MTI 教学的启发

1.调查总结

鉴于 10 家受访单位具有较为广泛的代表性,调查结果清晰呈现了中央国家机关翻译队伍的现状。在这类单位中,翻译人数相对较多,普遍较为年轻,多数具有硕士学位,均经过严格的考试录用,起点较高;平均而言,业务量较大,译员拥有较多的工作实践机会,但也存在明显差异;接受在职培训的机会多,包括赴英语国家攻读相关学位,有相当明显的职业提升空间;在业务能力和综合素质方面高标准严要求,需要终身学习,不断进步。

但同时发现高端翻译岗位入口把关极为严格,招聘名额少,考试程序多、难度大。中央国家机关是 MTI 毕业生的重要潜在用人单位,但该调查显示目前这类单位招录的 MTI 毕业生人数稀少,而且对此项目亦知之甚少。受访单位的译员绝大多数为翻译专业学术型研究生或英语专业本科毕业,因此未能按照调查设计方案对学术型专业硕士毕业生与 MTI 毕业生的在职表现进行对比。针对高端译员队伍的这种情况,开设 MTI 的院校应当加强宣传,让用人单位了解该项目培养高层次、应用型、专业性口笔译人才的特点,把目光投向 MTI 毕业生。当然,高校更应该不断改进教学方法和质量,真正实现培养目标,打造优秀人才以吸引用人单位,使其逐渐形成一种招翻译就首先想到 MTI 毕业生的思路。

2.对 MTI 教学的启发

根据此类单位的用人需求,特别是指出的新译员的不足之处以及对 MTI 教学的建议,似可从如下几个方面改进 MTI 的课程设计和教学方法,从而更好地服务于实际需要。

(1)教学议题的选择上重视"博"与"精"相结合。受访单位对于新译员对国家基本情况和政策的掌握基本满意,验证了一般翻译教学能够涵盖基础性议题。但对新译员知识的广度和专业的精度均提出了更高的要求。翻译应该既是通才又是专才,也只有如此才能较好地应对外事会晤可能在专业上事无巨细、又可能在范围上无所不包的现实。因此,除了基础性议题,教师亦应选择经济、金融、外交、科技、法律等对一国社会乃至世界各国产生重要影响的议题,或者是契合本校和本地区特点的领域,拓宽学生的视野和兴趣,同时学习相关外文表达。

(2)翻译能力培养上下功夫提高语言质量。部分 MTI 学生容易重视翻译技巧,而忽视语言质量。标准的语音语调、正确的语法和地道的表达共同构成高质量的语言,不经千锤百炼难以获得。教师应不厌其烦地在课堂上指出并纠正具体错误,培养学生对语言质量的敏感意识,帮其确立和 MTI 培养目标相一致的自我要求。

(3)教学形式上加强课内实践性。多个单位指出新译员缺乏实践和经验,MTI 项目在设立之初即为解决此问题而积极开拓实践渠道,但实践机会的落实和实际效果差异较大。为弥补此项不足,应加强日常课堂教学的仿真性,选择真实会议材料,事先发布议题和有关信息并要求学生提前准备;授课过程中利用会议室、同传室等设施,创造某个或少数几个学生翻译,其他人做听众的机会,从而给译者适当增加压力,感受真实会议的氛围。

(4)教学过程中融入综合素质的培养。过硬的专业水平只是成功的一半,合格的译员还需要具有良好的职业道德、心理素质、合作精神、沟通和跨文化交流能力,才能够圆满完成翻译任务并成为一个团队中受欢迎的一员。在学生树立上述意识的过程中,教师可以积极引导,在课堂上通过具体事例和练习说明这些素质对于赢得现实机会和获得长远成功的重要性,并通过教学设计让学生在课堂上对此有所体会和实践。学校亦可聘请外事礼仪方面的专家来校讲座,使学生对外事场合的实际情况和礼仪要求有所了解。

(5)时间的有效管理。MTI 学制两年,但由于实践和择业等因素,有教师指导的教学时间只有一年半左右。鉴于受访单位普遍对于毕业生的知识面和专业知识不满意,似乎可以通过院校和教师的指导,使学生更有效地管理学习时间。具体建议是:第一,在学生被 MTI 项目录取之后即向其布置必读书目(或材料),拓展其知识面,入校即进行摸底考试。阅读内容的选择可以结合当前国际交流的热点问题、国内的重点问题及基本国情,并兼顾学校的专业特色。除书籍外,亦可要求学生跟踪英文质量好的国内网站和关注中国较多的国外网站,以及新闻中对外事活动的报道。第二,在二年级下学期,结合不同学生的不同就业选择和进度,由导师提供数次辅导,引导学生通过有关单位网站、专业期刊和报纸等渠道对相关领域有所了解,从而达到备考或针对新职业提前进入角色的目的。

上述建议的实现除需要一定的硬件设施外,最有赖于 MTI 教师自身的能力和意识。只有教师本身加强翻译实践,重视职业素养,留意言传身教,才有可能在课堂上给学生更精准到位的指导。

基金项目:全国翻译专业学位研究生指导委员会项目(项目号MTIJZW201304)

(原载于《中国翻译》2015 年第 2 期)

国内技术写作发展现状调查
及其对 MTI 教育的启示

李双燕　　崔启亮

一、引　言

　　语言服务业的业务范围远远超过传统的翻译产业,翻译只是语言服务的一个方面,其上游环节——信息内容的设计与开发,即技术写作,对后续翻译效率与质量,甚至对语言服务其他领域都产生影响,因而逐渐受到关注,成为职业译者的一项重要专业技能。

　　技术写作在欧美等发达国家已经成为政府公认的一种职业,高校也建立完善的人才培养体系。以美国为例,美国 19 世纪中叶就开始技术写作实践与教学,至今已有 150 余年的历史。随着科技的不断发展,技术写作范围日益扩大,逐渐产生"技术传播"这一称谓。第二次世界大战以来,许多大型企业开始设立专门的技术写作部门,聘用专业人员负责多语种文档开发,这对于产品的跨境销售,新技术在全球范围的传播具有重要作用。技术传播学因此得到迅速发展,成为一门独立学科,"全美在 1990 年共有 203 个技术传播专业(或技术写作等相关专业),其中有 11 个博士专业"(徐奇智、王希华,2006:58)。

　　相比之下,我国技术写作还处于发展初期,尚未形成行业,其重要性未得到普遍认可。对技术写作的需求集中在一些外资企业(如 IBM、爱立信)及一些大型本土企业(如华为、中兴)。少数高校开始认识到技术写作的重要性,开设技术写作课程,如北京大学、南开大学等,但尚未设立相关专业。相关学术研究也刚刚起步,笔者以"技术写作""技术传播"为关键词,检索中国知网、维普网及北京大学图书馆,截止到 2016 年 2 月底,得到相关书籍、期刊论文、硕士论文不足 50 种(篇),其中还包括传播学和技术写作从业者的文章。而发表在翻译或外语类重点期刊上的文章不足 10 篇,主要探讨技术写作与翻译人才培养,如胡清平(2004)、苗菊和高乾(2010)、王传英和王丹(2011)等,这些研究或借鉴西方成功经验,或根据自身教学及学习经历,提出课程构想,尚未有结合国内技术写作实践现状的探讨。

翻译硕士专业学位(Master of Translation and Interpreting,简称MTI)教育旨在培养应用型、实践性、职业化翻译专业人才。紧密联系国内市场需求,依托技术写作发展现状,从行业实践出发,有助于完善职业翻译人才培养方案,使课程设置更具针对性和实用性,使教学目标更加明确,从而为社会输送优秀语言服务人才。有鉴于此,笔者针对国内技术写作发展现状设计调查问卷,邀请资深从业者进行前测,采用多种渠道扩大样本,以期调查结果对我国 MTI 技术写作教学有所借鉴。

二、调研设计

1. 调研问题

本次调研问题涵盖 3 个方面:一是国内技术写作在地理分布、规模、人员、工具、管理等方面的发展概况如何;二是存在哪些问题,如何克服;三是面对这些问题,翻译教学应如何应对。

2.调研对象和工具

技术写作指需要特定技术领域的专门知识才能完成的写作(Gould & Losano,2008)。因此,本次调研主要面向那些在特定领域使用专门词汇从事文档创作、翻译或管理的人士,如机械制造、信息通信、医疗卫生等领域。

本研究采用问卷形式,围绕上述问题,问卷分为两部分,共计 13 道题,其中 1～12 题为客观选择题,包括单项选择题与多项选择题,第 13 题为主观非必答题。调查内容包含 5 个方面:(1)行业概况,包括行业分布、企业技术写作部门设置、企业对技术写作的重视程度等;(2)人员概况,包括从业者的学科背景、员工规模、工作方式和成长途径等;(3)工具概况,包括文本写作工具和图像编辑工具;(4)文档交付与管理,包括文档交付形式、文档质量控制与评估;(5)问题与对策,征求从业者对技术写作现存问题的评价与建议。

3.数据收集

问卷分为纸质与电子两种形式。电子问卷借助问卷星创建,在科多思①微信平台、微博等社交媒体上发布,利用二度、三度人脉多方转发。纸质问卷在第三届技术传播与技术写作沙龙②现场发放。自 2014 年 12 月 26 日起,截至 2015 年 1 月 15 日,共回收有效问卷 92 份,涉及北京、上海、广东、湖北、四川、陕西、江苏、浙江和天津等十余个省市的技术写作及管理人员。

---

① 科多思(北京)咨询有限公司为全外资公司,总部设在瑞典哥德堡,在中国设有分公司,专门从事技术文档开发、培训等服务,拥有自行研发的技术文档管理平台。
② 由北京大学技术传播协会于 2014 年 12 月 27 日组织召开,该协会成立于 2012 年,旨在为技术传播人士提供交流学习的平台,每年举办沙龙活动。

三、调研结果分析

1.行业概况

就地理位置而言,国内技术写作集中在一线城市,如北京、上海和深圳等,这说明技术写作与经济发展速度、市场成熟度等密切相关。经济全球化催生跨国跨文化技术写作,多语言技术写作有利于科技信息在全球范围的传播与分享,是全球经济发展的助推器。

在行业分布方面,通信、制造、医疗、服务等行业对文档的需求较大;此外,本地化服务、重工、安防、金融等行业也离不开文档写作,参见图1。其中,通信行业居首位,占51.09%①,这是因为信息通信技术发展较快,与人们生产生活息息相关,许多高精尖或大型产品操作复杂,产品手册便成为用户完成操作任务的必备助手。因而,通信行业对技术写作的需求较大,重视程度也较高。

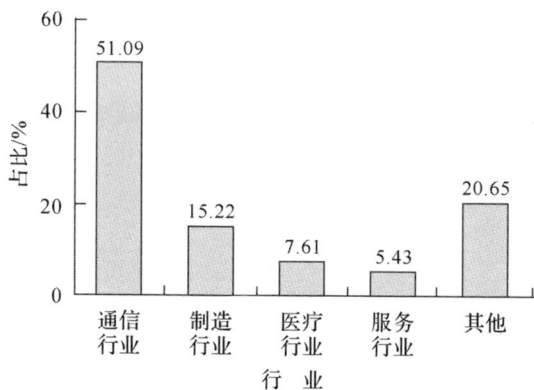

图 1　技术写作行业分布

受试群体中有75.00%认为文档非常重要或重要,7.61%认为其重要

---

① 本文中出现的百分比均保留两位小数,且百分比的整体为参与本次调查的人员总数92。

性取决于产品类型,认为不重要或相当不重要的只占6.52%。对文档比较重视的企业一般会设立技术写作部门,聘用全职人员负责文档工作;而在未设相关部门或分支机构的企业中,文档往往被边缘化,只是产品或服务的附属品;也有一些企业很重视文档,将相关业务外包给专业语言服务公司。这一点从下面的人员工作方式中可见一斑。

2.人员概况

企业聘用的技术写作人员包括全职、兼职和外包3种形式,其中,全职与外包所占比例较高,说明这部分企业比较重视文档,不过也不能一概而论,因为有些聘用全职人员的企业其实并不太注重文档,其全职写作人员通常在10人以下,甚至仅有一两个人,文档写作与管理也不够规范。

从业人员的专业背景中,理工科最高,占57.61%,外语专业次之,占28.26%,文理双修、其他文科及其他分别占7.61%、5.43%及1.09%。企业比较青睐文笔(英语)较好的理工科类毕业生,或者具备一定专业领域知识的外语类毕业生。这反映出技术写作的跨学科属性,需要文理兼修的综合型人才。因而,探索新的人才培养模式,除目前依托英语专业或翻译专业开设技术写作课程之外,还可面向其他专业开设,或者参考美国一些高校的做法,将其作为全校学生的一门公选课;对于外语类学生,则需补充通用(专用)领域知识,提高学生的从业能力。

在写作团队的规模方面,国内企业整体上以小型团队为主。人数在10人以下的企业占36.96%,10~50人占39.13%,50~100人仅占3.26%。不过,人数在100以上的占20.65%,这也反映出一些大型企业对技术写作需求较大,岗位设置较多。

技术写作人员的培训方式中,自学比例最高,师徒相授次之,定期培训与岗前培训更低,出国交流最低。显然,从业人员大多"自学成才",专业培训机会比较有限,而目前国内开设相关课程的高校也为数不多。这是优秀写作人才一将难觅的重要原因。

3.工具概况

文档写作工具主要有文本编辑工具和图像编辑工具。在图 2 列出的常用文本编辑工具中,排在第一位的是 Office Word,占比高达 80.43%,其次是 FrameMaker,Arbortext Editor 等专业工具。这说明传统文本写作方式仍占主流,导致国内市场上的文档良莠不齐,"马赛克"风格比比皆是。专业软件则可以实现对文档的定制化编辑和规范化管理,并支持多种文本格式输出;有些软件运用最新的 DITA[①] 理念进行模块化写作,方便文档内容复用,大大节约文档维护成本及本地化翻译成本。目前专业工具投入不足除因其采购成本较高外,也与企业重视不够有关。

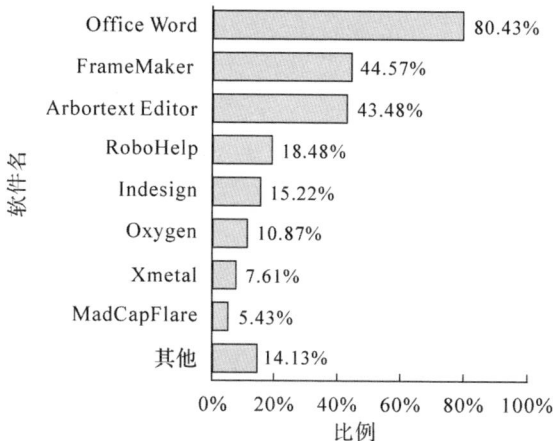

图 2 常用文本编辑工具

常用图像编辑工具有 Photoshop,Office Visio,Illustrator 等,参见图 3。图像在文档中的地位非常重要,所谓"一图胜千言",图示可以直观形象地呈现产品的外观特征、内部结构和操作流程等,具有文字无法替代的

---

① DITA 全称是 Darwin Information Typing Architecture(达尔文信息分类系统),是一种用于可扩展技术信息的 XML 体系结构,将文档内容按主题分为概念(concept)、任务(task)和参考(reference)3 种类型,便于对内容进行重组、更新和利用。一些主流技术写作工具如 FrameMaker 就采用这一标准。

作用,受到各国读者的青睐,尤其是日本读者。有些文档甚至直接以图示意,如宜家家居的部分产品文档,以图代文或将成为文档的主流形式之一。

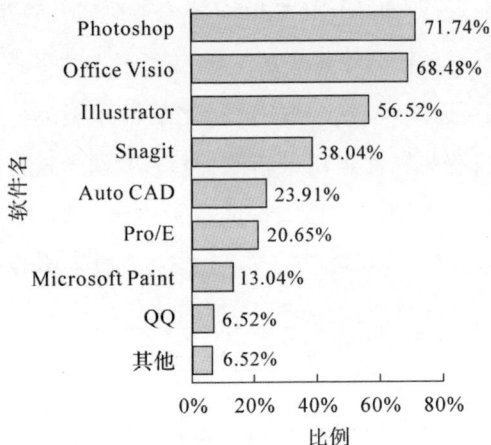

图 3　常用图像编辑工具

4.文档交付与管理

根据不同客户的需求,文档交付形式各异,依次有 PDF(96.74%)、Webpage(61.96%)、纸质和光盘(57.61% 和 50.00%),此外还有 chm,epub,HeDex 及自主研发的文档格式等其他形式(11.96%)。随着信息朝着"短、平、快"方向发展,文档交付形式也日益多元化,视频文档逐渐成为许多大型企业关注的焦点。虽然其制作成本较高,通常以秒计费,但多媒体的运用使信息传播更加直观形象,尤其是在硬件安装操作方面,可以帮助用户便捷高效地完成任务,有利于提升用户体验。

在质量控制(quality control)方面,企业常用的方式依次有技术审校、制定写作规范、同行审校和用户反馈,另外还有测试、市场部经理检查及自检等。质量控制应贯穿文档的整个生命周期,包括文档架构、开发、翻译、测试及发布等各个环节,且应与产品开发同步实施。而在实际工作中,文档往往被置于产品研发流程的末端,写作者由于不熟悉产品设计思路,缺乏背景知识,难以准确描述产品特征,直接影响文档的最终质量。因而,尽早介入、及时测试、循环演进的敏捷开发模式(agile developing model)才是确保文档质量的关键所在。

检验一篇文档是否合格,主要有几个观测点:准确性、一致性、可读性、可查性、可用性和可译性等。以此观之,国内文档尚有很大的提升空间,按其需要改进的迫切程度依次为:可用性(71.74%)、准确性(60.87%)、可读性(55.43%)、一致性(51.09%)、可查性(48.91%)和可译性(11.96%)。其中,可用性最为迫切,表明文档用户体验不佳。技术文档的最大功用在于帮助用户了解并使用产品,无论是创作还是翻译的文档都需要进行可用性测试以优化用户体验。可译性比例较低并不代表文档翻译质量较高,可改进的空间较小。相反,可译性是对文档的更高要求,即在写作阶段就要充分考虑如何便于后期进行国际化和本地化,即"为翻译而写作"(王传英、黎丽,2011)。文档本地化主要借助翻译软件进行,机器对语言逻辑关系的读取和判别毕竟有限,长难句有时翻译得面目全非。因而,在源语言输入阶段应避免使用较长或结构较复杂的句子,宜采用简单句、短句和主动句等,降低机器识别难度,提高翻译准确率。这种写作用语属于受控语言(controlled language),即一种规范化的人工语言,实则是对写作者提出更高的要求。

5.问题与对策

任何新兴事物在发展之初都难免遇到各种困难,技术写作亦然。我们预设 8 个问题,又以主观题的形式征求业内人士的建议,以期寻根问源、对症下药,统计结果参见表 1。

表 1 中黑体文字部分是制约技术写作行业发展的 4 个突出问题,依次为重视不够、高端人才短缺、教育培训不足和政策扶持不足。此外,缺乏行业规范、薪资偏低、技术写作学科定位不清和企业内部分工不明确等也是制约因素。

表 1　技术写作发展问题统计

题目/选项	同意	一般	不同意
定位不清	53.26%	33.70%	13.04%
重视不够	80.43%	18.48%	1.09%
待遇不高	61.96%	31.52%	6.52%
分工不明确	41.30%	40.22%	18.48%
高端人才短缺	78.26%	19.57%	2.17%
行业规范短缺	65.22%	28.26%	6.52%
教育培训不足	77.17%	20.65%	2.17%
政策扶持不足	76.09%	18.48%	5.43%

因主观题为非必答题,共有 42 位受试填答。现综合表 1 的数据一并整理如下。

(1)了解与重视。重视不够主要表现在两个方面:首先是企业管理层对技术写作的专业性认识不足,疏于管理;其次是整个社会(包括用户)不了解文档的作用,尚未形成阅读文档的习惯。由此带来多重负面影响甚至巨额损失:第一,品牌形象受损。文档是企业品牌的宣传书,代表着产品的软实力,其质量高低在很大程度上可以反映出产品质量的优劣,低质的文档会让消费者怀疑产品质量,有损公司品牌形象,严重者还会造成订单流失。第二,管理失当。写作人员善于从用户角度考虑问题,常常能发现一些研发人员顾及不到的细节。理想的模式是写作部门与研发部门,在整个产品设计、开发、测试等阶段紧密合作、及时沟通。然而,由于企业领导层的不重视,文档写作常常游离在产品开发流程的末端或中后期,写作人员难以主动参与决策。第三,从业积极性受挫。一方面,文档写作常被认为没什么技术含量,不需要多少专业知识,而且文档的阅读率或使用率比较低,写作者体验不到工作价值感与自豪感;另一方面,待遇相对于研发人员而言偏低,晋升平台受限,难以吸引优秀人才进入该行业。第四,行业边缘化。国内设置文档写作岗位的企业并不多,就业机会相对较少;从企业领导层到普通用户对技术写作缺乏了解,行业进展缓慢,技术写作的职业性尚未成为社会共识。

参与者普遍认为应加强宣传教育,使企业管理层逐渐认识到文档的重要价值。唯有管理层重视文档,才能更好地调配企业内外各种资源,规范文档写作,严格流程监管,提升文档质量。当越来越多的产品与服务走出国门,接受国际标准的检验,当用户体验成为全球市场竞争的核心,管理者会(或者说不得不会)转变观念。

(2)发展与创新。国内产业发展思路与格局与国外同行业相比存在相对的滞后期。此外,技术写作自身发展空间受限,缺乏新技术新形式引领写作潮流。当前,用户的信息来源与信息消费环境日益多样化,信息媒介从印刷件、光盘、电子书到视频等多媒体更迭不断;信息渠道从电视、网站到微博、微信等新型社交平台层出不穷;大数据、云共享等信息通信技术无处不在。文档形式也须与时俱进,让用户喜闻乐见,从而彰显文档的价值与意义。

(3)标准与规范。文档通常由团队合作完成,有的甚至是跨部门、跨企业、跨国合作,如果没有严格的写作规范,就无法确保文档风格的统一,势必会增加人员沟通、后续审校及本地化的成本。国际上一些团体组织或企业纷纷出台相关规范,如 *The Chicago Manual of Style*, *IBM Style Guide* 等,而国内至今未制定相对完善的写作规范,少数大型企业,如某电信公司虽制定中文技术写作规范,但仅限于公司内部使用,未来这一领域有待投入更多研究。

(4)教育与培训。目前,国内技术写作教育与培训相当有限,多数从业者由其他职位转岗而来,很少接受过正规的技术传播教育,在工作中也难以获得专业培训,缺乏交流学习的平台,行业专业性与创新性严重不足。要扭转这一局面就需要高校、企业及相关机构积极合作:高校扎实开展技术传播教育,企业联合开展职业培训,相关机构组织负责资质认证、伦理规范等外围性保障工作,共同构建技术传播人才培养生态圈。

(5)技术与人文。技术写作不仅要关注技术信息的准确传达,还要体现对人性的关怀,考虑人本认知、民族、性别和年龄等各方面差异(张鸽,2012)。技术文档虽然是关于技术的,但其目的则是为人服务,因而人文性是其根本属性,不可舍本逐末。文档不能仅仅满足于告诉用户"我是什么",还要让用户轻松找到"我能帮忙做什么",即从"以自我为中心"(self-centered)转向"以用户为中心"(user-centered),既考虑用户对产品的功能需求,也考虑其学习需求、情感需求等。当用户越来越注重文档的阅读体验和使用体验时,技术写作人员的职业价值也会逐渐凸显。

四、对 MTI 教育的启示

本次调查存在一定的不足之处,如样本不够大、问题不够全面等,但依然呈现出国内技术文档的发展概貌,反映出该行业的地理分布、行业分布、人才需求、工具需求、文档发布与管理等情况,还获得来自业界人士的宝贵建议,可为职业翻译人才的培养提供参考。

1.立足国内语言服务业,重视 MTI 技术写作教学

语言服务市场的需求变化要求翻译教学必须及时更新教学理念(穆雷、傅琳凌,2017:90)。如前文所述,重视不够是制约技术写作发展的首要原因,只有证明高质量的文档可以为企业带来更大的经济效益才能引起企业对技术文档的重视。而高质量的文档需要高水平的技术写作人员,高端人才的培养则需要落实到教育上来,这是解决制约技术写作行业发展问题的一个突破口。目前技术写作从业者的成长途径大多为自学或师徒相授,接受过专业训练的高端人才极其短缺;与此同时,本地化行业迅速发展,迫切需要技术写作的支持。技术写作已成为语言服务的重要内容,许多翻译或本地化公司越来越注重译者的写作水平,由译者直接创作的文档可省去文本转换的环节,有利于多语种文档的同步发

布,而且比经由翻译而来的文档质量更高,在竞争激烈的翻译市场中属于高附加值项目(王传英、王丹,2011)。技术写作已成为译者职业能力的重要维度,每一位译者首先应该是一位技术写作者,技术作者与技术译者之间的界限变得模糊,"译者—技术作者"成为市场走俏的人才。因此,MTI 培养单位,应紧密联系市场需求,积极开展技术写作教育培训,提高职业译员专业技能,为语言服务业输送应用型、实践性、职业化翻译人才。

2.明确技术写作性质,突出课程的人文性

技术写作不是纯粹的理科,也不是纯粹的文科,而是两者之间的一座桥梁,其为社会所做的贡献就在于连接技术与人文(Kynell,1999)。然而在对技术写作问题的调查中,不少从业者感慨国内技术写作缺乏人文关怀,文档阅读及使用体验不高,这也是可用性排在文档需改进之处首位的原因。因此,除训练学生写作能力外,还要着重训练学生"以用户为中心"的思维能力和解决实际问题的能力。Rutter 曾引用一位入行 25 年的项目经理的话说"若要胜任技术写作工作,只擅长写作还远远不够,技术写作需要 1/3 写作能力、1/3 问题解决能力与 1/3 服务受众的能力"(Rutter,1991:133)。因此,技术写作归根结底属于人文学科,人才培养需牢牢把握"技术为人"这一方向。在具体实施环节,可以开设信息设计、受众分析、可用性工程、人机交互等课程,帮助学生在翻译和写作过程中"以人为本"地设计信息、传递信息,实现技术信息的有效传播。

3.更新人才培养理念,变职业译者为多语言多媒体传播工程师

文档形式日趋多样化,用户(包括专业用户和消费者)获取技术信息的主渠道已经不再是专业性的文档(如产品说明书),新媒体渠道(图片、视频、音频等)已经成为主流,传统"平面"式信息表达方式正逐渐向"立体"化方向发展。"读图时代"已经来临,视觉文化现象应该成为翻译领域拓展的一个新增长点(王宁,2015)。这就对译者提出更高要求,除文本编辑工具之外,还要掌握常用的图像、视频制作软件,如 Photoshop,Office Visio,Camtasia Studio 等,以迎合用户的阅读口味。

除文档形式外,用户对文档内容的要求也越来越高,为使文档准确一致、易读易查,最大限度地提高可用性,译者在翻译或写作过程中,往往要与多方进行沟通,如内容专家、用户体验设计师、审校人员、测试专家和图像设计师等。有时由于条件限制,译者往往需要同时承担设计、写作、翻译、审校、图像处理、排版和测试等工作。正如法国高校翻译职业教育协会主席 D. Gouadec 所说,新型译者应该能够同时担当多重角色:信息管理专家、技术人员、术语专家、惯用语专家、翻译人员、校对人员、审校人员、质控人员、译后编辑、图像设计专家、网页设计师、技术写作人员、网站设计师、文件管理员、IT 专家、人体工程学专家等,简言之,即"多语言多媒体传播工程师"(multi-lingual, multimedia communication engineer)(Goudaec,2007:120)。只有译者能够同时承担以上职责时,才能在多语言多媒体传播这一新兴领域中游刃有余,MTI 教育应以此为人才培养的方向,并在课程安排上做出调整和应对。

4.把握行业现状,帮助学生制定职业规划

目前,我国 MTI 学制为两年,时间较短,学生宜尽早开始职业规划,合理安排学习与实践。技术写作在国内属于新兴事物,学生对该领域的了解较少,教师应向学生多介绍一些行业需求、就业趋势、薪酬等方面的信息。调查显示,企业比较青睐英语水平较好的理工科学生,通信、制造、医疗等领域对技术写作需求较大。而 MTI 的生源大部分是文科出身,科技知识储备较弱,办学单位可根据学校自身条件,为学生开设一门或多门相关课程;有志于从事技术写作的学生也可以根据自身特长、爱好等自学一些相关专业领域知识,为将来打好基础。此外,还可以借鉴美国高校的经验,开设综合科学课程,即把各个学科综合为一个整体,包括物理、化学、天文、地学、生物各个学科门类的知识,教给非理科学生(胡清平,2004:46)。这一举措在美国得到欢迎和普及,对于 MTI 学生来说,无论将来从事翻译还是写作,具备多个学科的知识无疑更具竞争力。

企业招聘的技术写作人员多为全职,全职员工薪酬在国内处于中上等水平。根据《2014 中国技术传播工程师薪资调查报告》①,82% 的技术写作人员年薪在 10 万～30 万元之间,虽然与核心技术研发人员还存在一定差距,但与 2014 年我国城镇单位就业人员平均工资(56339 元/年)②水平相比,还是比较高的。而翻译服务业的情况却差强人意,根据《中国翻译服务业分析报告 2014》的统计,87% 的企业为全职译员制定的月薪标准在 3000～15000 元(折合年薪:3.6 万～18 万元),其中,约一半的全职翻译和管理人员的薪酬水平处于社会平均工资水平及以下。这也可解释为何 MTI 毕业生较少从事翻译工作。由此看来,职业译员如果可以胜任技术写作工作,就有机会获得更高的薪酬,就业渠道也会拓宽,翻译公司、本地化公司、文档外包公司、中外企业的技术写作部门等都可以作为选择的对象。

在本次调查过程中,从业者普遍感慨国内技术写作规范的缺失,从而导致文档风格不统一、质量不高,制约着行业的发展。虽然一些大型企业自己制定或借鉴已有的规范,但仍有一些大型企业或大部分中小型企业,尚未拥有自己的一套写作规范,市场对规范的需求较为迫切。这对 MTI 教育来说,是一个很好的机遇。办学单位可开设相关课程,帮助学生系统学习一些通用规范,如被誉为写作规范"圣经"的 *The Chicago Manual of Style*;另外,如有条件,还要学习一些不同专业领域的规范,如 *Microsoft Manual of Style*,尤其是对技术写作需求较大的通信、制造及医疗等行业。学生将来走向工作岗位,可以帮助没有技术写作规范的单位制定规范;对于已有的规范,可以进行一些完善;对于比较完善的规范,则可以较快熟悉,融会贯通,不断提高企业文档质量。

虽然现阶段技术写作还存在不少问题,但参与调查的人员普遍对其

---

① 该调查是由北京技术传播论坛组织发起的专门针对技术写作人员薪资情况的调查,时间跨度为 2014 年 12 月 4 日至 2015 年 1 月 31 日,共收到 51 份有效问卷。
② 该数据来自国家统计局网站(参见 http://data.stats.gov.cn/easyquery.htm? cn=C01)。

发展前景持乐观态度。技术写作多分布在北京、上海、深圳等一线城市，浙江、江苏、陕西、四川、湖北等地也有技术写作需求，随着经济发展与市场的不断成熟，这种需求会逐步增多。Barnum & Li(2006)提到 2005 年短短几个月内中国市场上技术写作岗位有明显增加；Yu(2011)于 2009 年5 月 1 日在中国较大的招聘网站 51job 上搜索"technical writer"职位，发现仅 1 周时间内就有 60 个招聘岗位。笔者同样在 51job 上分别以"technical writer"和"文档工程师"作为职位内容进行搜索，结果显示，1周之内"technical writer"有 56 个职位，"文档工程师"有 243 个职位(统计时间为 2016 年 3 月 15 日)。可见，技术写作正逐步发展为一个极具潜力的新兴职业。

五、结　语

国内技术写作发展既有赖于市场的发展，从而产生需求，也有赖于教育的支持，从而满足人才需求。现阶段国内技术写作业务多集中在欧美外资企业及国内大中型企业，是本地化翻译服务的一项重要内容。《中国翻译服务业分析报告 2014》显示，中译外和外译中业务将并驾增长，并将保持中译外业务高于外译中业务的发展态势。中国企业"走出去"的势头强劲，这是推动我国技术写作发展的强大动力，也使得市场对技术写作人才的需求日益迫切，发展教育培训刻不容缓。将技术写作纳入 MTI 教育，充分利用社会优势资源，结合数字新媒体时代特点，优化人才培养方案，为社会输送高层次、应用型、专业化的多语言多媒体传播工程师，这对于推动国内技术写作发展，创建 MTI 专业特色具有重要意义。

参考文献

Barnum, C. M. & Li, H., 2006. Chinese and American technical communication: A cross-cultural comparison of differences. *Technical*

Communication(53)：150-151.

Gouadec, D., 2007. *Translation as a Profession*. Amsterdam：John Benjamins Publishing Company.

Gould, J. R., Losan, W, 2008. A. *Opportunities in Technical Writing Careers*. New York：McGraw Hill.

Kynell, T. C., 1999. *Technical Communication from* 1850—1950：*Where Have We Been*?. *Technical Communication Quarterly* (8)：143-151.

Rutter, R., 1991. History, rhetoric, and humanism：Toward a more comprehensive definition of technical communication. *Journal of Technical Writing and Communication*(2)：133-153.

Yu, H., 2011. Integrating technical communication into China's English major curriculum. *Journal of Business and Technical Communication* (1)：68-94.

胡清平,2004. 技术写作、综合科学与科技翻译. 中国科技翻译(1):44-47.

苗菊,高乾,2010. 构建MTI教育特色课程——技术写作的理念与内容. 中国翻译(2):35-38.

穆雷,傅琳凌,2017. 翻译职业的演变与影响探析. 外语学刊(3):85-91.

王传英,黎丽,2011. "为翻译而写作"探析. 中国科技翻译(3):42-45.

王传英,王丹,2011. 技术写作与职业翻译人才培养. 解放军外国语学院学报(2):69-73,

王宁,2015. 重新界定翻译:跨学科和视觉文化的视角. 中国翻译(3):12-13.

徐奇智,王希华,2006. 技术传播学:美国的发展对我们的启示//全民科学素质与社会发展——第五届亚太地区媒体与科技和社会发展研讨会论文集.

杨平,等,2012. 中国翻译服务业分析报告2014. 北京:中国翻译研究院.

张鸽,2012.论美国TC的学科属性. 厦门理工学院学报(1):103-107.

　　本文系国家社科基金重大项目"双语术语知识库建设与应用研究"
(15ZDB102)的阶段性成果。

　　(原载于《外语学刊》2018 年第 2 期)

翻译硕士专业学位(MTI)实习模块的设计

张　莹　柴明颎　姚锦清

翻译硕士专业学位(Master of Translation and Interpreting,简称MTI)的设立,是翻译专业人才培养的一项重要改革。翻译硕士专业学位不同于研究型翻译学硕士学位,它旨在培养适应国家经济、文化、社会建设需要的高层次、应用型、专业性口笔译人才,更加强调与翻译产业的密切结合。因此MTI翻译人才培养需要设计不同于传统研究型硕士的专门教学体系。笔者建议用"模块化教学法"(Module of Employable Skill,简称MES)的方式来构建MTI教学体系。

模块化教学模式是国际劳工组织在20世纪七八十年代利用系统论、信息论和控制论开发出来的职业技术培训模式,它汲取了工业生产中的模块化思想,依照专业人才培养目标和职业岗位、技能等要求,打破以知识为中心的教学体系,突破学科教育的系统性限制,调整教学结构、整合教学资源,强化针对性,从而形成围绕职业能力培养的有效教学程序。

MTI教学也可以采取模块化设计,将教学体系划分为师资队伍建设模块、招生模块、课程设置模块、教学方法研究模块、教学资源库模块、专业实习模块、专业考试模块、论文写作与答辩模块等。本文重点讨论MTI实习模块的设计与实施。

专业实习是MTI教学体系中至关重要的一个环节,它是翻译专业教学与研究首当其冲的试验场,是翻译产业需求最直接的反馈源,是产学研结合的枢纽。因此,MTI实习模块就需要精心设计和管理,在实习目标、实习单位的选择与协调、实习时间的长短、实习生管理、实习报告书设计、实习后续研发等方面有清晰的认识和明确的流程,才能充分发挥实习模块的功能,促进翻译硕士专业学位体系的发展。本文将重点介绍作为教育部研究生专业学位教育综合改革试点翻译硕士专业学位改革试点单位的上海外国语大学高级翻译学院(以下简称"上外高翻")对实习模块的设计与实施情况。

一、MTI 实习模块的目标

上外高翻的 MTI 实习模块目标与其培养高端翻译职业化专业人才的学位培养目标紧密配合,紧紧围绕产学研结合的思路来设计。

实习目标一:在实习中能应用课堂上学到的专业翻译理念与翻译技能,熟悉翻译实战中需要的翻译工具;

实习目标二:通过参与真正的翻译项目,更好地理解客户需求与翻译策略的密切关系;

实习目标三:通过参与真正的翻译项目,锻炼与客户沟通、团队合作、项目管理等职业能力,认识并理解译员职业操守的内涵和重要性;

实习目标四:通过实习,能发现和思考专业翻译中一些需要解决的问题,使实习成为 MTI 毕业论文的选题来源和基础,促进产学研的结合,丰富实用翻译理论体系,同时也为学生未来的进一步专业水平提升打下基础;

实习目标五:通过实习反馈,有效辅助 MTI 教学在培养方案、教学重点、教学设置等方面的改革和调整,以更好地培养市场需求的人才。

二、MTI 实习单位的选择与协调

上外高翻正在建立一个多层次、多类别的实习单位合作网。实习单位的性质既包括国际组织、政府机构,也包括企事业单位、专业翻译公司、媒体和知名外企。学院原则上不鼓励学生在课内培训期间自行寻找实习单位,由学生自行联系的实习单位经过学院的沟通和考察,可以与学院签订实习合作协议,成为学院的实习单位合作网的一部分。

上外高翻目前的高端实习基地包括联合国各办事处、国务院新闻办公室、各级政府外事办公室,以及外语媒体。2008年,上外高翻与联合国日内瓦办事处会议管理司续签了已达五年之久的口译领域合作备忘录,每年日内瓦办事处会接收学院会议口译子方向的 MTI 同学进行为期一周的实习。同年,联合国纽约办事处代表联合国总部与上外高翻签署了整体合作框架备忘录,联合国定期派口笔译专家到学院举办翻译讲座,并接收学院派出的口笔译实习生。

除了实习合作单位,上外高翻还自建了一个笔译实习基地。自2008年起,该实习基地为学院历届笔译方向的 MTI 学生提供联合国文件翻译的训练。从2010年起,学院开始陆续派遣笔译专业学生赴联合国粮农组织进行为期两个月的翻译实习。自2011年8月起,上外高翻还将继续派口笔译学生分别赴纽约、日内瓦等办事处进行联合国文件笔译和逐字记录等内容的实习。

各级政府外事办公室是上外高翻另一类高端实习单位。上海市外事办公室一直与上外高翻保持实习合作关系。如上外高翻向上海市外事办公室输送的实习生为"上海市市长咨询会"提供了高质量的口译服务,受到了市委领导的高度赞扬。2011年3月,昆山市政府外事办公室鉴于对上外高翻历届实习生的认可,与上外高翻签署了实习合作备忘录,并挂牌成为上外高翻的翻译教学实习基地。

上外高翻的第三个实习合作重点是市场上高端翻译人才的需求单位,包括专业翻译公司、媒体和国内外企事业单位。目前与上外高翻进行实习合作的此类单位包括上海创凌信息科技有限公司、上海日报(英文版)、上海 ICS 国际频道、瀚宇国际律师事务所、平安健康保险股份有限公司、中国干部学院浦东分院、中欧管理学院等。

上外高翻在确定实习合作前,会对实习单位进行实地考察,与实习单位的相关负责人进行会谈,充分了解实习单位的规模、对翻译人才的需求、实习生管理流程等情况。在确认单位的需求与上外高翻 MTI 人才培养目标契合的基础上,与实习单位签订实习合作协议。实习协议的内容包括双方对实习要求、实习岗位、实习费用、实习时间和权利义务等方面的认定与说明。总的来说,上外高翻负责配合培训和管理实习生,实习单位负责按实习协议安排学生实习,并在实习结束时对学生的实习表现进行反馈等。

三、MTI 实习的管理

成功的实习离不开严格的管理。实习管理机制和流程的建立和规范可以确保上外高翻一方面向实习单位输送合适的实习生,一方面给予实习生在业务上、生活上、心理上的后备支持,并能通过实习单位和实习生的反馈,进一步改进专业教学体系的设置。上外高翻在 MTI 试点教学中正在尝试建立实习选拔和考核制度、实习承诺制度、实习培训制度和实习反馈制度。

1. 实习生的选拔与考核

上外高翻针对实习生的选拔和考核主要依据的是机会公开和考核公平的原则。以联合国笔译方向实习生的选拔和考核为例,上外高翻首先根据联合国不同办事处的需求,向实习年级的所有学生发布实习信息和实习要求,让所有学生对实习岗位、实习时间、涉及费用及报酬、专业及职业素养要求都有所了解,鼓励学生根据自己的意愿和条件进行报名。上外高翻安排时间对报名学生进行专业和职业素养方面的考核,确定人选。对于此次落选但具有潜质的同学,上外高翻则采取梯队培养的方式,鼓励他们在学院的自有实习基地参与相应的实习,这样愿意在此方向努力的学生就有机会在下一次的实习选拔中胜出,也使得越来越多的 MTI 实习生在实习之前就熟悉并适应相关实习单位的要求。

口译方向实习生的选拔还与教学分级考试相结合。在第一学年结束之际,上外高翻对口译方向的学生进行分级考试,一部分同学将在二年级以会议口译同传为主要学习方向,另一部分将在二年级以会议交传为主要学习方向。上外高翻将根据实习单位的要求,面向不同专业方向的学生进行选拔与考核。

2.实习承诺书的签订

由于派出的实习生将代表上外高翻的形象,上外高翻在实习管理中引入实习承诺制度,通过与实习生签订承诺书的方式,对实习生进行一定程度的要求和约束。实习承诺书涉及实习岗位描述、实习费用条款厘清、实习生的实习出勤要求及实习反馈要求等内容。如果学生违反了实习承诺,上外高翻有权在实习成绩上做出"不通过"的处理。

3.实习前的培训

上外高翻对学生的实习培训体现为三种形式。

第一种是课堂教学中的培训。MTI 的口笔译课堂教材往往更新得很快,除了紧随国内外政治经济文化热点,还涉及很多与实习单位相关的真实翻译项目材料。学生在完成作业和接受教师讲解及点评的过程中,就完成了初步的实习培训。

第二种是针对性培训。上外高翻会利用自有实习基地,让学生参与部分真实翻译项目,积累实战经验。例如,上外高翻目前针对联合国实习生就采取这种热身实习的方式,让准备竞争联合国实习的学生先到实习基地进行针对性训练。

第三种是实习单位提供的培训。如上海创凌信息科技有限公司在实习期开始前对学院派出的实习生进行为期一周的授课培训,内容包括公司运作方式、机辅翻译软件 Trados 等的使用、中文书写准则、财经法商课程、翻译数据库的建立、翻译项目管理与协调等。

4.实习反馈管理

上外高翻充分意识到学生的实习是连接翻译人才培养与市场人才需求的一个最便捷的互动平台。因此建立一个有效的实习反馈通道十分必要。学院要求实习生在实习结束后上交实习反馈单和实习报告书。学院会将整理好的实习反馈单和实习报告书发给 MTI 的教师和领导参考,并在教学会议上组织针对实习反馈的交流,以便对教学体系的各个层面进行及时调整,因实习反馈引起的调整可能涉及教材选择、教学方法、课程设置、师资配备,甚至整个教学目标。

四、实习反馈单和实习报告书

实习反馈单主要由实习单位填写,由学生在实习结束后交到上外高翻。实习反馈单除了包括实习单位的基本信息,主要内容是实习单位对实习生的实习表现进行评价。评价的内容涉及工作态度、语言水平、翻译专业水平、行业知识水平和综合评价等。除了打分评价,实习反馈单还鼓励实习单位就"希望下一届实习生在哪些方面有所改进"填写相关意见。

实习报告书是实习的重要成果之一,它要求学生们对实习的收获进行较为深入的整理和思考,发现可供进一步研究的问题,为学生下一步的MTI 毕业论文选题提供来源和基础。同时,实习报告书对于上外高翻来说是极好的分析材料,可以反馈出教学中可能存在的缺陷,并为进一步的MTI 教学研究提供宝贵素材,也使得上外高翻增进对实习单位的了解,为下一步的实习合作打下基础。

实习报告书在设计上主要包括以下几点。

1.信息的搜集

实习报告书的信息搜集主要包括两个方面:实习生的个人信息和实习单位的信息。

个人信息不仅包括姓名、性别、年龄、所属专业等基本信息,还需要有学生入学之前的工作经历信息(工作单位、工作时间等)。这些信息有助于上外高翻了解学生在实习报告书中所表达观点背后的个人经历背景和专业背景。

实习单位的信息除了单位名称和主营业务信息外,还包括实习单位的规模、是否有专门的翻译部门、每批招收实习生的数量和实习岗位描述等。这些信息的搜集将为今后 MTI 的教学研究提供宝贵的参考资料。

2. 实习岗位职责和实习过程的描述

实习报告书首先要求实习生详细描述"实习岗位职责和具体的实习流程"，要求 200～1000 字。岗位职责和工作流程的描述一方面让学生们有机会回顾总结实习内容，梳理实习经历带给自己的收获，另一方面使上外高翻进一步了解实习单位与教学实习目标的匹配程度。

实习报告书还要求学生描述"实习过程中哪个环节应用了在 MTI 教学中学到的翻译技能和翻译理念"，要求 200～1000 字。这一部分是学生反思如何学以致用的过程，鼓励他们将课堂教学与实战体验进行对比和结合。

实习报告书进一步要求学生描述"在实习单位中学到了哪些课堂中没有学到的东西"，要求 200～1000 字。学生们在进行这方面的总结时，可能不仅仅描述专业技能方面课堂与实战的差别，还会涉及工作素质、工作态度、为人处事等各方面环境差异，意识到从学生身份转为员工身份需要面临的种种问题，这些报告对下一届的学生来说都是极好的经验。实习报告书在这一部分还要求学生填写"你认为 MTI 教学中还可以增加哪些方面的培训内容"，鼓励学生为上外高翻提出建设性意见。

3. 关于实习安排的调查

实习报告书的最后部分是针对实习安排的调查。这部分的内容包括：

实习单位是自行寻找的，还是上外高翻安排的？

你对实习期长短的意见？

你对实习单位的满意程度如何？

你对实习单位的不满意之处在哪里？

你对上外高翻有何实习安排方面的建议？

最后，实习报告书还专设一栏对实习单位的建议，鼓励同学们利用自己的专业知识为实习单位提出建设性意见,作为对实习单位支持的一种回报。

　　以上是笔者以上外高翻在翻译硕士专业学位(MTI)实习方面的探索为例,对 MTI 实习模块方面的试点改革所做的思考。根据已经实施的几次实习情况和已经回收的实习报告书,上外高翻基本上能够做到对学生实习的有序管理和有效信息搜集。本文抛砖引玉,希望能获得更多 MTI 培养院校的建议,使 MTI 的试点改革进一步完善。

　　(原载于《东方翻译》2011 年第 5 期)

MTI 口译方向专业实习探索

任　文

一、引　言

　　翻译本科专业(BTI)和翻译硕士专业学位(MTI)在中国高校的设立标志着我国职业口笔译人才的培养开始走上体制化和专业化的轨道。与研究型翻译学硕士学位不同,翻译硕士专业学位的职业指向非常明确。按照 MTI 教学指导委员会发布的指导性培养方案的要求,MTI 的目标是要"培养适应国家经济、文化、社会建设需要的高水平、应用型、专业性口笔译人才",这就要求 MTI 从教育理念到课程设置,从教学方法到测试手段等各环节,都要有区别于传统翻译教学的独特性;而且由于 MTI 所具有的高度实践性、应用性特点,自然对其培养计划中的实习环节提出了很高期待,对专业实习在质与量上的要求远胜于学术型学位。

　　一般而言,MTI 口译学生的专业实习通常安排在全部或大部分培训课程结束以后,亦即初步掌握了各种口译技巧和相关知识之后。从理论上讲,通过专业实习,学生们可以在工作中应用、检验、巩固和提高在课堂上习得的相关知识与口译技能,学习与具体工作相关的其他技能,增强职业意识,达到提升可雇性(employability)的目的。然而,MTI 作为新办专业学位,整个教育模式和具体培养方案尚处于探索和试验阶段,并不具有如医科、工科等已相对成熟健全的课程和专业实习体系。MTI 教指委除了提出"口译方向的学生应有不少于 400 个小时、2 个学分的口译实习要求"这一指导性原则外,并没有提供具体的操作性说明。尽管上海外国语大学高级翻译学院经过几年的探索已经建立起较为完善的专业实习实施办法(参见张莹 等,2011),但由于其无法比拟的地缘政治优越性、生源质量和社会资源的优势,其经验并不完全具有可复制性。对于绝大多数 MTI 培养单位来说,必须立足本校本地实际,发展具有自身特色的、可操作的实习模式。本文从"以成果为导向的教育模式"的理念和构成要素出发,结合四川大学正在进行以及拟改进的 MTI 培养模式,探讨 MTI 口译方向预设的教育成果、口译实习的内涵和功能、实习活动的主要相关方、实习种类,以及实习管理方法等,希望能抛砖引玉,求教于同行专家,期盼通过大家共同努力,尽早建立起可行的、能带来实实在在效果的 MTI 口译实习模式。

二、何为"以成果为导向的教育模式"

传统的教学活动以"输入"(input)为导向,学生在规定时间内接受一定课程学习,在课程结束后通过考试获取足够学分即可毕业,注重教学过程,但对于学生是否真正掌握了学习内容或相关技能等教学结果则不是特别关注。然而,教育结果的确非常重要,因为如果我们"无法确定什么是期望的学习成果并对此进行恰当的评测,学习者最终获得的就可能是伪知识、伪技能、伪态度和伪价值"(Malan,2000:22)。鉴于此,一些教育界人士认为,这种"输入式"的教育体制无法让学生为毕业后将要面临的生活和工作的挑战做好充分准备,需要提高教育的有效性,转向以学生为中心、强调教学结果的"以成果为导向的教育模式"(Outcome-based Education Model,简称 OBE 模式)。这一模式于 20 世纪八九十年代开始在美国某些大学兴起，之后在澳大利亚、英国、加拿大、南非、新西兰等国家和我国香港地区也得到推崇。美国社会学家、OBE 模式的倡导者和先驱 Spady(1988)认为，教学活动应该按照"出口时的结果"(exit outcome)，而不是预设的输入内容为取向来安排，应根据学生在学习结束时应当达到的目标和展示的结果设计相应的教学计划与大纲，并据此开展教学活动，而不是根据已有的教学计划来撰写课程目标。他说："以成果为导向的教育是指围绕所有学生在学习经历结束时能够成功完成某项任务所需的基本技能，在教育体系中清楚地集中安排所有教学活动(的做法)……成果是指在大部分学习经历结束时我们希望学生展示的清晰的学习结果……是包含和反映了学习者成功运用所学内容、信息、观念和工具的能力的行为和表现。"(1994:1-2)

Harden et al 对 OBE 模式打了一个形象的比喻：建筑公司修建楼宇之前首先需要设计师确定预计完成的楼宇成品应当是什么样，甚至先制作一个三维模型，然后据此来设计图纸、选择建材、进行施工，而不是相反的程序。同理，医学院首先应当确定医院所需的医生应当具备什么样的知识、技能和素养，然后根据这一预设结果来确立自己的培养计划和实施方案(1999:7-8)。换言之，这是一种结果决定过程的倒推式模式，其优势在于目标清楚，目的明确，"产品"好用。而且这种模式不是只讲结果不重过程，而是据此达到优化课程结构，使课程设置、教学内容和教学方法更有针对性，通过对过程的监管达到满意结果的产出等目的，这从下面环环相扣的成果导向型培养模式的设计流程就可略窥一斑：

第一步：确定社会所需专业人才的类型和内涵(即社会需要什么样的专业人才，这些人才需要具备什么样的知识和技能)；

第二步：确定教育过程的成果(即学生经过专业学习后应展示他们基本掌握了这些知识和技能)；

第三步：确定要达到上述目标所需的课程体系和教学内容；

第四步：确定相应的教学策略和教学方法；

第五步：确定学生完成学习之后的成果考评方式和展示方式；

第六步：根据考评和展示结果，培养单位对课程培养体系进行调整修订，学生对相关知识与技能进行进一步提升。

就 MTI 口译方向而言，教指委的指导性培养方案已完成设计流程的第一步，即社会急需的是"高水平、应用型、专业性口笔译人才"。要成为这样的人才，学生在完成学业后就应该具备必要的翻译能力，这就是预设的教育成果。一般来讲，翻译能力包括意义听辨、逻辑分析与记忆、相关知识运用、笔记、双语转换、公共演讲、跨文化交际、人际沟通与协调、应急处理与决策、信息管理与 IT 运用，以及团队合作能力，还有心理素质、职业素养等等。而其中相当多的技能都属于可迁移技能（transferable skills），可以被移植运用到口译以外的其他工作中。然后，学校根据上述翻译（口译）能力构成特点（分项与综合、多任务处理）以及翻译能力发展阶段性特点（有先有后、循序渐进）设置课程体系和教学计划，所有专业课程及教授内容都应当以某种方式服务于教育结果的达成。教育策略与教学方法同样应当以有利于学习成果的实现为目的，应当是丰富多元的。第五个步骤实际上包含了两部分，一是指每门课结束后的测评，考察学生是否取得了该门课程的预期成果；一是指在完成整个口译培训项目的全部或大部分教学计划之后学生对总体学习成果的展示，而其中一种重要的展示方式可以通过专业实习来实现，学生通过实习检验是否习得了基本的口译技能，是否能够从事相应的口译工作。之后，根据课程考评结果与专业实习反馈，对课程培养体系进行适当调整或修订，使之更具针对性，更有利于预设学习成果的获得；同时，学生也可以在接下来的学习或工作中"查漏补缺"，进一步强化各种技能。

上述 OBE 模式是针对整个口译教育过程的系统工程，但本文只集中讨论其中的一个步骤，即口译学生在完成全部或大部分教学计划之后，如何通过专业实习对学习成果进行展示、巩固和扩大。需要特别指出的是，本文强调的是"口译教育"(interpreter/interpreting education)的概念，而不仅仅是"口译培训"(interpreting training)，因为后者只涉及技巧培训，而前者则涵盖了对人、其他相关能力和职业素养的全面培养。

三、MTI 口译方向专业实习的内涵以及实习活动相关方的确定

专业实习属于实践教学范畴，是整个培养方案和教学计划的有机组成部分。根据"国际教育网站"的定义，"实习是指为得到某一特定职业领域的亲身体验而获取的与工作相关的学习经历"①。据此我们提出，MTI口译方向的专业实习是指学生在基本完成相关专业理论知识和实践课程学习之后，在实际口译工作环境，或高度仿真的模拟口译工作环境中展示、应用、检验所学口译相关知识与技能，锻炼和提高工作能力，增强口译(翻译)职业意识，培养职业习惯，提升可雇性的培训阶段。具体而言，涉及以下几个方面。

1.实习的时间安排

尽管各种与口译任务相关的临时性实践活动可以贯穿 MTI 项目的全过程，相对集中的、较长时间的实习(1～6 个月)适合安排在学生完成了大部分课程的学习之后，比如两年制的项目可安排在第四学期，三年制的项目则可考虑安排在第五或第六学期。

2.实习的功能与目的

(1)在实际或模拟工作环境中展示和提升在课堂上习得的口译相关知识与技能；(2)运用恰当技能和可用资源完成(或参与完成)翻译相关

---

① 参见 http://www.intstudy.com/articles/nusinter.htm.

工作;(3)了解专业运作模式和职业准则,体会和认识口译活动的产业、社会和文化价值,培养职业意识,为将来的就业提供有效的参考信息;(4)在实习过程中发现、记录、整理和思考有价值的、与口译有关的问题和现象,为将来的毕业论文选题提供思路;(5)通过评估和反思知识与表现,获取和使用反馈信息,为学生进一步的个人发展和学校培养计划的完善提供参考。

3. 实习的环境与场所

包括校外和校内实践环境,主要是指普通课堂之外可以为学生提供观摩口译活动、应用口译相关知识与技能的机构(如政府机关、企业、各种社团组织),以及提供和使用口译服务的各种场所,也包括少数高度仿真、模拟实际工作环境的场景。

4. 实习的形式与内容

形式灵活多样,实习可以短则几天,多至数月;学生可以在此时担任口译工作,彼时则承担笔译任务,此时是迎来送往的陪同,彼时则充当他人的临时帮手。内容则应体现口译活动 multitasking 的特点,可以是一个完整的真实或模拟口译项目或口译相关项目从计划启动到实施再到完成可能涉及的任何工作,实习生可以在其中展示、应用和提高单项或综合的翻译能力。

5. 实习的管理方式

建立和实施培养单位与实习单位共同管理、专职导师(tutor)与兼职导师(mentor)共同管理,导师管理与自我管理相结合、过程管理与结果管理相结合的实习管理制度。

6. 实习的考评方式

日常考核与实习报告考核相结合,专职导师考核与兼职导师考核相结合,实习单位反馈与口译服务用户反馈相结合,兼顾口译资格证书获取,口译比赛获奖等等。

从上述口译实习内涵的描述我们不难看出，从口译专业实习要求的制定到实习活动的实施，从实习过程的管理到实习结果的考评，整个过程涉及不同的利益相关方（stakeholders），每个参与方都有自己的功能、目的、价值、利益和资源，都对实习的成功与否起着重要作用。

第一个也是最重要的口译实习相关方就是学生本人，他们是 OBE 模式的中心，是专业实习的直接参与者、受益者和责任人。他们所拥有的资源就是自身初步习得的口译相关知识和技能，通过实习环节的展示、检验和改进，力争实现资源利益的最大化和问题最小化。第二个相关方是培养译员的学校或院系，即 OBE 模式的规划者，总体实习目标的制定者和实习活动的发起者，其最大的资源就是初步习得了口译知识与技能的学生，希望通过实习让学生展示、检验学习成果，提高可雇性，同时借此考察培养方案的合理性，以期达到更好地实现教育价值的目的。第三个相关方是校内导师，他们一般是专业课程的教授者，自身也有较为丰富的口笔译实战经验，对学生的学业状况最为了解，负责对学生的具体实习目标和实习计划提出建议，并监督其执行。第四个相关方是接收实习学生、提供实习机会的机构或个人。这些机构或个人的资源就在于可以为实习生展示和改进学习成果提供必要的设施、场地和人员支持。他们有权根据自身需要面试和筛选拟接收的学生，为实习生安排模拟或真实的口译任务或相关工作，自己通常也可从中受益，比如获得优秀学生的翻译服务，寻找潜在雇员等等。第五个相关方是实习生的校外导师，通常是实习单位的工作人员和一线翻译人员，他们的职责是对学生的具体工作进行安排和指导，帮助学生在实习过程中得到锻炼，并对其实习表现出具评估意见。当然，上述相关方的角色和功能有时也有交叉和互涉，比如学校/院系可以变身实习场所，校内教师也可能成为学生校内外实习活动的直接指导者。

四、口译实习的类型

在谈到口译实习时,往往存在几个误区:一是认为实习一定是发生在校外,二是实习必须是真实口译任务,三是一定有雇主的存在。在我们看来,无论在校内还是校外,只要能够给学生提供真实的或高度仿真的口译工作场景,让学生观摩或实际从事真实口译活动,参与和口译工作直接相关的其他任务,即只要属于与口译"工作相关的学习经历"的范畴,都可视为口译实习,包括(但不限于)以下类型。

1. 模拟交传/同传

这不同于一般口译课上由学生或任课老师分饰译员和讲话人的角色扮演活动,而是对一次会议口译或陪同口译全过程的高度模拟。会议或活动发言人是在某一真实机构(比如红十字会、工商银行分行、英特尔公司)任职的工作人员、其他专业(如生命科学、环境工程、服装设计等)的教师或硕博士生,他们都是各自领域的专家,接受我们的邀请担任志愿者发言人。模拟交传地点是教室或活动现场,模拟同传地点在同传室。由于受邀人员通常是口译教师或实习基地的客户或是朋友,同时也是对自己专业领域有着极大热情和自豪感的人,因此非常乐意担任我们模拟口译活动的发言人。他们可以自行选择各自专业领域的话题做演讲或介绍,也接受我们对发言方式的建议。通常我们会提前一周告知学生下周模拟口译的话题,让学生进行译前准备(包括专业术语和相关知识)。如果模拟会议是在教室,讲话人只可以使用 PPT 或演讲提纲进行发言,不念稿;如果是现场参观,则讲话人现场讲解,边走边讲。学生轮流担任译员,最后由老师和其他同学共同点评,发言人也可发表意见。由于这样的环境高度仿真,话题多样,讲话人口音多元,语速不一,话轮长短不定,学生普遍反映这是近乎实战的口译,极富挑战性。比如,在四川大学 MTI 专业某年级口译方向每周一次、一次一个半小时、为期四个月的模拟交传实践活动中,学生们的口译对象(话题和发言人)包括:汉译英——中国清代服饰(四川大学轻纺学院教师),红十字会的历史沿革和当前主要项目(四川省红十字会工作人员),参与式戏剧的理念与项目(花旦工作室主管现场讲解和展示),藏族、苗族、羌族习俗(四川大学博物馆讲解员现场讲解);英译汉——Science, Religion and the Development of the World(某基金会外籍工作人员),The Development of Saxophone in the US(某国音乐学院学生),An Introduction to Cancer:Its Prevention and Treatment(四川大学公共卫生学院外籍教师),Energy Security in India:Its Development and Current Status(四川大学南亚研究所的国外来访学者)。学生对这种几近真实的模拟口译活动高度赞扬,认为绝大多数翻译能力都能在此过程中得到展示和锻炼,获益匪浅。

2.现场口译观摩

在我们学院教授口译课程的老师很多都有丰富的口译实战经验,也经常在本校、本地各种外事活动和国际会议中承担口译工作。在主办方同意和条件许可的情况下,我们会带一部分学生前去现场观摩;学生也可自行寻找类似机会。一般来讲,学生可以提前得知口译活动主题,并进行相关准备。活动开始后,学生需同时记笔记,做 mental translation,对现场口译处理得精彩或有误的地方进行记录,之后以日志或周志的方式写出自己的感受、分析和疑惑,事后与当时的译员或老师进行进一步咨询、交流和沟通。这样的现场观摩可以让学生提前感受真实口译活动的氛围,观察职业译员在口译活动开始前的准备工作,在口译进行过程中对常见、突发或棘手问题(包括语言和非语言问题)的处理方式、非言语表现(如眼神交流、手势、着装)等等,在一定程度上为将来的口译工作积累经验,做好心理上的准备。

3.校内校外实习基地的实习活动

千万不要小视校内实习的规模和效果。四川大学国际交流处是我们的校内实习基地。他们每年都要接待大量来访外宾,安排或参与安排各种国际会议,需要我们的学生提供不同层次、不同类型的口笔译志愿者服务。学生担任的工作小至收发电邮传真、接听电话、机场接送、贵宾一对一陪同,大至会议、会谈、讲座和现场参观的正式口译。学生在实战中得到很好的锻炼,学校相关部门则节约了人力、财力和物力,可谓互利双赢。校内实习活动的导师一般由任课教师担当,但实习报告的出具则由国际交流处负责。

校外实习基地则涵盖需要接受或提供口笔译服务的政府机关、企事业单位、社会团体、非政府组织等。比如,我们四川大学的签约实习基地就有省市外办、省贸促会、省博览局、省市招商局、本地规模较大的翻译公司、外国商会等等。有些单位只在筹备承办大型活动前才需要实习生,有些则常年接受学生的实习;有些实习工作短至几天,而大型国际会议或展览活动的工作从准备到结束则可长达数月之久;有些单位一次只接纳几名实习生,有些大型活动则可能同时需要几十人;有时活动主办方要求提供已是成熟译员的优秀学生,有时只要求提供普通志愿者服务,我们一般会根据机构或活动的实际需求,灵活安排。

4. 口译队实习

这是一种比较特殊的口译实习方式。口译队由学生自发组建和管理,接受老师的监督和辅导,活动包括(额外的)口译训练与口译实战。口译队成员由口译学业成绩比较优秀的学生组成,人数一般在 10~15 人(包括少数优秀的本科生和 MA 学生),可以自由退出,但需考核进入。这些学生大多已经习得较好的口译技能,每1~2 周进行一次口译培训,选取难度大于一般课堂教学、取自真实口译场景的材料进行练习,大多由学生轮流负责组织和安排,老师提供辅导。同时,口译队还对外承接口笔译业务,自行管理翻译项目,比如,根据每个人的特长分解任务,谁负责联系活动主办方,谁负责收集或索取相关背景材料,谁做词汇表,谁负责难度较大的翻译,等等。在此过程中,学生不仅提升了自己的口笔译技能,还锻炼了组织协调能力。此外,指导老师也会借助自己的资源向客户积极推荐口译队成员,或直接安排队员参加自己负责的校内外口译活动。由于口译队学生多次在各种口译活动中提供优质服务,获得了良好口碑,成为不少客户的"免检"对象,有的甚至已经发展了自己的稳定客户。这种"精英"式的实习方式虽然只直接关涉少数学生,但由于其带来的良好声誉和溢出效应,可以为学院找到更多的口译实习基地和实习机会产生积极影响,从而惠及更多的学生。

五、口译实习管理

建立健全培养单位与实习单位共同管理、专职导师与兼职导师共同管理的口译实习管理制度,对实习活动的顺利开展和可持续性起着关键的保障作用。这样的管理制度包括过程管理和结果管理,过程管理是取得满意实习结果的必要保证,而结果管理则是培养计划的需要;前者包括实习合同的签署、实习前的培训、导师管理、学生自我管理,后者包括实习证明或实习报告的出具、实习时数的计算、实习成绩的评定,以及实习反馈的处理。

1.实习过程管理

(1)实习合同的签署。对于每次校外实习,我们都会与接受实习生的单位签订实习合同,明确实习任务与目的、所需实习生数量、三方(学校/院系、机构和学生)的权利与责任、是否有薪酬、误餐和交通补助,同时要求实习单位为学生购买意外保险,在实习结束时为学生出具实习证明(针对短时间的口译实践)或实习报告(针对较长时间的实习)。实习合同的签署可以避免或减少将来可能出现的纠纷。

(2)实习前培训。包括学校培训和实习单位培训。千万不要把实习前的培训全部推给实习单位或口译服务用户,学校或相关院系的实习前培训其实非常重要,内容涵盖:口译实习在以成果为导向的口译教育模式中的位置、实习的作用和目的、本地口译市场状况、拟进入的实习机构或拟参加的实习活动的相关信息、实习计划的制定方式、实习过程的自我管理方式和实习结果的考评方式、实习生的角色认识、翻译伦理、培养单位和实习单位的相关规章制度等等。同时,我们会要求较长时间接受实习生的机构为学生提供培训,包括企业文化、机构运作模式、主要产品、工作流程、职业规范,以及与具体实习内容相关的技能培训。实习前培训的质与量直接影响到学生的工作满意度和实习效果。

(3)导师管理。包括校内专职导师和校外兼职导师的管理。校内导师通常也是口译课程的教授者,对学生的学业状况最为了解,可以对学生实习去向的确定、实习计划的制定提出个性化的意见和建议,并与实习中的学生保持实时联系。同时,自身口译实战经验丰富的校内导师还可以为学生参与的具体口译活动提供实实在在的帮助。比如,在一次口译任务之前,我们通常会召开由负责导师主持的通气会(briefing),讲明此次口译任务的背景、目的、任务分工、注意事项等;在口译活动结束后,导师根据现场观察或用户反馈,召开任务述评会(debriefing),除了表扬优秀,指出不足之外,还邀请参加口译任务的学生给全体口译班的同学(包括未参加此次口译活动的同学)做经验分享,尤其要提请大家关注平时课堂学习中未曾遇到、但在实践工作中碰到的特殊问题。

我们通常会要求较长时间接受实习生的机构为学生指定联系人作为校外兼职导师。兼职导师负责给学生安排具体任务,对学生的工作进行指导和监督,帮助学生在实习过程中得到锻炼,并对他们的实习表现给出报告。

(4)学生自我管理。指学生通过设立合理的实习目标,关注和反思自己在实习中的表现,保持工作的条理性,对实习中产生的负面情绪进行调控,自我激励,达到提高满意度和实习效果的目的(黄河,2009:133-134)。

学生的自我管理其实是一种反思性的学习方式,通过对某件事的过程和结果进行反思,比如自己当时做了什么,怎么做的,取得什么结果,下次会采取什么不同的方式等,使自己在自我监控中得到发展。

学生的自我管理可以通过建立实习文件夹(portfolio)的方式来实现。文件夹的内容包括:第一,实习目的;第二,实习单位简介(500~800字);第三,反思性实习记录,可以是日志或周志,具体包括某项任务开始和结束的日期,得到的相关培训或指令,展示和应用到的技能与尚需提升的技能,遇到的问题与挑战,来自导师、同事或客户的反馈,自我评价与反思;第四,实习总结(3000字左右)。实习文件夹的建立有助于提高实习的针对性,促使学生关注实习过程中的问题和工作效率。

2.实习结果管理

实习证明/报告。实习证明针对短时间(通常只有几天)的实践活动,活动主办方只需对学生参与的某项任务的性质、时间和表现进行简单说明和描述即可。实习报告则主要针对较长时间的实习任务,在实习结束后由实习单位出具,由单位指派的指导教师填写,内容包括实习任务描述、翻译能力展示和实习工作评估等部分。

(1)实习时数。由于实习单位不同、实习任务不同,学生的实习期和时数并不一样。坦率地讲,MTI教指委提出的"口译方向的学生应有不少于400个小时的口译实习要求"有些过高[1],即便是在口译需求量很大的北京、上海等地,也极少有学生能做到这一点。

鉴于此,我们对"400个小时的口译实习"进行拆分和抵免处理:第一,由于人事部口译资格(水平)考试采用的是职业标准,因此允许口译二级(同传)证书冲抵200小时口译实习,二级交传证书冲抵150小时,三级证

---

[1] 英国"全国研究生实习计划"规定翻译专业研究生的最低实习时间是100小时,或相当于3周的时间;美国波士顿大学和澳大利亚蒙纳士大学翻译专业学生的实习要求都是100小时。相关内容参见参考文献中所列网址。

书冲抵 100 小时;第二,良好的笔译基础可以在一定程度上提升口译水准,而且现实生活中没有哪位译员只做口译不做笔译,因此如果口译学生能够完成 5 万字的笔译实践,或是获得人事部笔译资格(水平)二级证书,我们允许其抵免 100 小时的口译实践;第三,口译比赛虽然与口译实习并不直接相关,但其难度丝毫不亚于(有时甚至是高于)口译实战,因此在全国口译大赛中获得一、二、三等奖可分别抵免 150、120 和 100 小时实习量,在省级大赛中获得一、二、三等奖的可分别抵免 120、100 和 80 小时实习量,在区级大赛中获得一、二、三等奖的可抵免 100、80 和 60 小时实习量,在校级大赛中获得一、二、三等奖的可抵免 80、60 和 50 小时实习量;第四,从事口译教学工作 100 小时,可冲抵 50 小时的实习量;第五,不同口译任务、不同单位的实习可以累加,具体时数的认定以实习单位或口译活动主办方的证明材料为准。

(2)实习成绩。学生在完成要求的实习时数和实习文件夹制作之后,可以获得实习成绩。最后的实习成绩由校内外指导教师共同决定,校外导师占 70%,校内导师占 30% 的权重。一般情况下,获得口译二级证书、获得校级口译大赛一等奖以上奖项的学生原则上可以获得"优秀"等级的实习成绩。

(3)实习反馈。实习结束后,我们会通过电话追踪、面对面访谈、发放问卷调查表等方式向接收实习生的单位和口译活动主办方收集反馈意见,反馈内容如:

1)您认为总的来说给我们学校口/笔译研究生提供实习机会对贵单位来说是有积极效果的吗?

是　　不是

如果不是,请说明理由:

2)您认为这样的实习经历对学生的帮助反映在哪些方面?

3)您认为总的来说我们学校口/笔译研究生的强项和弱项表现

在哪些方面?

4)您愿意在将来再次接收来自我们学校的实习生吗?

愿意　　不愿意

如果愿意的话,对将来的实习生是否有特别要求? 如果不愿意,请说明理由:

5)如果贵单位有空缺职位,您是否会考虑雇用今年的某个实习学生?

是　　　不是

如果不是,请说明理由:

6)您觉得我们是否应该在课程设置中增/减某个/某些课程的学习?①

这样的反馈对我们今后改进课程设置、加强实习管理、提升实习效果都具有积极意义。

六、结　语

口译作为实践性、操作性、技能性很强的专业方向,对专业实习提出了较高的要求,使之成为"以成果为导向的口译教育模式"中的重要一环。学生们一方面可以在实习工作中展示、应用、检验、巩固和提高业已获得的学业成果、学习新技能、增强职业意识、了解职业环境、提前做好职业规划,另一方面,实习过程与结果的反馈还可以促进培养方案的进一步完善。上述实习模式是我们在四川大学 MTI 专业口译方向已经或正在实施的做法,希望能够对目前正在建设中的整个职业口译教育模式,特别是

---

① 本反馈表部分参考了英国《全国研究生实习计划:翻译专业研究生实习手册》的相关内容。参见 https://www.routesintolanguages.ac.uk/translation/graduateplacementsch.html.

其中的实习模式,提供一些参考与借鉴,也希望得到其他学校的批评指正。

参考文献

Harden, R. M., Crosby, J. R. & Davis, M. H., 1999. AMEE guide no. 14: Outcome-based education: Part 1—An introduction to outcome-based education. *Medical Teacher*, 21 (1): 7-14.

Malan, B., 2000. The "new paradigm" of outcomes-based education in perspective. *Journal of Family Ecology and Consumer Sciences*, 28: 22-28.

Pellatt, V., Griffiths, K. & Wu S.-C., 2010. *Teaching and Testing Interpreting and Translating*. Bern: Peter Lang.

Saks, A. M., 1996. The relationship between the amount and helpfulness of entry training and work outcomes. *Human Relations*, 49: 429-451.

Spady, W. G., 1988. Organizing for results: The basis of authentic restructuring and reform. *Educational Leadership*, 46 (2): 4-8.

Spady, W. G., 1994. *Outcome-based Education: Critical Issues and Answers*. Arlington: American Association of School Administrators.

Wadensjö, C., Dimitrova, B. E. & Nilsson, A-L., 2007. *The Critical Link 4: Professionalization of Interpreting in the Community*. Amsterdam & Philadelphia: John Benjamins.

黄河,2009.大学生实习效果及其影响因素——组织社会化的视角.高教探索(6):131-134.

教军章,刁利明,付传,2011.从专业实习馈析行政管理专业教学计划实施理路.黑龙江教育(高教研究与评估)(3):40-42.

刘和平,2011.翻译能力发展的阶段性及其教学法研究.中国翻译(1):37-45.

谭载喜,2010.香港的翻译学位教育:理念与实践.东方翻译(6):9-16,21.

张莹,柴明颎,姚锦清,2011.翻译硕士专业学位(MTI)实习模块的设计.东
　　方翻译(5):14-17.

（原载于《中国翻译》2012 年第 6 期）

复合型翻译人才：
我国翻译专业人才培养模式构建与改革方向

武光军

我国一直存在着翻译人才培养的误区。传统上,许多人认为会外语就会翻译,翻译人才就等于外语人才。不可否认,会外语的确就具备了一定的翻译能力,但这并不是真正的专业翻译能力。几十年来我国培养了大量的外语人才,但真正优秀的翻译人才十分缺乏。事实证明,翻译教学必须从外语教学中分离出来,成为一门独立的学科。2006 年,教育部批准设立翻译本科专业。2007 年,国务院学位委员会批准设置翻译硕士专业学位,以培养高层次、应用型、专业化的翻译人才。根据中国翻译协会第一常务副会长、中国外文局常务副局长郭晓勇 2010 年 9 月在"2010 中国国际语言服务行业大会"上的主旨发言,截至 2010 年 9 月已有 31 所高校获准试办翻译本科专业;获准试办翻译硕士专业的高校已达 158 所。这说明,我国翻译人才培养体系已初步建成,涉及翻译专业本科、翻译专业硕士、翻译学硕士、翻译学博士在内的各层次翻译人才培养,并且已初具规模。但是,翻译人才培养体制的建立并不意味着翻译人才培养走上了专业化道路。国务院学位委员会 2007 年 3 月下达了《翻译硕士专业学位设置方案》,但迄今为止我国尚未制定翻译专业本科教学大纲。这说明,我国翻译专业人才培养模式建设尚处于探索阶段。鉴于翻译人才的特点以及我国与翻译专业最相关的外语专业的人才培养模式改革的成功经验,本文提出"复合型翻译人才"的培养与教育理念,并就其必要性、可行性、培养模式以及课程体系进行探讨,以与国内同仁商榷。

一、复合型翻译人才培养的必要性

复合型人才是指掌握两个或两个以上专业(或学科)的基本知识和基本能力的人才(辛涛、黄宁,2008:49)。我们认为,复合型翻译人才就是指掌握翻译以及另一个或多个专业(或学科)的基本知识和基本能力的翻译人才。这类翻译人才具有知识集成、能力复合、素养全面的特点,符合当今科学技术和社会发展的综合化、多元化趋势。

1.翻译专业的特点及社会发展的需求

高等学校外语专业教学指导委员会制定的《关于外语专业面向 21 世纪本科教育改革的若干意见》(以下简称《意见》)指出:"从根本上来讲,外语是一种技能,一种载体;只有当外语与某一被载体相结合,才能形成专业。"我们认为,从根本上来讲,翻译也是一种技能,只有当其与某一载体相结合,才能形成专业,这是复合型翻译人才培养的理论基础。《意见》进一步指出:"过去常见的是外语与文学、外语与语言学的结合。……同时,我们也应当清醒地面对这一现实,即我国每年仅需要少量外语与文学、外语与语言学相结合的专业人才以从事外国文学和语言学的教学与研究工作,而大量需要的则是外语与其他相关学科——如外交、经贸、法律、新闻等——结合的复合型人才,培养这种复合型的外语专业人才是社会主义市场经济对外语专业教育提出的要求,也是新时代的要求。"在设立翻译专业以前,翻译教学主要是与文学结合,培养的是文学翻译能力,但社会更需要的是翻译与法律、金融、建筑、影视、科技、新闻等结合的复合型人才。中国译协 2010 年开展的翻译产业调研显示,在接受调查的企业中有 67.7% 的企业认为目前语言服务行业最缺乏的是人才培养,特别是高素质中译外人才的缺乏,已经成为中国文化"走出去"的瓶颈,直接影响到我国对外传播发展战略(转引自郭晓勇，2010)。一边是旺盛的翻译人才需求，另一边是英语专业翻译方向以及翻译专业毕业生的就业难。这说明，社会对翻译人才的需求与高校的翻译人才培养模式产生了矛盾。我们认为，解决矛盾的方法就是借鉴英语专业已有的成功改革经验，培养复合型翻译人才，如法律翻译、金融翻译、影视翻译、IT 翻译、建筑翻译、新闻翻译等。

2. 教育方式转变的要求：从精英教育到大众教育

社会的发展是教育方式转变的基础。周洵瑛和范谊(2010:36)指出，新中国高校英语专业的发展大致经历了两个时期。第一个时期是 20 世纪 60 年代到 90 年代初，英语专业人才培养沿用纯语言、纯文学的"经院式"单科型培养模式，培养的是研究型、学术型英语人才，是典型的精英教育，学生毕业后的就业方向主要为英语教育、翻译、编辑或外事工作。第二个时期是 20 世纪 90 年代中期至今。这一时期，英语专业在校生和毕业生人数激增，就业方向开始转向以企业就业为主，主要从事对外经贸、涉外旅游等工作，是典型的大众教育。过去"经院式"的培养模式逐渐无法满足大众教育时代的人才需求，"实用派"或"复合型"的人才培养理念应运而生。2000 年"复合型英语人才"这个概念以文件形式写入《高等学校英语专业英语教学大纲》："高等学校英语专业培养具有扎实的英语语言基础和广博的文化知识并能熟练地运用英语在外事、教育、经贸、文化、科技、军事等部门从事翻译、教学、管理、研究等工作的复合型英语人才。"

我们认为，翻译专业的人才培养模式也必须实现从精英教育到大众教育的转型，培养复合型或实用型翻译人才。国家有关部门提供的权威数据显示，截至 2009 年 12 月，全国在营语言服务企业为 15039 家。语言服务企业的翻译和本地化业务年产值达到 120 亿元以上。2010 年下半年中国译协秘书处开展了一项语言服务产业调研，参与调查的语言服务企业中超过一半的企业预期其 2010 年度业绩增长幅度在 10%以上，四分之一的企业预期增长 40%以上。国家有关部门提供的趋势数据显示，近几年我国语言服务企业注册数量和注册资金也大幅增加,这些都表明语言服务外包产业进入了快速增长期(转引自郭晓勇,2010)。这里讲的语言服务企业的核心业务主要是翻译。我国翻译业务的规模巨大并且增长迅速,这就要求翻译人才培养实行大众教育,而不是精英教育。经院式的翻译人才培养模式无法满足大众教育时代的翻译人才需求,复合型或实用型翻译人才的培养就成为必然。

3.传统翻译人才培养模式的不适应性

庄智象(2007:16)指出,翻译人才素质不高、水平不够的呼声不绝于耳;翻译质量下降、高级翻译人才后继乏人的事例常见诸报端。近几年来,翻译比赛一等奖屡屡空缺;翻译方向硕士、博士研究生实践能力不强,理论水平不高,研究能力不尽如人意,创新能力不足。学生数量增加,学科点扩大,而翻译水平、翻译能力、翻译质量、研究创新能力却没有同步提升,恐与以往翻译人才培养体系不完整,机制不科学、不合理不无关系。我国传统的翻译人才培养模式是在外语系下开设翻译方向,翻译教学主要是结合文学讲授文学翻译,而不是现实生活中真正发生的实用文献翻译。实际上,现实中实用文献翻译占到90%以上,文学翻译的机会并不多。也就是说,传统的翻译教学并不是真正的专业翻译教学。文学翻译与专业翻译之间虽有相同之处,但也存在着巨大的差异。姚锦清(2010:10)指出了文学翻译与专业翻译的区别(见表1)。正是由于这种区别,传统的翻译人才培养模式下毕业的学生往往不能适应用人单位的要求,不能胜任翻译工作。

表 1 文学翻译与专业翻译的区别

比较项目	文学翻译	专业翻译
翻译标准	原文至上("信达雅"等)	译文目的至上(翻译服务标准)
参与者关系	原作者中心,译者附庸,目标受众模糊	译者中心,目标受众明确并且备受关注

续表

比较项目	文学翻译	专业翻译
翻译思维	形象思维为主	逻辑思维为主
操作模式	个人化再创作	集体化项目操作
作品交付时间	一般较长,弹性较大	一般很短,十分强调准时交付
术语学	一般不要求	非常重视

正是基于上述三点,我们认为培养复合型翻译人才是我国翻译人才培养模式构建及改革的方向。培养复合型翻译人才是社会发展的需求、时代的需求,否则翻译专业就要付出代价,就要重走英语专业走过的弯路。

二、复合型翻译人才培养的可行性

1.我国已建立完整的翻译人才培养体系

上海外国语大学于 2004 年率先设立了独立的翻译学学位点,并从 2005 年开始独立培养翻译学硕士研究生和博士研究生。这是我国内地高等院校在外国语言文学专业下建立的第一个独立的翻译学学位点(二级学科),标志着在我国内地翻译学开始脱离外国语言文学。2006 年初,教育部下发教高[2006]1 号文件《关于公布 2005 年度教育部备案或批准设置的高等学校本科专业结果的通知》,宣布设置"翻译"专业(专业代码 0502555),并批准复旦大学、广东外语外贸大学、河北师范大学 3 所高校可自 2006 年起招收"翻译专业"本科生。翻译在我国首次作为一门专业、学科被列入教育部专业目录并被批准招收本科生。庄智象(2007:14)认为,这标志着翻译学专业学科在我国取得了突破性发展,从语言学、应用语言学独立出来,成为一门独立的新兴学科,这同样标志着我国内地高校终于结束了没有独立的翻译专业的历史,更象征着我国翻译专业学科建设新发展的开始。2007 年,国务院学位委员会批准设立翻译硕士专业学位(MTI)。至此,我国已建立了涵盖本科生、硕士生、专业硕士生和博士生的完整翻译人才培养体系。翻译专业已得到社会的广泛认可,并且在我国的教育体系中获得了合法地位。这样翻译专业就可以与其他专业平等对话,从而为翻译专业与其他专业相结合以培养复合型翻译人才奠定了体制基础。

2. 我国港台地区和国外成功的翻译人才培养经验可供借鉴

关于翻译专业人才的培养,我国港台地区和国外开展得较为成功,从而为我国内地的复合型翻译人才培养提供了培养理念、培养模式、课程设置等方面的经验。下面,我们以我国香港中文大学翻译系的人才培养模式为例进行说明。

香港中文大学(香港中大)文学院下的翻译系成立于1972年,是亚洲地区首个翻译系,是香港大专院校中历史最悠久的翻译系。下面我们看一下香港中大在翻译人才培养模式方面的创新与探索。目前,香港中大的翻译人才培养分为两大模块:翻译本科生和翻译研究生。

翻译本科生培养有3个模块:

(1)文学学士,就是传统的翻译文学学士学位。

(2)文学学士(翻译)—法律双学位[BA(Translation)—JD Double Degree]。这是与法学院合办的双学位,采取的是3+2模式,即学生先用3年时间在翻译系获得翻译学士学位,再用2年时间在法学院获得法学学士学位,共用5年时间获得翻译与法学两个学位。

(3)法律—文学学士(翻译)双学位[LLB—BA(Translation)—Double Degree]。这是与法学院合办的双学位,采取的是4+1模式,即学生先用4年时间在法学院获得法学学士学位,再用1年时间在翻译系获得翻译学士学位,共用5年时间获得法学与翻译两个学位。

翻译研究生培养有4个模块:

(1)翻译学硕士学位(Master of Arts in Translation)。该硕士点成立于1984年,是亚洲地区首个翻译硕士点,既重理论又重实践。攻读这类硕士学位全职需1年,兼职需2年。

(2)计算机辅助翻译硕士学位(Master of Arts in Computer-aided Translation)。该学位强调现代计算机技术与翻译的结合,是香港中大在2002年设立的世界上首个计算机辅助翻译硕士学位,是香港中大在复合型翻译人才培养模式方面的又一创新。

(3)翻译哲学硕士(Master of Philosophy in Translation)。这类硕士属纯研究型,入学申请时需提交5页的研究计划。

(4)翻译哲学博士(Doctor of Philosophy in Translation),这类博士属纯研究型。

我们看到香港中大已建立起完整的翻译人才培养体系,从本科生到博士生,从应用到理论,能够较好满足社会对各种翻译人才的需求。香港中大的翻译人才培养创新之处在于向复合型翻译人才培养模式转向:

(1)在本科阶段,与法学院合作,实施"翻译+专业"与"专业+翻译"的复合型翻译人才培养模式。

(2)在硕士阶段,增加计算机辅助翻译硕士学位,培养既懂计算机技术又懂翻译的复合型翻译人才。香港中大的经验表明,培养复合型翻译人才是翻译人才培养模式改革的方向。

3.我国英语专业复合型人才培养的成功经验可供借鉴

胡文仲(2009)指出,新中国60年外语教育有4方面的成功经验,其中之一就是培养复合型外语人才。戴炜栋(1999)指出,培养复合型高级外语人才是外语院校新时期改革的一项重大成果,各地外语院校多年进行了各种不同的实践,初步总结了经验,走出了路子。西北政法学院培养"英语+法律"的复合型人才(马庆林,2002);西安外国语大学培养"外语+旅游"的复合型人才(杜瑞清,1997);南京大学培养"英语+国际商务"的复合型人才(张冲,1996);大连理工大学培养"专业+英语"双学士学位复合型人才(李荣、郭群,2001);上海外国语大学从1983年起陆续开设了新闻学、国际经济与贸易、工商管理、对外汉语、教育技术、会计学、金融学、法学、广告学等9个复合型专业(戴炜栋,2000);大致与此同时,北京外国语大学英语系在本科阶段开设了英美文学、语言学、国际新闻、外事翻译、国际文化交流、英法双语等专业方向(胡文仲,1985)。这些学校所培养的复合型人才适应了市场的需求,得到了用人单位的肯定。可以说,英语专业复合型人才的培养模式取得了成功。2005 年,高等学校外语教学指导委员会主任委员戴炜栋(2005:11)进一步强调,培养复合型外语人才是高校外语专业改革的方向。英语专业复合型人才培养为复合型翻译人才培养提供了有益的经验。

基于以上三点,我们认为复合型翻译人才的培养在我国是可行的。

三、复合型翻译人才的培养模式

我们早已看到了英语专业与其他专业的结合,但尚未看到翻译专业与其他专业的结合,这可能与翻译专业刚刚设立有关。我们认为,翻译专业结合其他专业将是翻译专业的发展趋势,同时我们还可以借鉴其他专业,如英语专业复合型人才的培养模式。《关于外语专业面向 21 世纪本科教育改革的若干意见》指出,复合型外语人才正在试验的模式有 5 种:

(1)"外语 + 专业知识";

(2)"外语 + 专业方向";

(3)"外语 + 专业";

(4)"专业 + 外语";

(5)双学位。

目前,我国翻译人才的培养尚处于过渡阶段,包括两方面的工作:一是对外语系/英语学院/外国语学院下的翻译方向人才培养模式的改革;二是翻译系/外语系/英语学院/外国语学院下新设翻译本科专业及翻译专业硕士人才培养模式的构建。所以,复合型翻译人才培养模式的实施可以从这两个角度展开,也可以从本科生和硕士生两个层次展开。对于外语系/英语学院/外国语学院下的翻译方向的人才培养模式改革,由于其不是翻译专业,可采用"外语 + 翻译专业知识"与"外语 + 翻译专业方向"的培养模式,增设翻译专业的知识课程和技能课程,以增强翻译的专业性。对于翻译系/外语系/英语学院/外国语学院下新设翻译本科专业及翻译专业硕士人才培养模式的构建,我们建议采用复合型外语人才的后3种培养模式,即"翻译+专业""专业+翻译"和双学位的模式;鼓励学生在主修一门专业的必修课和选修课后,再辅修另一专业的课程以拓宽学生的专业口径和知识面,形成知识交叉,完善知识结构,增强学生的适应能力。在我国,有些学校的专业复合做法非常灵活,辅修的专业可以是辅修、专科和双学位3种形式。例如,首都师范大学规定在学好本专业的基础上,学生根据其爱好和特长修读一个辅修专业。辅修分3个层次:增加30学分左右,学生可以达到"一本一辅";增加45学分左右可以达到"一本一专",学校按专科培养目标与人才规格匹配课程,学生只要学完辅修专科所规定的全部课程,考试合格,学校颁发辅修专科证书;增加60学分左右,可达到"双学位"(转引自廖嗣德、赵风雨,2004:14)。在翻译本科生培养模式方面,我们看到香港中大已成功实践了"翻译+专业"的3+2与"专业+翻译"的4+1复合型翻译人才培养模式。我们知道在翻译硕士生培养方面,特别是在口译硕士生培养方面,国外翻译学院(如美国的蒙特雷国际研究学院高级翻译学院)的翻译硕士生的本科专业往往不是外语专业或翻译专业,而是一些理工类专业。这实际上是在硕士生层面实践了"专业+翻译"的复合型翻译人才培养模式。特别是在翻译专业硕士生层面,更应强调学科的交叉和专业的复合。我们认为,"翻译+专业""专业+翻译"和双学位的模式将是今后复合型翻译人才培养的主流模式。当然,在专业复合的方式上,全国各类院校可以发挥各自的优势,不搞一刀切。例如,医学院可以发挥医学方面的优势,建筑学院可以发挥建筑方面的优势,综合性大学可以发挥综合性大学的优势。这种多元的翻译人才培养体系才更能适应当今社会主义市场经济的要求。

四、复合型翻译人才培养的课程体系

为了确保复合型人才培养目标的实现,就必须配套相应的课程体系。为了达到英语专业复合型人才的培养规格,《高等学校英语专业英语教学大纲》将英语专业课程分为三大模块:英语专业技能、英语专业知识和相关专业知识。我们认为,复合型翻译人才培养的课程也应包括这三大模块:翻译专业技能、翻译专业知识和相关专业知识。翻译专业技能课不仅包括传统的翻译技巧课,还应包括翻译的工具能力课、翻译的技术写作课、翻译的项目管理课等。翻译专业知识课不仅包括翻译史课、翻译文化课等,还应包括翻译策略课、翻译职业操守课、翻译工作标准课等。相关专业知识课指的是与翻译相关的其他专业的课程。

此外,我们认为,复合型翻译人才培养的课程体系还要实现两个转向。

1. 从传统翻译教学到专业翻译教学的转向

传统的翻译教学已不适应时代的要求,必须向专业翻译教学转向。传统的翻译教学与专业翻译教学存在较大的差别。传统的翻译教学注重文学翻译,专业翻译教学更加注重实用文体翻译。传统的翻译教学注重翻译的产品,专业翻译教学更加注重翻译的过程。传统翻译教学的重点在于解决语言问题,专业翻译教学的重点在于解决翻译问题,包括术语的管理、信息的查找、客户的教育、版式的设计、翻译的策略等。姚锦清(2010:11)总结了传统翻译教学与专业翻译教学的区别(见表2)。

表2中的"大学翻译教学"指的就是国内传统的翻译教学,多数设在大学的外语系下(如"英语系"下的翻译方向)(姚锦清,2010:10)。

表 2   大学翻译教学与专业翻译(笔译)教学的区别

项目	大学翻译教学	专业翻译(笔译)教学
教学单位	外语系	翻译系
教学目的	学习外语	学习翻译技能,培养合格的职业翻译人才
教学体系	封闭式,无偿	开放式,有偿
训练重点 1	译文和原文的对应	传递信息
训练重点 2	单一语言现象	篇章整体效果,语言外的效果
训练重点 3	注重结果	注重过程
训练重点 4	强调语言(语法)知识	强调相关专业知识
训练重点 5	依赖字典	查找相关信息

2.从以语言加翻译为主的必修课向以翻译为核心加专业和专业翻译的一体化课程转向

翻译专业脱胎于英语专业,翻译专业的师资也大多来自英语专业。因此,目前我国的翻译课程教学尚以语言教学为主。但未来,复合型翻译人才培养的课程体系就必须向以翻译为核心加专业和专业翻译的一体化课程转向。例如,法律翻译的课程体系应包含翻译、法律以及法律翻译的一体化课程。复合型翻译人才培养的一体化课程体系可图示如下:

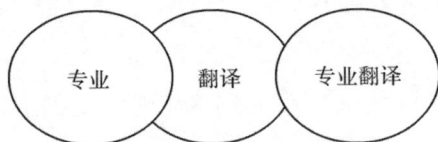

五、结   语

社会对翻译人才的需求已呈多元化态势。以往那种只掌握翻译基本知识和翻译基本技能的"纯翻译人才"已无法满足社会的需求,市场经济呼唤口径宽、适应性强、应用能力突出的复合型翻译人才。因此,培养复合型翻译人才是时代和社会的要求,是翻译专业发展的要求,是我国翻译专业人才培养模式构建与改革的方向。

参考文献

戴炜栋,1999.关于面向 21 世纪培养复合型高级外语人才发展战略的几个问题.外语界(4):1-3.

戴炜栋,2000.总结经验,发扬传统,以改革精神建设新型外国语大学.外国语(1):3-6.

戴炜栋,2005.在第三届高校外语专业教学指导委员会全体会议上的发言.外语界(2):8-11.

杜瑞清,1997.外语复合型人才的培养及实践.外语教学(2):33-36.

高等学校外语专业教学指导委员会英语组,2000.高等学校英语专业英语教学大纲.上海:上海外语教育出版社.

郭晓勇,2010.中国语言服务行业发展状况、问题及对策.http://www.tac-online.org.cn/ch/tran/2010-09-28/content_3746251.htm.

胡文仲,1985.谈谈外语教育的专业倾向.光明日报,05-21(11).

胡文仲,2009.新中国六十年外语教育的成就与缺失.外语教学与研究(3):163-169.

李荣,郭群,2001."专业 + 英语"双学士学位复合型人才培养模式与信息反馈.外语界(2):47-55.

廖嗣德,赵风雨,2004.复合型教育人才培养模式及途径的探讨.教育科学(5):13-15.

马庆林,2002.试论英语+法律复合型人才培养模式——来自西北政法学院法律外语系的调查报告.外语教学(6):82-85.

辛涛,黄宁,2008.高校复合型人才的评价框架与特点.清华大学教育研究(3):49-53.

姚锦清,2010. 翻译硕士专业学位(MTI)与专业笔译理念. 东方翻译(4):
    8-11.
张冲,1996. 高校英语专业复合型人才培养对策的思考. 外语界(1):6-10.
周洵瑛,范谊,2010. 英语专业复合型人才培养目标内涵与层次定位. 外语界
    (4):36-42.
庄智象,2007. 关于我国翻译专业建设的几点思考. 外语界(3):14-23.

本研究得到北京市 2011 年度"翻译与跨文化交际研究创新平台"
(PXM2011-014221-113530)和北京市属高等学校人才强教深化计划资助
项目的资助。

（原载于《外语界》2011 年第 3 期）

产业化视域下的翻译硕士培养模式

杨朝军

一、引　论

2007 年 1 月,国务院学位委员会批准设立翻译硕士专业学位(MTI),2007 年 3 月,国务院学位办开始在 15 家高校中进行翻译硕士专业学位点设置的试点工作,2008 年又增加了 25 家试点单位,2010 年在新增学位点的申报中又有 100 多家单位进入了翻译硕士专业学位的培养序列,使 MTI 的培养单位总数达到了 158 家。翻译硕士专业学位点的推行速度之快、社会热情之高均前所未有,这在一定程度上反映了我国社会经济发展的刚性需求,也为国家未来专业学位的设置进行了有益的、富有前瞻性的探索。

然而,翻译硕士专业学位的设置毕竟尚在试点阶段,没有现成经验,也没有现成的国外经验可以直接拿来使用,加之推行速度过快,因而在尝试的过程中也出现了一定的问题。本文拟对相关问题进行分析和梳理,并建议以翻译产业化为导向尝试解决相关问题,并具体对翻译产业化背景下的翻译硕士培养模式加以探讨。这些问题集中表现在以下几个方面。

第一,课程设置不够合理。综观各翻译硕士培养单位所设置的课程,给人总的感觉要么是非常迷茫,方向定位不明确,课程体系缺乏创新,因人设课,因而课程开设得乱七八糟。要么走向两个不同的极端:一是仍然沿袭过去翻译方向学术研究生的做法,开了很多诸如翻译史和翻译理论的课程;二是过度地强调实践,老师基本没有什么事情可干,上课就是布置作业让学生们自己练习,完全是一种放任自由的状态。在课程设置方面,另外一个突出的问题是特色不突出,具体表现为所有的翻译硕士培养单位的开课几乎都是千篇一律,乏新可陈,例如有的开设常规的英译汉、汉译英、中国文化、文学概论等等,基本没有多少特色可言。

第二,如果说课程设置的不合理是管理层的认识不够引起的,那么与之相关的还有翻译硕士指导教师的问题。这些指导教师——尤其是学业导师,往往是英语语言文学专业毕业的,所以其知识结构总是为语言和文学理论的惯常思维所局限,授课方式也大多是传统的满堂灌方式。老师讲得不少,学生学得不多,其结果是培养的翻译硕士眼高手低,没有多少实际的翻译能力,或翻译水平仅限于语言文学的范畴,不能够满足社会对翻译人才多层次、多领域、多角度的广泛需求。一些培养单位聘请的职业导师因为缺乏严格的制度规范,多形同虚设,处于一种可有可无的尴尬处境。

第三,上述问题在论文写作和学生实习方面,则表现为论文指导和答辩中的学术型倾向和实习的敷衍塞责。前者是因为相关指导老师的遴选仍是重学术轻实践,而后者是因为学制的限制,因此学生在完成了一年的学校学习之后,第二年的实习时间与其到外面实习,反而不如待在学校把论文写好,顺利达到学业毕业的要求。

如果我们把上述问题梳理一下,不难看到造成这些问题的最关键因素有两个:一个是轻实践与重理论的传统倾向的影响,另一个是学校教育与市场需要之间缺乏衔接。解决这些问题的关键在于改变观念,面向市场。在经济全球化的今天,翻译的主体和内容也在发生着根本的转变,例如翻译者不再是高校教师而是专职的翻译工作人员(译员),翻译的形式不再是单打独斗,而是少则几十人多则数百人的大兵团作战,翻译的内容也不局限于文学作品等的译介,而是与政治、经济、文化和日常生活息息相关的各个领域。而且,根据全国翻译专业学位研究生教育指导委员会的意见,"MTI 教育应紧密联系翻译产业,突出培养职业能力,注重实用性课程的设置,实施多样化的教学模式"。因此,以现代产业化定向为主导的翻译硕士培养理念应该是解决当下相关问题的关键所在。

二、翻译产业化的原则和要求

1.翻译产业化

"产业化"是指使具有同一属性的企业或组织集合成社会承认的规模程度,以完成从量的集合到质的激变,真正成为国民经济中以某一标准划分的重要组成部分。那么翻译产业的情况又是什么样呢?据 ABI(Allied Business Intelligence Inc.)的统计报告,2003 年全球年翻译产值超过 130 亿美元,亚太地区占 30%,中国内地市场约为 127 亿元人民币。2005 年世界翻译市场的规模达到 227 亿美元,中国内地翻译市场规模为 210 亿元人民币,占世界的八分之一,翻译产品涉及图书、影视作品、翻译培训、软件/网页的开发和本地化、政治、经济、文化、贸易的交流和研发等等(见表1),2007 年全球仅网页内容的本地化翻译规模就达到了 17 亿美元。据全国翻译专业学位研究生教育指导委员会主任黄友义的说法,我国有翻译实体约 3000 家左右,有翻译职称的译员约 3.5 万人,另外还有 10 万人左右以不同形式在从事翻译工作(2010:49)。显然,翻译活动已经产业化,而且这种产业化的趋势和规模会随着世界经济的高度发展和融合越来越强,越来越大。

表 1 苗菊、王少爽(2010)职业类型调查

职位类型	数量	百分比/%
笔译	260	59.90
口译	60	13.82

续表

职位类型	数量	百分比/%
译审	27	6.22
资深翻译	21	4.84
高级译审	18	4.15
本地化翻译	12	2.76
翻译项目经理	11	2.53
口笔译	10	2.30
质量控制	10	2.30
本地化项目经理	5	1.15
总计	434	100

2.翻译产业化的具体要求

在当前形势下,我们也许可以这样界定翻译产业的概念:为社会公众提供语言或文字翻译产品和服务的活动以及与这些活动有关联的一站式、快速、高质量翻译活动的集合。《翻译硕士专业学位研究生指导性培养方案》(学位办〔2007〕78 号)明确的培养目标是:"培养德、智、体全面发展,能适应全球经济一体化及提高国家国际竞争力的需要,适应国家经济、文化、社会建设需要的高层次、应用型、专业性口笔译人才。"这个培养目标和当前的翻译产业化要求不谋而合,综合而言,翻译产业化有以下诸多特点或要求。

第一,国际化。当前的翻译活动往往呈现国际化的特点,一方面在规模上涉及面越来越大,甚至在同一项目翻译中要涉及不同国度不同翻译实体之间的密切协作;另一方面翻译的内容也有较大的变化,例如同一个文本中可能会出现英语、日语、法语、汉语、西班牙语等等,这对翻译者——尤其是同传译员是个极大的挑战,欧洲的译员一般会使用三到四种语言,加拿大的翻译培训机构一般会开设西班牙语、德语、葡萄牙语、汉语、韩语、日语等选修课供学员学习。

第二，本土化。本土化行业标准协会（LISA）将本土化定义为跨国公司把特定产品转化成在语言和文化上都符合不同目标市场需要的产品的完整过程。作为一项生产活动，本土化必须满足特定市场产品用户和政府监管部门对语言、文化、法律的特殊要求（王传英、崔启亮，2010：3）。本土化也是当前翻译活动的一大特点，对于发展中国家尤其如此。例如中国每年引进外资和技术，这就需要把很多相关的国外资料包括管理文件、设备、软件等等翻译过来，为本地的经济建设服务。

第三，多样化。与传统的翻译实践相比，现在的翻译对象越来越呈现出多样化的态势，从过去单纯的文学性质的翻译过渡到生产服务业、会展业、行政管理、法律、金融、生物技术、航天航空等等多学科交叉或并行的翻译活动。

第四，专门化。多样化要求译员知识面广，涉猎全面，但事实上没有人能够完美地做到这一点，因此在拓宽夯实常用的普适知识之外，译员一般会在众多的眼花缭乱的门类中有所抉择，选择适应市场也适应自己的翻译对象，例如专业编译、政体等作为自己学习的主要对象和就业基础。

第五，市场化。作为一种产业，其主要导向应该是面向市场，因此所有的翻译活动必须有市场意识，按市场的法则办事，以市场或客户的需要为最高标准，妥善把握自己的翻译风格，并在具体的翻译活动中及时调整和校正自己的翻译状态，灵活多变，以适应不同的市场需要。

第六，技术化。传统的翻译无非一支笔、一张纸足矣，基本没有太强的技术要求。相比之下，产业化背景下的翻译对技术水平的要求则比较高，一个专业的译员应该学会使用相关的软件（如现在翻译市场上流行的Trados 等 CAT 软件），学会建立专门化的翻译语料库，并能使用计算机进行合理的交流和翻译质量检测管理。

第七，规范化。作为整个产业化链条中的一环，每个译员的工作必须合乎规范，这样才能够保证一个大的项目被分割翻译以后还可以根据需要有机地重新整合到一起并像一个人的译作一样不露丝毫痕迹，翻译理论中译者的隐身要求则是规范化之必然，此"隐身"的前提就是在译文风格、断句处理、术语使用等方面高度的规范和统一。

三、翻译产业化背景下的翻译硕士培养模式探讨

1.课程设置

目前多数的翻译硕士培养单位皆按照翻译专业学位研究生教育指导委员会的培养方案照本宣科,没能考虑到翻译硕士培养的实际意义。按照翻译产业化的理念结合国际翻译硕士的培养经验和国内翻译硕士教育实际,在翻译硕士的课程设置方面应该考虑以下特点和要求,正确处理课程设置中可能出现的问题和矛盾。

第一,要处理好基础和特色之间的关系,这是翻译硕士培养的重中之重。在翻译硕士培养的过程中既要注意基础,同时要突出个体特色,这也是翻译产业化中多样化与专门化、国际化与本土化互动关系的要求。一方面,翻译者本来就是一个"杂家",一个翻译硕士研究生要能够适应市场上对不同领域翻译工作的需要,因此在课程设置上应该考虑各方面的布局;另一方面,鉴于翻译的对象形形色色,例如政治、经济、商务、文化、历史、法律、医学、科技等等领域的内容,一个人不可能样样精通,所以翻译硕士培养单位在进行翻译普适教育的同时,要注意学科方向上的侧重,依托自己的先天优势,参照地方经济建设的需求,综合考虑特色课程的设置,例如政法类大学可以侧重法律,民族类大学可以侧重民族学,航天类大学可以侧重科技和航天技术等。河南大学地处七朝古都开封,在宋史、考古、甲骨文、黄河文明、儒家文化等方面的研究有着得天独厚的优势,因此在课程设置上可以考虑中原文化典籍翻译这一特色。另外不能忽略基础和特色之间的关系,基础课的设置不要局限于通识翻译基础,而要尽可能多地考虑与特色课程的衔接问题,例如对于中原文化典籍翻译这一特色就可以考虑开设古典文学、中外文化对比、古文写作与欣赏、史学、农学、考古学、文字学等辅修的课程。

第二,要正确处理文学翻译与非文学翻译之间的关系。文学翻译由

来已久,现在的本科翻译专业基本上走的都是文学翻译的老路子,学术的硕士、博士研究生的培养也主要是以文学翻译为主,而且不论是学术学位还是翻译硕士专业学位的研究生绝大多数仍然来自英语语言文学专业,因此在翻译硕士的课程设置上很容易受传统的文学翻译的惯性思维所左右,仍然重复文学翻译的课程设置。所以,在文学与非文学翻译的问题上,需要强调的是理念的更新和翻译由文学向非文学转向的问题,在具体的课程设置中要弱化文学翻译的倾向,有意识地侧重于非文学翻译的方向。

第三,正确处理理论与实践之间的关系。与文学翻译和非文学翻译的情形相类,受传统教学模式的影响,翻译硕士课程设置中普遍存在着重理论轻实践的倾向。根据笔者对多个翻译硕士培养单位课程设置的分析及对其实际操作的观察,这种分歧具体体现在两个方面:一是设置的理论课程太多,例如很多学校设有翻译概论、翻译史、翻译流派、中西文化对比等等,而且开课学时比较长,个别理论课甚至长达一年;二是即使科目表上明确无误地标示为实践课,例如旅游翻译,但纵观其内容,确有很多理论性质的东西充斥其中,例如什么是旅游、旅游的程序、旅游翻译的变迁、旅游英语的特点、旅游翻译的标准、旅游翻译中译者的主体性,等等。造成上述问题的原因主要是传统因素的影响,大部分的翻译硕士学业指导教师是半路出家即从学术方向转过来的,所以很容易倾向于理论方面的讲解,即使自己明白专业学位更应该关注实践,但在实际的授课中仍然不由自主地大讲理论,似乎不讲理论显得自己水平不高,离开理论的讲解似乎实践的课堂里教师无所事事。因此在理论与实践的关系问题上首先要对教师提出要求,要求他们不仅要转变重理论轻实践的观念,更应该有行动上的转变,即要学会合理利用自己的理论知识上好翻译实践课。根据西班牙巴塞罗那自治大学的研究,翻译知识是一种由多种模块构成的综合型知识,既有讲解通识理论的表述知识(declarative knowledge),也有涉及具体翻译操作的程序知识(procedural knowledge)。前者是后者的基础,后者是前者的目的。所以一名教师的理论素养并不是指导翻译硕士专业学位研究生的障碍,相反,能够为翻译实践提供更多的理论支撑,从而创造出来更多的行之有效的翻译实践课程的教学方法,例如某种特殊领域翻译的过程、翻译的文体特征、翻译的常用方法及批评标准等等。因此在理论与实践的关系方面既要注意课程设置在此方面的合理比例,同时要求相关任课教师在实践课的操作上要改变观念,积极创新。

第四,要正确处理个人能力与职业技能之间的关系。在产业化的大背景下,翻译硕士研究生的培养无疑是要面对市场的需要,因此在对学生的培养上,应一改传统那种"躲进小楼成一统"的学术研究生的培养模式,在课程设置方面既要考虑学生翻译的专业能力(professional competence),也要考虑培养学生的职业技能(occupational ability)。前者包括双语能力、跨文化交际能力、口笔译能力、速记、专业(例如外事、法律、金融、商贸等)知识、摘要写作和技术写作等相关方面的知识和技巧;后者则主要和学生的职业生涯有关,要综合当地的经济建设、本单位的培养特色和定向等因素整体考虑,一般应包括礼仪与团队精神、经营管理、质量监控与测试、网络知识、电脑文本处理、计算机辅助翻译、语料库维护、翻译流程与职业规则学习等等。

翻译硕士学生的专业能力经过多年的研究和实践积累了丰富的经验,而且相关的课程在本科阶段都有一定程度的接触,因此相对来讲不用设置太多、太长的课时,可以把更多的时间交给学生进行翻译实践,以进一步提高个人的翻译实践能力。但职业技能的培养应该是重中之重,因为可能在高校这个象牙塔中其很容易被忽视,从而被当作一种可有可无的东西。当前的翻译活动受到时间的限制,一般采用的是大兵团作战方式,几十人、上百人甚至分布在世界各地的上千个翻译工作者同时完成一个翻译项目,每个人就像是生产车间流水线上的一个成员,其个人能力、效率以及合作的精神会对整个项目的完成造成决定成败的影响。翻译产业化要求每一个翻译工作者都是一个达到一定质量要求的标准件,其中每一项指标的欠缺都可能造成合作上的不和谐。我们曾经对翻译硕士入学复试中的考生做过测试,前十位学生的结果如表 2 所示。

表2　翻译硕士入学复试前十位学生测试结果

学生序号	翻译内容	翻译字(词)数	翻译时间(小时)	翻译速度(词/小时)	错误(处)
1	财经	1577	8	197.13	15
2	财经	1304	6	217.33	7
3	财经	1267	7	181	8
4	财经	1268	5	302.40	7
5	财经	1512	6	253.60	7
6	地方	1393	3	464.33	10
7	地方	1387	4	346.75	18
8	地方	1464	6	244	7
9	地方	1564	5	312.80	8
10	地方	1325	4.5	294.44	7
合计		14061	54.5	258	94

从中不难看到以下问题。首先,财经新闻的翻译速度普遍低于地方新闻的翻译速度,说明专业翻译能力的欠缺。其次,学生的翻译速度个体差异非常大,在大的翻译项目中不利于合作。最后,总体的翻译速度不高,不能够满足目前产业化翻译的需要。英国威斯敏斯特大学的最低工作翻译要求为普通翻译为1000字(词)/小时,技术翻译为800字(词)/小时,计算机辅助翻译(CAT)为1500字(词)/小时。其中的差距还是比较明显的。

第五,正确处理选修课与必修课、授课与讲座之间的关系。根据国务院学位办2007年12月发布的《翻译硕士专业学位研究生指导性培养方案》和全国翻译专业学位研究生教育指导委员会文件的相关精神,翻译硕士专业学位研究生课程设置的种类有公共必修课(如政治理论、中国语言文学等)、专业必修课(如翻译概论、翻译史等)、方向必修课(如法律翻译、科技翻译等)、选修课(如文体学、摘要写作等)和补修课。如果把这些所有的课程加起来的话大概有几十门之多,按照我们传统的上课方式即一门课至少开一个学期计算,学生们要两三年才可能完成所有课程的学习,而我们目前的学制中只有一年可以用于课程学习,因此在课程设置方面应该认真考虑选修课、必修课等之间的关系。一是可以考虑学制中的两年时间的分配问题。国外的相关大学如巴塞罗那自治大学、威斯敏斯特大学,其 MSU 等翻译硕士的培养学制一般为二到三年,其中前两年是基本课程和基本技能的训练,只有第三年的时候才会拿出一定的时间,例如暑期培训(summer program)时间用于实习和撰写毕业论文(实习报告)。所以我们可以考虑把更多的时间用于翻译技能的学习和实践。二是可以采取更加灵活的学习方式,彻底摒弃传统的一言堂、满堂灌等填鸭式教学方式。国外的翻译硕士的学习方式有独立学习(independent study)、课堂互动(class contact)、讲座(lecture)、工作坊(workshop)、研讨(seminar)、分组学习(group work)、项目学习(project work)和调研(research work)等等。三是可以考虑把很多课程整合到一起来上,例如可以把汉语言文学、中西方文化和典籍翻译等整合到一起,以"文化与翻译"的形式来一并讲授。四是要给学生更多的选择自由,培养单位尽可能多地开设选修课程或公开讲座,鼓励学生自主选择并承认学分,这样学生们便可以根据自己的实际情况合理选修一些课程。

另外,根据翻译专业学位研究生教育指导委员会的文件精神,翻译硕士的招生对象不局限于外语专业的学生,而是鼓励不同教育背景有志于翻译实践的人员参加,因此在课程的设置上也要充分考虑到共性和个性特点在课程设置上的要求,例如翻译专业毕业的学生可以免修一些翻译基础类的课程,中文专业的学生可以免修一些汉语基础类的课程,有翻译公司工作背景的学生可以适当减免实习任务(例如可以按照《教育部关于做好全日制硕士专业学位研究生培养工作的若干意见》的下限只实习半年)。

2.指导教师

因为翻译硕士的培养还是个新兴事物,很多工作正处在转型时期,因而对翻译硕士指导教师的管理工作也不能掉以轻心。首先应该注意指导教师的遴选工作,对指导教师的遴选不能仅看发表多少论文,关键是要看有没有相关的理论和技巧修养,有没有一定的前期成果,是不是一直在进行着翻译实践工作。其次就是指导教师要转变观念,从学术教育的束缚中走出来,要有市场观念和前瞻意识,能够把翻译硕士的培养放在产业化的大背景下加以考虑并付诸实践。再次就是要加强指导教师的培训,让他们真正了解翻译硕士专业学位培养的意义和方法,有的放矢地提高自己的业务能力,并能够经常不断地参与项目的翻译工作,和学生们同学习、同研究、同实践,避免"练武不练功,到头一场空"的传统教学模式。最后,翻译硕士的指导教师要有翻译质量监控的能力。

2003年中国译协翻译服务委员会起草了《翻译服务标准》,接着又先后制定了《翻译服务译文质量标准》与《翻译服务行业诚信经营公约》等——这些都是一般的指导教师必须掌握的标准。同时要注意,面对不同的行业、不同的客户和不同的目的,会有不同的质量标准要求,例如外语教学与研究出版社在出版双语读物的项目翻译中就要求逐句对照翻译,每一句话都要有主语、谓语,基本上采取顺序直译的方法。因此,教师在指导学生的时候既要考虑翻译质量的共性,又要考虑不同翻译项目的特殊质量要求。

3. 论文写作

鉴于翻译硕士培养的主要目的是培养为社会政治、经济、文化建设所急需的翻译实践工作者,因而要把重点放在学生的实际能力上。简言之,一个合格的翻译硕士应该有独立思考的能力、创造性思维和实际的业务能力,因此在其论文的撰写上,不应片面地强调理论上的成就,而应把重点放在学生综合的业务能力上,所以在论文的写作上应以研究报告(research report)为主,而非思辨性的学术论文(argumentative research paper)。因此论文的形式可以多种多样,如翻译说明、翻译报告、实验报告、专题研究、调研报告、对策研究与评估、案例分析、项目设计、实习报告等等,论文的答辩也应该与学术论文区别对待,应有与学术论文不同的规范和要求。在对翻译硕士论文的要求上要注意以下几点。首先,最关键的要看译品的质量是否达到课程设置的目的,是否符合产业化要求的综合素质,如语言驾驭的能力、跨文化交际的能力、文体规范的能力等等,以最终能否圆满完成译文所关涉的任务为最高标准。其次,要有保证译品质量的相关的专业准备,例如相关的理论基础、方法、技巧和正确的程序设计等。最后,要求学生有自己独立的思考。学而不思则罔。一个只有勤奋、毅力而没有思考的人只能把工作做完,不可能有创意地、有针对性地把一项工作做好。在翻译产业化的大背景下,因为译者时时刻刻要面对不同的客户要求和不同的任务,这种独立思辨的能力显得愈发重要。

4. 实习基地

实习是翻译硕士培养质量监控的最后一个关键的环节,因此能否很好地安排学生实习是至关重要的,它将直接关系到整个培养工程的成败,绝不能流于形式。实习的方式要依据产业化翻译的大前提,根据培养单位的实际情况,理性地确定。可以考虑以下几个方面:首先是实习尽可能到翻译工作的第一线,让学生多获取直接经验,和社会有更多的亲密接触的机会。其次,实习基地的遴选应该能涵盖各个相关领域,以满足未来不同工作岗位的需要,例如翻译硕士将来可以做外文编辑、公司译员、外事翻译、新闻采编、翻译公司经理等,因此相应的实习基地可以设在出版社的编译部,也可以设在大的翻译公司,同样可以设在外事部门、新闻媒体或小型的翻译公司等,最好的情况是参与实习的学生有机会到各个实习基地轮训一遍,以适应不同的形势需要。再次,实习的方式可以灵活多样,施行动态的实习基地管理模式,例如可以把外事会议、商务会展中心、政府的外事活动等的翻译实践作为实习的内容,计算到实习学分中去,也可以在培养单位内设立翻译工作坊或以注册公司的方式接纳社会上的翻译项目,这样就可以把实训和教学统一在一起,同步进行,起到相得益彰的效果。最后,要加强实习工作的管理。翻译硕士教育中心的负责人要和学生的学业指导教师以及负责实习的职业导师紧密联系,探求合理的管理模式,以确保实习卓有成效地进行,同时应该制定出合理的评价方式,对学生的实习结果做出公正、切合实际的评判。

四、结 语

翻译硕士的培养应以市场的产业化需要为目的,从学生学习的整个流程如招生、课程设置、指导教师遴选、论文写作、基地实习、质量监控等环节出发,转换观念,悉心探求,真正找出一条适合本单位培养特色的翻译硕士培养路径,为社会提供高素质、高水平的职业翻译人才。笔者就产业化背景下的翻译硕士培养提出了一些粗浅的看法,因篇幅和水平问题未能深入探究,旨在抛砖引玉,提请同行学者批评指正。

参考文献

陈吉荣,李丙奎,2010. MTI 翻译策略与翻译产业需求——以大连为区域背景的研究. 经济研究(4):80-82.

黄友义,2010. 翻译硕士专业学位教育的发展趋势与要求. 中国翻译(1):49-50.

苗菊,高乾,2010. 构建 MTI 教育特色课程. 中国翻译(2):35-38.

苗菊,王少爽,2010. 翻译行业的职业倾向对翻译硕士专业(MTI)教育的启示. 外语与外语教学(3):63-67.

穆雷,2011. 翻译硕士专业学位论文模式探讨. 外语教学理论与实践(1):77-82.

穆雷,王巍巍,2011. 翻译硕士专业学位教育的特色培养模式. 中国翻译(2):29-32.

唐继卫,2010. 加强翻译硕士教育工作,适应翻译产业发展需要. 中国翻译(1):50-51.

王传英,2010. 本地化行业发展与 MTI 课程体系创新. 外语教学:110-113.

王传英,崔启亮,2010. 本地化行业发展对职业翻译训练及执业认证的要求.

中国翻译(4):76-79.

文军,穆雷,2009. 翻译硕士(MTI)课程设置研究. 外语教学(4):92-95.

(原载于《中国翻译》2012 年第 1 期)

论翻译专业硕士培养中的校企合作

蔡　辉　张成智

一、背　景

　　翻译专业硕士(MTI)的设置背景是适应改革开放和社会主义建设的需要,增强对外交流。MTI 的培养目标是高层次、应用型、专业性高级翻译专门人才。MTI 的特色就是强调学生的实际应用能力,对学生的实践实习提出了明确要求。高校的作用是培养 MTI 人才,企业则是接收 MTI 人才的单位。因此二者之间的校企合作存在良好的基础。事实上,开展校企合作已经是一部分 MTI 高校和企业界精英的共识。2011 年 12 月,在深圳召开的 2011 年中国本地化服务产业高层论坛上,来自文思创新软件技术有限公司的黄翔指出,大学作为"人力资源提供商"(卖家),是否应努力研究企业人力资源需求方(买家)的详细需求,并提供最适合需求的产品? 以"人力资源"为核心竞争力和利润驱动力的企业,是否应更积极、努力地帮助作为"人力资源提供商"(卖家)的大学更好地提供最适合需求的产品? 在上海大学外国语学院的官方网站发布的《外国语学院分析检查报告》明确指出:"加强校企合作,建立校外教学实习基地(对外服务公司、展览公司等)。"(黄澄,2011)在广东外语外贸大学新闻网的一则新闻的标题为"翻译学院赴深圳翻译公司调研交流"的新闻中,也提到"华为陈总和我院师生都一致认为,企业和学校必须紧密合作,不断培养学生的岗位意识和实践能力,提高学生'软'实力"(刘嘉欣、金明,2011)。在南开大学外国语学院的一则讲座信息中也明确指出:"MTI 教育中心将……采取切实有效的手段,通过校企合作提高我院 MTI 办学层次,创建南开 MTI 品牌。"[①]广东外语外贸大学副校长方凡泉在谈到 MTI 人才培养的时候,也指出:"校企合作是必然趋势。"[②]

在 MTI 教育中,开展校企合作,不仅是时代的趋势,也是学校和企业之间的共同需求。

二、校企合作

就 MTI 而言,所谓校企合作就是企业与学校之间通过人才、技术、资源的整合共享,培养适合于市场经济发展的应用型人才。我国从 2007 年设立 MTI 以来,开设 MTI 的高校已经达到了 159 所,但是由于师资等各方面条件的限制,大多数高校的 MTI 课程设置和教学模式依然沿袭了以往的模式,这和 MTI 的培养目标存在差距,也和企业与市场的需求相脱节。

校企合作对于企业而言,不仅是获得价廉质优的翻译人才的方式,也是参与人才培养的过程。对高校而言,不仅是获得企业的优质教育资源的途径,也是使人才培养和市场真正接轨的过程。企业通过校企合作,储备了人才资源,扩大了企业的知名度,高校通过校企合作,获得了大量企业教学资源、技术和市场信息,有利于促进教学和科研。实行校企合作有利于整合企业和学校资源,实现强强联合,使人才培养和社会需求接轨,

---

① 见南开大学外院新闻《北京传神联合信息技术有限公司高管团队第二次来我院进行讲座》一文,参考网址:http://fcollege. nankai. edu. cn/chn/news/news_09111602.htm。

② 见策马翻译培训官方网站《广东外语外贸大学副校长方凡泉、高级翻译学院院长平洪会见我司高管,共叙合作蓝图》一文,参考网址:http://www. cemachina. com/news_ content. asp?id = 4333。

有利于实现从传统的研究型人才培养模式向应用型人才培养模式转变,有利于实现产学研的真正结合。校企合作无论对于 MTI 高校,还是对语言服务企业,都是互利互惠的,在校企结合的道路上,企业和学校各取所需,不仅学校要主动走出去和企业合作,企业也要积极走出去寻找高校作为合作伙伴。虽然不少 MTI 高校和企业已经意识到了校企合作的重要性,但是对于校企合作的模式、方法、途径乃至校企合作的空间,尚缺乏充分的了解。

三、校企合作的形式

根据笔者的研究,校企合作有以下几种主要形式,见表1。

表1 校企合作的主要形式

合作形式	合作内容	案例
招生就业	订单式培养、翻译培训、人才培养	北京外国语大学奥运翻译班(北外—奥组委)
师资合作	校外导师、兼职教师、师资培训、实践指导教师、开办讲座	崔启亮(北京昱达环球科技有限公司—北京大学、西安外国语学院高翻学院);杨颖波(莱博智—北京大学外国语学院)
课程设置	企业参与课程设计、课程内容、授课方案的讨论、调整和制定,甚至课程外包	山西大学外国语学院(山西科技情报研究所);厦门理工大学外语系(厦门精艺达翻译公司)
实习基地	实习基地的建设	中国对外翻译出版有限公司(北京外国语大学高级翻译学院、北京语言大学外国语学院、对外经济贸易大学)
项目合作	翻译研究、翻译任务、教材编写	公示语翻译与公众服务平台(北京大学—展地文化传播集团);北京大学"翻译与语言服务实务"丛书
访问参观	高校组织师生访问、参观语言服务公司	2011年1月6日广东外语外贸大学翻译学院师生赴华为技术有限公司翻译中心访问

续表

合作形式	合作内容	案例
共建实验室	共同创建翻译实验室	传神联合(北京)信息技术有限公司—华中师范大学外国语学院、四川外国语大学;SDL—苏州大学、香港中文大学等
奖助金、捐赠、赞助	奖助金、捐赠、赞助	中译奖学金(中国对外翻译出版公司—北京语言大学)、策马奖学金(北京君策天马翻译有限公司—北京外国语大学);2011 年 11 月 15 日至 16 日中国对外翻译出版公司赞助博雅翻译文化沙龙

1.招生就业

MTI 高校可以签约为有关企业和用人单位定向培养翻译人才,或者称之为"订单式培养"。在一些专业技术学院,订单式培养已经有了十分成功的案例。这些技术学院实行的订单式培养模式,为 MTI 的人才培养提供了借鉴。比如,山东杏林科技职业学院与海尔集团、海信集团等大型企业展开合作,先后开办了"海信班""钱江班"等 46 个"订单班",为企业成功培养了近万名专业人才(任腾霄、陈灏,2011)。根据笔者的调查,目前在国内 MTI 高校尚没有找到和企业签约培养翻译人才的案例。但是在翻译人才的培养方面,我国也不乏订单式培养的先例,比如北京外国语大学(简称北外)奥运翻译班,就是北京外国语大学为北京奥组委定向培养的翻译人才;北外的联合国译员训练班,就是北外受联合国委托培养的专职翻译人才。订单式培养为企业提供了合乎要求的人才,为企业节省了培训新人的时间和成本,同时也解决了学生的就业问题。MTI 高校和对翻译人才有需求的单位可以就此展开探索。

2.师资合作

师资合作包括聘请校外导师、兼职教师、实践指导教师,师资培训,开办讲座等。校外导师是指高校可以聘请企业的优秀专家作为校外导师,对学生进行指导。兼职教师是指高校可以聘请企业经验丰富的翻译专家,为学生授课。实践指导教师是指高校在安排学生实习时,由企业安排实践指导教师,以指导学生的实践学习,保障实习的效果。师资培训是指企业利用自己的资源和优势,为高校教师进行培训,使他们掌握最新的翻译技术,了解国际国内的翻译行业动态。师资合作的目的是弥补 MTI 高校在师资力量上的不足,使教学更加贴近市场需求。师资合作的不足之处是校外导师、兼职教师和实践指导教师等的教学时间难以协调,难以和学校的教学进度保持一致,教学质量也不易保障。2011 年 7 月 26 日,全国翻译专业研究生教育指导委员会和中国翻译协会联合发布了《全国翻译专业研究生教育兼职教师认证规范》。《规范》的宗旨是"全面落实校内外双导师制,吸收翻译行业的专家、学者和实践领域有丰富经验的专业人员,共同承担翻译专业学位研究生的培养工作"(姜永刚,2011a:1)。《规范》对翻译专业兼职教师的资格和认证管理制定了详细的规则,它的出台将进一步促进兼职教师遴选、聘任、认证、监督的有序化,提升兼职教师的层次,提高 MTI 教学的效果。

3.课程设置

课程教学是 MTI 教育的重要环节。因此在 MTI 课程设置方面适当聆听来自企业界的声音,让企业以适当的方式参与 MTI 人才的培养,有利于确保 MTI 人才培养的目标得到实现。高校可以邀请企业界的精英和业界专家共同参与 MTI 课程设计的商讨,参与课程内容、授课方案的制定、调整和设置,甚至课程外包等。比如,山西大学外国语学院邀请山西科技情报研究所等单位共同研讨翻译硕士专业学位的课程设置,"拟定了可开设的翻译硕士专业学位课程,其中体现应用型翻译专业人才培养模式特色的课程主要有'技术写作与翻译''专业知识课'等"(连彩云、荆素蓉、于婕,2011:39)。比如,2011 年 11 月 23 日,厦门精艺达翻译服务公司总经理韦忠和应邀给厦门理工大学外语系教师做"信息技术与翻译工作"讲座,他"从广义的计算机辅助翻译出发,充分考虑职业译员在翻译实践中所能遇到的各种涉及信息技术的应用,设计了一个较为完善的教学内容体系"(韦忠和,2011:44),其中包括 CAT 软件应用、翻译术语管理、翻译项目管理、翻译质量管理、翻译信息技术等与翻译行业密切相关的课程。课程外包是指高校将市场所急需、学校暂时没有能力开设的课程外包给实力雄厚的企业或者经验丰富的培训机构,由企业或者培训机构委派资深专家来授课。比如北京大学的技术文档写作课程就外包给 Kudos 和 IBM 两家企业,并取得了不错的教学效果。在课程设置上开展校企合作有利于使 MTI 的课程设置和人才培养更加具有针对性,更加适应市场的需求,更加适应时代的变化。

4.实习基地

学校教学的延伸,是实践教学的重要组成部分,有利于学生将课堂理论知识运用于翻译实践,在实践中学习最新的翻译知识和翻译技术,了解翻译公司的运作模式,并获得丰富的实践经验。实习基地是企业和 MTI 高校之间合作的重要形式。建设实习基地的目的是弥补高校在实践教学方面的不足。目前,不少高校都已经和企业合作建立了实习基地。比如,中国对外翻译出版公司是北京外国语大学高级翻译学院、北京语言大学外国语学院、对外经济贸易大学等多所高校的翻译实习基地。一方面,建立实习基地可以帮助高校加强实践知识教育,加强学校和企业之间的沟通,有利于产学研的结合,实现学校和企业的无缝连接;另一方面实习基地也有助于企业储备翻译人才,降低翻译成本,提升企业的形象和知名度。不足之处是高校对实习基地的经费投入不足,目前缺乏联络校企的沟通机制,同时,在翻译实习方面,国家也缺乏相应的法律法规,学生的合法权益难以保障。高校和企业也缺乏对实习生的跟踪和指导机制。

建立实习基地并不是校企双方签订协议,把学生派到基地如此而已。为了保证实习取得最大的效果,校企双方应当建立相应的配套机制,以保障实习的效果,并为企业带来最大化的利益。2011 年 7 月 26 日,全国翻译专业研究生教育指导委员会和中国翻译协会联合发布了《全国翻译专业研究生教育实习基地(企业)认证规范》。《规范》"旨在指导全国翻译专业学位研究生教育实习基地对各类实习生的培养内容和操作形式,确保实习生获得规范、实效的培训和指导,推动学校和企业之间建立长期、稳定的合作关系"(姜永刚,2011b:1)。《规范》对实习企业的资格、学生实习的认证管理,实习基地的认证均制定了明确的条款。《规范》的出台将有效地促进和规范翻译实习基地的建设,并对 MTI 教学产生积极的影响。

5. 项目合作

指企业和高校之间可以就某个项目开展或长期或短期的合作。企业、科研机构、高校可签署协议就翻译教学、科研、软件开发、测试等项目开展合作研究,比如 2011 年 3 月展地集团和北京大学软件与微电子学院签署协议,开展计算机辅助翻译培训合作项目,并投资推广"公示语翻译与公众服务平台"项目[1]。2010 年,山西科技情报所翻译中心与中北大学合作完成"山西省科技翻译产学研合作模式研究"。此外,企业和高校之间还可以共建研发中心。当然高校和企业可以各取所长,联合编写 MTI 教材和相关书籍,比如北京大学的"翻译与语言服务实务"丛书项目的顾问委员会和编委、作者就包括来自高校外院的代表、中国翻译协会领导、翻译技术领域专家、语言服务企业代表、翻译工具商代表以及出版社等语言教育和服务等相关领域的资深专家、领导和精英学者,该项目现在还在进行之中,但有一部分书已经出版发行,项目合作有利于企业和学校之间的资源共享,优势互补,实现校企之间的深度合作,以及产学研的真正结合。科研合作的突出问题是项目资源的分配不均。项目资源大量集中于大城市和名校。有高校掌握了大量的项目资源,也有高校苦于没有项目资源。有关协会组织可以利用现有的平台促进校企双方的信息沟通,促进校企合作,使项目资源得到合理的分配,促进 MTI 教育的健康有序发展,而校企双方也应当主动出击,寻找合作的空间。

---

[1] 见网易新闻《展地文化传播集团与北京大学针对"公示语平台"开展校企合作》一文,参考网址:http://news.163.com/11/0321/18/6VMKUNKQ00014AEE.html。

6.访问参观

指 MTI 高校代表到语言服务企业参观访问,也可以指语言服务企业代表到 MTI 高校访问。无论是高校师生到企业参观访问,还是企业代表到学校参观访问,高校和企业的有关部门都应做好充分准备,制订前期计划,了解对方参观访问的人员、时间、目的和行程等,拟妥安排日程、做好接待、参观、座谈等事宜,让参观和访问达到尽可能大的效果。参观访问之后,有关双方还应做好总结,考察是否实现了预定目标,是否完成了预定计划等等。通过总结可以发现问题,并在下一次参观访问中解决问题。MTI 高校师生访问语言服务企业不仅让学生有机会和翻译行业第一线的专家和精英面对面交流,也可以使他们接触到语言服务行业的运营模式和工作流程,获得行业内的最新讯息,帮助学生消除对语言服务行业的陌生感,建立语言服务行业的自豪感。与此同时,企业代表也可以到 MTI 高校去访问和参观,了解学校的人才培养、课程设置等相关信息,以增进相互之间的了解,寻找合作的空间,甚至达成合作意向。

7.共建实验室

企业可以以适当的形式帮助高校建立翻译实验室。比如 SDL 公司协助苏州大学、西安外国语大学、香港中文大学等高校建立了翻译实验室。传神公司协助华中师范大学外国语学院、四川外国语大学等多所高校建立了翻译实验室。企业和高校共建翻译实验室可以帮助 MTI 高校以较为优惠的价格获得翻译软件和设备,获得完整的翻译实验室解决方案,并获得企业丰富的教学和项目资源。

8.奖助金、捐赠、赞助

奖助金是指企业界通过向社会有关机构或者学校投入资金,设立翻译奖助金,用于奖励有潜力的翻译人才完成学业,或者奖励优秀的学生。设立奖助金不仅扩大了企业的知名度,也提升了企业的公关形象。比如,中国对外翻译出版公司在北京语言大学设立了"中译奖学金"①,北京君策天马翻译有限公司在北京外国语大学设立"策马奖助学金"②等。捐赠是指语言服务企业可以通过实物捐赠的形式,支持 MTI 高校的翻译教学以及翻译相关活动。此外,语言服务企业还可以赞助翻译相关会议、论坛,乃至赞助和组织翻译大赛等,这样企业不仅可以参与翻译人才的培养,推动先进翻译理念和技术的传播,还可以参与翻译人才的发掘和储备等等。奖助金的设立,乃至捐赠和赞助,有两个前提:一是企业资金雄厚,二是企业自愿。目前存在的问题是,对于企业的这种善举,缺乏相应的宣传和鼓励。有关协会组织可以采取灵活多样的措施进行宣传和鼓励,比如在协会网站上进行表彰宣传,在入会费方面给予适当的优惠,在实习基地认证方面给予加分等等,以此促进更多的企业投入进来,而企业也可以从中得到相应的回报。

校企合作可以由政府和行业组织牵线搭桥,也可以由企业和学校之间自行协议合作。双方既可以密切深入地合作,也可以松散地合作。合作时间根据意愿和实际情况,可以是长期的,也可以是短期的,当然也包括临时的、一次性的。既可以是请进来,也可以是走出去。当然,MTI 教育校企合作的形式,并不仅仅局限于以上几种。根据高校和企业的需求、行业的发展,在法律许可的范围内,校企合作在形式和内容上也会不断突破创新,并带动 MTI 教育不断走向成熟。

---

① 见中国对外翻译出版公司官方网站《中译公司成为北京语言大学外国语学院实习基地》一文,参考网址:http://www.ctpc.com.cn/n435777/n435880/9232.html。

② 见北京君策天马官方网站《北京外国语大学"策马奖学金"——我公司正式成为北京外国语大学翻译实践基地》一文,参考网址:http://www.grouphorse.com/N2.asp?ID=267。

四、发挥协会组织的作用

一方面,长期以来,大多数 MTI 高校对校企合作缺乏重视,导致高校和企业之间缺乏沟通,信息交流不畅,导致高校急于走出去寻找校企合作,却苦于缺乏途径;另一方面,长期以来高校翻译人才培养侧重于学术研究,导致企业对校企合作持有一定的保留态度。因此,在校企合作方面,应当建立行之有效并且长期稳定的联络机制,或者定期召开有关的会议或者论坛,为校企合作提供沟通、分享、反馈和行动的平台,共同商讨校企合作、翻译行业中存在的问题及其解决的机制,以便校企双方总结失败的教训,分享成功的经验等等。

在实习基地以及兼职教师的资质认定上,行业组织将发挥重要作用。2011 年 7 月 26 日,全国翻译专业研究生教育指导委员会和中国翻译协会联合发布了《全国翻译专业研究生教育兼职教师认证规范》和《全国翻译专业研究生教育实习基地(企业)认证规范》。这些《规范》出台以后,"全国翻译专业学位研究生教育指导委员会与中国翻译协会将成立专门的认证委员会,分别对符合条件的语言服务和技术企业以及行业专家颁发资质证书,并向社会公布"(中国翻译协会,2011)。《规范》的出台有利于指导实习基地的建设和兼职教师的遴选和聘用,有利于在校企合作中明确双方的责任、权利和义务,有利于维护校企合作的长期稳定健康发展。"这是翻译专业教育与翻译行业密切结合的重要里程碑。"(《中国翻译》编辑部,2011:46)有鉴于此,MTI 高校应当尽快加入有关行业协会组织,以获取相关的资源和信息,参与有关规范的讨论和制定。

五、结　语

高校和企业是两种本质不同的机构,前者以培养人才为首要任务,后者以追求利润为首要原则。本质的不同导致校企之间的合作必然会存在一些问题,比如校企合作的可持续发展、制度建设、约束机制,保障机制、跟踪反馈机制等等,另外,企业的资质、领导人的风格、企业的文化都可能对校企合作产生重大影响,当然 MTI 高校自身的条件也对校企合作有相当的影响。因此,MTI 高校在开展校企合作时,应当慎重,不可盲目开展合作。与此同时,校企合作对于许多语言服务企业和 MTI 高校来说,还属于新鲜事物,目前也缺乏具有说服力的经典案例。不管如何,校企合作是 MTI 人才培养的必然趋势,怎样使学生实习和实习基地对于高校和企业都达到双赢、利益最大化,尚待进一步的深入研究。怎样确保和提高学生实习的效果,需要建立怎样的跟踪和反馈机制,高校和企业需要做哪些工作,如何保障实习学生的人身安全和合法权益等等,这些问题的解决需要循序渐进,既需要有关部门和行业组织的引导,也有赖于学校和企业之间的密切合作与反复沟通。

参考文献

黄澄,2011.坚持科学发展,培养高质量外语人才——外国语学院分析检查报告.(2011-12-03)[2012-10-01]. http://www. shu. edu. cn/Default. aspx?tabid = 1036&ctl = Detail&mid = 1591&Id = 42788.

刘嘉欣,金明,2011.翻译学院赴深圳翻译公司调研交流.(2011-12-03)[2012-10-02]. http://www. gwnews. net/article-67504. html.

任腾霄,陈灏,2011.我国尝试"订单式培养"化解大学生"就业难".(2011-12-21)[2012-10-10]. http://www. gov. cn/jrzg/2011/12/03/content_2010055. htm.

姜永刚,2011a.全国翻译专业研究生教育兼职教师认证规范.全国翻译专业研究生教育指导委员会和中国翻译协会.

姜永刚,2011b.全国翻译专业研究生教育实习基地(企业)认证规范.全国翻译专业研究生教育指导委员会和中国翻译协会.

连彩云,荆素蓉,于婕,2011.创新翻译教学模式研究——为地方经济发展培养应用型专业翻译人才. 中国翻译(4):37-41.

韦忠和,2011.信息技术与翻译工作——兼谈厦门理工学院计算机辅助翻译(CAT)课程设计建议. (2011-02-03)[2012-12-12]. http://vdisk. weibo. com/s/1ewI_/1322055505.

中国翻译协会,2011. 翻译专业教育实习基地和兼职教师认证规范在京发布.(2011-11-03)[2012-12-05]. http://www. tac-online. org. cn/ch/tran/2011-07/26/content_4375620. htm.

《中国翻译》编辑部,2011. 产学研结合,构建翻译专业师资培训长效机制与平台. 中国翻译(5):46.

（原载于《中国翻译》2013 年第 1 期）

谈翻译专业资格(水平)考试的三个衔接

杨英姿

一、引　言

为适应社会主义市场经济和我国加入世界贸易组织的需要,科学、客观、公正地评价翻译人才水平和能力,规范国家翻译人才从业资格标准,促进高素质的外语翻译专业人员队伍建设,2003 年,受原国家人事部(现人力资源和社会保障部,文中简称人社部)委托,中国外文局负责实施与管理全国翻译专业资格(水平)考试(China Accreditation Test for Translators and Interpreters—CATTI,文中简称翻译资格考试),并于当年推出英语二、三级试点考试。翻译资格考试目前分为 7 个语种,即英、日、法、阿拉伯、俄、德、西班牙语;两大类别,即笔译、口译,其中口译又分交替传译和同声传译两个专业类别;四个等级,即资深翻译与一级、二级、三级口译、笔译翻译。考试自 2003 年开始实施至今,英语一个语种的二、三级口笔译考试已进行了 15 次;2004 年法、日语二、三级口笔译考试首次推出;2005 年英语同声传译考试,2006 年俄、德、西班牙、阿拉伯语二、三级口笔译考试陆续推出。目前 7 个语种的二、三级笔译、口译(交替传译类)考试,加上英语同声传译考试,共有 29 种 58 个科目已经全部在全国范围举行。截至 2010 年年底,7 个语种考试累计报考人数近 15 万人次,近 2 万人通过考试获得翻译职业资格证书。

二、翻译资格考试的六大特点

该考试是一项国家职业资格考试,是在全国实行的、统一的、面向全社会的翻译专业资格(水平)认证,是对参试人员口译或笔译方面双语互译能力和水平的评价与认定。翻译资格考试实施以来,稳步推进,形成了自身鲜明的六大特点。

一是面向社会。二、三级翻译资格考试在报名要求上打破了传统人才选拔的限制性条件,强调了翻译人才的社会化选拔标准,即"五个不唯",不唯学历、不唯资历、不唯身份、不唯年龄、不唯国界。凡遵守我国宪法和法律、恪守职业道德并具有一定水平的人员,包括获准在我国境内就业的外籍人员及港、澳、台地区的专业人员,简言之,只要是有志于从事翻译工作的人员,都可以根据个人水平来报考相应级别的翻译资格考试。这也使参加翻译资格考试的人员有来自国(境)内外的不同行业的考生,既有高校教师、高校学生,又有企事业单位人员,甚至还出现了农民工自学、残疾人坐着轮椅参加翻译资格考试的动人场景。前年,一位初三学生,通过自己的努力,一年内先后通过了三级口、笔译考试,成为中国翻译协会会员中最为年轻的一位,更是翻译人才中的一朵奇葩。

二是突出能力。通过七年多的考试实施工作,以翻译实践能力为标准和核心的翻译人才评价体系已经基本形成,鲜明的能力标准是选拔翻译人才的"硬杠杠",在提高翻译队伍能力建设中发挥了正确的导向作用。

三是服务于对外开放。面向海内外,报考对象不仅包括中国公民,还包括在中国工作的外籍人员。考试的发展也在我国港台地区和国际社会引起了一定程度的关注,我国香港、台湾地区,日本、韩国、法国、澳大利亚等有关机构与翻译考试管理部门多次来访。新加坡还希望翻译资格考试在当地能够设置考点。浏览全国翻译考试网站的国家和地区已达 60多个。

四是重视任职资格。取得各级别翻译资格证书并符合翻译专业职务任职条件的人员,用人单位可根据需要聘任相应的专业技术职务任职资格。

五是行业管理发挥作用。中国翻译协会负责持有证书人员的继续教育和证书登记工作,发挥了行业协会在翻译人才继续教育培训和管理方面的积极作用。

六是引导翻译教学。翻译考试作为人才评价的标准将逐步起到服务翻译教学、引导翻译教学的作用。

三、翻译资格考试的三个衔接

翻译资格考试与职称评聘、中国翻译协会会员管理制度、翻译硕士专业学位教育的三个衔接体现了其重视任职资格、行业管理发挥作用和引导教学三大特点,是翻译资格考试与传统翻译人才评价体系衔接、引导今后翻译实践教学的体现。

1.翻译资格考试与职称评聘的衔接

"职称"一词最初源于职务名称,是指专业技术人员的专业技术水平、能力,以及成就的等级称号,反映专业技术人员的学术和技术水平、工作能力及工作成就。就学术而言,它具有学衔的性质;就专业技术水平而言,它具有岗位的性质。自 1986 年起,国家正式提出实行专业技术职务聘任制度。

2003 年,《中共中央国务院关于进一步加强人才工作的决定》中明确提出,要全面推行专业技术职业资格制度。职业资格证书制度是劳动就业制度的一项重要内容,也是一种特殊形式的国家考试制度。职业资格证书是表明劳动者具有从事某一职业所必备的学识和技能的证明。它是劳动者求职、任职、开业的资格凭证,是用人单位招聘、录用劳动者的主要依据,也是境外就业、对外劳务合作人员办理技能水平公证的有效证件。

2003 年,翻译资格考试的推出,是对我国翻译系列职称评审与聘任制度的重大改革。也是我国人事制度改革工作中的一项重要成果,更是我国翻译人才评价工作的一个里程碑,该项职业资格考试的实施,对于提高翻译人员素质,保证翻译从业者能力水平,促进翻译市场健康化发展,具有重要意义。翻译资格考试的实施,推动了翻译人才评价工作朝着更加科学化、社会化、规范化的方向发展,并在设计上实现了与职称评审、聘任制度之间的接轨。国家人事部在《关于 2005 年度二、三级翻译专业资格(水平)考试有关工作的通知》(国人厅发〔2005〕10 号)中明确规定:"各地区各部门不再进行翻译系列英语翻译、助理翻译任职资格的评审工作。"考生取得二、三级口译或笔译翻译专业资格(水平)证书,并符合《翻译专业职务试行条例》的相关条件,用人单位就可以根据需要聘其担任翻译、助理翻译(中级、初级)职务。

从 2005 年起,随着翻译资格考试在全国范围举行,所进行的英、法、日、俄、德、西班牙、阿拉伯语 7 个语种翻译系列相应等级的专业技术职称评审工作陆续停止。

2.翻译资格考试与中国翻译协会会员制度的衔接

根据《中国翻译协会会员管理暂行办法》,获得全国翻译专业资格(水平)考试二、三级口、笔译资格证书人员,可以成为中国译协的普通会员。获得全国翻译专业资格(水平)考试一级口、笔译资格证书人员,可以成为中国译协的专家会员。

中国译协还受翻译资格考试办公室委托,负责考试通过人员的继续教育(或业务培训)和证书登记管理工作,对翻译资格证书持证人员在通过考试后进行继续教育或业务培训,保证持证人员保持良好的职业道德,不断完善专业知识结构,提高专业水平和翻译实践工作能力,提高翻译服务质量和创新能力,以适应不断发展的社会需要,利于整个翻译行业的健康可持续发展。

3.翻译资格考试与翻译硕士专业学位教育的衔接

我国于 1981 年实施《中华人民共和国学位条例》,当初以培养教学和科研人才为主,授予学位的类型主要是学术型学位(也称科学学位)。就研究生的学位而言,就是大家通常所说的"硕士、博士学位"。20世纪90年代初,为了加速培养经济建设和社会发展所需的高层次应用型专门人才,改变传统研究生教育人才培养中学生缺乏实践能力的状况,我国在1991年建立了专业学位研究生培养制度,专业学位的职业指向性非常明确。目前,已基本形成以硕士学位为主,博士、硕士、学士三个学位层次并举的专业学位体系。截至2010年年底,全国已经设立有38个硕士专业学位。从2009年开始,我国开始大力调整学术型研究生与专业型研究生的培养结构,转变教学模式,推动硕士研究生教育从以培养学术型人才为主的模式向以培养应用型人才为主的模式转变,逐步加快了专业学位研究生培养的步伐,扩大招生比例、增设招生专业,直至形成学术型研究生和学位型研究生招生各占50%的总体格局。

2007年,为适应全球经济一体化及提高国家国际竞争力的需要,培养适应国家经济、文化、社会建设需要的高层次、应用型、专业性口笔译人才,经国务院学位委员会批准,第18个硕士专业学位——翻译硕士专业学位(MTI)教育正式在我国开始实施,截至目前该学位的试点培养单位已达158所高校。

2008年9月,国务院学位委员会、教育部、人力资源社会保障部共同研究决定,印发《关于翻译硕士专业学位教育与翻译专业资格(水平)证书衔接有关事项的通知》,规定:在校翻译硕士专业学位研究生,凭学校开具的"翻译硕士专业学位研究生在读证明",在报考二级口、笔译翻译专业资格(水平)考试时,免试综合能力科目,只参加实务科目考试。

这标志着我国翻译硕士专业学位教育与翻译专业资格(水平)证书正式实现有效衔接。翻译硕士学位教育与职称制度及行业规范管理的有机结合,使其日益具备国际上通行的"职业学位"标准。

自2009年上半年翻译硕士专业(MTI)学生第一次参加翻译资格考试起,截至2010年年底,MTI考生共参加了4次翻译资格考试,累计报考1456人,累计合格139人。考生中,语种为英语的占绝大多数,达1450

人,法语和俄语各 3 人。从通过率上看,英语考生通过率不足 10%,这与翻译资格考试的整体通过情况基本一致。由于报考英语考试的人员中,很大部分为在校生,缺乏英语翻译实践经验,另外,这些考生中,大部分又是非英语专业的,因此,参加英语考试考生的整体通过率多数情况下都低于其他语种的通过率。由于参加英语考试考生的总体数量占各语种总报考人数的 90% 左右,获得英语口笔译证书的考生总体数量与其他语种相比仍占绝对优势(见表 1)。

表 1 获得翻译资格考试证书人数统计

语种	获证人数	语种	获证人数
英语	16095	日语	1445
法语	516	俄语	415
德语	258	西班牙语	167
阿拉伯语	94	英语同传	26

注:除英语同传外,各栏为各语种笔译和口译交替传译获证总人数。

从表 2 的统计数据来看,翻译专业硕士参加考试两年的整体通过率略高于其他考生,这体现了通过系统学习的翻译硕士的专业性优势,但通过率优势并不明显,尤其在考试人数较多的 2010 年,除了上半年法语二级笔译、下半年英语二级口译外,上半年英语二级口笔译、法语二级口译,下半年英语二级笔译、俄语二级口笔译翻译硕士的通过率均比其他考生低,这说明目前的翻译硕士学位教育还存在一些问题,学生的翻译实践能力还比较弱,距离成为高层次、应用型、专业化特点的专业口笔译人才还有一定距离,在学科基础建设、师资队伍建设、教学基础设施建设、教学基本建设等方面还需要进一步努力。

表 2　MTI 学生参加翻译资格考试情况统计(2009—2010)

| 语种 | 项目 | 2009 年上半年 | | 2009 年下半年 | | 2010 年上半年 | | 2010 年下半年 | | 合计/平均 |
		二级笔译	二级口译	二级笔译	二级口译	二级笔译	二级口译	二级笔译	二级口译	
英语	报考人数	143	27	147	39	371	86	518	119	1450
	参考人数	133	26	141	32	357	76	494	106	1365
	通过人数	12	0	33	3	34	3	42	11	138
	通过率/%	9.02	0	23.40	9.38	9.52	3.95	8.50	10.38	10.11
	其他考生通过率/%	8.87	7.42	11.09	4.72	10.09	4.41	10.40	6.10	9.63
法语	报考人数	——	——	——	——	1	2	——	——	3
	参考人数	——	——	——	——	1	2	——	——	3
	通过人数	——	——	——	——	1	0	——	——	1
	通过率/%	——	——	——	——	100.00	0.00	——	——	33.33
	其他考生通过率/%	——	——	——	——	20.34	8.82	——	——	13.33
俄语	报考人数	——	——	——	——	——	——	2	1	3
	参考人数	——	——	——	——	——	——	2	1	3
	通过人数	——	——	——	——	——	——	0	0	0
	通过率/%	——	——	——	——	——	——	0.00	0.00	0.00
	其他考生通过率/%	——	——	——	——	——	——	16.67	7.14	13.69

四、结　语

随着我国经济和综合国力的日益增强、国际交流的进一步深入,特别是北京奥运会和上海世博会的成功举办,我国翻译市场面临前所未有的发展机遇,原来传统的性质单一的翻译机构已经日益被性质多样化的翻译公司所取代,不同规模和形式的翻译实体如雨后春笋般涌现出来。但是,符合市场需求的具有较高专业水准的翻译人才则因翻译行业的迅速发展而显得十分紧缺。翻译服务质量、翻译队伍的整体水平亟待提高,翻译服务市场亟待规范,面向全社会的翻译人才评价工作亟待完善。

翻译考试实施以来,为促进翻译人才评价、规范翻译市场、提高从业人员素质等方面做出了积极贡献,但是,相对于所面临的市场需求,还需要加强考试宣传,不断拓展考试发展的空间。对于高校而言,培养合格的翻译人才,也还有更多值得探索、研究的课题。翻译人才与一般外语人才的培养模式有着明显差别,懂外语,不等于是合格的翻译人才,翻译人才需要具备专门的职业技能,如良好的职业道德、双语互译的能力、对中外两种语言文化背景和语言规律的熟练掌握、广博的专业知识等。由于对翻译专业人员素质和能力的特殊要求,对承担翻译教学任务的教师的要求相应也有所不同。承担翻译专业教学任务的教师,自己首先必须做翻译,会翻译,是个合格的高层次翻译专业技术人员,具有丰富的口译或笔译实践经验,同时具备带队伍、培养翻译专业人才的能力。

总之,随着我国研究生教育培养制度改革、人事制度改革的不断深入,翻译高层次人才培养工作以及翻译专业人才评价事业会得到更好、更快的发展!

参考文献

《专业技术职称评聘操作指南》编写组,2009. 专业技术职称评聘操作指南. 2
版. 北京:中国人事出版社.
吕忠民,2011. 职业资格制度概论. 北京:中国人事出版社.

(原载于《中国翻译》2011 年第 3 期)

CATTI 与 MTI 衔接的现状、问题及对策

一、引 言

CATTI 是国内最具权威的翻译专业资格(水平)认证考试,是对应试人员口译或笔译的双语互译能力和水平的认定,同时与 MTI 的培养目标天然契合。作为 MTI 培养质量的检验标准,CATTI 考试与 MTI 的衔接情况理应受到重视,才能为 MTI 的人才培养提供正确导向。近几年,国内对于 CATTI 考试的研究主要集中在备考思路(王燕,2012;卢敏,2013)、考题分析(卢敏、刘琛、巩向飞,2007;赵玉闪、王志、卢敏,2007;彭洪明,2013)、国内外翻译资格证书对比(任文,2005;牛宁,2011;肖维青,2012;李双、钱多秀,2016)、CATTI 与翻译教学(董晓华,2013;鲍同、范大祺,2013)等方面,有关 CATTI 与 MTI 衔接取得了哪些成效,存在什么样的问题,尚未有学者通过实证研究进行分析。当前,信息技术的快速发展已对传统的翻译模式产生巨大影响,国家提倡的中国企业"走出去"和"一带一路"倡议也对翻译人才的培养提出了新要求和新希望。在这样的背景下,总结并探讨 CATTI 与 MTI 的衔接工作既有助于 CATTI 与翻译教学的深度对接,也可为国家培养专业化、职业化、应用型的语言服务人才提供参考,具有重要的应用价值。

二、研究设计与数据来源

1.研究方法与范畴

本研究采用问卷调查的方式,按照计划调研的 4 个群体,即 MTI 教师、MTI 在校生、MTI 毕业生和 MTI 用人单位进行问卷设计,问卷题目和内容由全国翻译专业硕士学位研究生教育与就业调研项目组①(以下简称项目组)与 CATTI 考评中心负责小组多次探讨,并通过内部和外部两轮测试之后确定,重点考察以下 4 个方面的衔接:(1)MTI 培养院校对 CATTI 考试的支持力度;(2)MTI 学生对 CATTI 考试的参与度和通过率;(3)CATTI 考试对 MTI 学生的影响和作用;(4)MTI 用人单位对 CATTI 证书的态度。

2.数据来源

电子和纸质问卷于 2016 年 10 月 21 日起向全国 205 所② MTI 培养院校及 MTI 用人单位正式同步发放,于 2017 年 2 月 6 日结束回收。整个调研历时 3 个多月,总计收回问卷 4102 份。其中,MTI 教师问卷总计收回 592 份,其中有效问卷 500 份,有效回收率为 84.46%,覆盖了全国 198 所 MTI 高校,覆盖率为 96.59%;MTI 在校生现状调查问卷总计收回 2849 份,其中有效问卷为 2794 份,有效问卷回收率高达 98.07%,问卷覆盖了全国 147 所 MTI 高校,覆盖为 71.71%;MTI 毕业生调查问卷总计收回 522 份,其中有效问卷 505 份,有效回收率 96.74%,覆盖 72 所有 MTI

---

① 项目组成员包含 MTI 一线教师、MTI 在校生、MTI 毕业生、MTI 用人单位方、CATTI 考试参与者与通过者等人。

② MTI 教指委官网显示,目前 MTI 获批高校为 215 所,但有 10 所高校于 2016 年才获批,尚未开始正式招生,故不列为此次的调查对象。

毕业生的高校①,覆盖率为 45.57%;MTI 用人单位问卷总计收回 139 份,其中有效问卷的数量为 107 份,有效回收率为 76.98%,覆盖全国 21 个省、市、自治区。

三、调查结果及分析

1. MTI 培养院校对 CATTI 考试的支持力度

2008 年,国务院学位委员会、教育部和人社部联合下发《关于翻译硕士专业学位教育与翻译专业资格(水平)证书衔接有关事项的通知》(学位〔2008〕28 号,以下简称《通知》),规定翻译硕士专业学位(MTI)研究生,入学前未获得二级或二级以上翻译专业资格(水平)证书的,在校学习期间必须参加二级口译或笔译翻译专业资格(水平)考试。这说明 CATTI 考试得到国家有关部门的大力支持。在过去十年间,MTI 培养院校是否全都积极响应了国家的政策号召,又有哪些促进 CATTI 与 MTI 衔接的措施和办法?笔者对此进行了统计分析。

在接受调查的 198 所 MTI 培养院校当中,有 98 所高校规定 MTI 学生如果入学前未获得 CATTI 二级证书,在校期间必须参加 CATTI 二级考试。笔者还对这 98 所院校出台规定的时间进行统计,发现虽然获批开办 MTI 的时间各不相同,但这些院校几乎都是在获得办学许可的次年落实《通知》。除了出台相同规定,部分院校还把促进 CATTI 与 MTI 衔接落实到日常教学中,16.87% 的受访 MTI 教师表示其所在院校设有直接针对 CATTI 考试的教学课程,旨在有针对性地帮助 MTI 学生考前复习,提高考试通过率,同时有效提高学生的实际翻译能力。

另外,根据 MTI 在校生的反馈,一些院校为了鼓励 MTI 学生参加

---

① 本次拟计划调研高校是 205 所,但是有 47 所 MTI 培养院校是 2014 年获得招生资格,2015 年开始正式招生,截至调研时间,尚未有 MTI 毕业生,因此计算 MTI 毕业生高校覆盖率时采用的总数为 158 所。

CATTI 考试,出台了相应的激励措施,数据统计结果见图 1。所有受访 MTI 在校生中,有 671 人所在院校通过奖学金的形式进行奖励,占 20.75%;477 人的院校是纳入学分,占 14.75%;408 人的院校在评选优秀硕士研究生时会参考,占 12.62%;154 人的院校会报销考试费用,占 4.76%;127 人的院校免修相关课程,占 3.93%;但也有 1135 人所在的院校没有任何形式的奖励措施,占比为 35.10%;还有 262 人所在院校是通过其他方式鼓励,占 8.10%,具体情况并未说明。

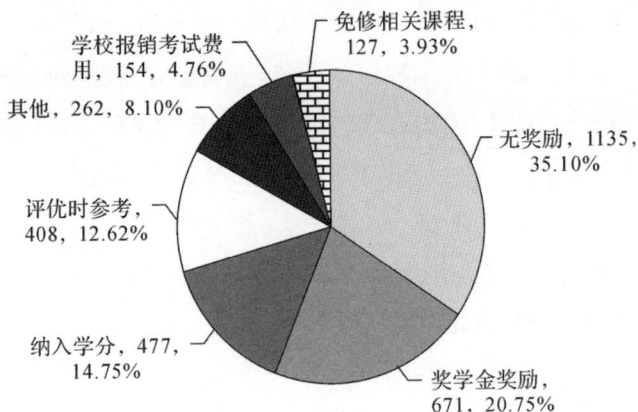

图 1　MTI 院校对于 MTI 在校生参加 CATTI 考试的激励措施

2. MTI 学生对 CATTI 考试的参与度和通过率

CATTI 考试自 2003 年推出以来,7 个语种的一、二、三级口、笔译以及英语同声传译 43 种考试在全国范围内开展,初步形成了完善的翻译人才评价体系(黄友义,2015),对 MTI 职业化教育有指导性作用。MTI 学生参加 CATTI 考试的情况如何,是否都能达到职业翻译的标准?笔者从参与度、通过率和通过次数三个方面进行统计分析。

在参与度方面,数据统计结果见表 1。2794 名受访 MTI 在校生中,有 2008 名参加过 CATTI 考试,占受访者的 71.87%。其中,参加 CATTI 英语考试的人最多,有 1965 人,占比为 97.86%。其余的语种当中,日语有 27 人,俄语 19 人,法语 9 人,西班牙语 4 人,德语 2 人,阿拉伯语 1 人。此外,还有少部分 MTI 在校生参加过两个语种的考试,其中参加英语和日语的 MTI 在校生有 6 人,英语和法语有 5 人,英语和俄语有 4 人,英语和西班牙语有 3 人,英语和德语有 1 人。505 名受访 MTI 毕业生中,有 458 人参加过不同级别的 CATTI 考试,占比为 90.69%。其中,参加 CATTI 英语考试的人有 442 名,占比为 96.51%,其余的语种当中,俄语有 13 人参加,日语有 2 人,法语有 1 人,而德语、西班牙语和阿拉伯语尚未有 MTI 毕业生参加。

表 1 MTI 在校生和 MTI 毕业生参加 CATTI 考试的情况

学生类别	英语	日语	俄语	法语	西班牙语	德语	阿拉伯语	合计
MTI 在校生参试人数	1965	27	19	9	4	2	1	2008
MTI 毕业生参试人数	442	2	13	1	0	0	0	458

在通过率方面,数据统计结果见表 2。

表 2 MTI 在校生和 MTI 毕业生通过 CATTI 考试的情况

学生类别	未通过人数	总通过人数	三笔通过人数	三口通过人数	二笔通过人数	二口通过人数	一笔通过人数	一口通过人数
MTI 在校生	1147	906	579	55	211	53	4	4
MTI 毕业生	225	223	74	11	123	45	4	4

在通过次数方面,就 CATTI 二级来说,在 MTI 在校生当中,一次性通过二级笔译和二级口译的人数占总通过人数的 36.97% 和 54.72%;在 MTI 毕业生当中,一次性通过二级笔译和二级口译的人数占 47.15% 和 37.78%,总体上相当一部分学生都是通过多次考试,包括两次、三次,甚至四次及以上才获得 CATTI 证书。

3. CATTI 证书对 MTI 学生的影响和作用

CATTI 二级考试的核心是双语能力、非言语知识以及翻译策略能力,目的在于检验应试者的翻译实践能力是否达到准专业译员水平或专业译员水平。MTI 学生能否通过参加 CATTI 考试提高其翻译能力? CATTI 证书对其学习和择业又有何帮助? 笔者也对此进行了统计分析。

在通过 CATTI 二级考试的 MTI 在校生中,176 人认为考试有利于今后求职,占比为 47.96%;146 人认为考试有利于提高翻译能力,占比为 39.78%;39 人参加考试是因为学校要求,占比 10.63%;只有 6 人对考试的作用不明确,占比为 1.63%。数据表明,近 9 成通过二级考试的 MTI 在校生认为 CATTI 证书对其提高翻译能力和掌握职业技能有积极影响。

笔者也统计分析了 MTI 毕业生对 CATTI 证书的反馈,有 224 人认为 CATTI 证书有利于找工作,其中有 198 人已经就业,2 人创业,总体上,近 9 成的 MTI 毕业生找到工作。此外,还有 71 名 MTI 毕业生认为 CATTI 证书有利于评职称,这其中一半的人供职于各类机关事业单位,另外一半供职于各类企业。最后有 43 名认为 CATTI 证书有利于涨工资,他们主要在教育行业从事翻译教学或相关行政工作。由此可见,CATTI 证书在 MTI 毕业生求职和就业的过程中也发挥积极作用。

4. MTI 用人单位对 CATTI 证书的态度

卢敏(2012)认为,翻译市场对翻译质量的要求越来越高,从业人数也越来越多,CATTI 考试有利于加强翻译市场的管理,有利于规范翻译产业和促进翻译市场有序竞争。MTI 旨在培养适应国家经济、文化、社会建设需要的高层次、应用型、专业性口笔译人才。那么从用人单位的角度来看,CATTI 证书是否可以作为其选择翻译人才的标准? 持有 CATTI 证书的 MTI 毕业生在实际翻译能力上是否有绝对优势?

根据笔者统计的数据来看,107 家用人单位在招聘 MTI 毕业生时,有 27 家认为"CATTI 证书很重要,优先录用",有 55 家认为"CATTI 证书仅供参考,主要看能力",16 家单位"不看 CATTI 证书,主要看综合能力",还有 9 家单位不了解 CATTI 证书。CATTI 证书在用人单位招聘中的作用并不明显。

此外,107家单位中,有59家单位招聘的MTI毕业生从事的是翻译工作,他们的翻译水平是否会因为获得CATTI证书表现出差异性?数据显示,有34家单位认为"获得CATTI证书的MTI毕业生的实际翻译能力比没有获得证书的人要高一些"。笔者还用利克特五级量表①测评了这些用人单位对于已获得CATTI证书的MTI毕业生双语互译能力的满意度,测评结果显示,用人单位对这类MTI毕业生双语互译能力的满意度较高,非常满意及满意占到了一多半。

四、对CATTI与MTI衔接的建议

当前,在经济全球化和中国企业"走出去"与"一带一路"倡议的推动下,语言服务行业蓬勃发展,同时也对中国翻译人才乃至语言服务人才的培养提出了新要求和新希望。CATTI考试与MTI自推出与设立以来,承载着为国家培养专业化、职业化、应用型翻译人才的重任,通过本次调查以及对上述4个方面的分析,笔者发现CATTI与MTI在衔接的过程中取得了一定的成效,但同时也存在一些问题。为了更好地促进二者的衔接,优化并完善国家语言服务人才的培养和评价体系,笔者认为可以从以下5个方面进行改进和提高。

第一,加强国家语言服务行业建设,促进语言服务人才职业资格认证,构建行业发展与人才评估并驾齐驱的综合配套体系。

信息化和全球化的飞速发展促使包括翻译在内的语言服务行业市场规模不断扩大,给翻译研究与翻译教育带来很多新的启发和发展机遇(穆

---

① 由美国社会心理学家利克特于1932年在原有的总加量表基础上改进而成。本研究中的量表由一组陈述组成,每一陈述有"非常满意""满意""不一定""不满意""非常不满意"五种回答,分别记为5、4、3、2、1,每个被调查者的态度总分就是他/她对各道题的回答所得分数的加总,这一总分可说明他/她的态度强弱或在这一量表上的不同状态。

雷、沈慧芝、邹兵,2017:8)。语言服务行业的健康发展离不开科学、客观、公正、公平的人才评价体系。CATTI 考试自实施以来,在促进翻译人才评价、规范翻译市场、提高从业人员素质等方面做出了积极贡献(杨英姿,2011:83),但当前传统的口笔译人才已逐渐升级为要熟练掌握语言服务项目管理、软件本地化、网络本地化、多媒体应用、配音、电话翻译、字幕翻译、译后编辑等内容的语言服务人才;而国内部分 MTI 院校也已开设计算机辅助翻译、项目管理、本地化翻译等相关课程。在这样的背景下,中国外文局、中国翻译协会和中国翻译研究院在联合国家主管部门(如商务部、教育部、文化部等)大力发展语言服务行业建设的同时,也应该积极倡导 CATTI 翻译资格认证向语言服务人才职业资格认证的转型,通过明确行业发展需求、规范人才测评标准、建立人才审核机制等方式对翻译人才评价体系进行改革和完善,并在全社会范围内全面推进语言服务人才职业资格认证与职称评审、人才聘用之间的对接,实现"职业控制",即对内控制专业技能与知识、许可与准入以及从业人员,对外则通过与客户建立联系,进而控制市场(Tseng,1992:21),如用人单位对 MTI 毕业生及语言服务人才职业能力的评价和判断,形成语言服务行业发展与人才评价体系协同发展、相互促进、相得益彰的良好局面。

第二,改革 CATTI 考试内容,优化 CATTI 考试形式,促进考试与MTI 人才培养和语言服务行业发展需求全方位、多角度、深层次的对接。

在考试内容方面,当前翻译技术和语言服务行业的快速发展对传统的翻译模式产生了巨大的影响,"一带一路"的推进对应用翻译的研究提出了更多、更高的要求(黄友义,2017:1)。CATTI 考试应该首先增加对语言服务行业所需的基础知识和技术能力的检测,引导 MTI 学生注重实践技能的掌握。其次,CATTI 考试的实务部分可以适当增加与行业知识相关的客观题比重以及翻译软件使用等上机实操内容,考虑将本地化、项目管理、技术写作、译后编辑、桌面排版等语言服务相关职位纳入资格考试范围(仲伟合、许勉君,2016:4),丰富考试题型,同时优化考题信度和效度,确保权威性。再次,鉴于当前部分 MTI 院校也对学生的培养方向进行了划分，CATTI 考评中心可以考虑设立法律翻译二、三级考试，医药翻译二、三级考试等，单独设计考试大纲和题目等，使得人才选拔垂直化，更好地服务各行各业及国家需求。最后，CATTI 考试应该把职业道德作为一项重要的考核内容。Pym（2011）明确提出，要实现翻译的职业化，就要在职业翻译的过程中注重翻译伦理，在处理自我与他者关系中遵循职业操守和行为规范。语言服务从业者越来越多地参与企业国际化生产运营、技术创新、知识转移等过程，其保密意识、社会责任、翻译伦理等至关重要。国际译联、NAATI、加拿大翻译局等国际性翻译机构都十分重视职业道德。把职业道德纳入 CATTI 既是为了完善考试体系，也是为了强化译员的职业道德意识（冯建忠，2007：55），这对当前促进 MTI 职业化教育也有着特殊的意义。

在考试形式方面，CATTI 可尝试无纸化考试，以现代信息技术为手段，让考生通过计算机进行答题考试，实现集考试报名、试卷生成、上机考试、阅卷、成绩生成等为一体的多元化的考试管理模式。另外，目前 CATTI 考试一年只举行两次，可能会影响考生的参与度，建议考评中心增加考试次数，每季度甚至每月都可以报考，方便语言服务从业者或爱好者灵活安排考试时间。

第三，加大 MTI 非通用语种学生的培养数量，增强 CATTI 非通用语种考试的宣传力度，形成 CATTI 考试与 MTI 教育共同服务国家"一带一路"倡议的良好局面。

本次调研的数据分析结果显示，CATTI 英语类考试是主流，非通用语的参试人数非常少。该现象出现的主要原因是 MTI 教育创建之初的语种是以英语为主，但随后 MTI 培养院校数量加大，招生规模迅速增长，参加 CATTI 英语考试的人数也随之增加，而其他语种的 MTI 教育，无论是在院校数量还是在招生规模上都远远小于英语，因此参与 CATTI 考试的人数也就少了很多。另一方面也可能是目前 CATTI 英语类考试在国内的宣传和推广做得比较好，认可度较高，对于想从事翻译工作的同学来说具有一定的引导作用。但其他语种目前还没有达到这样的效果，学生仍倾向参加专业等级考试或国际上认可的一些考试。

笔者认为,随着中国政府"一带一路"倡议的实施,非通用语种人才的培养和发展应该受到重视。李宇明(2015)指出"一带一路"沿线各国的国语或国家通用语就有 50 余种,算上区域内的少数民族语言,可能达到 200种左右。"一带一路"建设可以以英语等作为通用语,但这种通用语只能达意、难以表情,只能通事、难以同心。欲表情、通心,需要使用本区域、各国各族人民最乐意使用的语言。因此,笔者建议国家有关部门应该对 MTI 非通用语种的人才培养进行宏观调控,考虑增加"一带一路"沿线国家所需语种的专业学位,重点培养区域通用语种人才,如在中亚国家使用频率较高的俄语和在西亚、北非地区通行的阿拉伯语的人才。CATTI 考评中心应该建立非通用语种考试专家委员会、试题库以及考试评估机制,并联合 MTI 培养院校加大非通用语种的考试宣传力度,制定相关政策和措施鼓励非通用语种的学生在校期间参与不同级别的 CATTI 考试,并至少取得相应语种的三级证书,达到翻译职业入门的基本要求。也可以鼓励英语语言应用能力优秀者学习其他非通用语种,保证翻译人才的多样性。在本次调研中,笔者发现就有少部分 MTI 学生参加并通过了两类语种的 CATTI 考试,说明这一方案切实可行,应该加以提倡。

第四,深化 MTI 培养院校、师生和用人单位对 CATTI 考试的认知程度,实现人才培养、人才评估、人才选拔三位一体的发展模式。

院校师生方面,本次调研数据显示,虽然近一半 MTI 培养院校出台相关政策和激励措施鼓励学生参与 CATTI 考试,但仍有一半的高校对 MTI 学生参与 CATTI 考试不做要求,CATTI 考评中心可以通过专题访谈、专项调查、抽样调查等方式与这些院校的教师和学生进行沟通交流,详细了解他们对 CATTI 考试的看法,积极宣传 CATTI 考试对评估翻译水平、提高翻译能力、促进择业就业的作用和影响,并动员这些高校鼓励 MTI 在校生参加 CATTI 考试,把 CATTI 考试与人才培养和人才评估联系起来,努力实现 CATTI 考试与 MTI 培养院校之间 100% 的对接。

用人单位方面,统计结果显示 CATTI 证书在人才招聘过程中的作用并不明显,考评中心应该重视 CATTI 考试与用人单位之间的对接,进一步提高 CATTI 证书在社会上的认可度,实现人才培养、人才评估、人才选拔三位一体的发展模式。具体可以通过以下几种方式:(1)通过媒体继续在整个就业市场宣传 CATTI 考试的内容和目标,或邀请有语言服务需求的企业方代表参加行业会议,向其介绍 CATTI 考试的相关情况,强调考试的应用性和职业化特点。(2)深入了解企业招聘翻译或语言服务从业者的要求,并请 MTI 需求量较多的大型企业,如阿里巴巴语言服务、华为翻译中心等,以合作的形式共同参与考试内容和评价机制的制定,确保CATTI 考试与语言服务市场上主流业务对接,实现企业可将 CATTI 证书作为翻译或语言服务人员评估准则的目标。

第五,完善 CATTI 考试大纲和翻译教学的对接,重视 MTI 实践课程和校企合作实习基地的建设,切实提高 MTI 学生的翻译及语言应用能力。

本次数据分析显示,从通过率来看,参加 CATTI 考试的 MTI 在校生和毕业生中有一半或一多半的人没有通过考试;从参加考试次数来看,多数学生是通过多次考试才获得了证书。出现该现象的原因可能有两点:一是 MTI 学生的实际翻译能力较弱,缺少实践经验,在考试的过程中会出现因紧张、经验不足造成误译、听后遗忘和信息缺失等问题,影响考试成绩;二是 MTI 教育本身的教学内容和课程设置存在一些问题,学生在接受系统训练之后,与成为高层次、应用型、专业化特点的专业口笔译人才还有一定距离。笔者认为,CATTI 考评中心和 MTI 培养院校双方均需要做出努力对此进行改善,就考评中心来说,建议采取深度调研、考生访谈等方式寻找未通过考试的原因,并研究 CATTI 考试大纲与 BTI 和MTI 培养目标之间的匹配度,探索三者之间的关系,完善大纲内容,同时还可以及时与学校交流反馈,促进考试大纲与教学目标之间的对接。就MTI 培养院校来说,可针对 CATTI 考试内容设置相应的课程或者教学内容,调整课程定位,加强实践课程建设、增加实务分析、考试错误案例分析、翻译创业意识、翻译素养教育等内容;在课余举办翻译大赛、模拟口笔译大赛、优秀考生经验交流会等活动;并大力开展校企合作,以招生就业、师资合作的形式,也可以课程设置、实习基地、实验室建设的形式,还可以翻译项目合作、参观访问等形式进行合作,这些多样化的合作形式都将有力地推动和深化校企合作的内涵,更关键的是有助于培养学生的技能和应用能力(孙文缘、戴聪腾,2016:72),从而促进 MTI 职业化教育,从理论学习、经验学习、实践学习等方面提高 MTI 学生的翻译及语言应用能力。

五、结 语

CATTI 不仅是检测 MTI 学生翻译能力的标准,还是国家语言服务评价体系的一部分,与语言服务、经济发展、政治环境、社会道德等密切相关。纵观 CATTI 考试与 MTI 教育衔接的这 10 年,二者在人才培养和输送方面取得的成效与发挥的作用不言而喻,但同时也面临非通用语种人才短缺、翻译技术迅速发展、语言服务市场规模逐渐扩大等新的机遇和挑战。本研究在数据统计和分析的基础上,从构建语言服务人才评价体系、改革 CATTI 考试内容形式、加大非通用语种人才培养和考试宣传、深化 CATTI 考试被认知程度以及完善 CATTI 与 MTI 教育职业化对接五个方面提出意见和建议,以期能对国家语言服务人才的评估和培养、国家人才战略的制定和实施提供参考。

参考文献

Pym, A., 2001. Introduction: The return to ethics in translation studies. *The Translator: Studies in Intercultural Communication* (2): 129-138.

Tseng, J., 1992. Interpreting as an Emerging Profession in Taiwan: A Sociological Model (Masters thesis). Fu Jen Catholic University.

鲍同,范大祺,2013. 高校学生参加翻译专业资格(水平)考试的现状分析——以日语口译实务为例. 中国翻译(6):74-76.

董晓华,2013.CATTI 三级与翻译专业本科课程的衔接:实践与反思——以
　　西北师范大学 CATTI 校本课程开发为例.中国翻译(6):71-73.

冯建忠,2007.CATTI 考试体系中的翻译职业道德意识问题.外语研究(1):
　　53-55.

黄友义,2015.加强 MTI 教育与 CATTI 证书衔接　不断提高翻译硕士专业
　　学位教育职业化水平.南京:全国翻译专业学位研究生教育 2015 年
　　年会.

黄友义,2017."一带一路"和中国翻译——变革指向应用的方向.上海翻译
　　(3):1-3.

李双,钱多秀,2016.世界各国翻译资格考试研究:回顾与展望.北京第二外
　　国语学院学报(1):59-71.

李宇民,2015."一带一路"需要语言铺路.人民日报,09-22(7).

卢敏,刘琛,巩向,2007.全国翻译专业资格(水平)考试英语口译试题命制一
　　致性研究报告.中国翻译(5):57-61.

卢敏,2012.全国翻译专业资格(水平)考试英语二、三级口笔译和同声传译考
　　试命题及考点分析.译苑新谭(4):75-93.

卢敏,2013.如何准备 CATTI 英语二、三级笔译实务考试.译苑新谭(1):
　　94-96.

穆雷,沈慧芝,邹兵,2017.面向国际语言服务业的翻译人才能力特征研
　　究——基于全球语言服务供应商 100 强的调研分析.上海翻译(1):
　　8-16.

牛宁,2011.澳大利亚与中国翻译资格证书认证体系的对比分析.上海翻译
　　(4):73-77.

彭洪明,2013."并列结构"的汉语短句英译探究——全国翻译资格考试《笔译
　　实务》参考译文辨析.河北师范大学学报(哲学社会科学版)(5):
　　157-160.

任文,2005.中澳口译水平考试及资格认证对比谈.中国翻译(1):62-66.

孙文缘,戴聪腾,2016.校企合作下的技能型、应用型翻译人才培养模式研究.
　　上海翻译(3):72-76.

王燕,2012. CATTI 英语口译实务(二级)考试的定位与备考思路. 中国翻译
　　(5):90-95.

肖维青,2012. 美国译者协会考试评分体系对我国翻译测试的启示. 学术界
　　(5):225-233.

杨英姿,2011. 谈翻译专业资格(水平)考试的三个衔接. 中国翻译(3):81-83.

赵玉闪,王志,卢敏,2007. 全国翻译专业资格(水平)考试笔译试题命制一致
　　性研究报告. 中国翻译(3):53-56.

仲伟合,许勉君,2016. 国内语言服务研究的现状、问题和未来. 上海翻译
　　(6):1-6.

本文为全国翻译专业学位研究生教育指导委员会委托项目(项目批准号:TIJZWWT201601)。

(原载于《上海翻译》2018 年第 1 期)

市场驱动下的翻译硕士培养模式

——以西北师范大学为例

曹 进 靳 琰

一、引 言

专业硕士和学术型硕士在培养目标、培养模式、评价体系等各个方面均存在很大的差异,"前者重在理论与实践相结合,以市场为导向,重在实践,而后者以理论培养为主"(文军、穆雷,2009:92)。因此,"MTI 教育应紧密联系翻译产业,突出培养职业能力,注重实用性课程的设置,实施多样化的教学模式"(杨朝军,2012:24)。"翻译硕士专业学位教育的理念、方法、手段、目标等都应把市场因素考虑进来,真正了解市场的需要,了解市场对翻译的真正要求,了解市场需要什么样的人才。"(许钧,2010:52)MTI 培养的学生是具备专业化、实践化能力的实用型人才,其价值要在场中凸显,即通过优质的翻译满足市场需求,服务于社会,从而真正体现MTI 在社会中的价值。

西北师范大学自 2010 年获批翻译硕士专业学位点以来,就将翻译硕士的培养目标制定为:着力培养西部紧缺的高端翻译人才,打造外事、旅游、商贸、工程、会议会展语言服务等领域的口笔译人才。国家实施西部大开发、"一带一路"及"文化走出去"的倡议,为西部地区社会经济发展提供了难得的历史机遇,为本学位点的发展和人才就业提供了广阔的需求空间。本研究以地方翻译市场需求为基础,以着力培养适应地域社会经济文化发展需要的复合型高级翻译人才为目标,采取抽样调查法、SWOT分析法以及问卷调查等方式,对甘肃翻译市场进行了调研,在此基础上,探讨了市场驱动下的翻译硕士培养模式。

二、甘肃翻译市场调研及结果分析

本调查选取了甘肃 20 家翻译服务公司的 55 名翻译从业者,以仲伟合(2014:40-44)的"我国翻译专业教育的问题与对策"研究结果及"兰州市翻译服务市场中实际职业供给(职业译员)状况调查"问卷(王翌霖,2015)为基础,制定了"甘肃省翻译服务市场调查问卷"量表,调查了甘肃省翻译市场对翻译人才整体素质的要求及翻译市场发展趋向。调查问卷包括两部分,第一部分针对甘肃翻译市场对翻译人才素质的要求,评价体系为 5级量表,以 5、4、3、2、1 进行赋值,分值越高表明越重要。第二部分是对甘肃翻译市场发展趋向的调查,该部分为多项选择。除此之外,本研究还在这 55 名调查对象中随机选取了 5 名就甘肃翻译市场的前景进行了访谈,调查结果如图 1 所示。

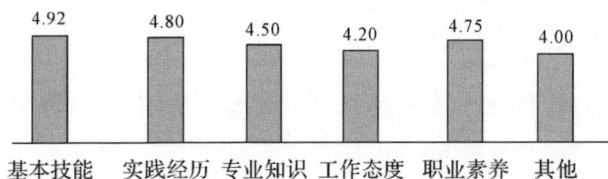

图 1   甘肃翻译市场对翻译人才素质的要求

图 1 显示,甘肃省翻译市场对翻译人才素质的要求中"基本技能"居首位,排在第二位的是"实践经历",第三位为"职业素养",第四位为"专业知识",第五位为"工作态度",最后一位为"其他"(管理能力、自我反思能力等)。表中这 6 项素质的均值都超过了 4,因此这 6 项素质是甘肃翻译市场对翻译人才素质要求的核心内容,同时也是我校翻译硕士培

养的核心内容。

从图 2 可以看出,55 名受试都选择了文化翻译及旅游翻译作为专业领域,而选择工程翻译、商贸翻译及外事翻译的人也超过了总受试人数的87%,因此可以说甘肃翻译市场未来将以文化、旅游、工程、商贸及外事等领域的翻译为主。

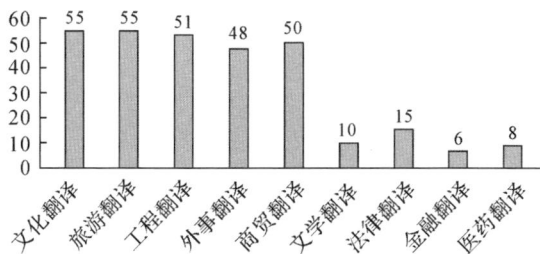

图 2　甘肃未来翻译市场的专业领域趋势

访谈结果表明甘肃翻译市场对翻译人才的要求为:具有扎实的双语运用能力,一定领域的专业知识,较强的信息检索能力,在翻译过程中能灵活运用翻译技巧,具有较高的职业素养及较强的责任心。甘肃翻译市场的发展趋势随着“一带一路”倡议的实施,重心将会转移到文化旅游等领域的翻译。可以看出访谈结果与问卷调查结果高度一致。

SWOT 分析法是 20 世纪 80 年代初由美国旧金山大学的管理学教授韦里克提出的。SW 是指内部优势(Strength)和劣势(Weakness);OT 是指外部机遇(Opportunity)和威胁或挑战(Threat)。这种方法可以科学、全面地分析市场和企业的优劣势、面临的机会和威胁。根据问卷调查结果和访谈结果,本研究运用 SWOT 分析法对甘肃翻译市场的状况进行了分析,结果如表 1 所示。

表 1　甘肃省翻译市场的 SWOT 分析

优势(S)	具有较大的市场潜力,良好的政策支持
劣势(W)	翻译人才队伍既有量的不足,也有质的欠缺,市场供需不平衡,精英人才匮乏

续表

机遇(O)	国家西部大开发及"一带一路"倡议为甘肃的翻译市场提供了前所未有的机遇,信息技术所带来的便利
挑战(T)	在"单科性"翻译人才多,复合型人才奇缺的状况下,如何创造良好的品牌、合格的翻译梯队,如何创造翻译信息化、商务化、专业化

优势:虽然甘肃缺乏翻译精英人才,但是近几年,翻译公司及职业译员数量有了明显增长。2013 年国务院批准的华夏文明传承创新区的建设及 2014 年丝绸之路经济带甘肃段建设的总体方案出台,甘肃的翻译服务市场得到了前所未有的发展机遇。甘肃省委常委、省委宣传部部长连辑表示,在国家"一带一路"倡议的部署里专门提出了"文化走出去",国家积极搭建"丝路影视桥"、启动"丝路书香"工程,这些都是中国文化用贸易方式走向国际的平台,甘肃将借助这个平台,把作品通过翻译、推介、展映、展演等方式,积极推向世界。① 因此甘肃的翻译市场将承担起通过翻译窗口让本土丝路文化走出去的重任,各类翻译任务将会剧增,这无疑为甘肃翻译市场提供了巨大的空间。

劣势:甘肃的翻译市场虽然公司数量较多,但很多公司规模很小,有些还处于家庭作坊运作方式。而现有的翻译公司大多还没有形成完整的产业。随着"一带一路"倡议的实施,国际性会议的增多凸显了高端口译人才的严重缺乏,旅游资料的翻译市场也存在很大的问题。新兴的网站本地化服务需要全面发展的翻译人才,然而,目前甘肃基础翻译人才较多,高端领域层面的人才稀缺。精英人才的缺乏是制约甘肃翻译市场发展的瓶颈。除此之外,甘肃本地翻译市场发展仍存在诸多的不完善,如许多公司分工不明、专业化不强等。

机遇:甘肃的经济发展和"文化走出去"的方针极大地促进了甘肃翻译市场的发展,强调"文化走出去"就必须经过翻译这个桥梁;把甘肃文化

---

① 连辑. 连辑畅谈甘肃文化建设:华夏文明传承创新区建设兰州是重头.(2015-03-13). http://www.lztv.tv/view/view_83827.html.

介绍给世界就需要翻译大量的甘肃民族民俗文化的相关书籍和开展对外文化交流活动,需要提供对外交流人员的语言培训、对外贸易产品服务的外语宣传包装等各种公共语言服务。所有这一切不仅为甘肃翻译市场提供了良好的机会,也对 MTI 教育培养出适宜本地翻译产业发展的具有优势的异质化人才、满足甘肃翻译市场的需求提出了更高的要求。

挑战:翻译人才总量不足、质量不高的状况是甘肃目前对外经济文化交流中较为突出的矛盾。大多数翻译人员未接受过专业培训,缺乏相关的专业知识,缺乏复合型人才,懂外语的不懂业务技术,懂业务技术的语言过不了关(刘福生 等,2003:20-21)。面对甘肃迅猛发展的翻译市场,翻译公司必须提高自己的实力,建立合格的翻译梯队,实现翻译专业化。除此之外,信息化和商务化是现在翻译市场机制发展的新方向,也是翻译公司发展壮大的必要条件,而甘肃大多数翻译公司并不具备这些条件,因此对翻译公司来说是一个巨大的挑战。

从以上 SWOT 分析可以看出,随着"一带一路"倡议的实施,甘肃翻译市场迎来了巨大的机会及挑战,要迎接这一挑战,满足市场需求,就必须培养一大批拥有扎实的翻译基本技能和实践能力、掌握一定领域的专业知识、熟悉翻译信息技术,能够合理有效地利用各种网络资源,具备一定的翻译项目管理能力的高端翻译人才。

三、市场驱动下的翻译硕士培养模式

1.课程设置

"翻译硕士专业学位教育要根据专业学位强调的实践性、应用性、专业化的特点、理念和模式,瞄准市场需求来培养高层次人才,尤其是要有针对性地做好市场稀缺的翻译人才的培养,从根本上解决因缺少翻译人才而导致的我国软实力上的'逆差'。"(黄友义,2010:50)MTI 课程设置要兼顾翻译范围的广泛性和译者从业的多样性(文军、穆雷,2009:94)。突出人才培养特色,在市场调研的基础上设置"菜单式"课程,满足具有多元智能、不同兴趣学生的需要和社会对不同翻译人才的需求(孔令翠、王慧,2011:14)。

西北师范大学 MTI 的课程设置以甘肃翻译市场的需求为基础,注重培养学生的翻译实践能力、双语能力、某一领域专业能力,同时突出翻译技术信息化教育。根据当地经济社会发展实际,学院先后五次修订完善翻译硕士专业学位培养方案和课程大纲,既实现了 MTI 教育对课程结构、学时、学分和实践教学的要求,也反映了课程的本土特色及甘肃翻译市场对翻译人才的要求(见表 2)。

表 2　课程设置结构

必修课	公共必修课	政治理论,中国语言文化
	专业必修课	翻译概论,笔译理论与技巧,口译理论与技巧
	特色必修课	笔译:文学翻译,商贸、工程、旅游、外事翻译
		口译:交替口译,同声传译,商贸、会议、旅游、外事翻译
选修课	素养课程	国策与省情,翻译职业素养,文化素养,信息处理素养
	特色选修课	机辅翻译,翻译职业发展与规划,翻译跨学科研究与应用,笔/口译工作坊,CATTI 二级实训,高级听辨,中国文化赏析
	隐形课程	敦煌文化,中国文化概论,甘肃文化,旅游产业知识,西北历史地理概况,西北少数民族文化,语料库建立与维护,中英文化比较等

本课程方案将选修课程分为素养类、特色类及隐形类三大模块,这三大模块构成"菜单式"课程,供学生从中选择,要求导师根据学生的特长、兴趣爱好进行培养计划的制定,培养计划应体现出学生的个体差异。

素养课程:作为未来的职业翻译,要做到牢牢把握正确的政治方向,了解基本国情;作为服务于区域经济社会的翻译专门人才,就必须了解本地的基本省情。职业素养是翻译市场对翻译人才的基本要求之一,译者除了要有扎实的双语基本功,对两种语言的差异、文化及翻译技巧知识的掌握外,"尤其要注重培养获取信息、处理信息及创造性处理语言的能力"(徐美娥,2008:43)。为此,学院开设了翻译素养类课程,包括"国策与省情""翻译职业素养""文化素养"及"信息处理素养"等课程。

特色选修课程：该模块课程旨在为 MTI 学生满足地域翻译市场需求，在择业中具备一定的实力和较强的竞争力奠定基础。该模块包括机辅翻译、翻译职业发展与规划、翻译跨学科研究与应用、笔/口译工作坊、CATTI 二级实训、高级听辨、中国文化赏析等。随着翻译技术与翻译软件的广泛使用，计算机技术成为职业译者必备的素养之一。因此，在该模块中开设了"计算机辅助翻译"课程，以便学生能够有效运用常见的 CAT 软件，独立或参与完成包括翻译工作在内的语言服务工作。CATTI 是一项在全国实行的、统一的、面向全社会的国家职业资格考试，是对参试人员口译或笔译方面双语互译能力和水平的评价与认定。开设 CATTI 实训课程对学生通过考试、提高就业实力具有一定的实际意义。

隐形课程：隐形课程也称为零课时课程，这类课程突破院系藩篱，整合学校学科资源，发挥学科交叉的优势，满足不同专业背景及不同专业兴趣学生的需求。学院根据学生的选择，联系其他学院的教师以 e-learning 的形式授课。学生需要阅读指定书目，完成教师布置的作业，同时向导师提交专业术语及专业知识翻译英汉平行语料。考核包括作业和语料两个方面。该模块课程涵盖了学生所应具备的专业背景知识和专业技能，如敦煌文化，中国文化概论，甘肃文化、旅游，西北历史地理概况，西北少数民族文化等，语料库建立与维护，中英语言文化比较等。这类课程不计学分，不做学时要求，但须经过专业考核，达到相关要求即视为合格。

2. 教学模式

(1)参与式研讨。参与式教学是课堂中实践教学的新型范式。该方法能最大限度地使学生参与到教学中来。每个学生既是译者又是翻译评论者，从而在真正意义上提高学生的翻译实践能力，同时又能增强学生的创新意识和批判性思维。该教学环节见表 3。

表 3 参与式研讨教学模式

口译	√ 主旨翻译、源语/目的语复述大意、现场视译、交传 √ 学生小组互相点评 √ 班级展示 √ 学生点评 √ 教师点评 √ 学生写出总结和反思
笔译	√ 提前布置翻译材料,现场阅读不同译稿 √ 学生小组互相点评、修改、润色、完稿、讨论、对比不同译稿 √ 班级展示、汇报讨论结果 √ 学生点评 √ 教师点评 √ 学生写出总结和反思

这种方法既可以保证学生的高参与度,同时还可以保证较大的信息量,既涉及翻译技巧、翻译学习方法,也讲授背景知识、时政信息,在学生展示环节中,学生走上讲台面对全班或评委,因此注意力高度集中,精神压力大,现场感强。对口译学生而言,该方法纵向结合了听辨、主旨口译、交替传译、同传基础(即视译),横向则结合了听、说、写的训练方式,避免了学生在口译学习中的失衡,能使学生更好地认识到职业口译员应具备的专业素质。

(2)翻译工作坊。翻译工作坊教学以"培养学生实际分析和解决问题的能力为终极目的,关注并帮助作为认知主体的学生在翻译实际操作过程中顺利解决所遇到的种种翻译问题"(李明、仲伟合,2010:33)。这种方法强调学生之间、师生之间的密切合作,既体现了以学生为中心,还体现了合作教学的原则,同时突出了实践性。本院翻译工作坊的选材大多来自传神语联网络科技股份有限公司所提供的语料库中的语料及甘肃一些翻译公司提供的项目材料及会议翻译资料,目前有 30 多个行业,118 个专业库,500 多万条语料。在课堂中将学生分为小组,协作完成从项目翻译的管理、原始材料的理解、术语库的建立到各个翻译环节的处理等项目翻译的整个过程,因此在教学过程中融入了很大的市场因素,具有很强的实战演练性。该课程的教学过程包括：学生以小组为单位阅读项目原始材料、进行讨论分析、项目管理策划（启动、计划、执行、监控和收尾）、协作分工（译前准备：专业背景知识、翻译工具的选择、术语库的建立、翻译策略的使用；翻译操作；译后工作：质量控制、译后编辑）、自我评价、展示成果、教师进行评价、归纳总结。这一方法让学生提前上岗，亲身实践，在实践中感受知识，寻找不足，将所学知识运用到具体的翻译过程中，掌握相关领域的专业知识，尽快积累翻译经验和行业经验，最终提高学生的翻译综合素质，为进入职场打下基础。

（3）基于语料库的教学。以市场为驱动的翻译硕士教学模式强调实效性、真实性、客观性和专业性。因此，英汉/汉英平行翻译语料库成为翻译教学中的有力武器（王洪华，2009：130）。语料库可以为翻译教学提供丰富的、直观的、具体的、真实的例证和素材，有利于培养学生的研究性学习和自主学习能力，是翻译硕士教学的广阔工作平台。该方法可以使学生快速掌握翻译技巧，掌握一定领域的专业知识和术语翻译，还可以让学生接触大量的、真实的语言素材，丰富其翻译感受，提高翻译实践能力，同时还给学生今后的翻译工作提供了一定的便利资源。本院所使用的翻译语料库分为三类。第一类为传神公司提供的专业语料数据库。该语料库能实现大型翻译项目的文档自动拆分和合并，支持多人协同翻译，翻译结果实时共享；可实现语料资源集中管理，翻译过程项目化管理，支持逐句、批量、全文等多种翻译模式，有很强的对齐功能。第二类为教师根据本地翻译市场需求及自己完成的翻译成果而自建的语料库。该语料库包括工程翻译，甘肃文化、旅游等的翻译，会议同传等汉英平行语料。现已开发了"西北旅游""敦煌文化""石油工程"等86个主题的"翻译硕士专题语料库"和"公共标识语纠错语料库"供教学和练习使用。第三类是以学生在隐形课程中根据要求完成的翻译任务所建立的语料库。

除此之外，本院还运用了传神公司的"翻译教学实训平台"（见图3）。该平台以实际翻译项目处理流程为参考，将实训重点定位于翻译活动及管理上，设计了具有较强行业特征的任务素材。系统可以完成情景模拟和虚拟角色,实现了逼真、完整的翻译场景,并具有人机模拟实训及机器辅助评分功能。教师利用"任务素材"设置具体的实训任务。对此平台的运用可以提高学生的项目管理能力,同时在实训中通过扮演译员和审校等不同的角色,让学生逐步掌握"网络化协同翻译工具"的操作技能。

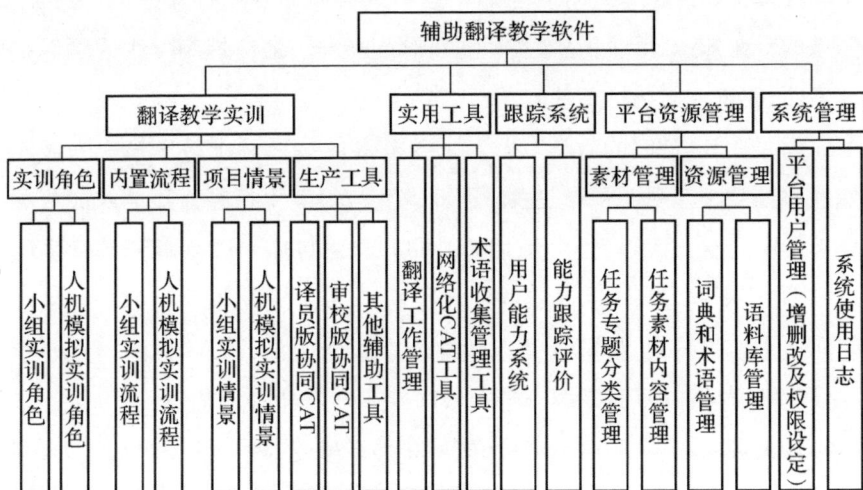

图 3　翻译教学实训平台①

　　基于语料库的教学模式不仅可以为学生实现现代化、自主化、个性化、立体化的翻译实训提供切实的保障,同时又可以在一定程度上缓解由于学生人数迅速增长而造成的教育资源相对有限的问题,对为翻译市场提供急需的、合格的精英翻译人才具有较高的意义。

　　(4)基于翻译基地和志愿服务的教学。为提高学生的翻译实践能力和翻译素养,本院不断扩大学生的实习范围。目前,学院与相关文化产业单位合作,成立了甘肃省中国国际旅行社—西北师范大学翻译实践基地、欧朗国际翻译—西北师范大学翻译实践基地等 5 个实习基地。实践方

---

① 参见传神语联网网络科技股份有限公司高校教学实训系统 V1.0 用户操作实册,第 2 页。

式主要包括短期集中和分散实习,实行动态的管理模式。为保证实习质量,学院严格管理实习过程,形成了一整套有效的实习环节监控流程(见图4)。

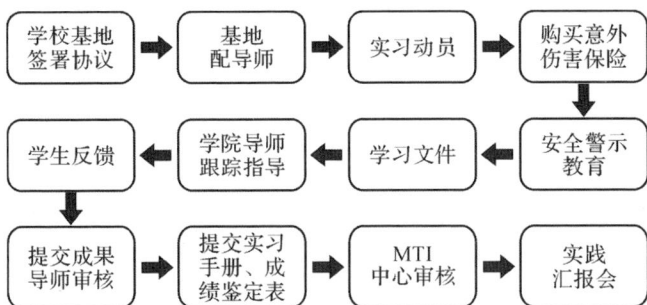

图 4　实习流程示意

社会实践活动既是对学生极好的锻炼机会,又是检验学生翻译水平、提高其综合专业素质的平台。因此,学院积极鼓励学生参加各类社会实践活动,在真实的情景中得到锤炼。我院翻译硕士先后参与了兰州国际马拉松竞赛、中国兰州投资贸易洽谈会、敦煌国际旅游节、国际文化产业大会、中国·嘉峪关国际短片电影展、中亚合作对话会、亚洲合作对话丝绸之路务实合作论坛等大型国际文化、体育与贸易活动,为上述活动提供外事志愿服务和语言翻译等服务。通过志愿服务活动,学生的翻译综合素质得到了提高,对翻译责任、翻译素养以及翻译流程有了更为清晰深刻的认识。

3.市场驱动下的翻译硕士评价模式

(1)过程性评价和终结性评价相结合。以市场为驱动的翻译硕士教育强调学生的实践能力、语言运用能力和综合素质的发展,因此,这一教学模式的评价体系应该是对学生的学习过程及能力发展的评价,而不是仅仅建立在期末考试成绩上。建立科学的评价体系是以市场为驱动的翻译硕士教学模式的重点。本院采取了形成性和终结性评价相结合的方法。形成性评价主要采取档案袋及学习日志等。档案袋包括:学生实践活动的记录、完成任务的质量、同学评价、自我评价及反思、教师对学生的评价等。教师根据学生在实践中的进步给出成绩。期末成绩的评定是基于译前、译中、译后三个环节。这样多维度的评价,促进了学生对翻译能力多元构成的认识,提升了学生的综合翻译能力。

(2)MTI 教学与 CATTI 接轨。全国翻译专业资格(水平)考试(CATTI)旨在科学、客观、公正地评价翻译专业人才水平和能力,进一步规范翻译市场,加强对翻译行业的管理,使之更好地与国际接轨。CATTI 不仅是对翻译水平的评价,而且还具有引导翻译教学的作用(杨英姿,2011:82)。

对 MTI 专业的学生来说,通过 CATTI 不仅是拿到资格证,更是能力的一种体现,是未来职业生涯的指导和保障。因此市场驱动下的 MTI 教学应以 CATTI 考核标准为基础,在教学中充分发挥其对教学的反拨作用,培养翻译市场需求的合格人才。为了打造基于实践需要的、产学研相结合的高端翻译人才,形成专业高效的翻译培训服务体系,促进翻译专业硕士学位教育与翻译专业资格(水平)证书实现更为有效的衔接,我校开设了 CATTI 实训课程,并将 CATTI 考试纳入了翻译硕士的评价体系。

四、结 语

几年来,本院以地域翻译市场为导向,大力倡导翻译实践,在课程设置、教学模式及方法、评价体系等方面进行了改革,教学质量得到了明显提高。在韩素音青年翻译奖竞赛、海峡两岸口译大赛、"中译杯"全国口译大赛总决赛、"语言桥杯"全国高校笔译邀请赛、西北地区研究生英语演讲邀请赛、全国翻译专业资格(水平)考试征文活动中,均获得了不俗的成绩。

参考文献

黄友义,2010.翻译硕士专业学位教育的发展趋势与要求.中国翻译(1):
　　49-50.

孔令翠,王慧,2011.MTI 热中的冷思考.外语界(3):9-15.

李明,仲伟合,2010.翻译工作坊教学探微.中国翻译(4):32-36.

刘福生,王谋清,冯蓉,李玉明,2003.甘肃对外经济、文化交流中外语翻译人
　　才的现状调查及对策研究.西北民族大学学报(6):13-23.

王洪华,2009.英汉/汉英平行翻译语料库——翻译教学的新途径.长春师范
　　学院学报(人文社会科学版)(1):129-132.

王翌霖,2015.语言经济学视角下兰州地区 MTI 专业学生教育投资研究.兰
　　州:西北师范大学博士学位论文:xix-xxv.

文军,穆雷,2009.翻译硕士(MTI)课程设置研究.外语教学(7):92-95.

许钧,2010.关于翻译硕士专业学位教育的几点思考.中国翻译(1):52-54.

徐美娥,2008.译者翻译素养与文化信息处理能力对翻译的重要性.文教资料
　　(36):43-45.

杨朝军,2012.产业化视域下的翻译硕士培养模式.中国翻译(1):24-28.

杨英姿,2011.谈翻译专业资格(水平)考试的三个衔接.中国翻译(3):81-83.

仲伟合,2014.我国翻译专业教育的问题与对策.中国翻译(4):40-44.

　　本文系 2015 年度全国翻译专业学位研究生教育指导委员会教育研
究项目"MTI 隐性课程设置探索——以西北师范大学为例"成果,项目批
准号:MTIJZW201531。

　　(原载于《中国翻译》2016 年第 2 期)

中華譯學館·中华翻译研究文库

许　钧◎总主编

第一辑

中国文学译介与传播研究(卷一)　许　钧　李国平　主编
中国文学译介与传播研究(卷二)　许　钧　李国平　主编
中国文学译介与传播研究(卷三)　冯全功　卢巧丹　主编
译道与文心——论译品文录　许　钧　著
翻译与翻译研究——许钧教授访谈录　许　钧　等著
《红楼梦》翻译研究散论　冯全功　著
跨越文化边界:中国现当代小说在英语世界的译介与接受　卢巧丹　著
全球化背景下翻译伦理模式研究　申连云　著
西儒经注中的经义重构——理雅各《关雎》注疏话语研究　胡美馨　著

第二辑

译翁译话　杨武能　著
译道无疆　金圣华　著
重写翻译史　谢天振　主编
谈译论学录　许　钧　著
基于"大中华文库"的中国典籍英译翻译策略研究　王　宏　等著
欣顿与山水诗的生态话语性　陈　琳　著
批评与阐释——许钧翻译与研究评论集　许　多　主编
中国翻译硕士教育研究　穆　雷　著
中国文学四大名著译介与传播研究　许　多　冯全功　主编
文学翻译策略探索——基于《简·爱》六个汉译本的个案研究　袁　榕　著
传播学视域下的茶文化典籍英译研究　龙明慧　著

第三辑

图书在版编目(CIP)数据

中国翻译硕士教育探索与发展.上卷 / 穆雷,赵军
峰主编.—杭州:浙江大学出版社,2021.1
(中华翻译研究文库 / 许钧总主编)
ISBN 978-7-308-20788-1

Ⅰ.①中… Ⅱ.①穆… ②赵… Ⅲ.①翻译-研究生
教育-教育研究-中国 Ⅳ.①H059-4

中国版本图书馆 CIP 数据核字(2020)第 225045 号

中华译学馆 莫言题

中国翻译硕士教育探索与发展(上卷)

穆 雷 赵军峰 主编

出 品 人	褚超孚
总 编 辑	袁亚春
丛书策划	张 琛 包灵灵
责任编辑	诸葛勤
责任校对	田 慧
封面设计	程 晨
出版发行	浙江大学出版社
	(杭州市天目山路 148 号 邮政编码 310007)
	(网址:http://www.zjupress.com)
排 版	浙江时代出版服务有限公司
印 刷	杭州高腾印务有限公司
开 本	710mm×1000mm 1/16
印 张	26.5
字 数	381 千
版 印 次	2021 年 1 月第 1 版 2021 年 1 月第 1 次印刷
书 号	ISBN 978-7-308-20788-1
定 价	88.00 元